因果关系的理论与实践

主　编◎钱叶六
副主编◎柏浪涛　孙立红

法律出版社
LAW PRESS·CHINA

本书出版获得『靖霖基金』的资助

主编简介

钱叶六

华东师范大学法学院教授，博士生导师，刑法学科带头人，法学院教学委员会主任、法学实验实践教学中心主任、学术委员会委员。中国人民大学法学博士，清华大学法学博士后，东京大学、台湾大学访问学者。已出版专（译）著3部，在《法学研究》《中国法学》《中外法学》等期刊上发表论文近80篇。主持国家社科基金项目2项，司法部、博士后基金项目各1项，上海高校市级重点课程项目1项。

入选上海青年法学法律人才库、江苏高校“青蓝工程”中青年学术带头人；科研成果荣获省部级奖、厅级奖等奖项多项。

副主编简介

柏浪涛

华东师范大学法学院青年紫江学者、博士生导师，上海市法学会理事，清华大学法学院刑法学博士，曾在德国波恩大学从事两年博士后研究工作。在《法学研究》《中国法学》《中外法学》等期刊上发表论文30余篇。主持国家社科基金项目1项、教育部人文社科项目1项；入选上海青年法学法律人才库。

孙立红

华东师范大学法学院副教授，北京大学法学院刑法学博士。出版专著1部，在《中外法学》《法学家》《环球法律评论》等期刊上发表论文10余篇，主持教育部青年项目1项、上海市高校本科重点教学改革项目1项。

前言

在刑法学领域,因果关系所要研讨的课题是在发生危害结果的情况下能否将该结果归责于某一行为人的行为。因果关系的确定关涉罪与非罪、既遂与未遂的界限以及结果加重犯的成立与否等重要问题。在中外刑法学界,因果关系问题历来都是一个见仁见智,新论迭出的领域。我国传统学说效仿苏联因果关系理论,主要从哲学的角度讨论"必然的因果关系""偶然的因果关系"等问题。20 世纪 90 年代以降,我国刑法学界开始借鉴德、日刑法的"条件说""原因说""相当因果关系说"来发展我国的因果关系理论。近年来,有关对德国的"客观归责理论"、日本的"危险现实化理论"的借鉴性研究方兴未艾,但学术分歧依然存在,理论共识仍未达成。有感于此,华东师范大学法学院和上海市法学会刑法学研究会联合举办了此次以"因果关系的理论与实践"为主题的高端论坛。本届论坛共收到参会论文成果近 30 篇,成果素材论文主题鲜明,内容丰富,不仅聚焦我国大陆与台湾地区,还囊括德、日等国因果关系相关理论及司法实务经验,呈现出课题研究的国际化面向,为论坛的顺利召开奠定了坚实的成果基础。

本届论坛是由华东师范大学法学院组织举办的第二场系列刑法专题论坛。2019 年 5 月 11 ~ 12 日上午,来自日本立命馆大学、日本京都大学、我国台湾地区高雄大学、我国台湾地区台北大学、清华大学、中国人民大学、中国政法大学、吉林大学、浙江大学、南京大学、中南财经政法大学、复旦大学、上海交通大学、华东政法大学以及上海市法学会、上海市法学会案例法学研究会、上海市高级人民法院、上海市第一中级人民法院、上海市人民检察院等 60 余家高校、研究机构及实务部门的近百名专家学者参加了论坛。

本届论坛围绕因果关系,分为主旨演讲和主题研讨两个单元。主旨演讲单元,日本立命馆大学松宫孝明教授、我国台湾地区高雄大学张丽卿教授、上海市第一中级人民法院院长黄祥青博士分别做《因果关系与客观归责——以在日本的展开为素材》、《客观归责理论在台湾刑法实务的实践》和《轻微暴力致人死亡案件中的因果关系与归责》的主旨演讲,上海交通大学凯原法学院张绍谦教授做了精彩点评。主题研讨环节,主要围绕"因果关系与客观归责一般理论""特殊犯罪类型的因果关系""具体个罪的因果关系及其他问题"等3个子议题,由20位与会嘉宾进行主题报告,20位与会嘉宾一对一地做了有针对性的辩论。为期一天半的论坛主题聚焦,研讨热烈,既有学术观点的争鸣,又有思想火花的碰撞。为向全国刑法学同仁及司法实务部门集中呈现本届论坛的精品研究成果,我们在尊重作者意愿的前提下,并考虑篇幅、主题和内容等诸多因素,挑选了15篇代表性论文进行汇编整理后集结出版,以飨读者诸君。

本届论坛的举办,得到了上海市法学会案例法学研究会、《上海政法学院学报》编辑部、靖霖(上海)律师事务所三家协办单位的鼎力支持。华东师范大学及法学院的领导、师生对本届论坛的举办给予了全方位的关心和帮助;华东政法大学助理研究员孙文博士、华东师范大学法学院晨晖学者和郑超博士为本届论坛日文成果的翻译及日本学者主题发言的口译提供了大力支持,法律出版社谢瑞忠编辑、《法律与生活》杂志社杨大康社长对论文集的出版付出了辛勤的劳动,在此一并表达我们最诚挚的谢忱。

期待社会各界朋友一如既往地支持华东师范大学刑法专题系列论坛,更是期盼新冠肺炎疫情后的学术研讨依然能不断结出硕果!

钱叶六

2020年12月

目　录

发现与修辞：因果关系问题的诠释学转向

王志远[*]　张玮琦[**]

【摘　要】 传统的因果关系理论以"发现"的逻辑，试图建构出一种对事实之间的关联的判断标准。然后这种自然方法论式的逻辑实际上所能起到的仅仅是对于既定结论的描述作用。因果关系问题本质上是一种"修辞"，应着眼于评价与说服。伽达默尔一脉的诠释学理论为诠释活动提供了本体论意义上的建构，视域融合的理解路径正是因果关系理论的应然面向。具体到刑法中的理论建构，客观归责理论于基本逻辑与可操作性上很大程度能够契合因果关系问题的诠释学转向。

【关键词】 因果关系　诠释学　视域融合　客观归责

一、以描述为本质的传统因果关系理论

因果关系问题始于纯粹的对事实的判断，进而在评价的必要性、合理性的导向下，将视域限定于刑法评价的范畴之中，于是诸多的因果关系理论均旨在创造一种对事实加以"换算"的普遍规则，使事实转换成一种可被刑法评价的质料。然而这些理论变迁始终没有脱离"发现"的逻辑，这也正是很多矛盾的根源。

条件说本身有着极浓厚的古典刑法学色彩，其思维路径亦是纯然的主客二分

---

* 中国政法大学刑事司法学院教授。
** 中国政法大学刑事司法学院刑法学博士研究生。

前提下的自然主义方法。在“若无即不”的条件关系中,该学说所面向的,毋宁说是事实本身的发生规律。在行为与结果之间,行为的性质与结果的性质成为限定视域的方式。在这样的限定之下,自然主义的因果关系判断才在一定程度上成为可能。对于条件说的批判,大多集中于对条件关系中自然主义倾向的攻讦,即认为“若无即不”的判断方式会带来处罚范围的不当扩大等后果,以及无法解决假定的因果关系、择一的因果关系问题。对于处罚范围的问题,条件说主张者的回应往往从“实行行为”入手——否认某种行为是实行行为,或通过禁止溯及而为前行为“画上句号”。〔1〕 针对假定的因果关系、择一的因果关系问题,有学者主张条件公式与条件说判断公式有所不同,相对于条件公式的机械判断,条件说判断公式“在假想行为人的行为不存在后,既要看相同的结果是否会出现,还要看结果出现的方式是否相同,置于相同的结果以相同的方式再次出现时,才能否认行为人的行为时该结果的原因”。〔2〕 其实稍加分析即可看出,“条件说判断公式”看似是一种对行为与结果之间的因果关系判断方式的修正,实际上它所针对的是结果。这种判断公式提供了一种新的判断规则吗？毋宁说它是以“相同结果”这一概念,先确定了结论,再套用公式。这里强调的“相同结果”指的并非同一类型的结果——如被枪杀、被毒死——而是某时某刻被某人以何种枪何种子弹所杀的这种综合了所有变量的结果,那么客观上任何加功的行为都会造成不同的结果,也即为了解决假定因果关系、择一因果关系的问题,其进一步扩大了条件说的处罚范围,而可想见的是,对处罚范围的限制则又要在“规则”之外的行为或结果上找寻相应的“定理”。

至此,条件说尚能通过对视域的限定,维持规则的有效性。而在更细致地分析存在中介因素的问题时,条件说的基本规则显然难以为继。轻伤他人而他人在救护车中遇车祸死亡、追砍他人以致其跑上高速公路被撞死,对于这类具体情况中因果关系是否中断、是否存在禁止溯及的先行条件、结果是否是基于结果避免义务违反而发生的,则显然并非一种规律性的因果关系公式本身所能解决的——它不可避免地“需要”后果导向思维的加入。而当不同学者为各种情况建构出具体的原理

〔1〕 张明楷:《刑法学》(上)(第5版),法律出版社2016年版,第176页。
〔2〕 邹兵建:《条件说的厘清与辨析》,载《法学家》2017年第1期。

时,我们再回过头看,这种建构本身到底是在发现普适的规律,还是为具体的前见寻求解释?至少我们可以看到的是,一种面向事实而“发现”规律的逻辑,终究会陷入现象的泥沼——因为归根结底,我们本身在面对某行为与某结果是否存在因果关系时,思维方式上就并非遵循着那种事实分析式的条件公式或条件说判断公式。

相当因果关系说通过“一般社会经验”,使行为与结果间的因果关系不再是一种完全的事实性判断。“相当因果关系说之所以成了通说,是因为即便是肯定了实行行为与构成要件结果之间的事实的因果关系,但就连经历了极其异常的经过而产生了结果的场合也肯定因果关系,由于引起了该结果而肯定犯罪的成立,可以认为这是不妥当的。”[1]在处罚范围的限制上,相当因果关系说直接为行为与结果之间的因果关系添加了一个维度,即一般社会经验。无论主观说、客观说还是折中说,相当因果关系理论最核心的改变即是在条件说机械的自然主义的因果关系本身的判断上增加了一个可资判断的视域和可供言说的论域。然而,可以看出的是,其显然仍是对于条件说处理因果关系问题的逻辑方式的一种沿袭。尽管视域和论域有了改变,但最基本的形式——建构行为与结果之间的桥梁并不断增添其内容——被理所应当地视为解决纷繁的个案问题的必由之路。“在因果关系判断中,价值判断只能在一定事实性前提基础上展开,价值判断只是在既有的事实性判断联系基础上,影响事实性的影响力度,软化事实性。”[2]事实性本身无疑是必要的,这牵涉罪刑法定的要求,然而需要注意的问题是,行为与结果之间的因果关系问题,是否只能在这条桥梁之上,以事实性为骨架,以添加维度的方式来展开?相当因果关系理论直至今日仍被广泛地接受,诚然,大多数问题在有结论的情况下可被“解释”,但真正需要因果关系理论的问题——行为与结果之间的关系存在争议、不确定性的情况——是否可用相当因果关系理论解决?笔者对此持怀疑态度,附着于事实性的价值考量、实质判断本身被纳入了一种“判断”的路径之中,但其所真正能够发挥作用的,却是言说、论证、理解,于是在相当因果关系理论中,无疑这种矛盾得以更清晰的显现——个案发出诘问,而持不同结论的论者诉诸不同的言说方式。对一

---

〔1〕 [日]山口厚:《刑法总论》(第3版),付立庆译,中国人民大学出版社2018年版,第56页。
〔2〕 叶金强:《相当因果关系理论的展开》,载《中国法学》2008年第1期。

般"经验"的不同理解在这一平台上得以对话,然而毋宁说,基于实质的、难以量化的考量而建构出的普适的规律性公式,要么是夏虫语冰式的尝试,要么是以公式为表现形式的不同具体实质判断之间的濠梁之辩。

因果关系问题中,规律是否"可能"?当我们认为某结果显然应归咎于某行为时,这是在自然科学式地"发现"规律,即从现象中归纳出普遍关系,针对因果关系理论的诸多修正也正是出于维持普遍规律的动机。然而,当我们无论是基于正义直观还是基于既有规律,对某一事态中行为与结果是否存在因果关系并不确定时,"发现"的逻辑即丧失其基础——因为并无确切的、不存疑的对象来让我们从中发掘规律,而旧有的规律亦因其前提改变而不再有效。那么逻辑上,毋宁说因果关系理论在这种情况下所起到的判断作用要么无效,要么仅处于维持惯性的需要而发挥作用。简而言之,当不存在争议时,因果关系理论中的规律仅起到描述作用;当存在争议时,因果关系理论中的规律不再是规律。那么显然,这里真正要面对的,并非理论的选择,而是范式的转变。

我们总结出的规律性公式,毋宁说是一种尽可能周延的描述方式。因果关系并非一种实体,而是我们对行为与结果之关系的抽象理解。这一理解本质上并非面向"因果关系"本身的,而是面向结果与行为之间的关系是否可纳入某种刑法评价的。在这个意义上来说,因果关系是一种修辞——它本质上是我们解说刑法规范时,让言说更加合理的一种方式。传统的因果关系理论自一开始,便走上了一条南辕北辙的路径。因果关系并非一种"实体",它本身并没有价值理性,或曰,它本身不能作为一个目的。那些理论寄希望于围绕这一假定出的事实间的关联而创设规则,于是只能在周延性的问题上尽可能提供零散的可供言说的基点,无论相当因果关系理论、合法则的条件说,还是重要说,基本都是如此。

二、诠释学构造下的路径

在诠释学的诸多面向中,作为此在的和存在论的理解之哲学诠释学,无疑是最贴合诠释刑法规范之需要的。规范本身并非《圣经》式的文献,亦非纯粹的艺术性文本,其本身是个有意义的体系,而又无法完全"自在"地独立于解释者。由此,我们这里所指的因果关系诠释学路径,是在海德格尔——伽达默尔的诠释学理论这一基础上展开的。

首先,我们所观照到的是行为与结果。对结果能否归咎于行为的问题,存在争议,以至于我们需要考虑到因果关系问题。海德格尔将先行具有(Vorhabe)、先行视见(Vorsicht)和先行掌握(Vorgriff)作为诠释的前条件。[1] 我们面对一个事实时,头脑中已在先具有的形式——无论是道德、伦理规范还是法律规范或其他与个人经验有关的直觉性认识——上向着被领会的东西而显现。进而,解释活动瞄着某种可解释状态,使先行具有中所能够涵射到的东西上升为概念。接着,解释活动则断然地或有所保留地对某种概念方式表示赞同,于是形成了现行掌握。对于行为与结果的关系,我们在进行真正的诠释之前,不可避免地通过前见而有了结论。这种前见并非客观的,而是掺杂了个人经验、个人价值取向等内容的意见。"在构成我们存在的过程中,偏见的作用要比判断的作用大。"[2]在最基本的条件公式之上,我们对行为与结果的关系给出了一个粗糙但真实的理解,它显然是不可被直接采用的。而就在这里,传统因果关系理论式的逻辑路径与诠释学的逻辑路径出现了不同。

如前文所述,传统因果关系理论所遵循的,仍是"科学方法论"的路径,即对事实进行描述的逻辑经验主义的自然科学式方法论。其本质在于,放弃前见,以"发现"的逻辑借由规律性公式来重新理解事实。而诠释学——尤其是伽达默尔一脉的诠释学——则不将"理解"视为一种方法性的东西,而是将其置于本体论中予以解决。"科学方法论的滥用表明了欧洲人文科学及其人性的危机,这种危机的根源就在于文艺复兴以来的科学主义的泛滥,而忽略了人的存在及其意义。因此,过分强调方法论导致的真理的遗忘,其实质是对人的存在的遗忘。"[3]或者换言之,传统的因果关系理论实质上是放逐了事态的理解这本身。因为我们所谈论的因果关系本质上并不是科学上的事实问题,也并非一个法律解释的问题(对于因果关系本身

---

〔1〕 [德]海德格尔:《存在与时间》(中文修订第2版),陈嘉映、王庆节译,商务印书馆2016年版,第214~215页。

〔2〕 [德]汉斯·伽达默尔:《哲学诠释学》,夏镇平、宋建平译,上海译文出版社2016年版,第8页。

〔3〕 龚群:《哲学诠释学的方法论问题——哈贝马斯与伽达默尔之争》,载《哲学动态》2001年第2期。

并没有相应可解释的素材),但在犯罪论构造中却又是个客观问题。所以理解这本身才是应当着眼的。"唯科学主义立场所向往的这种对人类事物的远距离的完整视野,如今通常被称为'宏观视野',不过最好还是把它称为望远镜视野(这表示它仅仅是一种远距离视野——除非它是能反转的视野),因为它的目的是故意忽略我们只能从内部观察到的东西。"[1]传统理论对于因果关系问题的解决方式毋宁说正是在远离我们对争议案件之直观看法的远处,设计宏观的公式,多数时候它总是能够恰如其分地完成其描述的功能,而在争议之处则这种公式所希求的恰是求助于自己所预留的松动之处。

"诠释活动开始于一个受评价影响的前理解,这种前理解在规范和事态之间确立一种在先的联系,并开启建立进一步关联的视域。"[2]我们所要展开的诠释活动,并非纯然面对事实,亦非完全面对文本。综合个人经验等质料,在对行为与结果的关系进行理解时,我们不是在挖掘隐含于其中的东西,而是在创造一种意义。"理解从未是再现行为,而是创造性行为。"[3]在这种本体论意义的理解上,事态进一步被诠释成个人化的理解。对于这一过程的性质,伽达默尔的游戏理论能够予以说明。在"玩游戏"时,玩者进入一个全新的领域,同时一定程度上取消自身。"在进入这种空间时,游戏者把他自己的关注和欲望放在一边而诚服于游戏本身的目的,游戏的目的和需要支配和命令游戏者的行为和策略。"[4]但同时,"尽管游戏支配那些玩它的游戏者,但游戏者的玩仍是主要的,为此理由,伽达默尔称游戏为'自我表现'。"[5]伽达默尔借此阐释对一书的认知活动的方式,而真理本身的特点亦是在游戏中显现,即"作品的意义不决定于作品本身,而决定于观赏者与作品的互动

---

〔1〕[英]弗里德里希·A. 哈耶克:《科学的反革命理性滥用之研究》,冯克利译,译林出版社 2017 年版,第 57 页。

〔2〕[德]哈贝马斯:《在事实与规范之间关于法律和民主法治国的商谈理论》,童世骏译,三联书店 2014 年版,第 247 页。

〔3〕[德]阿图尔·考夫曼、温弗里德·哈斯默尔:《当代法哲学和法律理论导论》,郑永流译,法律出版社 2017 年版,第 372 页。

〔4〕[美]乔治亚·沃恩克:《伽达默尔——诠释学、传统和理性》,洪汉鼎译,商务印书馆 2009 年版,第 60 页。

〔5〕[美]乔治亚·沃恩克:《伽达默尔——诠释学、传统和理性》,洪汉鼎译,商务印书馆 2009 年版,第 62 页。

整合”。[1] 当我们排开主客二分的认知模式,则对于事态的诠释得以在游戏的“规则”下展开,这一规则即在于诠释者所应遵循的基本前提,如刑法原则、对法律文本的解释限度等内容。进而在规范与事实之间,事态本身得以和诠释者形成互动。“在这个意义上我们可以说,在理解中所涉及的完全不是一种试图重构本文原意的‘历史的理解’。我们所指的其实乃是理解本文本身。”[2] 于是在这个意义上,我们对于事态的诠释得以在互动的基础上进一步展开。

在对诠释的性质加以明晰后,达致“真理”的方式即在于视域问题。在与事态本身的互动之中,事态本身会牵扯诠释者,使其进入事态的本体论构造之中。“谁进行理解,谁就是已经进入了一种事件,通过这种事件有意义的东西表现了出来,所以这就很好地证明了诠释者学现象所使用的游戏概念恰如美的经验所用的游戏概念一样,当我们理解某一文本的时候,文本中的意义对我们的吸引恰如美对我们的吸引一样。”[3] 我们在这里所面对的事态,即行为与结果的关系,在横向上,将我们拉入其本身的本体论构造。换言之,事态本身的价值理性得以在互动之中呈现。事实与规范构成了完整的事态,而正如前文所述,“游戏”之中游戏者的“玩”仍是主要的,所以事实与规范的价值理性于诠释者而言,其所展开的是可与诠释者言说之物。规范的价值理性在于其目的,实然与应然之间于诠释者而言仅能以目的作为勾连,于是规范的本体论显现于此即在于规范本身的目的理性。简单地说,即规范本身是否是用以规制当下这一事态的,我们拟适用或不适用的规范其目的是否在于评价眼下这一行为与结果所组成的事实。例如,故意伤害后被害人在医院中因火灾而死,那么从规范的目的理性而言,显然从互动中所能得出的是故意伤害致人死亡的规范所要规制的并非这样一种事态,而无须从介入因素等角度绕到因果关系上解决。事实的价值理性,因事实本身并没有应然因素,所以这里的互动应被理解为一种社会层面的“规范期望”。“规范就是反事实稳定的行为期望。”[4] 事实在

[1] 高鸿钧:《伽达默尔的解释学与中国法律解释》,载《政法论坛》2015 年第 3 期。

[2] [德]汉斯 – 格奥尔格 · 伽达默尔:《真理与方法》(下卷),洪汉鼎译,上海译文出版社 2004 年版,第 502 页。

[3] [德]汉斯 – 格奥尔格 · 伽达默尔:《真理与方法》(下卷),洪汉鼎译,上海译文出版社 2004 年版,第 634 页。

[4] [德]尼古拉斯 · 卢曼:《法社会学》,宾凯、赵春燕译,上海世纪出版集团 2013 年版,第 82 页。

这里所展现的是其本身是否合乎社会基于规范而对其施与的行为期望,例如,希望他人被雷劈死而劝其进入森林,这里的行为人并未被社会施与对其成员的行为期望,而不必从实行行为等角度考虑。需要注意的是,这里所谈论的互动内容,并非一种判断规则,而是分析我们在诠释活动中所会发生的思考,这些内容的真正言说,则要在视域融合的框架下展开。

"正因为我们归属于语言,并且因为文本也归属于语言,一种共同的视域才成为可能,所出现的这种共同视域,乃是由于效果历史而发生的,而伽达默尔称之为视域融合的东西。"[1]这里的效果历史意识,指的是历史对象应被理解成一种关系。这种关系中同时存在历史的实在以及历史理解的实在,即"理解者和解释者的视域不是封闭的和孤立的,它是理解在时间中进行交流的场所。理解者和解释者的任务就是扩大自己的视域,使它与其他视域相交融……视域融合不仅是历时性的,而且也是共时性的,在视域融合中,历史和现在、客体和主体、自我和他者构成了一个无限的统一整体"。[2] 在对事态的理解上,视域融合的方式要求诠释者在几则关系上通过视域之间的交汇、碰触,来完成合理的诠释。也就是这里,诠释学得以有了方法论的意义——尽管伽达默尔本人反对"方法论"这一提法。

回到因果关系问题,笔者所倡导的诠释学转向,即在于在互动整合基础上,由对视域融合的分析来搭建言说的平台,创造说服的可能性。如前文所述,真正需要我们考虑因果关系问题的,都是有争议的事态。诠释学的路径并不在于提供一个新的规律、公式——显然科学方法论很难解决这种不涉实体的问题——而在于建构说服的语境。传统的因果关系理论中留给"说服"的空间往往在于"公式"的某个难以量化的环节——如一般人标准,但是这并非我们修正前见的合理路径,而毋宁说是抛弃了前见,同时也抛弃了对事态进行理解的可能性。在视域融合的方式中,我们所能使用的说服语境,是基于对事态的创造性理解的路径所达致的理解的统一整体,即诠释学意义上的"真理"。这种路径所指向的具体语境,在于无数则关系之中。例如,历史和现实,即立法目的、规范沿革与刑事政策的语境,自我与他者,即

---

〔1〕 [美]理查德·E.帕尔默:《诠释学》,潘德荣译,商务印书馆2014年版,第272页。

〔2〕 [德]汉斯·格奥尔格·伽达默尔:《真理与方法》(上卷),洪汉鼎译,上海译文出版社2004年版,第8页。

诠释者个人经验与“旁观者”的语境。而不同视域的融合,亦在主体和客体的互动整合,即对事态本身的价值理性予以言说的基础上展开。简单地说,诠释学转向所面向的并非判断方法,而是说服方式,实际上我们面对因果关系的争议问题之时,相较于找寻适合的判断方式——其实判断方式需要被“找寻”时,已经意味着它仅能起到一定限度之内的说服作用了——而是直接面向说服,建构说服的逻辑所需要的基准点。

三、诠释学转向与客观归责理论

因果关系问题的诠释学转向,意味着我们不应再着眼于为事实与事实之间的“关联”建构可资判断的公式,而是应在视域融合的基础上着眼于如何建构相对完整的评价语境与说服语境。笔者认为,在当下的理论中,客观归责理论与这一思路较为契合,且能够提供一定程度上合理的评价与说服路径。在此,本文将以结果加重犯的因果关系为例,说明诠释学理解下的客观归责理论以及评价、说服的展开方式。

对于我国刑法中的结果加重犯,其加重结果与行为、行为人主观意思之间的关系,常有大量争论。围绕一些有争议的情况,很多学说亦是从因果关系的角度对其予以分析、解释,故下文以结果加重犯的因果关系问题为例,进一步阐释诠释学转向的意义与方式。

首先,我们要对论域进行限定,即厘清所要论述的结果加重犯的范围。我国刑法中,有明确将死亡、重伤规定为加重结果的表述,亦有“严重后果”“特别严重后果”“重大损失”“数额巨大”“情节严重”等表述。鉴于结果加重犯的法定性特征,其所具有的基本犯罪与加重结果两部分组合成整体的结构特征即不同于刑法上其他具有加重处罚结果的加重构成要件。故本文所讨论的结果加重犯仅限于将死亡、重伤规定为加重结果的条文。

接下来,我们假设存在一个争议案件。例如,被害人被强奸后自杀,行为人是否构成强奸致人死亡?通常这种问题被置于因果关系中解决,且通过因果关系的论证往往能够为这样的事态得出一个论证上合理的答案,所以笔者并不否认因果关系问题中各种理论所作出的努力。然而,当我们将问题置于一个常让刑法基础理论感到不适的点上——量化事态,那么因果关系理论该如何解决?例如,我们列出5个案例,强奸完成——无论哪种既遂标准——那一瞬间被害人自杀、强奸完成一分钟后被害人自杀、强奸完成一天后被害人自杀、强奸完成一个月后被害人自杀、强奸完成一年后被害人自杀。对这一系列案例,一般社会经验上如何区分恰当的临界点呢?或者我们试图对其予以精细的判断,有学者认为,结果犯案件存在介入因素的情况下,基本行为与危害结果间的因果关系需要考虑以下几方面:介入因素是否具有可预知性、基本行为导致危害结果发生的危险性大小、介入因素对危害结果的作用大小。[1] 这一系列标准不可谓不精致,在描述一种结论时也总是可以在相当程度上具有形式合理性。但其作为一种"判断"规则,其"判断"活动如何在无限量化细分的事态中给出其所主张的"刑法的精确运行"意义上的精确临界点呢?或许可以釜底抽薪地认为案件发生后被害人自杀根本不属于强奸致人死亡的情况,那么大可换成持刀抢劫被害人致使其慌不择路跑上高速公路而被撞死(躲避伤害而致重伤、死亡的情况)、虐待被害人致其自杀(公认的,自杀属于加重后果的情况)。接着,我们依然可以无限量化,然后用各种自诩"精确"的"判断标准"去徒劳地寻找那个不存在的临界点。

不可否认,以量化的角度质疑用以"定性"的刑法基础理论,有过度苛责之嫌。然而这可以直观地看出其在逻辑路径上的问题,即前文所述的,把实际上不可能拿来判断而只能用以修饰结论的一套"标准",强行设置成一种主客二分、颇有科学方法论气质的公式。有学者认为,介入情况的异常性判断在于:介入因素本身离奇古怪的程度、出现介入情况的类型性的概率、介入情况与实行行为的关联性大小。[2] 有学者认为,被害人行为的介入中,必须是因为行为人当初的实行行为等给被害人的行为带来了一定程度上的危险性,并且是这种危险性现实化成了结果。[3] 这些理论的旨趣皆在于设立一种抽象的"程度",并以此完成判断。这种路径一方面为有了评价以后的描述提供了便捷,另一方面也放逐了其面对争议案件时的操作可

---

[1] 徐岱:《论结果加重犯的因果关系》,载《法律科学》2018年第2期。

[2] [日]前田雅英:《刑法总论讲义》,曾文科译,北京大学出版社2017年版,第122页。

[3] [日]山口厚:《刑法总论》(第3版),付立庆译,中国人民大学出版社2018年版,第60~61页。

能性。

我们所面对的真正问题在于,如何去“理解”,而不是如何去“描述”,更不是依照公式去“判断”。刑法理论中,对于量化问题通常交由其他学科解决,如“轻伤”“重伤”的标准,或者在司法过程中设立标准,如“追诉标准”。但正如前文所述,因果关系并非一个实体,它仅仅是行为与结果之间的一种想象上的联合关系,故而它亦非是一种证明标准所能解决的问题。在结果加重犯的因果关系中,行为与加重结果的关系更是只能完全在一种抽象的“程度”上的思考来设立标准。可是,更关键的问题在于,我们“思考”的到底是什么?“问题的投放引致体系的选择,而且通常导致体系的多元化,却不能根据某个包罗万象的体系来证明它们之间的协调性,在这一点上,体系之范围是狭窄的,甚或是极其狭窄的。”[1]抛开体系的思考,将论题集中于某个结果加重犯因果关系问题的争议案件本身,实际上更是一种捷径。例如,有学者在分析被害人被抢劫时因逃跑而遭过往车辆撞击死亡这一事态时,其建构并顺从了因果关系体系的思考,然而自觉或不自觉地,真正让其给出结论的,是“让行为人承担一般抢劫未遂的刑事责任明显偏轻(同时如果对有一定责任的司机追究其交通肇事罪的责任也可能不公平)”[2]这样的量刑、刑事政策考量。我们的“思考”很大程度绕开了因果关系理论,但言说方式却还是在体系的路径上小心翼翼地踟蹰前行。故而,回到诠释学的面向上,笔者认为对于争议案件,我们应该立足于理解,而为评价与说服的言说设立语境。

我们何以认为加重结果与行为有着应被刑法评价的关联?在前见上,我们的思考在于,行为与结果是否能在同一个语境内完整地言说,即“它们是否是一个事”。对于前理解,主要起作用是的是一种粗糙的个人经验,最初的视域得以建立,诠释学的循环得以展开。“理解的循环不是一种方法论的循环,而是描述了一种理解中的本体论事件。”[3]无论持哪种因果关系理论的体系,诠释的循环都并非一种

---

〔1〕[德]德奥尔多·菲韦格:《论题学与法学——论法学的基础研究》,舒国滢译,法律出版社2012年版,第29页。

〔2〕金泽刚:《论结果加重犯的因果关系——以抢劫、强奸等罪的结果加重犯为例》,载《东方法学》2013年第4期。

〔3〕洪汉鼎:《诠释学:它的历史和当代发展》,中国人民大学出版社2018年版,第180页。

刻意而为的“方法”。以相当因果关系为例，当我们找寻一种“一般社会经验”之时，我们自身的个人经验真的可以在主客二分的构造中稳坐于主体一方而不沾染客体吗？“被观察的客体存在，本身直接为被观察的存在之条件所微妙地改变着。”〔1〕这不仅有一种“海森堡定理”的意味，且我们所理解的一般社会经验一定不可能脱离于我们个人经验通过理解活动而发生的渗入，其他强调“客观”“精确”却依然有“程度”因素的理论亦是如此。进而在循环中，诠释活动所遭遇的即是主客之间的互动整合，我们通过规范期望评价事态本身，亦通过规范目的来确定是否应当用相应规范对其予以评价。例如，一个强奸罪的被害人在一个月后自杀是否符合一种通常的行为期望，强奸致死的规范用于此是否牵强？这里的思考形似于“异常性的判断”“规范目的的判断”，然而需要重申的是，这里所发生的是本体论意义上的事情，而非方法论的，也就是说，我们的思考“会”考虑到这些，而非我们“应”考虑到这些——本质的区别在于，“我们的思考是这样来的”与“我们应当可以以其为标准去进行判断”。它们所指向的是截然不同的方法，后者指向的是对判断基准的限定——这种限定过于片面以至于对这个争议案件似乎仅需两三个标准便能真正地“说服”，前者指向的是本体论意义上视域融合的可能性。

视域融合包括但不限于前文所列的关系。于诠释者而言，争议案件在诠释活动中所展开的是其在不同论域中的理解。例如，虐待行为的被害人自杀，特定案件中我们会考虑到立法本意上在于维护人人平等的观念、摒弃封建思想并维护家庭稳定，同时亦会考虑到当下的社会现实环境、社会伦理以及当下的刑事政策，于是两种视域的交融之下，我们自觉或不自觉地，所把握到的是面对的事态中我们基于当下环境与具体情况所抱有的预期，是被害人会自杀还是不会自杀、对规范的解释应当以何种目的何种语义界限为指向。更多的是，在其他视域中，我们还会结果导向地想到如若不将其视为加重犯或将其视为加重犯各自是否会有不妥当的后果，还会在程序意义上考虑其取证的可能性，还会基于个人经历而产生好恶的不同情绪乃至考虑民众对事态的观感，还会因不同诠释者的不同看法而拓宽自己的视域进而形成商谈的基础，等等。视域融合本身即是一种自然而然的说服逻辑，这种说

〔1〕［美］理查德·E. 帕尔默：《诠释学》，潘德荣译，商务印书馆2014年版，第74页。

服既是对自己的前见进行不断修正,也是诠释者之间达成“同意”的基础。

如何将视域融合的诠释学理解付诸刑法学理论中具象化的、具有可操作性的、为评价与说服提供现实语境的规则?笔者认为,客观归责理论较为适合。近年来,客观归责理论在我国备受重视。对客观归责是否应放在因果关系中讨论,素有争议,仅就其在行为与结果之关系的处理上来看,其核心的意义即在于,添加了规范评价这一维度。“由于刑法中因果关系的判断深受事前的与风险分配相关的规范的影响,而规范已变得日益复杂,并对刑法归责的认定产生重要的影响,在此种背景下,试图只通过对传统因果关系理论进行微调而实现重构的目的,明显低估了这项任务的艰巨程度及其重要意义。”〔1〕在以规范性内容为因果关系——或说结果归责问题——框定新的论域、视域的同时,客观归责理论对自然主义因果关系判断思维的摒弃以及对归责体系的彻底重构,实际上是以规范目的为其背书的。创设风险、升高风险、被害人自陷风险等规则设计,本身涵盖了构成要件判断、违法性判断中的多个部分且包含一定的社会经验、价值判断与对规范的目的解读,这使客观归责理论本身即是在尽可能整合视域,以便为归因—归责问题的解释提供语境。

仍以结果加重犯为例,在被害人被抢劫时因逃跑而遭过往车辆撞击死亡的事件中,如前文所述的原理那样,一种用于判断的“公式”并不能解决问题。我们对这一事件的评价,是视域融合的结果,即“我们是否要将这个结果在规范上归责于行为人”而非“这个行为与这个结果之间是否存在刑法上的因果关系”。那么,客观归责理论所能提供的,实际上就是多个可用于解释“这个个案中我们何以要将结果归责于/不归责于行为”的语境中完成评价。在将事态量化的情况下,个案不可能被单一的公式给出结论,而在以评价为目标的语境中,我们可以使结论在规范中展开——而不是异常性、危险性等基准。

具体个案中,若我们直观上认为被害人的死亡应当归责于抢劫行为,被害人逃跑是直观上较为合理的选择,那么我们的结论在规范意义上可以自然而然地解释为“行为人通过抢劫行为创设了这一不被法所容许的风险”,因为我们的判断在于行为人的抢劫行为在这里直接引起了该罪所禁止的那种侵害;若我们直观上认为

〔1〕 劳东燕:《风险分配与刑法归责:因果关系理论的反思》,载《政法论坛》2010年第6期。

被害人的反应过于异常——例如,被害人跑上高速公路后行为人放弃追赶,而被害人心有余悸,在高速上跑了一个小时,终被撞死——以至于不该将死亡结果归责于抢劫行为,那么实际上在规范意义上我们的结论可被解释成“被害人的死亡并不在规范保护目的之中”,因为我们的判断基本上是基于这里所发生的结果显然并非抢劫罪所要保护的法益;若我们直观上认为被害人自身的行为才是死亡结果的主要原因——例如被害人已几乎成功摆脱行为人,行为人追赶中远远地大喊一声“有本事你往高速上逃,我肯定不追你了”,随即被害人在明显有其他选择的情况下跑上车流密集的高速公路,终被撞死——以至于不该将死亡结果归责于抢劫行为,那么规范意义上我们的结论可被解释成“被害人自陷风险、故意自危”,因为我们的判断在于被害人本身的极不明智的做法导致了结果。

在这些具体的个案中,我们对结论所给出的解释,能够尽量在规范上贴合于我们的判断本身,能够一定程度上避免在“词不达意”的情况下进行对行为与结果间关系的“修辞”,尽可能准确地评价。客观归责理论同样无法提供“临界点”——它本身不应作为“判断”的公式来看待,评价的意义上所需要的正是尽量丰满言说的语境。然而不可否认的是,客观归责理论亦不可能完全包含着契合我们直观判断与规范评价的所有语境,所以客观归责理论并非完美无缺的,它仅是在视域融合的转向上,目前最能合理地完成“言说”的理论体系。

此外,客观归责理论的另一个优势在于其在说服上的便利。在以“程度”为标准的“判断”方法中,两位判断者对于事态中危险性的程度有不同理解,那么然后呢？双方何以在“判断”的逻辑中互相说服？我们可以明显地看到,在客观归责理论中,其在各个视域上,评价往往落于是/否的结论。“是/否”的二元判断,相较于“程度”的线性一元描述,其更能在说服的层面上,使言说具有深入及互相理解的可能。同样是针对结果是否该归责于行为的争论,客观归责语境中,我们能够基于多个点的判断来找出分歧,并且对分歧之处进行细分来达成互相理解,例如,双方在风险的创设上存在分歧,进一步来看,这一层面的分歧源于对行为人是否减小了风险的看法,那么说服本身即可聚焦于法益衡量上的问题,再进一步则可具体地在“法益”这一实体问题上展开说服与理解。而在相当因果关系理论的语境中,当双方的分歧存在于事态异常性的大小时,那么接下来即是在一把没有刻度的尺子上推测数字的位置,且这种说服本身早已离刑法规范太远。

至此,可以说,对诠释学路径的倡导,根本性的原因在于,视域融合导向的是尽可能拓宽评价的视野,而非如传统因果关系理论中那样尽可能地对视野进行限定。诠释学路径同样不能在一系列量化的个案面前给出临界点,但它所寄望的是回归于我们的“思考”本身,使其重获本体性地位,并在多个视域中通过交流和说服达成统一的完整性。客观归责理论并非一种完美无缺的解决之道,但其在思路、逻辑本质上能够契合因果关系问题的诠释学转向,并提供可操作的评价、说服系统。于是从“发现”的逻辑到“修辞”的逻辑,客观归责理论自觉或不自觉地建构出了能够起到将问题转向“言说”的体系,而其基本的形式亦能够使其在视域融合的面向上进一步增添、完善评价与说服的视域。

刑法因果关系中的行为概念:解构与重塑

姚建龙[*]　罗建武[**]

【摘　要】 判定刑法因果关系是确定刑事责任的基础性环节。我国刑法因果关系理论主要存在"危害行为说"认定标准不明确、判断理论构建泛哲学化等问题。前者主要争议在于判断标准缺乏客观性,进行互相论证;后者主要体现为刑法因果关系分类与方法论上的泛哲学化倾向。刑法理论研究尤其是刑事司法要更加关注已然之行为,对于刑法因果关系中行为概念的界定应当回归"行为"的本质属性,重视客观存在性,以使因果关系回归本来面目。因而,建议确立"案件客观行为"的行为概念。同时,对于刑法因果关系的判断,也应当坚持事实性、客观性、相关性的原则。此外,对于刑法因果关系的判定及其中"行为"概念的选择,不仅需要结合我国的犯罪构成理论体系,也要借鉴域外的相关刑法理论。

【关键词】 因果关系　行为概念　危害行为　主客观相统一　案件客观行为　客观归责

厘清刑法因果关系是解决刑事责任归属问题的基础性前提。而"行为"则是认定因果关系的核心概念,合理界定"行为"概念对于判断因果关系的理论学说发展具有重要意义。

---

* 上海政法学院教授。

** 上海政法学院刑事司法学院刑法学硕士研究生。

我国刑法学界一般认为,刑法中因果关系是危害行为与危害结果之间的关系,具体体现为一种引起与被引起的关系。马克思主义哲学认为,世界是普遍联系的,联系是发展变化的。而对于刑法理论乃至刑事司法而言,是对于已然发生的案件事实的因果关系判定及有关行为人的刑事责任归结。因此,刑法因果关系范畴所涉及的范围不应当无限扩大,其认定不应当处于发展变化之中。在此基础上,应当全面、准确地判断案件中的行为与案件中的结果之间的因果关系,最终为刑事责任的承担提供客观事实基础。

一、问题的提出:刑法因果关系中理论构建之两大困境

正如有的学者所言,“在我国传统的刑法学中,行为论严重地被忽视,甚至根本就没有行为论的体系性地位”。[1] “行为”是刑法理论研究与刑事立法、刑事司法必须要重视的基础性范畴。然而,我国在刑法因果关系理论的构建过程中却出现了引入许多哲学范畴,诸如“偶然性”“必然性”“相当性”等高度抽象的概念,造成理论研究无法深入、适用标准不明确等问题。即便是已成为通说的“危害行为说”,也存在主观价值判断色彩浓厚、缺乏相对明确的认定标准困境,其他行为学说也都存在一定的不足之处。

(一)刑法因果关系理论研究的泛哲学化

哲学是一门逻辑思辨性强、概念抽象性的,以提供方法论指导为根本任务的学问。而我们的刑法理论研究包括刑法实务都带有极强的实践性特征,不能够脱离实际,深陷于高度抽象的理论构建之中。我国对于刑法因果关系的理论研究较晚,而且是受到苏俄刑法理论的深刻影响,尤其是行为概念的确立带有浓厚的社会危害性理论色彩。[2]

“刑法因果关系理论的哲学基础的任务是在其哲学观能够获得共识的前提下,

---

〔1〕 陈兴良:《行为论的正本清源——一个学术史的考察》,载《中国法学》2009 年第5 期。
〔2〕 陈兴良:《行为论的正本清源——一个学术史的考察》,载《中国法学》2009 年第 5 期。

为刑法因果关系理论的建立提供一个基础。”[1]诚然,在刑法理论尤其是因果关系理论中融入基本的哲学方法论有助于理论的研究与案件的处理。但在刑法学这样一个实践性很强的学科之中融入过多的高度抽象的、缺乏统一判定标准的概念,无益于刑法理论的发展与刑事司法的开展。根据一般观点,刑法因果关系之引起与被引起这种关系是客观的,是一种价值无涉的事实关系。就我国当前的刑法理论尤其是刑法因果关系的研究而言,其泛哲学化主要体现在以下两个方面:

一是刑法因果关系分类的多样性争议。刑法因果关系的合理分类,有助于刑法因果关系理论有针对性的完善,提高因果关系判定的效率。关于因果关系,根据马克思主义哲学的观点,存在一因一果、一因多果、多因一果、多因多果等类型。相应地,刑法因果关系也存在着同样的类型,这种基本认识是对于马克思主义哲学因果关系理论在刑法学当中的合理应用。其中,较为复杂的就是多因一果和多因多果的刑法因果关系之判定。就前者而言,笔者认为应当首先从客观事实关系层面判定行为与结果之间有无因果关系,再进行主观罪过的认定,最后看谁的行为对结果的发生所起的作用性更大。而对于多因多果情形下的因果关系判定,则需要先从结果入手,以多因一果的刑法因果关系之判定思维进行多个多因一果的刑法因果关系的拆分判断。但是,在刑法因果关系理论的研究发展过程中,却出现了过度哲学化的倾向,比如在刑法因果关系类型的问题上,出现了简单因果关系、复杂因果关系与中断因果关系之分;绝然因果关系、必然因果关系、或然因果关系与偶然因果关系之分;现实的因果关系与可能的因果关系;高概率因果关系等。[2] 这实际上是增加了刑法因果关系辨识及判定过程中的高度抽象性、不确定性与可操作性。

二是刑法因果关系判定的方法论争议。哲学因果关系的基本方法论意义对于刑法因果关系而言,就是要坚持客观性与普遍性。也就是说,一方面,我们应当看到刑法领域中因果关系是客观存在的,行为是客观存在的,行为与结果之间的联系也是客观存在的。因此,不能主观臆断、无限扩大产生结果的行为范围。另一方面,由于因果联系是普遍存在的,那么,在面对发生的案件时,就应当全面地查找引发结果的行为,研究分析它们之间的因果关系,从而使得刑事责任承担主体没有被遗

---

〔1〕 陈信勇、张小天:《刑法因果关系理论的一个哲学基础》,载《法学研究》1994 年第 1 期。

〔2〕 刘志伟、周国良:《刑法因果关系专题整理》,中国人民公安大学出版社 2007 年版,第 39 ~ 43 页。

漏。当然,刑法是最后的保障法,不应当处罚不值得处罚的行为,但这并不影响我们对于刑法因果关系进行全面的分析,这有利于确定产生原因的行为各自的原因力即作用大小。在当前的刑法因果关系理论的研究过程之中,对于因果关系的判断,分为偶然因果关系、必然因果关系、相当因果关系,相对应产生了不同的刑法因果关系的判断标准:在必然与果然因果关系之中,看介入因素是否异常、发挥作用的大小。在相当因果关系之中,看通常情况下某种行为是否会产生某种结果。就前者而言,对"判断异常的标准来自事实,还是来自规范"[1]存在较大争议。对于相当性的判断,也存在如何具体理解"通常情况"标准的问题。

因此,刑法学理论对于哲学因果关系的运用应当有一个度,即吸收其中有利于解决刑法因果关系认定的范畴与方法论,增加可操作性,而不应当泛哲学化,使刑法因果关系理论更加地复杂化。

(二)对刑法因果关系中行为概念之争议

犯罪是一种行为,不惩罚思想,这已经成为近现代刑法学界的共识。刑法中的行为概念是在德国哲学家黑格尔所著的《法哲学原理》一书中得到独立定义的。[2]我国长期以来对于刑法中行为概念的研究都是建立在20世纪50年代之后引入的苏俄刑法理论之上。尽管我国在刑法行为理论的研究上不够深入,但在因果关系中的行为概念问题上也形成了几种具有代表性的学说。

"行为论"的代表性观点包括:刑法中的因果关系是指人所实施的行为与危害结果之间的因果关系;刑法中的因果关系是指人所实施的造成严重危害结果的行为与危害结果[3]之间的因果关系。"危害行为说",也即当前我国刑法理论界的通说,认为刑法因果关系研究的是行为人的危害社会的行为与危害结果之间的因果关系,其中又根据所包含的行为的类型,将危害行为分为只包括实行行为的危害行为和包括实行行为与预备行为的危害行为。"违法行为说"认为,刑法因果关系是

---

[1] 姚建龙主编:《刑法学总论》,北京大学出版社2016年版,第122~124页。

[2] 李东海:《刑法原理入门(犯罪论基础)》,法律出版社1998年版,第25页。

[3] 根据行为说当中后一种观点对于前一种观点的修正,相应的此处的"危害结果"应当是指严重危害结果。

行为人的违法行为与危害结果之间的关系。“刑事违法危害行为说”认为,刑法因果关系是客观上违反刑法规定的、符合犯罪构成要件的危害社会的行为同危害社会的结果之间的因果关系。“犯罪行为说”认为,刑法因果关系是犯罪行为与犯罪结果之间的因果关系。[1]

就前四种观点而言,不管是提出者,抑或是批评者,都是将自己的观点建立在社会危害性理论的基础之上,而何为“危害”?如何认定“危害”?一般认为,具备了刑事违法性也就可以认定具有了社会危害性,而又如何认定具有刑事违法性呢?也即刑法为何将某一行为规定为犯罪并设置刑罚,原因在于其“危害”社会。从我国刑法中对于犯罪概念的法律界定就可以看到“危害”一词的身影。[2] 这种刑事违法性与社会危害性的互相论证,陈兴良教授称之为犯罪客体与危害行为的循环论证:“在四要件的犯罪构成中,社会危害行为被视为核心,导致对行为本身的本体性要素缺乏深入研究。在确定某一个行为是否属于危害行为的时候,需要考察的并不是行为本身的事实特征,而是行为的危害社会的性质。但行为危害社会的性质本身又不是行为所决定的,而是犯罪客体这一要件所决定的。在这种情况下,行为的价值判断又不是在行为论中完成的,而是依赖于犯罪客体。”[3]这使我国的行为理论看似严密,实则缺乏理论支撑。简言之,判定标准模糊、循环论证的社会危害性理论已经成为我国刑法因果关系之行为理论研究发展必须要逾越的藩篱。

此外,上述这些学说,并未对“行为”本身作出界定或解释,这也是我国行为理论发展不足的表现之一。对此,有学者借鉴行为科学,从人性角度对“行为”概念进行重新定义,认为刑法中的行为,就是“行为人控制或应该控制的客观条件,作用于具体的人或物的存在状态的过程”。这一概念强调“行为人”的主观能动性,当主观能动性对社会产生消极作用时,最终体现出来的就是刑法中所谓的“社会危害”。同时,此观点还认为,只有行为主体能够控制(包括控制或应该控制)的客观事实,

---

〔1〕 刘志伟、周国良:《刑法因果关系专题整理》,中国人民公安大学出版社2007年版,第7~12页。

〔2〕 我国《刑法》第13条规定:“一切危害国家主权、领土完整和安全,分裂国家、颠覆人民民主专政的政权和推翻社会主义制度,破坏社会秩序和经济秩序,侵犯国有财产或者劳动群众集体所有的财产,侵犯公民私人所有的财产,侵犯公民的人身权利、民主权利和其他权利,以及其他危害社会的行为,依照法律应当受刑罚处罚的,都是犯罪,但是情节显著轻微危害不大的,不认为是犯罪。”

〔3〕 陈兴良:《行为论的正本清源——一个学术史的考察》,载《中国法学》2009年第5期。

才可能归因于主体,才可能是主体的行为。并且,通过“客观条件”对外界引起变化的过程,其行为的对象则是影响“具体的人或物的存在状态”,从而体现对于刑法所保护的社会关系的侵犯或者威胁。[1] 这一理论无疑在一定程度上填补了我国刑法理论界对“行为”本身从刑法意义上的进行研究与界定的薄弱之处。

就最后的犯罪行为说而言,其存在的问题则是并未解释这里的“犯罪”是刑法学意义上的,还是犯罪学意义上的,存在概念不清的问题。进一步而言,犯罪学意义上的犯罪行为与刑法学意义上的犯罪行为都离不开“社会危害性”这一关键,因而,还是回到了如何界定“社会危害性”这一概念。

二、正本溯源:刑法因果关系核心要素的多视角考察

鉴于刑法因果关系理论研究的泛哲学化倾向,应当回到“行为”以及“因果关系”的本来面目去认识、研究刑法因果关系理论。一方面,对于“行为”的本质与内涵,应当从不同学科去进行考察,从而找到“行为”的本质特征;另一方面,应当看清马克思主义哲学当中“因果关系”的基本的、本来的面貌,考察与刑法因果关系的异同,将马克思主义哲学因果关系理论当中适宜刑法学理论吸收借鉴之处进行刑法学科内的转化。

(一)对刑法因果关系中“行为”的多学科探究

关于“行为”的概念,在汉语词汇上将其定义为“人的有意识的活动”,而“意识”则是指“人脑对客观物质世界的反映”。简言之,“行为”就是人将内在意识表现于外而形成的一种结果。对“行为”的界定也可以从不同的学科领域进行,主要涉及哲学中的行为概念、心理学中的行为概念、社会学中的行为概念、法律学中的行为概念、生物学中的行为概念、程序设计语言术语中的行为概念等。其中,从哲学、心理学、社会学、法学等维度进行的行为概念界定对于刑法因果关系当中“行为”概念的理解有着一定的借鉴作用。

---

[1] 刘霜:《刑法中的行为概念研究》,郑州大学出版社 2016 年版,第 125 ~ 127 页。

在西方哲学上,"行动哲学认为'行动'(action)和'行为'(behavior)的区别在于有没有'意向性'。行动当然是行为,而行为,如果不具有意向性的话,就不是行动"。[1] 可见,行动比行为更加高级、更加复杂。在心理学上,行为不仅包括"我们直接观察的外部事件,还包括情感、态度、思维等能够为现代科学间接测量的内隐过程"。就外部事件而言,它是与行为相对的概念。[2] 只有所谓的"内隐过程"对于刑法学中的行为概念在某种程度上具有一定的借鉴意义。在社会学上,对行为最简洁的定义是主体对环境的反应,是主体的一种活动,具体而言包括三个层面:一是行为的生物层面,即人类的行为模式受到基因即遗传因素和生物系统的影响;二是行为的心理层面,主要包括心理过程和心理结构,其中,前者是指认识、意志、情绪与情感等一系列心理活动;三是行为的社会层面,即个体的行为其实是个体与社会互动的结果。[3] 同其他科学领域中的"行为"概念相比,社会学上的"行为"概念涉及范围则更加广泛。在法学上,国外学者将行为定义为可受意志控制的、与环境和结果发生联系的身体活动,在我国,"法律行为"是指具有法律意义和属性,能够引起一定法律后果的行为,包括非基于意识或意志支配的行为意识或意志的外部举动以及没有外部举动的身体动静。[4] 这一概念与刑法中将会涉及的"行为"在概念上具有一定的相似性。

基于各学科领域对"行为"概念的界定,发现其所呈现出来的共同特征有二:一是心理性。都体现出人这一主体的内在心理反应或过程。二是外化性(或者互动性)。人作为一个社会主体,由于社会交往的需要,必然要将其内在心理或意识予以外化,与外界产生互动。因此,在人类"行为"这个概念之中的"人""心理""互动"是必不可少的三个因子。

通过以上多学科行为概念的剖析,我们可以发现,"行为"的内涵丰富,其应用也非常广泛,而在刑法学当中其基本含义却被"危害行为""实行行为""预备行为"

---

〔1〕 童世骏:《"行动"与"行为":现代西方哲学研究中的一对重要概念》,载《社会观察》2005 年第 3 期。

〔2〕 转引自刘霜:《刑法中的行为概念研究》,郑州大学出版社 2016 年版,第 22 ~ 34 页;周晓红:《现代社会心理学》,上海人民出版社 2000 年版,第 9 页。

〔3〕 汪新建主编:《人类行为与社会环境》(第 2 版),天津人民出版社 2016 年版,第 1 ~ 2 页。

〔4〕 付子堂主编:《法理学初阶》,法律出版社 2015 年版,第 162 页。

"教唆帮助行为"等术语所湮没。事实上,这些概念都是要以基本的"行为"概念作为基础的,并不能认为研究刑法就没必要去研究作为刑法术语构建基石的基础性范畴,也并不因此丧失刑法研究的专业槽。实际上,"行为"已经成为一门科学,中国也于1985年在北京成立了中国行为科学学会,行为法学也日益兴起。[1] 也应当看到,作为基础性的"行为"概念,其内含与外延过于宽泛,不宜直接作为刑法因果关系中的行为概念来加以使用。对于基础性"行为"概念的研究是一个一体两面的问题,既要重视对其的研究,又不能作为刑法学术语直接将其引入刑法学具体理论的构建中。

(二)刑法因果关系与哲学因果关系之差异

一般认为,刑法因果关系与哲学上的因果关系是个别与普遍的关系,后者为前者提供方法论意义上的指导作用。这其中更多强调的是二者之间的共性,而刑法因果关系与哲学上的因果关系有哪些不同之处?笔者认为,主要存在以下几点不同:

其一,研究目的不同。研究哲学上的因果关系是为了提供认识世界、改造世界的方法论,而研究刑法上的因果关系只是为了解决刑事案件当中行为与结果之间的事实上的因果关系,从而为进一步解决刑事责任的归属提供客观事实依据。这点不同是外在的,并非两种因果关系本身存在的不同。

其二,内容广度不同。哲学上的因果关系基于理论构建与发展的需要,包含着众多的概念性范畴,且这些概念性范畴有着极其的重要性。而刑法上的因果关系的必然性、偶然性、内因外因以及其他因果关系的内在的性质,不是刑法因果关系所要考察的内容。看待刑法的因果关系,就是应该从一个纯粹的刑法角度着手。[2] 也就是说,刑法因果关系不需要引入太多高度抽象的哲学概念范畴。

其三,"引起与被引起关系"。哲学因果关系当中不强调外显性,即不强调对外部物质世界造成一定的后果;而刑法因果关系则是强调行为人意识支配下的行为

---

[1] 张善恭:《行为法学》,上海人民出版社2015年版,第14~15页。

[2] 朱薛峰:《跨越哲学因果关系的刑法因果关系》,载《黑龙江省政法管理干部学院学报》2002年第3期。

对客观物质社会所造成的一定后果。由此可见，哲学因果关系与刑法因果关系并非一般意义上的普遍与个别的关系。基于刑法因果关系理论形成的根本原因在于解决刑事责任的归属问题，因此，刑法因果关系客观外在行为所造成的后果由谁来承担责任的问题。

对于刑法因果关系判断的理论学说，有学者对国外的条件说与原因说之分提出了批判，认为将哲学中的内外因理论生搬硬套到刑法因果关系之中是不合适的，刑法因果关系中的结果都是由"外因"即行为人的行为造成的，因此，刑法意义上所区分出来的"原因"与"条件"都是哲学意义上的"外因"。[1] 我国刑法学家主张的"必然因果关系"与"偶然因果关系"之分，实际上每个个案的发生都有具体的发生条件，即便是本质的、合乎规律的发生，也需要在一定的具体环境之中发生，也就是说案件所涉及的因果关系本身就不是凭空的，也不会必然发生，而是需要一定的具体时空环境。因此，过于强调因果关系发生的必然性，不利于认定刑法因果关系。

三、概念重塑：刑法因果关系之中的"案件客观行为"

在解决刑事责任归属问题上，我国刑法学界坚持的是"主客观相统一"的因果关系理论，德国则极为推崇客观归责理论。前述，已经对多学科领域中的"行为"、"因果关系"以及"刑法中的行为"进行了一定的探究，同时，也应当取长补短，对客观归责理论中符合我国刑法理论与实践的合理之处进行一定的吸收借鉴。在此基础上，如何重新提出一个新的"刑法中的行为"概念以及论证一个相应的刑法因果关系则是本文的一点尝试，以期对我国刑法因果关系理论与实践的展开有所裨益。

（一）对客观归责理论之两点借鉴

客观归责理论发端并流行于德国刑法学界，其目的就是解决刑法因果关系的认定问题。何谓客观归责理论？我国学者总结认为，在判断不定型的实行行为与结果的关系时，就是"先采取条件关系，从存在论的角度肯定与行为结果（如伤亡）之

---

〔1〕 朱薛峰：《跨越哲学因果关系的刑法因果关系》，载《黑龙江省政法管理干部学院学报》2002年第3期。

间有因果关系的行为是不定型的实行行为(如杀人、伤害行为),再通过规范评价,得出能否将该结果归责于该行为的结论"。[1] 简言之,客观归责理论是事实判断加规范判断的一种归责机制,也被称为先归因后归责。

上述是对客观归责理论的一个整体性认知,而对于客观归责理论当中的一些具体规则是否可以用以完善我国的刑法因果关系理论则是学界值得思考和深入研究的。笔者认为,对于客观归责理论,我国刑法学理论至少有以下两点可以适当借鉴吸收。

一是吸收"创设不允许的风险"[2]中的"风险"概念。在我国,关于犯罪的本质坚持的是"社会关系说",即犯罪行为侵害了刑法所保护的社会关系,所以该行为应当受到刑法处罚。这也是认为行为具有社会危害性的根据。因此,在刑法因果关系的判断过程中,我们会先认定某一个结果所体现的客体是否是刑法所保护的社会关系,从而决定行为是否应当被刑法处罚。然而,何谓社会关系?我国《刑法》第13条规定:"一切危害……政权和推翻社会主义制度,破坏社会秩序和经济秩序,侵犯国有财产或者劳动群众集体所有的财产,侵犯公民私人所有的财产,侵犯公民的人身权利、民主权利和其他权利,以及其他危害社会的行为……"从该条刑法规范我们发现,对于"危害社会"的界定,不仅存在"国家""社会""个体"三个主体被"社会"所囊括的问题,而且也存在把"权利"等同于"社会关系"的问题。因此,在认定刑法因果关系的过程中,在无法找到对应的"社会关系"时,应当借鉴"风险"概念。需要注意的是,这里所说的"风险"并非通常意义上的风险,而是指有为刑法所禁止的对国家、社会、个人所产生的法定风险。

二是借鉴客观归责理论坚持的"归因"与"归责"相分离。我国传统刑法因果关系理论中坚持的是"主客观相统一原则",这是一种极大的进步,摆脱了单纯的结果归责所带来的极端不正义。具体而言,"主客观相统一原则"就是要求,既要判断某一行为是否造成了某一结果,又要判断实施这一行为的行为人在主观上是否具有可谴责性。然而,对于事实层面,也即客观层面的行为与结果的因果关系判断方法却是众说纷纭,如条件说、偶然因果关系、必然因果关系、相当因果关系等,而何谓

[1] 张明楷:《犯罪论的基本问题》,法律出版社2017年版,第90~91页。
[2] 陈兴良:《从归因到归责:客观归责理论研究》,载《法学研究》2006年第2期。

“偶然”“必然”“相当”都带有强烈的哲学色彩，对于常人在具体案件中的判断，可谓仁者见仁、智者见智，无疑增加了因果关系判断的难度。因此，对于哲学因果关系的引入只应当转化其最基本的因果关系概念与模式，不应当使刑法因果关系的判断过于哲学化，增加理论发展与司法适用的难度。笔者认为，应当借鉴客观归责理论中“归因”与“归责”严格两分的精神，在事实因果关系的判断层面减少不必要的主观价值判断。正如有的学者提出，在刑法因果关系的判断过程中只需要“条件说”即可解决事实因果关系的判断。〔1〕

（二）刑法因果关系之“行为”新论

“无行为无犯罪、无责任无刑罚”，刑法因果关系理论成为践行这一法律格言的重要一环。判定事由具有刑法因果关系存在是解决刑事责任承担的客观基础。“通过对客观事件性质的认定来判断是否应该负刑事责任，但并不是刑事责任本身。”〔2〕承担刑事责任的法律依据在于法定的犯罪构成要件，哲学依据在于拥有自由意志而选择了违反保护法益的刑法规范。从刑法理论上，我们不会去设想一个结果，再去寻找存在刑法因果关系的行为，而是假定某一行为会发生什么样的结果，就会存在相应的因果关系。

当发生一个案件之后，往往展开这样一个思维过程：第一步，看到案件中的结果。这里的结果是广义的，包括一切由行为所造成的结果，并非仅指严重结果。第二步，思考是什么行为造成的，也就是因果关系的判断。在这一过程当中会存在一些较为复杂的问题，如刑民交叉、刑行交叉现象。对此，一般认为，应当以“严重的社会危害性”标准将这些行为中不值得刑法处罚的行为予以筛除。但笔者认为在此阶段，还不适合过早做规范的、价值的判断，这样很容造成人为将应当犯罪化的行为非犯罪化的空间过大。因为对“严重社会危害性”的判断无法制定一个统一认定标准。第三步，寻找是谁的行为造成的结果。这一阶段的认定也不会涉及是否具有责任能力问题。第四步，分析是什么原因造成的行为。此时，需要做两项工作，一是判断行为违反了何种性质的法律规范。二是认定行为人主观上是否具有罪过以

---

〔1〕 冯亚东、李侠：《从客观归因到主观归责》，载《法学研究》2010 年第 4 期。

〔2〕 姜敏：《“客观归责”在中国犯罪论体系中的地位研究》，载《法学杂志》2016 年第 6 期。

及罪过样态。此种逻辑的展开或许会受到质疑,认为无限扩大了刑法中的行为认定范围。但笔者认为,司法实践中只会根据具体个案来进行,而不是超出接受的案件范围无限扩大"行为"的范畴。

对于行为的类型,刘士心教授提出了"基础行为"的概念,即是指前构成要件的行为,包括可能侵害法益的行为以及正当化行为,同时,他认为"刑法评价应当以评价对象的存在为前提,'危害社会的行为'或'符合构成要件的行为'本质上都是对一定的行为进行价值判断和规范评价后得出的结论"。[1] 对于刘教授的上述论断笔者基本认同,但就"基础行为"这一概念的表述存在一定的不同看法:基础行为应当是一个行为发展过程当中的一个阶段,而不管是前构成要件行为、构成要件内部行为,还是犯罪行为,都是对于已然发生的行为的不同评价阶段的一个阶段性结论,并非行为本身的一个动态发展变化过程。就刑法当中的"行为而言",在没有进行规范评价之前应当强调的是其客观性与全面性,当然这里的全面并非漫无边际,应当以个案范围作为限定条件。

因此,笔者尝试提出一个刑法因果关系中的新概念——案件客观行为,此处的"案件客观行为"指的是法定机关受理的案件中的客观存在的事实行为。此概念,不仅排除了行为人实施的与案件无关的行为,也避免因过早进行规范的、价值的判断而造成人为对犯罪化的不当干预。此外,相对应地,也应当修正刑法因果关系中的"结果"概念,可将其界定为"案件后果"。至此,刑法因果关系的概念将被重新界定为:"案件客观行为与案件后果之间的一种事实上的引起与被引起的关系。"而在此种概念语境下如何构建刑法因果关系,笔者赞同冯亚东教授提出的"最简捷"判断说,即只需要运用"条件说"便可解决刑法因果关系认定,不需要创造、运用其他规范判断学说。[2]

对于我国刑法因果关系理论的构建与发展,除了要改变我们本身存在的泛哲学化问题,还应当合理借鉴其他法系其他国家刑法因果关系理论之中适合我国刑法学的合理因素,并进行本土化改造。前面已经谈及,我国对于客观归责理论的借鉴主要在于两点:一是借鉴"风险"理念对社会危害性理论进行改造;二是借鉴"归

---

〔1〕 刘士心:《刑法中的行为理论研究》,人民出版社 2012 年版,第 7 页。

〔2〕 冯亚东、李侠:《从客观归因到主观归责》,载《法学研究》2010 年第 4 期。

因”与“归责”两分机制,在“四要件”犯罪构成理论体系之下,对我国的刑法归责体系进行完善。我国刑法的归责体系可称为“一次归因、二次归责”,即在“四要件”犯罪构成理论体系之下进行一次刑法因果关系的判定,进行两次刑事责任的认定:主体条件不符合的,排除刑事责任的承担;主观方面没有罪过的,排除刑事责任的承担。同时,这一过程也体现出了我国刑法在刑事责任认定上所坚持的“主客观统一原则”,其中的客观就是将结果归属于一定的行为和行为人,主观则是查明行为人实施该行为时主观上的心理状态(故意或是过失)。因此,总体上而言,我国的刑事责任归责理论体系不存在根本性缺陷,需要的是如何在行为理论上有长足的进步是刑法学界需要共同努力的方向。以上两点借鉴也是我国刑法理论研究应当重点研究的方向,在此,只做抛砖引玉之谈。

四、结语

刑法因果关系理论是刑法学研究中的核心问题,也是难点问题,它对于解决刑事责任的归属,发挥刑法的机能具有重要意义。如何发展和完善行为理论依然是我国刑法学研究的重要任务,如何与时俱进应对社会变迁中的新型犯罪行为也是因果关系理论应该予以研究的重要导向。

本文并没有从刑法因果关系理论的具体疑难理论点入手,也未以个案形式进行演绎推理,主要是对刑法因果关系进行了基础性范畴的剖析,反思了我国刑法因果关系理论研究过程中的泛哲学化现象。最终,抛开纷繁复杂的理论争议,从一个回归本源的视角,提出界定刑法因果关系理论中“行为”概念的新尝试。这也算是对刑法因果关系理论的一点反思性思考。当然,本文还有一些需要完善之处,期待各位读者提出宝贵意见。

论相当因果关系说的三种形态

邹兵建*

【摘　要】 我国学界以往倾向于以一种静态的眼光看待相当因果关系说,将其视为一个一成不变的理论学说。但实际上,它是一个不断发展的理论学说,包含了多种可能的理解路径。只有准确把握了相当因果关系说的发展脉络和实质要义,才能对其做出客观公允的评价。运用“理想类型”的分析方法,根据考察对象和判断标准的不同,可以将相当因果关系说分为概率论的相当因果关系说、经验论的相当因果关系说和规范论的相当因果关系说。在考察对象上,相当因果关系说经历了从只考察因果流程相当性到既考察行为相当性又考察因果流程相当性的转变过程。在判断标准上,相当因果关系说经历了从事实性的、经验性的判断标准到规范性的判断标准的转变过程。在采用事实性判断标准的阶段,相当因果关系说的主要缺陷在于无法实现从事实到规范的跳跃。而在采用规范性判断标准的阶段,相当因果关系说的主要不足在于未能为抽象的判断标准提供具体的、有可操作性的下位规则。相当因果关系说尤其是规范论的相当因果关系说为客观归责理论奠定了坚实的理论基础。

【关键词】 相当因果关系说　行为相当性　因果流程相当性　介入因素　禁止风险

---

* 天津财经大学法学院副教授,法学博士。本文原载《清华法学》2019 年第 4 期,有改动。陈兴良教授和两位匿名评审专家对本文提出了宝贵的修改意见,在此表示感谢。本文文责自负。

一、问题的提出

在结果犯的场合，欲追究行为人故意犯既遂或过失犯成立的刑事责任，不仅要求其实施了构成要件行为，而且还要求该行为与特定的法益损害结果之间具有刑法上的因果关系。刑法因果关系问题历来都是刑法教义学中的疑难问题。为了解决这个问题，国内外刑法学界提出了多种理论学说。21 世纪初以来，中国刑法学踏上了以德日刑法学为师的知识转型之路。在刑法因果关系问题上，这场知识转型具体体现为我国学界放弃了源自苏俄刑法学的必然因果关系说与偶然因果关系说，转而采用了源自德日刑法学的区分归因与归责的判断模式。[1] 在归因阶段，条件说占据着通说地位；[2]而在归责阶段，我国学界目前还存在着相当因果关系说与客观归责理论之争。

相当因果关系说主张，只有那些与结果的发生具有相当性的行为，才能在刑法上被视为引起结果发生的原因。借助于相当性的判断，相当因果关系说将偶然的、罕见的因果流程排除于原因之外。相当因果关系说在不同的国家占据着不同的理论地位。在德国，相当因果关系说在学界不乏支持者，但远没有达到通说地位，而它对司法实务界的影响则更加微弱。[3] 在日本，相当因果关系说不仅是理论上的通说，而且对司法实务的影响也很大。[4] 20 世纪末 21 世纪初，相当因果关系说传入我国，受到了我国学者的高度肯定，[5]并对我国的司法实践产生了

---

〔1〕 陈兴良：《从归因到归责：客观归责理论研究》，载《法学研究》2006 年第 2 期；孙运梁：《事实判断与规范归责：因果关系与客观归责的功能界分》，载《法学论坛》2013 年第 1 期。

〔2〕 邹兵建：《条件说的厘清与辩驳》，载《法学家》2017 年第 1 期。

〔3〕 Vgl. Claus Roxin, Strafrecht Allgemeiner Teil, Bd. Ⅰ, 4. Aufl. 2006, § 11. , Rn. 39. ；[德]汉斯·海因里希·耶赛克、[德]托马斯·魏根特：《德国刑法教科书》（上），徐久生译，中国法制出版社 2017 年版，第 388 页。

〔4〕 [日]大塚仁：《刑法概说（总论）》（第 3 版），冯军译，中国人民大学出版社 2003 年版，第 186～187、197～200 页；[日]西田典之：《日本刑法总论》，刘明祥、王昭武译，中国人民大学出版社 2007 年版，第 74～85 页。

〔5〕 陈兴良：《刑法因果关系研究》，载《现代法学》1999 年第 5 期；黎宏：《刑法因果关系论反思》，载《中国刑事法杂志》2004 年第 5 期。

一定的影响。[1] 然而，近十年来，随着客观归责理论研究的不断深入，很多原本支持相当因果关系说的我国学者转而支持客观归责理论。[2] 相应地，相当因果关系说在我国的理论地位有所回落。

尤其值得注意的是，在数年前，围绕着相当因果关系说与客观归责理论孰优孰劣的问题，我国学者刘艳红教授、周光权教授和张明楷教授三人展开了一次较为深入的正面交锋。[3] 这场交锋深化了我国学界对客观归责理论的理解，推动了我国刑法因果关系的理论研究，值得充分肯定。不过需要看到，这场交锋是以对客观归责理论的批判或辩护的形式展开的，其议题主要聚焦于客观归责理论。正是因此，上述争论虽然深化了学界对客观归责理论的研究，但是未能加深学界对相当因果关系说的理解。然而，只有同时对相当因果关系说和客观归责理论都作了深入的理解，才能对这两个学说的优劣得失做出全面公允的评价。就此而言，上述交锋忽略了对相当因果关系说的理解和评述，是有所偏颇的。

诚然，与客观归责理论相比，相当因果关系说的判断规则会稍微简单一些。但这并不当然意味着，我国学者对相当因果关系说的理解就已经完全到位了。我国学界以往倾向于以一种静态的眼光看待相当因果关系说，将其视为一个一成不变的理论学说，并且将研究的重点主要放在判断基础问题上的主观说、客观说与折中说之争上。但实际上，相当因果关系说是一个不断发展的理论学说，包含了多种可能的理解路径。下文将述，运用马克斯·韦伯提出的"理想类型"方法，根据考察对象和判断标准的不同，可以将相当因果关系说分为概率论的相当因果关系说、经验论的相当因果关系说和规范论的相当因果关系说。这三种不同的相当因果关系说

---

〔1〕 "龚晓玩忽职守案"，载最高人民法院刑事审判庭主编：《刑事审判参考》（第37辑），法律出版社2004年版，第78～83页；"牟伦秀交通肇事案"，载最高人民法院中国应用法学研究所主编：《人民法院案例选》（第60辑），人民法院出版社2007年版，第41～48页；"李翠华交通肇事案"，载国家法官学院、中国人民大学法学院编：《中国审判案例要览（2011年刑事审判卷）》，中国人民大学出版社2013年版，第83～86页。

〔2〕 例如，周光权教授早期赞成相当因果关系说而反对客观归责理论（周光权：《刑法中的因果关系和客观归责论》，载《江海学刊》2005年第3期），后来转而成为客观归责理论的坚定支持者（周光权：《客观归责理论的方法论意义——兼与刘艳红教授商榷》，载《中外法学》2012年第2期）。

〔3〕 刘艳红：《客观归责理论：质疑与反思》，载《中外法学》2011年第6期；周光权：《客观归责理论的方法论意义——兼与刘艳红教授商榷》，载《中外法学》2012年第2期；张明楷：《也谈客观归责理论——兼与周光权、刘艳红教授商榷》，载《中外法学》2013年第2期。

既分享一些共同的理论立场，又有各自不同的观点主张，因而也会面临各自不同的问题。只有对它们都作了全面而准确的理解，才能真正把握相当因果关系说的实质要义，从而对其做出客观公允的评价。而且，理论上普遍认为，客观归责理论是在相当因果关系说的基础之上发展出来的，二者在方法和立场上存在继受关系。[1] 只有准确把握了相当因果关系说的发展脉络，并以此作为参照背景，才能深刻理解客观归责理论的学术使命、理论贡献与未尽课题。有鉴于此，本文拟在学界既有研究的基础上，按照理论学说的发展脉络，对相当因果关系说做一个系统研究。

二、概率论的相当因果关系说

相当因果关系说由德国逻辑学家和医学家冯·克里斯(Johannes v. Kries)创立于1889年，其理论初衷是限制结果加重犯的处罚范围。彼时德国刑法规定，只要行为人的行为与加重结果有因果关系，无论该行为人是否预见了该加重结果，都可以对该行为人判处较之于基本犯更重的刑罚。[2] 在这种情况下，如果适用条件说就意味着，行为人只要在客观上引起了加重结果，就需要对该加重结果负责，从而使结果加重犯的处罚范围过于宽泛。为了解决这个问题，冯·克里斯创立了相当因果关系说。他提出，欲使行为人对加重结果负责，不仅要求其行为与该加重结果之间具有条件关系，而且还应要求行为和加重结果之间的因果关系具有相当性。相当因果关系说被创立出来后，很快便冲出了结果加重犯的范围，成了一个一般性的因果关系理论。

(一)概率论的相当因果关系说的基本内容

对于相当因果关系说而言，最为关键的问题无疑是，如何理解其中的"相当性"。对此，冯·克里斯以掷骰子为例进行了说明：每一面被掷出的概率通常都是1/6，这个客观上的概率与人的期待无关，而相当性就是这样一个与主观认识完全无

---

[1] [德]许迺曼：《关于客观归责》，载许玉秀、陈志辉合编：《不疑不惑献身法与正义——许迺曼教授刑事法论文选辑》，台北，新学林出版股份有限公司2006年版，第543~548页。

[2] Vgl. Claus Roxin, Strafrecht Allgemeiner Teil, Bd. Ⅰ, 4. Aufl. 2006, §11., Rn. 39.

关的概率概念。[1] 也就是说,相当性就是指因果流程发生的概率达到一定的水平。至于多大的概率才属于"相当性",冯·克里斯并没有提供一个明确的标准,而只是认为要有"较大可能性"。[2] 鉴于这种相当因果关系说以因果流程发生的概率作为判断相当性的标准,本文称之为"概率论的相当因果关系说"。也就是说,相当因果关系说最早是以概率论的相当因果关系说的面貌登上理论舞台的。

除了判断标准外,概率论的相当因果关系说的考察对象也值得特别注意。冯·克里斯举过一个例子:一个马车夫因为不小心打瞌睡走错路而碰上闪电,马车所载的乘客因而被雷击毙。冯·克里斯认为,在本案中,如果马车夫没有因为打瞌睡而走错路,乘客便不会被雷击毙。因此,马车夫的瞌睡驾车行为确实处于导致乘客死亡的因果流程之中。换言之,该行为造成了乘客的死亡。但是,一般而言,因瞌睡驾车而走错路进而导致乘客被雷击毙这个因果流程发生的概率很低,不具有相当性。因此,马车夫的瞌睡驾车行为与乘客的死亡结果之间没有相当因果关系。[3] 由这段分析可以看出,概率论的相当因果关系说以整个因果流程作为考察对象。表面上看,这种考察对象的设定似乎没有什么特别之处。但是,将它与条件说及原因说的考察对象进行比较,就能看出其独特性。众所周知,条件说主张以必要条件作为刑法上的原因,而原因说则主张按照某种标准从多个必要条件中挑选出一个最为符合要求的必要条件作为刑法上的原因。为此,条件说需要考察,行为人的行为在某个特定的因果流程中是否发挥了作用;而原因说需要考察,行为人的行为在某个特定的因果流程中发挥了多大的作用。由此可见,无论是条件说还是原因说,都是以位于因果流程之中的一个条件(行为人的行为)作为考察对象。与之不同的是,概率论的相当因果关系说以行为人的行为所处的整个因果流程作为考察对象。

总之,概率论的相当因果关系说有两大基本主张:其一,以概率的大小作为相当性的判断标准;其二,以整个因果流程而非因果流程中的某个条件作为考察对象。相应地,本文对概率论的相当因果关系说的评析也需围绕这两大基本主张展开。

---

[1] Vgl. v. Kries, über die Begriffe der Wahrscheinlichkeit und Möglichkeit und ihre Bedeutung im Strafrecht, ZStW 9(1889), S. 528f.

[2] 许玉秀:《当代刑法思潮》,中国民主法制出版社2005年版,第372页。

[3] Vgl. v. Kries, über die Begriffe der Wahrscheinlichkeit und Möglichkeit und ihre Bedeutung im Strafrecht, ZStW 9(1889), S. 532.

(二)对概率论的相当因果关系说的评析

首先来看概率论的相当因果关系说的判断标准。概率是自然科学领域中的一个概念,具有客观性和准确性。从概率的角度去理解相当性,有助于维持刑法因果关系的客观性和准确性。这一点值得充分肯定,这也从一个侧面反映了当时的刑法理论受到了科学主义思想的深远影响。但是,以概率的大小作为相当性的判断标准,在理论上不无疑问。

一方面,以概率的大小作为刑法因果关系的成立标准,没有可操作性。众所周知,只有在相同条件下进行反复多次的实验,才能统计出一个概率的大小。而这种实验条件对于人类社会而言过于理想化,根本无法实现。[1] 退一步而言,即便能够统计出某种因果流程的概率,接下来的问题是,这个概率需要达到多高的程度,才能符合相当性的要求?对此,概率论的相当因果关系说无法给出明确答案。正如冯·克里斯自己承认的那样,"虽然实务上要获得个案间大致一致的结论并非不可能,但一个固定的规则是不可求的"。[2] 如此一来,概率论的相当因果关系说原本志在追求的因果关系的准确性这一目标便完全落空。

另一方面,更为重要的是,以概率的大小作为刑法因果关系的成立标准,在结论的妥当性上存在疑问。一则某个因果流程发生的概率很高,未必可以将结果归责于行为人的行为。弗莱彻教授曾举过如下的例子:杰克过失撞伤了黑社会头目盖勃,当盖勃在医院病房等待康复时,他的仇敌麦克将他杀死了。[3] 在本案中,由于盖勃平日里树敌很多,他在医院被谋杀的概率很高。按照概率论的相当因果关系说,便不得不认为,杰克的行为与盖勃的死亡结果之间具有相当因果关系,杰克需要为盖勃的死亡结果负责。而这个结论显然是荒谬的。二则某个因果流程发生的概率很低,未必不能将结果归责于行为人的行为。在行为人故意追求某个犯罪结果并取得成功的场合,即便在当时特定的条件下该因果流程发生的概率很低,也

---

〔1〕 邹兵建:《论刑法归因与归责关系的嬗变》,载陈兴良主编:《刑事法评论》(第31卷),北京大学出版社2012年版,第333页。

〔2〕 Vgl. v. Kries, über die Begriffe der Wahrscheinlichkeit und Möglichkeit und ihre Bedeutung im Strafrecht, ZStW 9(1889), S. 533.

〔3〕 See George P. Fletcher, Basic Concepts of Criminal Law, Oxford University Press, 1998, p. 65.

不妨碍将该结果归责于行为人的行为。[1] 例如,甲在森林打猎时,突然发现前方一百米处站立着多年不见的杀父仇人乙,便欲举枪毙之,乙发现甲后连忙转身逃跑,甲紧追不舍,并仓促地朝乙开了一枪,乙应声倒地,中枪身亡。事后查明,由于当时山路崎岖、光线昏暗、风力强劲,并且甲和乙都处于跑动状态,加之甲的猎枪中仅剩一颗子弹,在当时特定的情况下,甲成功击毙乙的概率仅为1‰。在本案中,甲的行为导致乙死亡的概率仅为1‰,显然不符合概率论的相当因果关系说中的相当性要求,但这并不妨碍司法者追究甲故意杀人既遂的刑事责任。综上,以概率的大小作为相当性的判断标准,无论是在理论的可操作性上还是在理论的正当性上,都存在难以克服的问题。

接着来看概率论的相当因果关系说的考察对象。可以肯定的是,以整个因果流程作为考察对象,为相当因果关系说开辟了广阔的理论发展空间。考察整个因果流程是否具有相当性,其逻辑前提是,所欲归责的行为人的行为处于这个因果流程之中并且发挥了实际作用。[2] 换言之,概率论的相当因果关系说的适用,以行为人的行为与结果之间的关系符合条件说为前提。这内在地决定了,相当因果关系说并不反对条件说,而是对后者的进一步补充。此外,在以条件说划定因果关系的最大边界之后,通过设定与原因说不同的考察对象,概率论的相当因果关系说没有继续以力学—物理学的视角进行纠缠,从而避免了犯与原因说相同的错误。

不过,将整个因果流程作为考察对象,必然会对位于同一个因果流程之中的各个条件作相同评价,从而无法对它们进行有效甄别。例如,甲把乙打成重伤后扬长而去,乙的朋友丙将乙送往医院,医生丁对乙进行手术抢救,但最终手术失败,乙死

---

〔1〕 Vgl. Claus Roxin, Strafrecht Allgemeiner Teil, Bd. Ⅰ, 4. Aufl. 2006, §12., Rn. 8;[德]许迺曼:《关于客观归责》,陈志辉译,载许玉秀、陈志辉合编:《不移不惑献身法与正义——许迺曼教授刑事法论文选辑》,台北,新学林出版股份有限公司2006年版,第557~558页。

〔2〕 黄荣坚教授曾批评单独运用相当因果关系说有时会得出不妥的结论:"例如以现在的台北市而言,每一天我们上班的时候,都会有人在路上碰上车祸而死亡,从概率的关系来看,我上班时,在台北市的某一个地方会有人在车祸中死亡,这几乎是一种必然的关系,结果我可能就要为这一件事情负责任了。"(黄荣坚:《刑法问题与利益思考》,中国人民大学出版社2009年版,第82页。)笔者认为,黄荣坚教授的这个批评建立在他对相当因果关系说的误读基础上。讨论一个因果流程是否具有通常性,其前提是所欲归责的行为处于这个因果流程之中。"台北市每天都有人死于车祸"不假,但问题是,"我上班"并不是"他人死于车祸"的因果流程中的一个条件,因而也不可能认为我上班与他人死于车祸有相当因果关系。

在手术台上(以下简称急救案)。在本案中,对于乙死在手术台这个结果而言,甲、丙、丁三人的行为都处于因果流程之中,并且该因果流程具有相当性。根据概率论的相当因果关系说,便不得不认为,对于乙的死亡结果,甲、丙、丁三人的行为都属于刑法上的原因。而这个结论显然是荒谬的。又如,甲把乙打成重伤后扬长而去,路过的群众丙打电话叫来救护车。在载着乙去往医院的途中,救护车被一辆由肇事司机丁违章驾驶的汽车撞翻,乙当场死亡(以下简称救护车案)。在本案中,甲、丙、丁三人的行为处于同一个因果流程之中。根据概率论的相当因果关系说,如果认为该因果流程发生的概率较大,就会认为甲、丙、丁三人的行为都属于刑法上的原因;反之,如果认为该因果流程发生的概率较小,就会认为甲、丙、丁三人的行为都不是刑法上的原因。而这两种结论显然都不能成立。

综上所述,概率论的相当因果关系说以概率的大小作为相当性的判断标准,旨在维护因果关系的客观性和准确性,但是这种判断标准无论是在理论的可操作性上还是在结论的妥当性上,都存在难以克服的问题;以整个因果流程作为考察对象,为相当因果关系说开拓了广阔的理论发展空间,但是不可避免地会对处于同一因果流程之中的各个条件作相同的评价,所以无法完全解决条件说所带来的责任范围过于宽泛的问题。

三、经验论的相当因果关系说

在概率论的相当因果关系说无法成立之后,学界发展出来了一种新的相当因果关系说。该说主张以经验上的通常性作为相当性的判断标准,因而本文将其称为“经验论的相当因果关系说”。经验论的相当因果关系说是学界对相当因果关系说的通说见解。[1] 与概率论的相当因果关系说相比,经验论的相当因果关系说无论是在判断标准上还是在考察对象上都有明显的变化。

(一)经验论的相当因果关系说的基本内容

在判断标准上,如上所述,经验论的相当因果关系说以经验上的通常性作为相

〔1〕 [日]西田典之:《日本刑法总论》,刘明祥、王昭武译,中国人民大学出版社2007年版,第80页。

当性的判断标准。所谓经验上的通常性,就是指人们根据日常生活经验判断,认为行为与结果之间的因果关系是通常的、常见的,而非异常的、罕见的。与纯客观的概率标准不同,日常生活经验属于社会认识的范畴,具有一定的主观性。不过,在一段时期内,日常生活经验的内容具有相对的稳定性。因此,以日常生活经验为依据判断因果关系的相当性,可以在一定程度上维持因果关系的客观性。值得注意的是,判断因果关系是否具有通常性,其结论与判断者所掌握的信息密切相关。那么,在判断因果关系的相当性时,应当将哪些信息纳入考虑因素之中呢?这就是相当因果关系说的判断基础问题。对此,理论上主要存在三种观点的聚讼。客观说认为,应当以行为时所存在的一切情况以及一般人所能预见的行为后发生的介入情况作为判断基础;主观说认为,应当以行为时行为人所认识到的或者可能预见到的情况作为判断基础;折中说认为,应当以行为时社会一般人所能认识到的或预见到的情况以及行为人特别知道的情况作为判断基础。在德国,折中说占据着绝对支配地位。[1] 在日本,折中说处于通说地位,但客观说也被有力地主张着。[2] 在我国,有学者支持折中说,[3]也有学者支持客观说。[4] 本文认为,根据客观说划定的刑事责任范围过于宽泛,几乎与条件说一致;而主观说则过分限缩了刑事责任的范围,并且会变相鼓励行为人怠于注意相关的信息;只有折中说既考虑到了社会一般人的认识,也照顾了行为人的特别认知,根据该说所划定的刑事责任范围较为妥当。因此,后文对经验论的相当因果关系说的评析,主要针对的是以折中说为判断基础的经验论的相当因果关系说。

在考察对象上,经验论的相当因果关系说主张不仅要考察因果流程相当性,而且还要考察行为相当性。在司法实践中,有时会出现这种情形:行为人故意实施了一个行为,这个行为本身并不包含导致结果发生的高度风险,但是该行为经过一个偶然的因果流程最终导致了结果的发生。在这种场合,如果仅仅否认其中因果流程相当性,就不得不认为,行为人构成故意犯罪的未遂。但实际上,考虑到该行为本

---

〔1〕 Vgl. Claus Roxin, Strafrecht Allgemeiner Teil, Bd. Ⅰ, 4. Aufl. 2006, § 11., Rn. 40.

〔2〕 [日]大塚仁:《刑法概说(总论)》(第3版),冯军译,中国人民大学出版社2003年版,第187页。

〔3〕 陈兴良:《规范刑法学》(上册)(第3版),中国人民大学出版社2013年版,第132~133页。

〔4〕 黎宏:《刑法因果关系论反思》,载《中国刑事法杂志》2004年第5期。

身的低风险性，毋宁说一个合理的结果应当是行为人不构成犯罪。为此，德国学者恩吉施(Engisch)提出了"两次相当性判断"的理论。他指出，判断行为人是否需要为特定的结果负责，不仅需要考察因果流程相当性(狭义的相当性)，而且还需要考察行为相当性(广义的相当性)。并且，这两次相当性判断有着严格的先后顺序：首先考察行为有无相当性，只有在得出肯定结论的情况下，才需进一步考察因果流程有无相当性。[1] 尽管恩吉施本人并不属于经验论的相当因果关系说阵营，但是他所提出的"两次相当性判断"理论被经验论的相当因果关系说采纳，由此确立了相当因果关系说的分析框架。

所谓行为相当性，就是指行为与结果之间的相当性。需要注意的是，这里的"结果"是指抽象结果亦即构成要件结果，而非具体结果。[2] 为了判断行为与结果之间是否具有相当性，需要引入风险概念。风险是连接行为与结果之间的纽带：一方面，任何行为都或多或少地包含着一定的风险；另一方面，任何结果都是对某种风险的实现。将风险概念引入行为相当性的判断后，行为相当性就转换成了行为所包含的风险与构成要件结果之间的相当性。而在判断行为所包含的风险与构成要件结果之间是否具有相当性时，经验上的通常性这一标准就具体体现为，行为所包含的风险达到了通常能够导致构成要件结果发生的程度。简言之，行为相当性就是指行为包含了通常能够导致构成要件结果发生的风险。[3]

所谓因果流程相当性，就是指因果流程是通常的、常见的。问题是，如何判断一个因果流程是否是通常的、常见的呢？学者们发现，在确认了行为人的行为具有相当性之后，在大多数情况下，无须作具体考察就足以肯定因果关系具有相当性；只有在那些存在介入因素的案件中，才需要具体考察因果流程有无相当性。[4] 换言之，需要判断因果流程有无相当性的案件，主要是那些"多因一果"的案件。[5] 据

---

〔1〕 Vgl. Karl Engisch, Die Kausalität als Merkmal der strafrechtlichen Tatbestände, 1931, S. 53.

〔2〕 吴玉梅：《德国刑法中的客观归责研究》，中国人民公安大学出版社 2007 年版，第 60 页；[日]松原芳博：《刑法总论重要问题》，王昭武译，中国政法大学出版社 2014 年版，第 58 页。

〔3〕 [日]佐伯仁志：《刑法总论的思之道 · 乐之道》，于佳佳译，中国政法大学出版社 2017 年版，第 53 页；[日]山口厚：《刑法总论》，付立庆译，中国人民大学出版社 2011 年版，第 58 页。

〔4〕 [日]大塚仁：《刑法概说(总论)》(第 3 版)，冯军译，中国人民大学出版社 2003 年版，第 195 页。

〔5〕 黎宏：《刑法学总论》(第 2 版)，法律出版社 2016 年版，第 96 页。

此,介入因素成了判断因果流程相当性的关键着力点。在这个判断过程中,经验上的通常性这一标准就具体体现为介入因素并非罕见。如果介入因素是罕见的、难以被事先预见的,那么行为人的行为与结果之间便没有相当因果关系;反之,如果介入因素是常见的、可以被事先预见的,那么行为人的行为与结果之间便具有相当因果关系。不过,如果介入因素是由行为人的行为所诱发的,那么即便它看似属于罕见的介入因素,其罕见性也会得以缓和而转化为通常性。[1] 简言之,因果流程相当性就是指介入因素并非罕见。

根据经验论的相当因果关系说,如果在行为人的行为与结果之间存在罕见的介入因素,会一概否认因果流程的相当性。但是这个结论在刑事政策上未必妥当。例如,在日本发生过这样一起案件:行为人在第一现场对被害人施以暴行,致其颅内出血(致命伤)、丧失意志,接着行为人将被害人运到第二现场(大阪南港材料仓库)后离开,在被害人昏迷期间,第三人(未被查明身份、未被抓获)用四棱木棒殴打了被害人的头部,造成了被害人的提前死亡(以下简称大阪南港案)。若对该案适用经验论的相当因果关系说进行分析,由于第三人的故意行为属于罕见的介入因素,自然会否认相当因果关系的成立。然而,日本最高裁判所在审理本案时认为:“在因犯罪人的暴行而形成了成为被害人死因的伤害的场合,即便在其后由于第三人所加之的暴行而导致死亡时间提前,也可以肯定犯罪人的暴行与被害人的死亡之间的因果关系。”[2]

从刑事政策的角度来看,考虑到行为人的行为给被害人造成了致命的伤害,并且第三人未被查明身份、未被抓获,将被害人的死亡结果归责于行为人,并无不妥。但是,这个结论显然与经验论的相当因果关系说的立场相悖。正是因此,在极为看重司法实务判例立场的日本学界看来,“大阪南港案”引发了相当因果关系说的危机。[3] 面对这场危机,有学者站在维护经验论的相当因果关系说的立场,批评“大

---

〔1〕 [日]西田典之:《日本刑法总论》,刘明祥、王昭武译,中国人民大学出版社2007年版,第80页。

〔2〕 《日本最高裁判所刑事判例集》第44卷第8号,第837页。转引自[日]山口厚:《刑法总论》,付立庆译,中国人民大学出版社2011年版,第63~64页。

〔3〕 [日]佐伯仁志:《刑法总论的思之道·乐之道》,于佳佳译,中国政法大学出版社2017年版,第57页。

阪南港案”的判决将两种不同的死亡结果混为一谈。[1] 而更多的学者则据此对经验论的相当因果关系说进行重新解释或修正。其中，一种有力的观点认为，判断因果流程相当性，不仅需要考察介入因素是否罕见，而且还需要考察行为人的行为与介入因素对结果的贡献程度。[2] 这种观点对我国学界产生了一定的影响。[3] 鉴于这种观点虽然不同于传统的经验论相当因果关系说，但是又在一定程度上认同以经验上的通常性作为因果流程的判断标准，本文将其称为“修正的经验论相当因果关系说”。

综上所述，经验论的相当因果关系说将因果关系的相当性分为行为相当性和因果流程相当性。判断行为有无相当性，就是考察行为人的行为是否包含了通常能够导致构成要件结果发生的风险。判断因果流程有无相当性，就是考察因果流程中的介入因素是否罕见（传统的经验论相当因果关系说），或者在考察因果流程中的介入因素是否罕见的同时，还考察行为人的行为与介入因素对结果的贡献程度（修正的经验论相当因果关系说）。鉴于经验论的相当因果关系说主张作两次相当性判断，本文对该说的评析也主要围绕这两次相当性判断展开。

（二）对经验论的相当因果关系说的评析

首先来看经验论的相当因果关系说对行为相当性的判断。可以肯定的是，将行为相当性的判断纳入因果关系相当性的判断之中，有助于摆脱此前概率论的相当因果关系说所陷入的对位于同一个因果流程之中的各个条件作相同评价的困

---

〔1〕［日］西田典之：《日本刑法总论》，刘明祥、王昭武译，中国人民大学出版社 2007 年版，第 81 页。

〔2〕［日］前田雅英：《刑法总论讲义》（第 6 版），曾文科译，北京大学出版社 2017 年版，第 118 页。需要说明的是，除了这种理论方案之外，日本学界还提出了另外两种理论方案。其一，对结果进行一定程度的抽象化（［日］松原芳博：《刑法总论重要问题》，王昭武译，中国政法大学出版社 2014 年版，第 63 页）。其二，将刑法因果关系理解为风险的现实化（［日］山口厚：《刑法总论》，付立庆译，中国人民大学出版社 2011 年版，第 58 ~ 60 页）。上文已述，行为相当性（广义的相当性）判断的就是行为与抽象结果之间的关系。如果在判断因果流程相当性（狭义的相当性）时仍然以抽象结果作为考察对象，就难以将两种不同的相当性判断区分开来。因此，本文认为，对结果进行抽象化的理论方案是行不通的。而风险的现实化理论则是规范的相当因果关系说中的核心内容。对此，本文第四部分将会展开详细讨论。

〔3〕例如，周光权教授就是按照这种观点来理解相当因果关系说的（周光权：《刑法总论》（第 3 版），中国人民大学出版社 2016 年版，第 126 ~ 127 页）。另外，张明楷教授处理结果归属的理论方案也受到了这种观点的影响（张明楷：《刑法学》（第 5 版），法律出版社 2016 年版，第 190 页）。

境。例如,在上文所举的"急救案"中,甲、丙、丁三人的行为都处于因果流程之中,并且该因果流程具有通常性。根据经验论的相当因果关系说,在判断因果流程相当性之前,需要判断行为相当性。显然,在甲、丙、丁三人的行为中,只有甲的行为所包含的风险达到了通常能够导致被害人死亡的程度,借此可以直接否定丙、丁二人行为的相当性。另外,从一般预防的角度看,通过判断行为相当性,可以向国民表明什么样的行为被刑法禁止,从而起到预防犯罪的作用。[1] 因此,无论是从个案精确归责的角度看,还是从一般预防的角度看,将行为相当性的判断纳入因果关系相当性的判断之中,都实有必要。

不难发现,判断一个行为是否具有相当性,实际上就是判断这个行为是否属于实行行为。正如日本学者松原芳博所言,"广义的相当性(行为相当性——引者注)为行为的实行行为性奠定基础"。[2] 甚至可以认为,日本学者所倡导的实行行为理论,正是在行为相当性这一思想的指导下发展出来的刑法理论。[3] 正是因此,日本学者在讨论因果关系有无相当性的过程中,通常会讨论有无实行行为的问题。[4] 不过,晚近的刑法理论普遍认为,刑法因果关系是指实行行为与结果之间的因果关系。[5] 因而在判断刑法因果关系是否成立之前,需要事先判断行为人的行为是否属于实行行为。据此,有学者认为,在判断刑法因果关系的过程中,无须再次判断行为相当性。换言之,因果关系的相当性,仅指因果流程相当性,而不包括行为相当性。[6] 如果仅从形式逻辑的角度看,这种观点不无道理。但是,若将行为相当性排除在因果关系相当性之外,就不能清晰地揭示相当因果关系理论与实行行为理论之间的渊源关系,同时也无法全面地把握相当因果关系说的理论嬗变轨迹。为此,

---

〔1〕 [日]佐伯仁志:《刑法总论的思之道·乐之道》,于佳佳译,中国政法大学出版社2017年版,第53页。

〔2〕 [日]松原芳博:《刑法总论重要问题》,王昭武译,中国政法大学出版社2014年版,第58页。

〔3〕 需要说明的是,日本刑法学中的实行行为概念是一个非常复杂的概念。根据笔者的观察,它至少有以下三种不同的含义:一是判断行为与构成要件结果是否有相当性的实行行为概念;二是作为区分犯罪预备和犯罪未遂的标准的实行行为概念(实行行为的着手);三是在共同犯罪中区分于共犯行为的实行行为(正犯行为)。本文在这里所说的"实行行为理论正是在行为相当性这一思想的指导下发展出来的刑法理论",是针对上述第一种实行行为概念而言的。

〔4〕 [日]西田典之:《日本刑法总论》,刘明祥、王昭武译,中国人民大学出版社2007年版,第75页。

〔5〕 张明楷:《刑法学》(第5版),法律出版社2016年版,第183页。

〔6〕 [日]大谷实:《刑法讲义总论》(新版第2版),黎宏译,中国人民大学出版社2008年版,第207页。

本文遵从日本学界的通说观点,将行为相当性的判断亦即实行行为的判断纳入相当因果关系说之中。

接下来的问题是,以行为所包含的导致构成要件结果发生的风险(以下简称行为风险)的高低作为行为相当性(实行行为)的判断标准,是否妥当?从判断结论的角度看,这个判断标准在大多数场合都可以得出较为妥当的结论;从行为规范的角度看,这个判断标准表明刑法并没有一概禁止所有带有风险的行为,从而在一定程度上保障了国民的行动自由。就此而言,这个判断标准具有一定的合理性。不过,本文认为,以行为风险的高低作为行为相当性的判断标准,并不是一个理想的方案。除了风险的高低难以被精确量化这个已被学界普遍批评的缺陷外,〔1〕它还存在以下两个问题。

其一,在客观风险(对风险的实证统计结果)与主观风险(国民对风险的主观感知)不一致的场合,〔2〕行为风险中的风险到底是指客观风险还是指主观风险?在回答这个问题时,经验论的相当因果关系说会陷入一种两难的困境。例如,甲在暴风雨来临时把乙派到森林里去,希望乙会被雷劈死,结果乙真的被雷劈死(以下简称"雷劈案")。从主观风险的角度看,由"雷雨天不要躲在大树下"这一生活常识可知,甲的行为所包含的风险较高。然而,从客观风险的角度看,鉴于雷电将人劈死是一件小概率事件,应当认为,甲的行为所包含的风险较低。在本案中,若依据主观风险来判断,就会认为甲的行为具有相当性,构成故意杀人的既遂。但是这一结论遭到了学界的普遍反对。〔3〕若依据客观风险来判断,可以排除甲的行为的相当性,从而得出甲不构成犯罪这一通说结论。〔4〕然而,从日常生活经验来看,一个在雷雨天到森林里散步的人被雷劈死并不是一件罕见的、难以预料的事情。也就是说,它具有经验上的通常性。这意味着,如果完全按照客观风险来判断行为相当性,行为风

---

〔1〕 Vgl. Günter Stratenwerth, Lothar Kuhlen, Strafrecht, Allgemeiner Teill Ⅰ, Die Straftat, 5. Aufl. 2004, §8. Rn. 23.

〔2〕 其中一个典型的例子就是关于核能风险的争议:核能的客观风险很低,但是它的主观风险很高。这在背后反映的,是风险的科学理性与社会理性之间的分裂。相关论述,请参见[德]乌尔里希·贝克:《风险社会》,何博闻译,译林出版社 2004 年版,第 28 ~ 31 页。

〔3〕 Vgl. Claus Roxin, Strafrecht Allgemeiner Teil, Bd. Ⅰ, 4. Aufl. 2006, §11. , Rn. 44.

〔4〕 [日]西田典之:《日本刑法总论》,刘明祥、王昭武译,中国人民大学出版社 2007 年版,第 75 页。

险的高低这一具体标准便可能会背离更为上位的经验上的通常性标准，进而背离经验论的相当因果关系说的基本立场。

其二，以行为风险的高低作为行为相当性的判断标准，其背后的逻辑是根据风险的程度来判断风险的性质（风险是否为刑法所禁止），而这种努力注定不能取得成功。需要看到，风险的程度是事实层面的问题，而风险的性质是规范层面的问题。由于在事实和规范之间存在一条难以逾越的鸿沟，我们无法从事实中直接推导出规范的内容。这从根本上决定了，仅仅通过考察一个行为所包含的风险的高低，无法准确判断该行为是否具有相当性。在司法实践中，完全有可能出现行为人的行为虽然包含了较高的风险但是却并不为刑法所禁止的情形。例如，甲女与丈夫乙因性格不合，反目成仇。为置乙于死地，甲在明知乙嗜酒成性且驾驶技术不佳的情况下，给乙赠送了一辆崭新的、安全性能完好的小轿车，希望乙能死于车祸。果不其然，一周后，乙因醉驾追尾，当场死亡（以下简称赠车案）。在该案中，无论是从客观风险的角度看，还是从主观风险的角度看，都不得不认为，甲赠送乙小轿车的行为包含了高度的风险。据此，经验论的相当因果关系说会认为，甲的行为具有相当性，构成故意杀人的既遂。然而，无论甲的真实意图是什么，其所实施的赠车行为都属于日常生活中的行为，而不属于刑法禁止的故意杀人行为。又如，在行为人严格遵守交通规则驾驶汽车而发生车祸的场合，由于驾驶行为本身包含较高的风险，按照经验论的相当因果关系说判断行为相当性，自然会认为，行为人的驾驶行为具有相当性。但实际上，由于行为人严格遵守了交通规则，其驾驶行为无论如何都不能符合行为相当性的要求。[1]

再来看经验论的相当因果关系说对因果流程相当性的判断。应当说，经验论的相当因果关系说考察判断介入因素是否罕见来判断因果流程是否具有通常性，是比较巧妙的。在绝大多数场合，这种判断都能得出正确的结论。不过，本文认为，在判断因果流程相当性时，经验论的相当因果关系说存在以下三个问题。

其一，在判断标准上，经验论的相当因果关系说在判断介入因素是否罕见时，为了得出妥当的结论，没办法严格遵守一个统一的判断标准。例如，在前文所举的

---

〔1〕 于改之、吴玉萍：《刑法中的客观归责理论》，载《法律科学》2007 年第 3 期；周光权：《刑法总论》（第 3 版），中国人民大学出版社 2016 年版，第 130 页。

"救护车案"中,在判断甲的刑事责任时,一个妥当的结论是,甲只需要为乙的重伤结果负责,而无须为乙的死亡结果负责。为了得出这个结论,支持经验论的相当因果关系说的学者会认为,在该案中,丁违章驾驶汽车撞翻救护车是一个罕见的介入因素。然而,一旦坚持认为丁违章驾驶汽车撞翻救护车是罕见的、异常的,按照经验论的相当因果关系说的基本立场,在判断丁的刑事责任时,就不得不认为,其违章驾驶行为与乙的死亡结果之间没有相当因果关系,因而无须为乙的死亡结果负责,[1]而这个结论显然是有问题的。也就是说,为了得出妥当的结论,在考察甲的刑事责任时,需要认为丁违章驾驶汽车撞翻救护车是罕见的;而在考察丁的刑事责任时,又不得不认为其违章驾驶汽车撞翻救护车不是罕见的。这显然构成自相矛盾。由此可以看出,经验论的相当因果关系说在判断介入因素是否罕见时所得出的结论,与其说是严格按照一个统一、明确的标准所得出的判断结论,毋宁说是根据最终结论的妥当性而反向推导出来的结论。

其二,在判断结论上,经验论的相当因果关系说在判断因果流程相当性时,有时会得出错误的结论。一方面,在符合经验论的相当因果关系说的场合,未必可以将结果归责于行为人。例如,一个刑法专业的学生甲学习了"救护车案"以后,觉得这是一个杀人而免责的好机会,便乘机打伤了与他素来不和的乙,并希望乙在乘坐救护车去医院的路上会遭遇车祸。果不其然,乙在乘坐救护车去医院的路上遭遇了车祸并当场死亡。在本案中,对于"乙在乘坐救护车去医院的路上遭遇车祸"这一介入因素,行为人甲早有预见,因而该介入因素并非罕见。按照经验论的相当因果关系说,甲的伤害行为和乙的死亡结果具有相当因果关系,甲需要为乙的死亡结果负责。但这个结论显然是有问题的。另一方面,在不符合经验论的相当因果关系说的场合,未必不能将结果归责于行为人。一则在故意犯的场合,一旦因果关系发

---

〔1〕 对于这段推论,或许有学者会提出如下反驳:根据经验论的相当因果关系说,判断因果流程有无相当性的关键着力点是介入因素。诚然,在判断甲是否需要为乙的死亡结果负责时,丙的违章驾驶行为是一个罕见的介入因素。但是,在判断丙是否需要为乙的死亡结果负责时,丙的违章驾驶行为是被判断的行为本身,而不再是介入因素,因而其在经验上的罕见性不能阻止相当因果关系的成立。本文认为,这种反驳意见是站不住脚的。根据经验论的相当因果关系说,因果关系的相当性同时包括行为相当性和因果流程相当性。如果承认丙违章驾驶撞死乙在经验上是罕见的,那么一开始行为相当性就不能成立,当然也就不可能成立相当因果关系。

生了偏离,那么真实的因果关系显然就不能符合经验论的相当因果关系说。但是,在因果关系发生偏离的场合,仍然有成立故意犯罪既遂的余地。[1] 二则在共同过失犯罪的场合,行为人对于作为介入因素的他人的过失行为往往缺乏预见,但这并不妨碍将结果归责于行为人的过失行为。例如,在"石锦林、田文柱重大责任事故案"中,石锦林(机车驾驶员)、田文柱(装煤队队长)、董汝福(值班员,因事故死亡)三人各自都违反了相关的操作规程,并且,三人的违章行为环环相扣,共同导致了事故的发生。如果其中任何一人能够严格按照规定程序操作,事故就完全可以避免。站在被告人石锦林的角度看,很难说他预见了田文柱和董汝福的违章行为。尽管如此,法院仍然判决其构成重大责任事故罪。[2] 在这类案件中,行为人之所以需要对结果承担刑事责任,不是因为其预见了后面的介入因素,而是因为其为后面的介入者提供了行动的理由或机会。[3]

其三,在法理依据上,经验论的相当因果关系说无法合理地解释,为什么介入因素是否罕见能够成为判断因果流程有无相当性的标准。上文已述,介入因素是否罕见,是为了反映因果流程是否具有通常性。因果流程是否具有通常性,本质上是一个事实问题;而因果流程是否具有相当性进而能否将结果归责于行为人,说到底是一个规范评价问题。那么,为什么因果流程是否具有通常性这一事实性的因素能够成为判断因果流程有无相当性的规范标准?换言之,经验论的相当因果关系说如何实现从事实到规范的跨越?对此,日本学界提出了定型性因果关系说、一

---

〔1〕 Vgl. Claus Roxin, Strafrecht Allgemeiner Teil, Bd. Ⅰ, 4. Aufl. 2006, §11., Rn. 70.

〔2〕 "石锦林、田文柱重大责任事故案",载中国高级法官培训中心、中国人民大学法学院编:《中国审判案例要览》(1992 年综合本),中国人民公安大学出版社 1992 年版,第 32 ~ 36 页。类似的案例还有"何瑞明等交通肇事、铁路运营安全事故案",载国家法官学院、中国人民大学法学院编:《中国审判案例要览》(1999 年刑事审判案例卷),中国人民大学出版社 2002 年版,第 78 ~ 80 页;"向延文等玩忽职守案",载国家法官学院、中国人民大学法学院编:《中国审判案例要览》(2001 年刑事审判案例卷),中国人民大学出版社 2002 年版,第 387 ~ 398 页。国外也有类似的案例。在英国早年的 Benge 案中,某铁路段的工长由于过失而错误地安排某段铁轨移开,火车司机因没有认真履行观察义务而没发现铁轨已被移开,结果导致事故发生。法庭认定,尽管司机的过失和事故发生具有重大关系,但工长并不能因此而逃脱刑事制裁。沈琪:《英美刑法中的近因判断及其启示》,载《比较法研究》2014 年第 2 期。

〔3〕 劳东燕:《事实因果与刑法中的结果归责》,载《中国法学》2015 年第 2 期。

般预防论、精练的报应论三种观点。[1] 定型性因果关系说认为，经验上的通常性是最符合定型性的思考方法，由此要求因果关系具有经验上的通常性。然而，刑法学上的定型性要求主要是针对构成要件行为而言，而不涉及此后的因果关系。实际上，上文已述，在因果关系发生偏离（不符合定型性要求）的情况，仍然有将结果归责于行为人行为的余地。一般预防论认为，既然刑法的目的在于防止结果的发生，那么只要禁止、处罚一般人有可能利用的因果关系即可。可是，只要行为与结果具有条件关系，就有被利用的可能。如果仅仅出于一般预防的考虑，就应当合乎逻辑地认为，只要行为和结果具有条件关系，就足以将结果归责于行为。精练的报应论认为，严格的报应思想会走向条件说，而相当因果关系说试图将基于刑罚的报应情感限定在一定的范围内，为此，在客观归责的过程中不应考虑罕见的因果关系。诚然，包括客观归责和主观归责在内的一切归责判断都是对刑罚报应的限制。但关键的问题是，要按照什么样的标准来进行限制？对于经验论的相当因果关系说而言，这个问题具体化为：为什么要通过将罕见的因果流程排除在外的方法（而不是别的方法）来实现对刑罚报应的限制？对此，精练的报应论并没有给出任何回答。此外，我国学者周光权教授曾经主张以刑法的公众认同作为相当因果关系说的法理依据。其理由是，相当因果关系说将因果关系的有无诉诸公众社会生活上的经验，能够将极其偶然的结果从客观归责中排除出去，从而增加公众对刑法的认同。[2] 但在本文看来，这种观点缺乏足够的说服力。社会经验表明，公众对刑法的认同主要系于对结论妥当性的认同。上文已析，经验论的相当因果关系说不能确保在所有场合都得出妥当的结论。既然如此，它就不能确保在所有的场合都得到社会公众的认同。综上，无论是日本学者提出的定型性因果关系说、一般预防论或精炼的报应论，还是我国学者提出的公众认同论，都无法合理地解释，为什么介入因素是否罕见或曰因果流程是否具有通常性能够成为判断因果流程有无相当性的标准。

当然，上述三个问题主要是针对传统的经验论相当因果关系说而言的。前文

---

〔1〕［日］西田典之：《日本刑法总论》，刘明祥、王昭武译，中国人民大学出版社 2007 年版，第 75～77 页。

〔2〕周光权：《论刑法的公众认同》，载《中国法学》2003 年第 1 期。

已述,为了弥补经验论的相当因果关系说的不足,日本学者提出了修正的经验论相当因果关系说。该学说主张,判断因果流程有无相当性,不仅需要考察介入因素是否罕见,而且还需要考察行为人的行为与介入因素对结果的贡献程度。那么,该说能否完全克服传统的经验论相当因果关系说所存在的问题呢?本文认为,答案是否定的。需要看到,考察介入因素是否罕见和考察行为对结果的贡献程度属于两种完全不同的思考方法:前者属于经验论的相当因果关系说,而后者属于原因说。以此观之,修正的经验论相当因果关系说的实质是,将经验论的相当因果关系说的判断规则和原因说的判断规则杂糅在一起,并且使原因说的判断规则处于优先位置。如此一来,该说便在很大程度上用原因说架空了或者说替换了经验论的相当因果关系说的理论内核。[1] 关键的问题是,作为一种过时的因果关系理论学说,原因说被学界普遍认为存在可操作性差、不承认共同原因、用物理性的力学概念代替规范判断等弊病,早已在刑法理论中没有任何地位。[2] 在这种背景下,试图用原因说这种过时的因果关系学说来弥补经验论的相当因果关系说的缺陷,注定无法取得成功。

综上所析,经验论的相当因果关系说将行为相当性的判断纳入因果关系相当性的判断之中,确有其必要性;但是,以行为风险的高低作为行为相当性的判断标准,并不是一个理想的方案。经验论的相当因果关系说通过考察介入因素是否罕见来判断因果流程相当性,是较为巧妙的;但是,这种判断思路在判断标准的统一性、判断结论的妥当性以及法理依据等方面都存在一定的问题。经验论的相当因果关系说之所以存在上述种种问题,归根结底在于其主张以事实性的因素作为规范判断的标准,因而无法顺利地实现从事实到规范的跳跃。至于修正的经验论相当因果关系说,其实质是试图用早已过时的原因说来弥补经验论的相当因果关系说的缺陷,在方法论上根本行不通。

---

〔1〕 周光权:《刑法总论》(第3版),中国人民大学出版社2016年版,第135~136页。

〔2〕 Vgl. Frank v. Liszt, Eberhard Schmidt, Lehrbuch des deutschen Strafrechts, 26. Aufl. 1932, § 29, Ⅶ. 3;[日]大塚仁:《刑法概说(总论)》(第3版),冯军译,中国人民大学出版社2003年版,第185页;张明楷:《刑法学》(第5版),法律出版社2016年版,第176页。

四、规范论的相当因果关系说

无论是概率论的相当因果关系说，还是经验论的相当因果关系说，都存在一定的问题。为了克服这些问题，理论上发展出来了一种新的相当因果关系说。这种新的相当因果关系说带有浓厚的规范色彩，本文将其称为“规范论的相当因果关系说”。规范论的相当因果关系说是学界对相当因果关系说的最新理解。

（一）规范论的相当因果关系说的基本内容

与经验论的相当因果关系说相同，规范论的相当因果关系说也将因果关系相当性分为行为相当性和因果流程相当性，并且主张先判断行为相当性，后判断因果流程相当性。也就是说，在理论框架上，规范论的相当因果关系说和经验论的相当因果关系说基本一致。不过，在具体的判断思路和规则上，二者存在明显的不同。

首先来看行为相当性的判断。上文已述，经验论的相当因果关系说主张根据行为风险的高低来判断行为有无相当性。应当说，以风险为媒介可以加深对行为的理解。但是，风险程度的高低属于风险的事实属性，它无力承担起为规范判断提供标准的任务。为此，在判断行为相当性时，一方面需要保留风险这个媒介，另一方面又需要采用规范性的因素作为判断标准。在这种双重考虑之下，规范论的相当因果关系说的代表性学者恩吉施引入了禁止风险的概念，将行为是否包含了禁止风险作为行为相当性的判断标准。所谓禁止风险，就是指被刑法禁止的风险。禁止风险理论是由德国学者穆勒（Müller）最早提出来的。根据他的理解，行为是否包含了禁止风险，取决于行为是否违反了行为规范背后的目的。[1] 这种观点被认为是规范保护目的理论的先导。恩吉施沿用了禁止风险的概念，但是重构了它的内涵。他认为，行为人的行为是否包含了禁止风险，取决于行为人是否违反了客观注意义务。[2] 其理论依据在于，禁止风险的反面是行为规范，而每一项行为规范都会向国民提出一项客观注意义务。因此，行为人是否违反了客观注意义务，可以表征其行

〔1〕 吴玉梅：《德国刑法中的客观归责研究》，中国人民公安大学出版社 2007 年版，第 56 页。

〔2〕 Vgl. Karl Engisch, Die Kausalität als Merkmal der strafrechtlichen Tatbestände, 1931, S. 53.

为是否包含了禁止风险。另外,在判断基础问题上,恩吉施认为,判断行为人是否违反了客观注意义务时,需要采用事前视角,既考虑一般人在行为时的认识,也考虑行为人在行为时的特别认知。[1]

接着来看因果流程相当性的判断。规范论的相当因果关系说认为,在判断因果流程有无相当性时,因果流程是否具有经验上的通常性没有独立的意义。[2] 受到处理行为相当性判断的理论方案的启发,规范论的相当因果关系说将禁止风险的概念引入因果流程相当性的判断之中。通过以风险为媒介,规范论的相当因果关系说将因果流程理解成风险转化为结果的动态过程。在这个过程中,被害人可能同时面临着多重风险。其中,有的风险是行为人的行为带来的,有的风险是由介入因素带来的;有的风险属于禁止风险,有的风险属于法律允许的风险。这些风险汇聚在一起,最终引发了一个法益损害结果。为此,规范论的相当因果关系说主张,只有在行为人的行为所包含的禁止风险向结果现实地转化了的场合,才能认为因果流程具有相当性。简言之,因果流程有无相当性,取决于结果是否是对禁止风险的实现。这就是风险实现理论,或曰风险的现实化理论。[3] 显然,只有在结果发生之后,以一切被查明的信息为基础,才能清楚地判断出结果实现的到底是哪个风险。这个判断与行为人或一般人的认识状况没有任何关系。[4] 这内在地决定了,在判断基础问题上,风险实现理论采用的是与前文提及的三种学说(主观说、客观说、折中说)都不同的事后视角。[5]

对于风险实现理论而言,最为关键的问题无疑是,如何判断结果是否是对禁止风险的实现?有学者认为,这个判断可以分为以下两步:(1)明确实行行为所包含的危险的内容;(2)考察案件的结果是否是对该危险的现实化。[6] 但是在本文看

---

[1] 吴玉梅:《德国刑法中的客观归责研究》,中国人民公安大学出版社 2007 年版,第 64 页。

[2] [日]山口厚:《刑法总论》,付立庆译,中国人民大学出版社 2011 年版,第 59 页。

[3] Vgl. Karl Engisch, Die Kausalität als Merkmal der strafrechtlichen Tatbestände, 1931, S. 61;[日]山口厚:《刑法总论》,付立庆译,中国人民大学出版社 2011 年版,第 58~60 页;[日]桥爪隆:《刑法总论之困惑(一)》,王昭武译,载《苏州大学学报》(法学版)2015 年第 1 期。

[4] [德]许迺曼:《关于客观归责》,载许玉秀、陈志辉合编:《不疑不惑献身法与正义——许迺曼教授刑事法论文选辑》,台北,新学林出版股份有限公司 2006 年版,第 554 页。

[5] 吴玉梅:《德国刑法中的客观归责研究》,中国人民公安大学出版社 2007 年版,第 63~64 页。

[6] [日]桥爪隆:《刑法总论之困惑(一)》,王昭武译,载《苏州大学学报》(法学版)2015 年第 1 期。

来,这种思路还不够准确。需要看到,行为人的行为可能同时包含多种风险,其中有的风险可能属于法律允许的风险。上述思路没有严格区分禁止风险与法律允许的风险,因而有可能会因为结果实现了行为人的行为所包含的法律允许的风险而对该结果进行归责。本文认为,从风险实现理论的基本立场出发,根据理论逻辑可以推导出,在具体的案件中判断结果是否是对禁止风险的实现,需要依次回答如下三个问题:(1)在该案中,被害人的法益面临着哪几种风险?(2)案件结果实现的是何种风险?(3)被实现的风险是否属于行为人的行为所包含的禁止风险?例如,一家画笔厂的厂长没有按照规定事先消毒,就给了他的女工们一些山羊毛进行加工,4 名女工因此感染上炭疽坏疽杆菌而死亡。后来的调查表明,规定的消毒措施对当时欧洲尚不知道的这种杆菌本来是没有作用的(以下简称山羊毛案)。[1] 在本案中,女工面临着被山羊毛上的细菌感染的风险。而这些细菌又可以分为两类:第一类是可以被消毒措施杀死的细菌,第二类是不能被消毒措施杀死的细菌。由此可见,女工同时面临着被第一类细菌感染的风险和被第二类细菌感染的风险。从最后的结果来看,女工死于第二类细菌的感染,实现的是后一种风险。考虑到当时规定的消毒措施对第二类细菌没有作用,应当认为,后一种风险是当时法律允许的风险。由此可知,在本案中,女工死亡的结果实现的是法律允许的风险而非禁止风险,因而不能将该结果归责于厂长未对山羊毛消毒的行为。[2]

综上所述,规范论的相当因果关系说将因果关系相当性分为行为相当性和因果流程相当性。判断行为相当性的标准是,行为人的行为是否包含了禁止风险,更为确切地说,行为人是否违反了客观注意义务;判断因果流程相当性的标准是,结果是否是对禁止风险的实现。在判断行为相当性时,采用事前视角中的折中说;在判断因果流程相当性时,采用事后视角。

(二)对规范论的相当因果关系说的评析

根据规范论的相当因果关系说,无论是在判断行为相当性时,还是在判断因果流程相当性时,都离不开禁止风险这个规范性概念。另外,后文将述,对结果实现了

---

〔1〕 RGSt63,211.

〔2〕 Vgl. Claus Roxin, Strafrecht Allgemeiner Teil, Bd. Ⅰ, 4. Aufl. 2006, § 11., Rn. 74.

何种风险的判断在大多数场合下也属于规范判断。由此可见,规范论的相当因果关系说带有浓厚的规范色彩。或许有学者会据此质疑规范论的相当因果关系说的理论定位,认为它与其说属于相当因果关系说,毋宁说更接近客观归责理论。但是在本文看来,这种质疑是不能成立的。尽管相当因果关系说最初是以事实性的因素作为判断标准,但是“相当性”本身是一个具有包容性的概念。也就是说,“相当因果关系”这个概念本身包含了以规范性的因素作为判断标准的可能性。相当因果关系说从最初的概率论经由经验论最终发展到规范论,是一个理论自然发展的过程。诚然,在重视规范判断这一点上,规范论的相当因果关系说与客观归责理论达成了共识。但若据此便认为规范论的相当因果关系说属于客观归责理论,实际上就是预设了相当因果关系说只能是一个事实性的理论学说,而这种预设本身是没有任何道理的。另外,虽然规范论的相当因果关系说从规范论的角度重构了相当性的内容,但它毕竟保留了相当性这个框架和标签,需要将相当性作为自己的理论落脚点。在这个意义上,相当性构成了规范论的相当因果关系说的理论包袱。而客观归责理论则完全没有这种理论包袱。因此,本文将规范论的相当因果关系说归入相当因果关系说的阵营而非客观归责理论的阵营。那么,规范论的相当因果关系说是不是一个理想的刑法因果关系理论学说?对此,需要结合两次相当性判断展开讨论。

首先来看规范论的相当因果关系说对行为相当性的判断。可以肯定的是,由于禁止风险和客观注意义务都是规范性的概念,以行为是否包含了禁止风险或曰是否违反了客观注意义务作为行为相当性的判断标准,能够克服经验论的相当因果关系说所面临的无法从事实跳跃到规范的问题,从而可以在那些行为虽然包含了较高风险但是不应肯定其相当性的案件中得出正确结论。例如,在上文所举的“赠车案”中,甲女向其丈夫乙赠送小轿车的行为客观上给乙的人身安全带来了较高的风险,但这种风险属于日常生活中的风险,不属于禁止风险,因而甲女的行为没有相当性。由此可知,在判断行为相当性时,规范论的相当因果关系说明显优于经验论的相当因果关系说。尽管如此,本文认为,规范论的相当因果关系说在判断行为相当性时仍然会遭遇一定的困难。

其一,规范论的相当因果关系说将行为是否包含了禁止风险这个标准具体化为行为是否违反了客观注意义务,但是由于禁止风险与客观注意义务不是完全对应的关系,上述转化在理论的正当性上存在一定的疑问。尽管禁止风险和行为规范是完全对应的关系,但是行为规范和客观注意义务并非完全对应的关系。客观注意义务的本质是要求行为人谨慎行事。[1] 而刑法中行为规范的内容,既包括要求行为人谨慎行事,也包括禁止行为人去做某些事情。其中,前者主要是针对过失犯和不作为犯而言的,后者主要是针对故意的作为犯而言的。由此可见,客观注意义务这个概念只适用于过失犯和不作为犯,而不适用于故意的作为犯。既然如此,禁止风险与客观注意义务就不是完全对应的关系。或许有学者会认为,上述批评是对概念的吹毛求疵,将客观注意义务的概念适用于故意的作为犯,不会有太大的问题。但实际上,概念是理论和思维的工具,一旦概念不够精确,必然会给后续的理论研究带来隐患。[2]

其二,规范论的相当因果关系说未能给行为相当性的判断提供具体的、有可操作性的下位规则。规范论的相当因果关系说之所以将禁止风险具体化为客观注意义务,是为了给行为相当性的判断提供一个相对具体的标准。但是从实际效果来看,这个目标并没有实现。禁止风险是一个相对抽象的概念,客观的注意义务亦是如此。所以,判断行为人的行为是否违反了客观注意义务,并不比直接判断行为人的行为是否包含了禁止风险更容易。实际上,在运用规范论的相当因果关系说判断行为相当性的过程中,判断者会得出何种结论,在很大程度上依赖于判断者自身的规范意识。诚然,在一些相对简单的案件中,依据朴素的规范意识便可以得出妥当的结论。但是,在一些相对疑难的案件中,仅仅依靠朴素的规范意识做出判断,恐怕是远远不够的。例如,在上文所举的"雷劈案"中,如果不借助其他具体的下位规则,恐怕很难判断甲的行为是否违反了客观注意义务。

---

〔1〕[德]约翰内斯·韦塞尔斯:《德国刑法总论》,李昌珂译,法律出版社2008年版,第392~395页。

〔2〕例如,客观归责理论沿用了规范论的相当因果关系说中的客观注意义务的概念,并且将客观注意义务的违反与结果发生之间的违法性关联(结果避免可能性)作为判断是否实现了法所不允许的风险的一个下位规则。然而,由于没有意识到客观注意义务这个概念在适用范围上的限制,客观归责理论将该规则推广至故意的作为犯场合。但实际上,将结果避免可能性(合义务替代行为)适用到故意的作为犯领域,其实就是假定因果关系。如此一来,不仅会得出荒谬的结论,而且还与假定因果关系不影响归责这个基本认识相冲突。当然,这个问题较为复杂,涉及合义务替代行为与假定因果关系的异同,需要另外撰文专门讨论。

其三,以行为是否包含了禁止风险作为行为相当性的判断标准,必然会将原本应当在违法性阶层上考虑的因素提前纳入对行为是否具有构成要件符合性的判断之中,从而造成刑法体系的混乱。在阶层犯罪论体系的理论背景下,刑法对行为的规范评价是分层次的。其中,行为是否具有相当性是对行为的初步评价。而行为是否包含了禁止风险是一个终局性的评价。将后者作为前者的判断标准,必然会将那些具有行为相当性且具有正当化事由的行为评价为没有行为相当性。例如,2016年3月21日4时许,蓝某在家中睡觉时察觉门外有人偷窃,出门发现陈某手上抓有自己家的鸭子,便喊"抓贼"并追赶陈某。陈某见势赶紧逃跑,蓝某穷追不舍。当时正下着雨,路面比较滑。在追赶的过程中,蓝某伸手抓住陈某的衣袖,陈某用力甩手后挣脱掉,由于身体失去平衡摔倒在地,致颅脑损伤,经抢救无效死亡。[1] 对于本案,一个合理的分析过程应当是:在构成要件该当性阶段,蓝某的行为符合过失致人死亡罪的构成要件;在违法性的阶段,蓝某的行为属于防卫行为,且该防卫行为没有明显超过必要限度,属于正当防卫。因此,蓝某的行为不构成犯罪。但是如果运用规范论的相当因果关系说分析本案,由于蓝某的行为所包含的风险并不为刑法所禁止,就不得不认为,该行为不具有相当性。[2] 如此一来,便会模糊构成要件阶层与违法性阶层之间的界限。

接着来看规范论的相当因果关系说对因果流程相当性的判断。可以肯定的是,以结果是否是对禁止风险的实现作为判断标准,可以将因果流程相当性的判断从介入因素是否罕见或者介入因素对结果的贡献程度这种事实性的、经验性判断的泥沼中解救出来,从而可以在那些具有罕见的介入因素但是结果具有可归责性的案件中得出正确结论。例如,在上文所举的"石锦林、田文柱重大责任事故案"

[1] 林晓琪、王龙祥:《漳浦追小偷致死案引发网友热议,检察院回应称尚在审查中》,载《海峡导报》2016年11月15日,第6版。

[2] 需要说明的是,本文并不反对被允许的风险(禁止风险的反面)与违法阻却事由之间的区分,只是认为"禁止风险"这个概念的使用名不副实。一个风险是否被法律所禁止,应当是一个终局性的评价。规范论的相当因果关系说将这个终局性的评价概念放在构成要件阶层,因而在理论逻辑上就不得不认为,正当防卫、紧急避险等行为创设了法律所禁止的风险。那么,这种"禁止"是何种意义上的禁止?为什么正当防卫、紧急避险等行为在构成要件阶段被法律禁止而在违法性阶段却又被法律所允许?显然,规范论的相当因果关系说未能令人信服地回答这些问题。实际上,客观归责理论同样存在这个问题。

中,按照经验论的相当因果关系说,不得不否认因果流程的相当性,从而得出与司法实务立场相悖的结论。但是,按照风险实现理论,石锦林的违规操作行为给机车的安全带来了风险,而田文柱和董汝福对操作规范的违反则是上述风险得以实现的具体途径。也就是说,机车事故实现的是石锦林的违规操作行为所带来的风险。而这个风险显然属于禁止风险。因此,可以将结果归责于石锦林的行为。

另外,在行为人的行为带来了多重风险的场合,不同于经验论的相当因果关系说对因果流程做笼统、整体的考察,为了判断结果是否实现了禁止风险,规范论的相当因果关系说会对这些风险做逐一的分析和评价,从而能够提升判断的精确性。例如,2007 年 7 月 5 日 21 时,金海亮在公交车上乘人不备夺走一个手机并随即下车。在此跟踪伏击的陈世豪等 4 名便衣警察立即亮明身份上前抓捕。金海亮见状便转身跑向马路对面,陈世豪紧追其后。在马路中间绿化带处,金海亮被陈世豪追上,二人扭打在一起。金海亮猛地摔打后挣脱逃跑,陈世豪紧追不舍,但在闯入广州大道由南往北方向快车道时,被路过的一辆小车撞伤,经抢救无效死亡。[1] 根据我国《刑法》第 269 条的规定,金海亮抢夺手机并暴力抗拒抓捕的行为构成抢劫罪,当无疑问。关键的问题是,陈世豪的死亡结果能否算到金海亮的头上?换言之,金海亮是否构成抢劫致人死亡?在本案中,金海亮暴力抗拒抓捕的行为包含了高度的风险,并且介入因素(一辆小车经过)也并非罕见。若适用经验论的相当因果关系说,便不得不认为金海亮构成抢劫致人死亡。而根据规范论的相当因果关系说,金海亮暴力抗拒抓捕的行为可以进一步细分为暴力行为和逃跑行为,这两种行为都给陈世豪带来了风险。根据案件的具体经过可知,陈世豪的死亡结果实现了金海亮的逃跑行为所带来的风险。不过,犯罪后为了逃避法律责任而逃跑是"人之常情"。刑法通过设立自首制度来鼓励犯罪后不逃跑,但不会因为罪犯具有犯罪后逃跑的情节而加重其刑罚。由此可见,刑法并不禁止罪犯在犯罪后逃跑。[2] 换言之,

〔1〕 "金海亮抢劫案",载最高人民法院中国应用法学研究所编:《人民法院案例选》2008 年第 3 辑(总第 65 辑),人民法院出版社 2009 年版,第 24 ~ 25 页。

〔2〕 张明楷:《刑法学》(第 5 版),法律出版社 2016 年版,第 722 页。

金海亮犯罪后逃跑的行为所带来的风险不属于禁止风险。[1] 因此,陈世豪的死亡结果不是对禁止风险的实现,不具有可归责性。应当说,这个结论是较为妥当的。[2]

由上可知,在判断因果流程相当性时,较之于经验论的相当因果关系说,规范论的相当因果关系说具有明显的优势。不过,在本文看来,规范论的相当因果关系说还不足以完全解决因果流程相当性的判断问题。

其一,规范论的相当因果关系说没有给风险实现的判断提供独立的判断规则。上文已述,结果是否实现了禁止风险这个问题可以分解为三个更为具体的问题。在这三个问题中,最为疑难的问题是结果实现了何种风险。在具体的案件中,如果多个风险之间是相互独立的关系(如上文提及的"山羊毛案"),那么只要查明案件事实,便足以判断结果实现的是何种风险。但是,如果多个风险交织在一起,仅仅依靠案件事实,根本无法判断结果实现的是何种风险。例如,在上文提及的"急救案"中,被害人乙面临着双重风险:一是因重伤得不到及时救治而死亡的风险;二是因手术失败而死亡的风险。根据案情可知,乙死于手术失败,其死亡结果直接实现的是第二个风险。不过,判断到此还没有结束。需要看到,被害人乙面临的两种风险之间不是截然独立的,而是交织在了一起。更为确切地说,第二种风险的实现以第一种风险的发生为前提。因此,在这里需要追问:尽管结果直接实现了第二种风险,鉴于两种风险之间的特殊关系,在规范的意义上,能否将该结果理解为间接实现了第一种风险?对此,可能需要结合手术失败的具体原因(医生是否存在重大过失)

[1] 或许有学者会认为,刑法不对逃跑的罪犯加重处罚,只是不因其逃跑而加重对其的谴责,但这并不意味着刑法认为罪犯逃跑的行为是"正确"的或者"被允许"的。也就是说,金海亮的逃跑行为仍然创设了刑法所禁止的风险。本文不同意这种观点。理论上普遍认为,在区分不法与罪责的阶层犯罪论体系中,不法是一般性的,而责任是个别化的。刑法不处罚犯罪后逃跑的行为,并不是针对某个特定的人,而是针对所有犯罪后逃跑的人,因而其阻却的不是有责性而是不法,更为确切地说,其阻却的是逃跑行为的构成要件该当性(对禁止风险的创设)。诚然,刑法不处罚一个行为,并不当然意味着刑法认为这个行为是正确的。但是需要看到,在外延上,法律所允许的风险包括但不限于刑法认为正确的行为。例如,卖淫嫖娼行为、轻微的人身侵权行为等,很难说是法律上正确的行为,但在一般情况下,它们并不会创设刑法所禁止的风险。

[2] 事实上,本案的一审法院和二审法院都认为,金海亮的行为不构成抢劫致人死亡。只不过,他们未能给这个结论提供有充足说服力的论证。"金海亮抢劫案",载最高人民法院中国应用法学研究所编:《人民法院案例选》2008年第3辑(总第65辑),人民法院出版社2009年版,第24~30页。

做出规范判断。又如，在行为人的轻微暴力致使有特殊体质的被害人死亡，而行为人在行为时并不知晓被害人具有特殊体质的案件（以下简称特殊体质案）中，能否将被害人的死亡结果归责于行为人的轻微暴力行为？对此，以往学界站在经验论的相当因果关系说的立场上，将问题的答案归结于在相当因果关系说的判断基础问题上采用何种学说。具体而言，如果采用主观说或者折中说，就会否认该结果的可归责性；反之，如果采用客观说，就会肯定该结果的可归责性。[1] 但是，站在规范论的相当因果关系说的立场上，这个问题的答案与行为人或一般人在行为时的认识无关，而是取决于从事后的角度来看，被害人的死亡结果是否属于对行为人的轻微暴力行为所包含的风险的现实化？显然，这不是一个事实性的问题，而是规范性的问题。考虑到行为人的轻微暴力所包含的风险已经与被害人自身特殊体质所包含的风险交织在一起，这个问题并不容易回答。本文认为，如何回答这个问题，在根本上取决于司法者在保障普通国民的行动自由和保护特殊体质者人身安全这两个内在紧张的价值目标中如何权衡。当然，"急救案"和"特殊体质案"只是代表了部分案件。根据多重风险之间关系的不同，可以将案件进行类型化的区分。对于不同类型的案件，判断结果实现了何种风险，需要回答不同的问题。但是，规范论的相当因果关系说没有对案件做类型化的区分，更遑论为不同类型的案件提供不同的判断规则。事实上，由于欠缺具体的判断规则，风险实现理论的支持者在判断因果流程相当性时，实际采用的仍然是经验论的相当因果关系说的判断规则。[2] 正是因此，有学者曾经批评风险实现的说法只不过是因果流程相当性的同义反复。[3] 本文认为，直到今日，这个批评仍然不无道理。

---

〔1〕［日］松原芳博：《刑法总论重要问题》，王昭武译，中国政法大学出版社 2014 年版，第 58～59 页。

〔2〕例如，日本学者山口厚教授和我国学者张明楷教授都是风险现实化理论的积极支持者。山口厚教授在分析具体案件中的因果流程有无相当性时，主要考虑的仍然是介入因素是否罕见、介入因素能否被事先预测等事项。（［日］山口厚：《刑法总论》，付立庆译，中国人民大学出版社 2011 年版，第 60～66 页。）由此可见，他实际上采用的仍然是经验论的相当因果关系说的判断规则。张明楷教授认为，能否对结果进行归责，取决于 4 个方面的因素：（1）行为人的实行行为导致结果发生的危险性大小；（2）介入因素异常性大小；（3）介入因素对结果发生的作用大小；（4）介入因素是否属于行为人的管辖范围。［张明楷：《刑法学》（第 5 版），法律出版社 2016 年版，第 190 页。］不难发现，在这 4 种因素中，除了第四种因素有一定的新意外，前三种因素与前文已经评述过的修正的经验论相当因果关系说所考虑的因素完全一致。

〔3〕Vgl. Honig, Kausalität und objektive Zurechnung, Frank-FS, 1930, Bd. Ⅰ, S. 174.

其二,规范论的相当因果关系说没有考虑刑法条文背后的规范保护目的,因而会将那些实现了禁止风险但是不符合规范保护目的的结果归责于行为人。风险实现理论主张,只要结果实现了禁止风险,就可以对该结果进行归责。由此可见,风险实现理论背后的法理依据,是容许风险的思想和责任自负的原则。这两种思想对于结果的归责而言当然是必要的,但是还不够充分。需要看到,现代刑法建立在刑事政策的基础之上,每一个刑法规范的背后都隐藏着一个特定的规范保护目的。在有些案件中,结果虽然实现了禁止风险,但是防止该结果的发生并不是刑法条文的规范保护目的之所在。此时,按照规范论的相当因果关系说,需要对结果进行归责。但是这种归责在刑事政策上没有任何意义。〔1〕

综上所析,规范论的相当因果关系说以行为是否包含了禁止风险(或曰行为是否违反了客观注意义务)为标准判断行为相当性,以结果是否实现了禁止风险为标准判断因果流程相当性。通过采用规范性的判断标准,规范论的相当因果关系说成功地克服了经验论的相当因果关系说所陷入的无法实现从事实到规范的跳跃的困境。但与此同时,无论是在判断行为相当性时,还是在判断因果流程相当性时,规范论的相当因果关系说都未能提供具体的、具有可操作性的下位规则。另外,在判断行为相当性时,采用行为是否包含了禁止风险这个终局性的实质标准会导致刑法体系的混乱;在判断因果流程相当性时,规范论的相当因果关系说未能吸纳规范保护目的的思想。

值得一提的是,在相当因果关系说之后,学界创立了客观归责理论。客观归责理论主张,只有当行为人的行为创设了并在构成要件的保护范围内实现了法所不允许的风险,才能对结果进行归责。客观归责理论由创设法所不允许的风险、实现法所不允许的风险、结果在构成要件的保护范围之内三个基本规则组成。其中,创设法所不允许的风险对应于行为相当性的判断,实现法所不允许的风险对应于因果流程相当性的判断。也就是说,客观归责理论沿用了相当因果关系说的"两次相当性判断"这一分析框架,只不过在此基础上加上了对构成要件保护范围的判断。在以禁止风险(法所不允许的风险)作为关键概念、注重规范性判断等方面,客观归

---

〔1〕 [德]许迺曼:《关于客观归责》,载许玉秀、陈志辉合编:《不疑不惑献身法与正义——许迺曼教授刑事法论文选辑》,台北,新学林出版股份有限公司2006年版,第551页。

责理论与规范论的相当因果概念性说保持了一致。而针对规范论的相当因果关系说的不足,客观归责理论做了一定的改进,包括对抽象的判断规则加以具体化、在风险实现的判断中加入义务违反性关联(结果避免可能性)和规范保护目的的判断,等等。总之,客观归责理论是在规范论的相当因果关系说的基础上创立出来的一种理论,它处于后者的理论延长线上。至于客观归责理论做出了哪些理论贡献,又存在哪些不足,则超出了本文的写作范围,需要另外撰文加以讨论。

五、结语

作为一种重要的刑法因果关系理论学说,相当因果关系说先后呈现出概率论的相当因果关系说、经验论的相当因果关系说、规范论的相当因果关系说三种不同的形态。概率论的相当因果关系说主张以概率的大小作为相当性的判断标准,以整个因果流程作为考察对象。经验论的相当因果关系说将因果关系的相当性分为行为相当性和因果流程相当性,以行为是否包含了通常能够导致构成要件结果发生的风险作为行为相当性的判断标准,以介入因素是否罕见(或者同时也考虑介入因素对结果的贡献程度)作为因果流程相当性的判断标准。规范论的相当因果关系说沿用了经验论的相当因果关系说的分析框架,以行为是否包含了禁止风险或曰行为是否违反了客观注意义务作为行为相当性的判断标准,以结果是否实现了禁止风险作为因果流程相当性的判断标准。总之,在考察对象上,相当因果关系说经历了从只考察因果流程相当性(概率论的相当因果关系说)到既考察行为相当性又考察因果流程相当性(经验论的相当因果关系说、规范论的相当因果关系说)的转变过程。在判断标准上,相当因果关系说经历了从事实性的、经验性的判断标准(概率论的相当因果关系说、经验论的相当因果关系说)到规范性的判断标准(规范论的相当因果关系说)的转变过程。在采用事实性判断标准的阶段,相当因果关系说的主要缺陷在于无法实现从事实到规范的跳跃。而在采用规范性判断标准的阶段,相当因果关系说的主要不足在于未能为抽象的判断标准提供具体的、有可操作性的下位规则。相当因果关系说尤其是规范论的相当因果关系说为客观归责理论奠定了坚实的理论基础。

最后需要重申的是，将相当因果关系说分为概率论的相当因果关系说、经验论的相当因果关系说和规范论的相当因果关系说，是本文运用马克斯·韦伯提出的"理想类型"方法，根据考察对象和判断标准的不同，按照理论自身的逻辑对相当因果关系说进行分类的结果。根据这个分类体系，在学说阵营上，有可能会出现有些学者的部分观点被归入经验论的相当因果关系说阵营，部分观点被归入规范论的相当因果关系说阵营的现象。[1] 另外，在学说兴起的时间上，如果对相当因果关系说在不同国家的兴起时间做横向比较，有可能会出现规范论的相当因果关系说在先而经验论的相当因果关系说在后的现象。[2] 这些现象都不能构成对上述分类的批评。

---

〔1〕 例如，日本学者山口厚教授主张以行为是否包含了高度风险作为行为相当性的判断标准，以风险实现理论作为因果流程相当性的判断标准（[日]山口厚：《刑法总论》，付立庆译，中国人民大学出版社2011年版，第58~60页）。因此，根据本文的分类，山口厚教授在行为相当性的判断上隶属于经验论的相当因果关系说阵营，在因果流程相当性的判断上隶属于规范论的相当因果关系说阵营。

〔2〕 例如，在德国，规范论的相当因果关系说早在20世纪30年代便开始兴起；而在日本，经验论的相当因果关系说直到今日仍处于支配性地位。

因果关系与客观归责

——以在日本的展开为素材

[日]松宫孝明*文　孙　文**译

一、"结果"是在何种情形下的何人所为?

杀人罪等**结果犯**〔1〕要求脱离行为人身体运动的外界变化,以及能够认为该变化是行为人的所为。〔2〕这被称为结果的**客观归责**。一直以来,决定结果是否是行为人的所为的要件被称为因果关系(以及行为人的故意、过失)。也就是说,因果关系是将结果客观归责于行为人的一个标准。

因此,因果关系与客观归责不是对立的观点。对立的是,应该将因果关系(以及行为人的故意、过失)作为认定结果是行为人的所为的标准呢(**因果主义**),还是应该参照社会内部妥当的归责标准呢(**规范主义**)。

并且,作为因果主义学说之一的**相当因果关系说**一直以来在日本被认为是通说,而**客观归责理论**则是作为"反对说"而有力地发展至今。即客观归责理论认为,

---

* 日本立命馆大学法务研究科教授。

** 华东政法大学助理研究员,法学博士。

〔1〕不需要脱离行为人身体运动的"结果"的犯罪被称为**举动犯**。侵入住宅罪等属于此类犯罪。不过,即使是举动犯,也需要如同行为人的身体进入他人住所内那样的、因行为人的身体运动所产生的"结果"。

〔2〕未遂的情况下,"着手犯罪实行"的状态需要能够认为是行为人的所为。在那之前,犯罪准备等于预备。

通过相当因果关系将结果认定为是行为人的所为会存在不充分的情况。在学界，将这种客观归责理论的拥护的扩大、相当因果关系说失去通说地位的情形称为“相当因果关系说的危机”。但是在实务界，相当因果关系说是否真的被“判例”所采纳本就尚不明朗，因此在实务上根本谈不上“相当因果关系说的危机”。[1]

在下文中，将围绕因果关系及客观归责，明确在日本探讨该内容的实务意义，探索“因果关系与客观归责”的问题。

二、何谓“相当因果关系说的危机”

（一）何谓相当因果关系说

在一开始，先明确何谓相当因果关系说。该学说是，如果行为人的**举动**[2]与发生的结果之间存在“相当因果关系”的话，那么则认为结果是行为人的所为的观点。这里所说的**“相当因果关系”系指，以该举动是结果发生的条件之一为前提，一般来看这样的举动具有导致这样的结果发生的、无法忽视程度的可能性（“广义相当性”），并且，至结果发生为止的具体因果流程在经验上（某种程度上）是可以预见的内容（“狭义相当性”）**。该广义相当性也被称为“危险的创造”，狭义相当性也被称为“危险的实现”。[3]

例如，侄子期待伯父在飞机事故中死亡而可以继承其遗产，便劝伯父世界旅行。即使如其期待的那样发生飞机事故伯父死亡了，但其劝诱行为不具有致人死亡的广义相当性，因此侄子不承担杀人的罪责。此外，砍伤被害人的杀手，在被害人

---

〔1〕 在刑法杂志特集《相当因果关系说的再探讨》中，山口厚在《绪论》刑法杂志37卷3号（1998年）第308页中论述到，“围绕着解决昭和60年代之后判例中出现的案件，出现了‘判例并非一定采取相当因果关系说’‘相当因果关系说是不实际的’等批判，开始窃窃私语所谓的‘相当因果关系说的危机’”。这不意味着“判例”的相当因果关系说失去其地位，而应该认为由于出现了乍一看该学说无法说明的判例、支持该学说的刑法学者中发生了动摇，才是正确的吧。

〔2〕 除了目的行为论外，“行为”在某种意义上包括了“结果”。因此，将作为因果关系起点的行为人的身体运动表述为“行为”是不妥当的。在此，将其表述为“举动”。

〔3〕 “危险的创造”与“危险的实现”是深化了相当因果关系说的卡尔·恩吉施（Karl Engisch）将“广义相对性”与“狭义相对性”更换表述后分别使用的用语。因此，认为使用了“危险的实现”这一词语则是客观归责理论，这是误解，其还未超出相当因果关系说的范围。

被送到医院后因医院偶然发生的火灾死亡时，由于这样的因果流程在经验上难以预测而不具有狭义相对性，其不承担杀人既遂的罪责。[1]

应特别指出的是，无论"广义相当性"，还是"狭义相当性"，均以概率的判断为内容。在其可能性均极小时，则会被否定"相当因果关系"。另外，均存在一定程度的可能性时，则会被肯定"相当因果关系"。并且，即使被否定"相当因果关系"，由于存在"不相当的因果关系"，因此，需要注意的是，**严格意义上相当因果关系说不是以因果关系的有无，而是以法律上的重要性作为结果归责要件的内容**。届时的关键词是"在社会生活中**经验上的预测**（=预见）**可能性**"。

在下文探讨的平成二年（1990年）11月20日最高裁决定[2]（**大阪南港事件决定**）出来前，一般认为昭和四十二年（1967年）10月24日最高裁决定[3]（**美兵肇事逃逸事件决定**）**以不能认可"狭义相当性"为由否定了撞车事故与被害人死亡之间的因果关系**。这是因为，该决定以从被告人的举动至结果发生为止的具体因果流程在经验上无法预测（=预见）为由而否定了因果关系。[4]

在学说上，这种"相当性"判断的资料（"判断基础"）是包括行为当时存在的所有情况，还是排除了行为人未认识到的、一般也不能认识到的情况，围绕这一点，该学说中存在**"客观说"**和**"折中说"**的争议。但是，在实务上，由于此后出现了即使行为时存在不能认识到的特殊情况（被害人的隐藏疾病）也肯定因果关系的昭和四十六

〔1〕 但是，仅否定狭义相当性时，存在未遂的可能性。

〔2〕 最决平成2·11·20刑集44卷8号837页。

〔3〕 最决昭和42·10·24刑集21卷8号1116页。该决定的原判决论述到，"因被告人的汽车碰撞所导致的上述撞击应会致被害人死亡在经验法则上是当然可以预测到的"，即以被告人驾驶的汽车碰撞被害人驾驶的自行车这种事态的一般危险性为理由肯定了因果关系。这被认为仅以"广义相当性"为由认可了因果关系。其原因是，在当时"相当性"中存在广义内容和狭义内容的观点还未被广泛知晓。因此，在学说中，就通过相当因果关系说否定了因果关系的本决定，对其能否予以支持，评价也存在分歧。

〔4〕 本决定，并非论述汽车碰撞自行车了、骑自行车的人会死亡的一般可能性，而是论述到"同乘人从行驶中的汽车车顶上将被害人倒挂拖拽下来，致使其坠落到柏油道路上，这样的情形并不是在经验上通常可以预测到的……无论如何也不能说在我们的经验法则上当然可以预测到这种情况下被告人的上述过失行为会导致被害人上述死亡结果的发生"，从而否定了"狭义相当性"，这是其特征。

年(1971年)6月17日最高裁判决[1]等,一般认为**判例向着“客观说”方面收敛**。

(二)大阪南港事件决定与其调查官解说

但是,这种认识因大阪南港事件决定的出现而发生动摇。这是因为,该决定叙述到,假设即使第三人的暴行介入举动与结果之间,导致被害人的死亡时间提前到来,也可以肯定因果关系。[2]

这种情况下,殴打被害人的第三人存在杀人及暴行的故意,因其殴打导致被害人提前死亡的话,则在所产生的结果发生之中介入了第三者异常的举动。从美兵肇事逃逸事件决定的思路来看,这种举动的介入,理应是“无论如何也不能说在我们的经验法则上当然可以预测到”的内容。因此,这样的因果流程不具有“狭义相当性”,因此被告人不承担致死的罪责。

但是,在“大阪南港事件决定”中,在“由于犯人的暴行形成了成为被害人死因的伤害的情况下”这一条件下,认可了因果关系。[3] 若第三人的行为实际提前了被害人死亡时间的话,一直要求因果流程预见可能性的相当因果关系说则无法解释这样的结论。因此,本案的最高裁判所调查官解说评论到,关于相当因果关系说,“就将预见可能性作为相当性的唯一判断标准,至少从作为道具概念的有用性这一点来看,存在问题”,并指出“着眼于探求对结果的具体影响程度的探讨方式已经出

---

〔1〕 最判昭和46·6·17刑集25卷4号567页(抢劫致死)。类似案件的相关内容有最决昭和49·7·5刑集28卷5号194页(伤害致死)。

〔2〕 本决定,关于在被告人的暴行后失去意识的被害人被他人殴打、此后发现尸体的案件,论述到“由于犯人的暴行形成了成为被害人死亡原因的伤害时,假设即使因此后第三人施加的暴行导致死亡时间提前到来的,也可以肯定犯人的暴行与被害人死亡之间的因果关系”。实际上,大阪南港事件决定公布前,最决昭和63·5·11刑集42卷5号第807页(柔道复位师事件)判决说明写到,对被害人进行错误疗养指示的“被告人的行为,其本身导致了被害人病情恶化,甚至具有容易引起死亡结果的危险性”,就此,其调查官解说论述到,“判决说明的要旨是被告人行为的危险性就那样变为现实的情形”(永井敏雄:《最高裁判所判例解说刑事篇昭和63年度》,1991年版,第275页)。在这种情况下,可以看出被害人存在即使病情恶化、仍遵从错误疗养指示的过错,但似乎认为这是由于被告人强大的心理束缚所导致的。可是,如果是这样的话,相当因果关系说也认可其因果关系。因此,该“危险的现实化”仍在该学说的范围内。

〔3〕 在本案中,在被告人殴打时点,已经发生了成为死亡原因的内因性桥脑出血。因此,该判决说明不涉及如被告人给被害人下毒后、第三人枪杀死痛苦的被害人那样的,在最初行为后由于第三人的行为形成其他死亡原因的案件。

现”。学界的部分人士将该解说理解为，暗示采用客观归责理论取代相当因果关系说。[1] 并且，该“对结果的影响程度”的观点，在其后的最高裁判所判例[2]中也被予以承继。

但是，如果这里所说的“对结果的影响程度”是指行为的危险现实变为结果的程度的话，那么，**以往的相当因果关系说也可以对其进行考虑**。这是因为，介入情况对结果带来的变化若是几乎不存在的话，则能够认为实际产生的结果也在相当性的范围内。[3]

并且，在大阪南港事件中，并不存在第三人的暴行提前了被害人死亡时间的事实认定，最高裁判所也仅说明了“假如”情形下的判断。实际上，该案件的第一审判决断定，“没有充分证据认定（第三人的）方木材殴打行为造成了扩大上述出血的影响”。[4] 因此，判决理由中的“即使因此后第三人施加的暴行导致死亡时间提前到来的，也可以肯定犯人的暴行与被害人死亡之间的因果关系”，不过是旁论而已。[5]

---

〔1〕 特别是，特集《相当因果关系说的再探讨》中的山中敬一《从客观归责理论的立场》，载《刑法杂志》1998年第37卷第3号，第325页。

〔2〕 最决平成4·12·17刑集46卷9号第683页（夜间潜水指导事故事件）、最决平成15·7·16刑集57卷7号第950页（高速道路进入事故死亡事件）、最决平成16·2·17刑集58卷2号第169页（治疗中被害人未遵医嘱事件）、最决平成16·10·19刑集58卷7号第645页（高速道路停车事件）、最决平成18·3·27刑集60卷3号第382页（汽车行李箱内监禁事件）、最决平成22·10·26刑集64卷7号第1019页（因管制官说错导致的异常接近案件）等。这些判决中不存在否定因果关系的内容。

〔3〕 特别是，特集《相当因果关系说的再探讨》中的曾根武彦《从相当因果关系说的立场》，载《刑法杂志》1998年第37卷第3号，第349页。

〔4〕 大阪地判昭和60·6·19刑集44卷8号第847页。这里所说的“影响也不明确”的评价，并非指存在可能有影响的、合理怀疑的余地的意思。控诉审判决（大阪高判昭和63·9·6刑集44卷8号第864页）中也认为该认定中不存在事实误认。

〔5〕 松宫孝明：《刑法判例百选Ⅰ[第5版]》2003年，第28页中对此进行了说明。对该等认定事实，大谷直人：《最高裁判所判例解说刑事篇平成2年度》，1992年版，第238页指出，“关于本案的第二暴行与被害人的死亡不具有因果关系的判决理由，仍存在探讨余地”，但是没有说明为什么这样认为的根据。并且，作为本案被害人死亡原因的桥脑出血，并非因外力直接作用（“外因性”）导致的，而是“内因性”的，被认定为是由于遭受殴打的被害人兴奋、血压升高，高血压导致从易出血的部位出血或加大已出血部位的出血量，因此，失去意识时第三人所进行的殴打没有加大出血量。此外，被告人最开始进行的殴打也是使用塑料洗脸盆和皮带进行的，鉴定人没有说明“从医学角度来看，被告人的行为所产生的影响力（贡献度）是绝对坚固的”（大谷直人：《最高裁判所判例解说刑事篇平成2年度》，1992年版，第240页）。也就是说，**脱离认定事实的调查官解说存在问题**。另一方面，本决定属于被害人存在隐藏病变的案例，因此，**也显而易见，相当因果关系的“折中说”不能解释本决定的结论**。

因此,不应依据这样的旁论认为“相当因果说的危机”的来临。

三、客观归责理论如何批判了相当因果关系说

(一)大阪南港事件与客观归责理论

此外,对于在相当因果关系说中被否定因果关系的案件,客观归责理论也本来就不是为了肯定其结果归责的理论。在1997年刑法学会大会上德国的许内曼(Bernd Schünemann)进行的演讲[1]中,他列举了①到处都有的危险(普遍存在的危险)实现的情形,②规范的保护目的,③符合中立行为等类型的案例,明确了即使在相当因果关系被认可的情况下也存在被否定客观归责的情形。也就是说,客观归责理论是,将仅按照预见可能性的标准仍过于宽泛的结果归责进行进一步合理限定的理论。

然而,许内曼误以为在大阪南港事件中第三人的殴打提前了被害人的死亡时间,以此为前提,论述到,在这种情况下,就第三人殴打被害人,如果不存在预见可能性的话,则就第三人的行为不承担罪责,因此,仅成立伤害罪。[2] 他说明的理由为,在当今的文明社会,身体攻击不属于日常生活的内容,因此,除非存在不能信赖第三人合法态度的具体情况,人们不承担顾虑他人对于来自第三人的攻击处于无防备状态的注意义务。

相反,克劳斯·罗可辛肯定了死亡结果的归责,但指出,第三人的殴打本身并没有导致被害人的死亡,被告人的伤害行为仅不过是略微促进了被害人的死亡。[3] 这是认为实质上不存在第三人对因果关系的介入。

---

〔1〕 Bernd Schünemann 著:《围绕客观归责》,齐藤诚二译,载《刑法杂志》1998年第37卷第3号,第285页。

〔2〕 原文如下。希望通晓德语的人亲自确认。Wenn also im Osaka Südhafenfall für den Vortäter bereits erkennbar gewesen wäre, daß dem Opfer von anderen Feinden aufgelauert wird, müßte sich der Vortäter auch den Angriff dieser Feinde als eine mit seiner Tat im Schutzzweckzusammenhang stehende Folge zurechnen lassen. Wenn dafür keine Anhaltspunkte bestanden, ist ihm das Verhalten des Nachtäters dagegen nicht zuzurechnen, und er ist nur wegen gefährlicher Körperverletzung strafbar.

〔3〕 罗可辛:《存在第三人事后有责行为情形的相当性与客观归责》,载《刑事法学的现实与展开—齐藤诚二先生古稀纪念—》,信山社2003年版,第796页。

因此,不能将客观归责理论理解为,在否定相当因果关系的案件中也可以进行结果归责的理论。[1]

(二)即使存在相当因果关系但被否定客观归责的情形

那么,客观归责理论是在什么样的情形下,否定具有相当因果关系的结果归责呢? 在这里,补充若干许内曼所列的具体事例,对其进行介绍。

首先,是对耐性菌的医院内感染事例。在“交通事故的被害人被医院收容,在那里,感染了(对所有抗生物质具有耐性的)细菌而死亡”的设例中,这样的情况虽然从现在社会生活的实际来说是可以预料的,但在医院内感染耐性菌的风险,由于在现在是“社会相当”的,因此,向交通事故的加害人归责医院内的感染风险从刑事政策来看不具有意义。[2] 然后,列举了从经验上来看不是不可能的后续损害事例群,如听说近亲属因事故负重伤的人受到打击而去世。阐明在这种情况下,虽然不能否定最初的事故和后续损害之间的相当因果关系,但应否定客观归责。[3] 认为该等情况下**行为本身的危险并没有实现为结果**。[4]

其次,列举了知道其是艾滋病毒感染者且与该人进行性交的事例、为了搬出物品而再次返回失火的房屋而死亡的事例。这属于被称为“**被害人自我答责性**”的事例群,即被害人有意识地将自己处于危险的状态。关于这样的自我答责结果,也不

[1] 但是,在日本,受大谷直人最高裁判所调查官解说的影响,仍有很多学者将其理解为“客观归责理论”在相当因果关系被否定的案件中也可以结果归责的观点。

[2] 以上内容参见 Bernd Schünemann 著:《围绕客观归责》,齐藤诚二译,载《刑法杂志》1998 年第 37 卷第 3 号,第 294 页。

[3] Bernd Schünemann 著:《围绕客观归责》,齐藤诚二译,载《刑法杂志》1998 年第 37 卷第 3 号,第 295 页。因此,他认为“对于刑法中的结果归责,相当因果关系说是说明了必要条件的内容,但不是说明充分条件的内容”(Bernd Schünemann 著:《围绕客观归责》,齐藤诚二译,载《刑法杂志》1998 年第 37 卷第 3 号,第 297 页)。

[4] 不过,存在**行为本身的危险是什么**的问题。例如,同样只是导致被害人昏厥的殴打,但在屋内的情况与在夜间车行道上的情况,致使被害人死亡的危险程度截然不同。相对于在前者的情况下没有死亡的危险,后者的情况下,夜间在车行道行驶而来的汽车驾驶人未注意到昏厥的被害人而将其轧死的可能性完全存在。这种情况下,在经验上所预料到的殴打后的情况包含在行为本身的危险中。

一定会被否定相当因果关系,但性交对象或纵火者对此不承担罪责。[1]

最后,列举了卖淫管理所不可缺少的、向卖淫场所供货的事例。这里比较了供米的情形与供酒的情形。这涉及了被称为“**基于中立行为的帮助**”的问题。也就是说,在德国关于卖淫管理的帮助,1906 年帝国裁判所的判例(RGSt 39, 44)认为,如果是定期向卖淫场所供给面包的话,由于面包谁都会吃,因此不构成帮助,但定期供给向客人提供的红酒的话,则属于帮助。在当时,由于红酒是高级物品,为了卖淫场所接待客人而供给红酒,被认为具有促进卖淫的特殊意义。[2] 相反,米或面包这样的生活必需品,虽然如果没有的话事实上卖淫场所不能经营下去,但这是任何人都必需的物品,因此,不成立犯罪的中立共犯。[3]

通过这样的**行为本身的危险的实现**、**被害人自我答责性**、**中立行为**的观点所进行的结果归责的限定,均在相当因果关系说中无法实现。这些论点中,可以说是存在客观归责理论的固有存在意义。并且,如下文所示,在日本实务中,也出现了认可该观点的法院判例。

四、日本判例中的“客观归责理论”

(一)要求行为本身的危险的实现的判例

例如,**三菱自工车轮脱落事件**最高裁判所决定[4]中判断认为,关于过失不作为犯的案件,如果不是“起因于”产品回收义务根据的“D 轮毂强度不足”的事故的话,

[1] Bernd Schünemann 著:《围绕客观归责》,齐藤诚二译,载《刑法杂志》1998 年第 37 卷第 3 号,第 302 页以下。实际上,关于与艾滋感染者的性交,在德国存在否定危险伤害罪罪责的判例。如下文所述,在日本,该问题以被害人**接受了危险**为论题也被予以讨论。

[2] Schünemann 为了在日本的演讲将其替换为米和酒,若不知道 RGSt 39, 44 的话,可能很难理解他的诙谐。

[3] 在日本,一部分观点认为,由于可以通过“实行行为”这一概念进行合理的限定,因此不需要客观归责理论。但是,该观点忽略了即使没有“实行行为”也可能成立共犯的情况。

[4] 最决平成 24·2·8 刑集 66 卷 4 号第 200 页。在本案中,“通过两位被告人履行上述注意义务,就 D 轮毂采取了实施召回等改善措施,如果装配了 F 轮毂等的话,关于本案濑谷事故车辆,可以防止轮毂薄圆片破损事故本身,或者即使发生了薄圆片破损事故,其时期与本案濑谷事故不同,可以肯定结果回避可能性其本身”,因此,即使实现的危险是其他的内容,也足以认可“如果作为的话则没有结果”的假定因果关系。

则不能将其归责于被告人等注意义务的违反。[1]

(二)被害人的自我答责性及被害人的"管辖"

在**沙土路车赛事件**千叶地方裁判所的判决[2]中,以被害人**接受了危险**为理由否定了引起事故的被告人的过失。不过,该判决在尚未明确认定造成同乘人员死亡那样的注意义务的违反时,就论述到"让被害人随乘的本驾驶行为不欠缺社会相当性"。附注一下,**社会相当性**,是在过失犯中否定注意义务违反本身的内容,根据倡导者汉斯·韦尔策尔的观点,是否定犯罪构成要件符合性的内容。[3] 倒不如说,本案无罪的理由是,关于在即使翻车了也不属于发生死亡事故的沙土路车赛中的事故,由于同乘人员的死亡是异常情况,就被告人存在怎样的注意义务的违反,其本身就无法确定。

(三)中立行为的共犯否定

在该领域,令人吃惊的是,在平成六年(1994 年)3 月 15 日熊本地方裁判所的判决[4]中,表明了**否定基于中立行为的共犯**的观点。在该判决中,关于卖方不缴纳作为消费税的、一种轻油提取税的案件,根据类似必要共犯的观点,对于知晓不缴

---

〔1〕 本决定的旁论中论述到,"对两名被告人要求的注意义务……终归是应防止再次发生因强度不足导致的 D 轮毂的薄圆片破损事故,这种业务上的注意义务。若不能说是 D 轮毂存在强度不足,不能认可本案濑谷事件是由 D 轮毂强度不足引起的话,本案濑谷事件,由于不能说是基于两名被告人违反上述义务而导致的危险现实化,因此,不能认可两名被告人的上述义务违反与本案濑谷事件之间的因果关系"。

〔2〕 千叶地判平成 7·12·13 判时 1565 号第 144 页。在该判决中说到,在熟练者指导初学者驾驶等情况下,"同乘人员一方,具有关于上述沙土路车赛行驶危险性的知识,也会预料到以提高技术为目标的驾驶人临界自己技术的极限,或在某种程度上尝试超越该极限的驾驶,并冒着失控、翻车等一定的危险。并且,这样的同乘人员也有机会通过向驾驶人提供建议在一定程度上控制该危险",论述到"在具有这种认识、预料等的情况下,关于同乘人员,其在允许驾驶人采取在上述预料范围内的驾驶方法的基础上……可以视为其将伴随与此的危险(也包括以在沙土路车赛行驶中死亡的危险作为自己的危险而接受,就上述危险变为现实的情况,有根据认可违法性的阻却)"等。

〔3〕 虽存在变迁,最终归结到了认为社会相当行为不符合构成要件的观点。"关于社会相当性与违法性阻却,的确后者也是给予行为'自由'的内容,但其(指违法性阻却)是特别种类的、即符合构成要件的,换句话说,给予特别的许可允许实行对社会不相当行为的内容,两者在这一点上相区分。" Hans Welzel, Das deutsche Strafrecht: eine systematische Darstellung, 11. Aufl. 1969, S. 57. 也就是说,符合构成要件的仅是对社会不相当的行为。

〔4〕 熊本地判平成 6·3·15 判時 1514 号 169 頁。

纳事实且以低价持续购买轻油的被告人,“买方仅限于作为交易当事人,除非在此之上与作为卖方的特别征收义务人共同成为一体,参与到了从批发商的采购及虚假纳税申报等一系列逃税犯罪行为计划的实现”,否则均否定其为共同正犯或从犯,并宣判无罪。

关于由于背信罪的对方提出了些许无理要求而发生背信行为的案件,平成十七年(2005 年)10 月 28 日名古屋高级裁判所的判决〔1〕论述到,与信用保证“协会处于‘对向关系’的 × 银行行长,且不具有协会‘事务处理者’立场的被告人,就本代位清偿,对协会的董事、监事等要求、推动对 × 银行有利的处理时,其要求、推动只要不是明显缺乏相当性的,例如强迫协会董事、监事等进行背信行为这样的危险较高的、超出社会对经济交易上的交涉允许限度的情形,即使协会的‘事务处理者’协会的董事、监事等被追究对协会的背信罪的刑事责任,也不能对被告人追究背信罪的共谋共同正犯的责任”,应宣判无罪。〔2〕

最后,列举 Winny **事件**最高裁判所的决定。〔3〕 在该决定中,对于开发并知悉有 40% 的概率用于著作权侵害的软件、将其流传到网上的被告人,否定其成立违反著作权法的从犯。

在该决定中重要的是,以否定帮助的故意为前提,认为“关于提供该软件的行为,为了成立帮助犯,需要超出一般可能性的具体侵害使用情况”。其理由是,在网上提供软件的行为具有中立性质。正因如此,依据该一般论,本决定提高了成立帮助的客观门槛,与此随之也提高了以其认识为要件的帮助故意的门槛。〔4〕

---

〔1〕 名古屋高判平成 17 · 10 · 28 高刑速(平 17)号第 285 页(**北国银行事件**发回重审判决)。

〔2〕 本判决虽仅探讨了共同正犯,但从确定无罪来看,也有否定成立从犯的趣旨。发回重审判决最判平成 16 · 9 · 10 刑集 58 卷 6 号第 524 页,虽未明示背信罪的“任务违背”,但实质上是适用了“经营判断的原则”,这一点也值得注意。

〔3〕 最决平成 23 · 12 · 19 刑集 65 卷 9 号第 1380 页。

〔4〕 也存在认为“帮助的故意决定犯罪成立与否”[西田典之:《刑法总论》(第 2 版),弘文堂 2010 年版,第 343 页]的观点。但是,本决定的逻辑是,首先,由于是“中立行为”而提高了帮助的客观要件的门槛,在此基础上,否定了以此为对象的故意,从这一点来看,不能仅以主观要件决定共犯的成立与否。西田典之在[(桥爪隆补订):《刑法总论》(第 3 版),弘文堂 2019 年版,第 370 页中]论述到,“既然作为帮助行为的客观方面要求具体的危险性,即使是作为帮助犯故意的内容,与此相应,也就会要求以具体的危险性为基础的事实认识、容许”,认可了该论理。

五、进一步展开

至此，在日本，客观归责理论对相当因果关系说的胜利也是显而易见的。今后，需要围绕着客观归责理论根据怎样的基本思想、在什么样的情形下可以具体化，展开讨论。[1] 也就是说，要求对客观归责理论进行真正的理解。

---

〔1〕 在这点上令人注意的是，《刑法》第96条之2以下的被强化了的妨害强制执行的相关罪名与律师等向经营者提供建议之间的关系。因为律师提供关于公司重建对策的意见，在修改前存在被认定为是强制执行妨害罪帮助的案件（最决平成23·12·6判时2154号第138页）。此外，关于存在配偶等的外国人非法在留，法务省建议进行在留特别许可的申请（法务省入国管理局《关于在留特别许可的指南》[平成十八年（2006年）10月、平成二十一年（2009年）7月修订 http://www.moj.go.jp/content/000007321.pdf 2019年1月16日参见]，不认为配偶等成为非法在留的共犯，这也被认为是中立行为之一。但是，关于此点，东京地判平成30·10·19（未刊载于公开出版物上），对于与达到非法滞留（long stay）状态的人同居等的姘居妻子，认为成立了非法滞留罪（《出入国管理及难民认定法》第70条第1款第5项）的帮助。而法务省入国管理局的《关于在留特别许可的指南》将“作为夫妇在相当期间内进行共同生活，互相协助、扶助”及“婚姻是稳定、成熟的”列举为考虑许可的积极要件，以及下级审的若干判决案例（名古屋高判平成28·3·2 LEX/DB25447984等）超出该指南，不仅在法律婚也在姘居等事实婚的情况下，做出了认为发出退去强制令书处分是违法的判断，从上述内容来考虑，前述东京判决是存在问题的判决。

客观归责理论的本土化运用

——以海淀法院刑事判决书(2018)京0108刑初1789号为例

孙运梁*

【摘　要】 过失犯的客观构成要件难以定型化,运用客观归责理论可以有效判断过失犯的客观构成要件的符合性。过失犯一般是结果犯,结果归责的判断是客观构成要件符合性判断的核心。海淀法院刑事判决书(2018)京0108刑初1789号是我国显性运用客观归责理论的判例。本案判决书正是运用客观归责理论的思维和方法肯定了死亡结果归责于被告人。日本的危险的现实化理论是立基于其传统的因果关系学说,在融合客观归责论的基础上提出的,值得我们借鉴。实行行为理论基本对应于客观归责论的第一个规则,危险的现实化理论基本对应于客观归责论的后两个规则,如果实行行为的危险性在结果中现实化了,就可以断定结果归责于被告人,从而得以进一步判断主观的构成要件以及违法性、有责性。以本案判决书为契机,有望形成有指导意义的判例,从而推动理论学说与实务裁判的良性互动。

【关键词】 客观归责　本土化　被害人自我答责　危险的现实化　直接实现

---

* 北京航空航天大学法学院副教授,法学博士。本文系国家社会科学基金重大项目"我国刑法修正的理论模型与制度实践研究"(项目编号:16ZDA061)之子课题四"刑法修正视野下的刑法改革与制度实践研究"的阶段性研究成果。原载《法学》2019年第5期,有改动。

一、引言

北京市海淀法院刑事判决书(2018)京0108刑初1789号被称为“一份依照客观归责理论作出的刑事判决书”,这是因为本案判决书运用了客观归责理论的思维和术语去分析结果的归责和客观构成要件的符合性,使用了诸如事实因果关系、结果归责、制造法所不容许的危险〔1〕、降低危险、增加危险、行为与结果的常态关联、第三方因素、被害人自我答责等用语,这些用语是发源于德国的客观归责理论中的一些关键术语,可以说该判决书是深受客观归责理论影响而写作的一份法律文书。鉴于以前从未有如此明显运用客观归责理论论证裁判的判例,本文试图立基于该判例进行深入细致的分析。

我国虽然是成文法国家,但是判例也具有重要的参考、指导意义。理论与实务理应形成良性互动。客观归责理论虽然发源于德国,但是它是既具有逻辑性又存在实用性的教义学理论,不但我国刑法学者应当努力学习、引入,而且司法实务上也完全可以大胆采用。本案正是认真有效运用客观归责理论的判例,值得类似案件的裁判者研究和借鉴。本文在对该案尤其是裁判理由进行理论上分析的基础上,试图建立可以复制的理论模型,遇到类似案件事实的时候,可以运用该理论模型予以涵摄,从而有利于刑法规范上的分析和定性。

作为同样大量、深入继受德国刑法理论的东亚国家,日本学界和判例对客观归责理论的吸纳和发展,也值得我国学者观察、借鉴。日本刑法学者们对客观归责理论的态度已经从单纯介绍到积极借鉴,在一些有影响力的日本学者的著作中,〔2〕已

〔1〕 风险(危险)概念是客观归责理论中的重要概念。在德国文献中,“风险”(Risiko)与“危险”(Gefahr)是两个不同的词。但金德霍伊泽尔(Kindhäuser)教授明确指出:“风险(Risiko)这个概念与危险(Gefahr)概念其实是同一个意思。”Kindhäuser, Strafrecht Allgemeiner Teil, 5. Aufl., 2011, S. 90。除非特别指出,本文中使用的危险与风险是同一个意思。

〔2〕 如[日]山口厚:《刑法总论》,付立庆译,中国人民大学出版社2018年版;[日]桥爪隆:《当前的日本因果关系理论》,高翔译,载《刑事法评论》2017年第40卷;[日]桥爪隆:《作为危险之现实化的因果关系》,王昭武译,载《苏州大学学报》(法学版)2015年第1期;[日]佐伯仁志:《刑法总论的思之道·乐之道》,于佳佳译,中国政法大学出版社2017年版;[日]前田雅英:《刑法总论讲义》,曾文科译,北京大学出版社2017年版;[日]安达光治:《日本刑法中客观归属论的意义》,孙文译,载《国家检察官学院学报》2017年第1期;等等。

经结合客观归责理论对原有的因果关系学说进行了改造乃至替代,与客观归责理论判断框架特别类似的"危险的现实化[1]理论"正在变得强有力。以此为分析工具,许多因果关系、结果归责疑难案件得以迎刃而解。需要特别指出的是,日本刑法学界非常注重对法院判例的研究,一方面从大量的判例中提炼出一些理论学说,另一方面力图在判例学说的基础上发展出自己的理论学说,继而反哺司法实务。由此一来,理论与实务形成良性互动,共同推进刑事法治的进步。这种趋向值得我国刑法学者予以关注,他山之石可以攻玉,本文尝试考察日本学界融合客观归责理论的最新动态,聚焦海淀法院的判决书,在评述日本的危险现实化理论的基础上,对本案进行分析。

二、分析的文本:基本案情、判决结论及裁判理由[2]

(一)基本案情

2015年5月6日,被害人(女,殁年24岁)在被告人所经营的北京某美容有限公司实施吸脂手术,过程中被害人因注射利多卡因等麻醉药物导致其不适。被告人与其朋友王某等人将被害人送往RH医院治疗,后因被害人病情严重,被转入重症监护室治疗。5月8日16时许,被告人不顾医务人员的病危劝告,冒充被害人的姐姐,在医院的《病危病重通知书》《自动出院或转院告知书》上签字,强行将被害人接出医院,并用私家车将其送回被害人的暂住地,导致被害人未得到及时医治。同日22时许,由于病情严重,被害人联系王某,王某与被告人取得联系后,将被害人先后送往SJQ医院、SLS医院进行救治,后被害人于次日16时许在SLS医院死亡。经鉴定,被害人系急性药物中毒导致多器官功能衰竭死亡。

(二)判决结论及裁判理由

法院认为,被害人的死亡后果应当归责于被告人,被告人的行为已构成过失致

[1] 危险的现实化这个概念最初出现在卡尔·恩吉施的有关因果关系的论文中。K. Engisch, Kausalität als Merkmal strafrechtlicher Tatbestände, 1931。

[2] 北京市海淀区人民法院刑事判决书(2018)京0108刑初1789号。

人死亡罪。具体来说,事实因果关系的存在是依法追究被告人相关刑责的必要而非充分条件。本案情况较为复杂,不仅要查清死亡结果是否该归责于被告人,还得查清在多大程度上要归责于被告人。为厘清被告人的行为对死亡结果的成因力有无及大小,必须从刑法规范角度,对其行为的归责问题进行分析。

1. 被告人的违法行为制造了法不容许的危险

进入刑法规制视野的行为都必须具有违法性,同时具有社会危害性,即要制造不被法律所容许的危险。被告人的涉案行为中,有充分证据得以证实,且应当被予以刑法评价的有以下两处:

(1)制造主要危险的行为。被告人在实施吸脂手术的过程中,对被害人注射了利多卡因等药物。根据卫生部印发的《处方常用药品通用名目录》,利多卡因属于处方类药物;根据卫生部印发的《医疗美容项目分级管理目录》,脂肪抽吸术属于美容外科项目;根据《医疗美容服务管理办法》及《医疗美容项目分级管理目录》,医疗美容项目须由具有专门资质的机构和医务人员实施。被告人所经营的美容公司仅是普通美容院,并非医疗美容机构,无医疗机构执业许可证,其本人也不具备执业医师资格,然而,被告人仍旧在自己经营的美容机构内对被害人注射了利多卡因等药物,对被害人的身体健康造成了直接危害,危及其生命,制造了法不容许的危险。该危险一直存续至被害人死亡时止。

(2)阻止他人降低危险的行为。如果被害人在RH医院重症监护室继续接受治疗,或者被转院至其他医院治疗,则其因注射了利多卡因等药物所招致的危险严重程度会被降低。但被告人在因其先行行为产生了救助义务的情形下,且在明知医院下达病危通知书,被害人出院有生命危险的关键时刻,仍不顾医生劝阻,将被害人带出医院,送回暂住地。被告人的行为客观上中断了被害人获取救治的机会,阻止了他人降低危险的行为。

2. 被害人的死亡结果与被告人的上述风险制造行为存在常态关联

(1)被害人的死亡结果系由被告人的涉案行为所直接导致。鉴定报告认为被鉴定人因急性药物中毒导致多器官功能衰竭而死亡。现已查明该吸脂手术系在被告人所经营的美容公司内实施,故可以肯定被告人的吸脂手术行为与被害人的死亡结果之间存在事实因果关系。

(2)上述因果关系并未被第三方因素中断。被害人虽被送往多个医院接受治疗,但现有证据均不能证明这些医院存在任何医疗事故行为,接诊医生均依照行业标准,尽到了谨慎的注意义务。即是说,医生的治疗行为只是尽可能地降低急性药物中毒对被害人生命健康的危险,而不是增加该危险,在客观上是延缓了被害人的死亡,而非加速其死亡。因此,被害人的死亡结果不能归责于医务人员。

(3)被害人自身存在一定过错,但并不能对死亡结果自我答责。①被害人同意做吸脂手术,并不代表其愿意接受药物中毒的风险,更不代表其应当对自己的死亡后果负责。如果被害人是在正规的美容医疗机构内,由具有合法资格的医生实施吸脂手术,医院会充分告知其手术可能存在的风险,且医院有能力也有义务将手术风险控制在合理的范围内。但被告人及其经营的美容机构无资质,事实上也无能力将手术风险控制在合理范围内。被害人曾经让被告人给其做过面部的美容项目,这让被害人对被告人产生错误的信任而同意做吸脂手术。正如某些非法行医的案件那样,被害人可能出于省钱、省事或者专业知识缺乏等原因,对非法行医者的资质及治疗风险没有给予足够的注意,但并不能因此认为被害人应该独自承担非法行医所造成的死伤后果。此时被害人并无过错,而是体现出一定的被害倾向性。②被害人虽未反对从 RH 医院出院,在 SJQ 医院及 SLS 医院对医生也隐瞒了在 RH 医院接受治疗的情况,但并未增加药物中毒所导致的风险,仅是在一定程度上不利于减少该风险。被害人在身体受到伤害之后,是否自主治疗,以及如何治疗并非法定义务,除非被害人后续有自我损害行为,否则均未增加先行侵害行为所导致的风险。③被害人之所以实施上述明显违反常理的行为,系基于对被告人的错误信任。被害人极度信任被告人,相信被告人能给其治疗,愿意配合被告人的某些言行。

故可以作出以下论断,即被害人在同意做吸脂手术时虽对被告人过于信任,但事出有因,被害人在被接出 RH 医院时虽未反对,但系基于对被告人的错误信任,整个出院行为系由被告人主导,且被害人也未有放弃治疗,企图自杀的意思表示,不足以认定被害人需对手术风险及出院行为自我答责;被害人仅在 SJQ 医院、SLS 医院中的不配合医生询问的反常行为中存在一定过错,但仍系源于对被告人的错误信任以及自己无钱医疗,迫切需要被告人的救治这一客观现状所致,也未将风险扩大,不足以将被告人制造的法不容许的风险正当化。

综上所述,被告人实施了导致被害人死亡的行为。被告人给被害人实施吸脂手术,导致其药物中毒,且在被下达病危通知书的情形下,不顾医生劝阻,强行将被害人接出医院,送回暂住地,后虽又将被害人送至医院,但并未能挽救被害人的生命。被告人的行为具有实质上的违法性,被害人的死亡结果应该归责于被告人。

三、根据客观归责理论的分析

(一)运用客观归责理论对本案的分析

现代的客观归责理论发轫于德国,尤其以德国当代刑法学家罗克辛(Roxin)的理论学说为代表。按照罗克辛的理论构建,[1]客观归责理论包括制造法所不容许的风险、实现法所不容许的风险、构成要件的效力范围三大主规则。(1)客观归责论的第一个主判断规则,是指行为人的行为针对行为客体创设了不被法秩序所允许的风险。从反面来说,虽然在行为和结果之间存在因果关系,但是行为的危险仍处在法所允许的范围内时,就不能说行为人制造了在法律上有重要意义的风险,即便客观上结果发生了,也不能将该结果归责于行为人的行为。(2)客观归责论的第二个主判断规则,是法所不允许的风险在结果中具体实现了。虽然行为与结果之间存在因果关系,而且行为人创设了超越法律允许范围的风险,但是该风险还必须在结果中实际实现,这时才可以说结果归责于该行为。否则,虽然有法益侵害结果发生,但不能在规范上评价为该风险所造成的,这时由于风险未实现而不能进行结果归责。(3)客观归责论的第三个主规则是,虽然行为人所创设的不被允许的风险与结果之间存在因果关系,该风险也导致了法益侵害结果发生,但还要求该结果处于避免危险的构成要件效力范围之内,才能成立结果归责,才能充足客观构成要件。

在各个主规则之下,又包括若干下位规则,(1)制造法所不容许的风险之下,又

---

[1] Vgl. Roxin, Strafrecht Allgemeiner Teil, Bd. Ⅰ, Grundlagen. Der Aufbau der Verbrechenslehre, 4. Aufl., 2006, §11, Rn 47ff.;罗克辛:《客观归责理论》,许玉秀译,载《政大法学评论》1994 年第 50 期。

包括:没有制造风险时排除归责;降低风险时排除归责;创设可容许风险时排除归责(如信赖原则);假设的因果流程不能排除归责。(2)实现法所不容许的风险之下,又包括:行为与结果的常态关联(因果流程重大偏异时排除归责);不允许风险没有实现时排除归责(结果的可避免性);注意规范保护目的范围外的结果排除归责;合法替代行为和风险提高。(3)构成要件的效力范围之下,包括:自我(被害人)负责领域(同意他人造成的危险、故意自危时的共同作用);他人(第三人)负责领域。被害人如果同意行为人对自己造成危险,或者行为人参与被害人故意自伤行为,那么按照被害人自我答责原则,在被害人负责范围内的结果,不能归责于行为人。这样的理论根据在于,每个人原则上只能对自己的行为及其结果负责,这样便在客观归责层次上针对不同主体明确划分出各自的负责领域,从而有效限定了归责的范围。构成要件的效力范围止于第三人专属的负责领域,在他人专属领域内发生的结果由该人独立负责。第三人负责的典型情形有,消防人员救火、医生治疗病人、警察处置危险等,这些都属于应对危险的专门性职业活动。特定职业的从业者,负有特殊的权限,他们以专业方式掌管、监控危险源,其行为不受局外人干涉,由此造成的结果也不能归责于最初的行为人。

客观归责论坚持二元区分的立场,即在归因的基础上进行归责,[1]首先进行事实判断,确定构成要件行为与构成要件结果之间存在条件性的因果关系,然后进行规范性的价值判断,评定结果能否归责于行为,能否作为行为人的作品让行为人领受。具体说来,通过条件理论所确定的条件,只是结果归责的必要条件而不是充分条件;行为如果不是结果发生的条件当然不成立结果归责于该行为,但是行为属于结果发生的条件还应当另外进行客观归责判断,才能成立结果归责。换言之,在因果层次解决结果原因问题,通过条件理论来完成;在归责层次解决结果归责问题,通过客观归责论来完成。客观归责论将因果关系限定于事实因果关系,其他的法律判断在客观归责论的框架下另外进行。在判断能否将结果归责于行为时,客观归责论区分法所不允许危险的创设和此危险的实现,然后进一步对案例群进行详

---

〔1〕 孙运梁:《客观归责理论的引入与因果关系的功能回归》,载《现代法学》2013年第1期。

细的类型化,表明判断标准。[1]

下面我们根据上述思路和方法来分析本案。第一步,进行因果关系的事实判断,鉴定报告表明被鉴定人因急性药物中毒导致多器官功能衰竭死亡。在案证据已经证明,被告人对被害人进行了吸脂手术的前期准备行为,为被害人注射了利多卡因等药物,之后,被害人发生了急性药物中毒,虽送医治疗,仍然发生了死亡结果。按照条件关系公式,没有被告人为被害人注射利多卡因等药物,被害人就不会发生急性药物中毒,也不会死亡,所以被告人的行为与被害人的死亡之间存在因果关系。

第二步,在此基础上,按照上述客观归责理论来检验死亡结果的归责,(1)被告人制造了法所不容许的风险:被告人在不具有医师执业资格的情况下,为被害人注射了利多卡因等处方类药物,严重威胁到被害人的身体健康和生命安全。被害人发生了急性药物中毒反应,被告人虽然将被害人送往医院治疗,但又强行中断了被害人在重症监护室的治疗,不顾医生的劝阻,将被害人带离医院,以私家车(未使用救护车)将其送至被害人的暂住处,贻误了宝贵的抢救时间。被告人虽派人照看被害人,但在医院已下达病危病重通知的情况下,被告人仍然离京去外地,这体现了被告人对被害人生命安全的漠视,在被害人再度要求下,被害人又被转入他院治疗。被害人最终死亡。按照第一个判断规则的下位规则,本案没有排除归责的情形。被告人对被害人创设了严重的生命危险,这不被法律所允许,被告人不但没有降低该危险,反而增大了死亡的风险。

(2)被告人实现了法所不容许的风险:被害人死时 24 岁,属生命力旺盛的自然人。被告人为被害人注射药物,被害人药物中毒,多器官功能衰竭最终死亡,这个因果流程是正常进行的,行为与结果之间存在常态的关联,不存在因果流程重大偏异的问题;如果被告人履行必要的注意义务,不为被害人注射处方类药物,被害人不可能药物中毒,是存在结果避免可能性的;相关法律法规对药品分级管理、对美容项目分级管理,要求处方类药物必须经医师处方才能获得,要求医疗美容必须由具备医疗资格的美容机构、具有医师执业资格的人执行,正是为了将药物、美容手术

---

[1] [日]佐伯仁志:《刑法总论的思之道·乐之道》,于佳佳译,中国政法大学出版社 2017 年版,第 61 页。

对人体的风险控制在合理的范围内,即使发生危险也能立即排除或者降低,但本案被告人无视法律法规的规定,其不具备医师执业资格、其经营的美容院不具备医疗机构资质,其对被害人注射了处方类药物,造成了被害人生命的丧失,这正是相关法律法规的规定所要防止的风险,被害人的身体健康和生命安全正处于这些规范的保护目的范围内;可以说,如果被告人实施了合法的替代行为,也就是不对被害人实施医疗性美容项目,那么根本就不会发生生命危险。因此,不但基于事实的角度,而且从规范上考虑,被告人创设的法律不允许的风险在被害人的死亡中实现了。

(3)从构成要件的效力范围来看,本案的死亡结果不能由第三人负责,也不能由被害人自我负责。首先,本案被害人的死亡结果不能由专业医生负责。举个例子来说,行为人过失伤害被害人之后,被害人被送医治疗,医生未能成功地阻止死亡结果的发生,则被害人的死亡后果要归责于行为人,行为人可能成立过失致人死亡罪,这是由于医生并未制造被害人死亡的危险,而是面对既存的危险他无法消除。只有在医生存在过失的情况下,医生才可能对结果负责。病人在被送到医院之后,治疗病人就成为专属于医生的事务。作为比较考察,我们看一个德国高等法院的判决。[1] A开车载B同行,A驾驶时不小心撞上一棵树,B的左腿被撞断,B被送进医院,由于医生的疏忽,B得了败血症而死亡。在这个案件中,行为人过失导致被害人骨折,但不存在致死的危险;相反,是医生的医疗行为创设了危及被害人生命的危险并且该危险实现了。行为人只是造成了伤害的结果,而且他无权干涉、监督医生的治疗行为,因此他不能对医生的行为及其结果负责。如果让行为人对死亡后果负责就超出了构成要件的效力范围。在医疗过失行为中以上原则是可以一般性地、普遍性地得到适用的。即使医疗过程中的失误并不是不可预见的,死亡结果也超出了引起最初结果的行为人的负责范围,但构成要件不能包含这种他人负责的结果。

然而,本案与上述案例不同。本案对被害人接诊的三家医院及其医生,都尽到了合理的注意义务,均按照行业标准进行了正常的医疗,尤其是第一家接诊的医

---

〔1〕 Vgl. NJW(Neue Juristische Wochenschrift)1958, S. 271.

院，向被告人下达了关于被害人的病危病重通知书，在被告人要将被害人带离医院时进行了劝阻，劝阻无效时，还要求被告人使用救护车将被害人带离医院，这体现了对被害人生命安全的担忧，对被害人生命危险恶化的防范。所以，本案虽然涉及多家医院、多名医生，但他们都尽力挽救被害人的生命，努力降低被害人的生命危险，被害人的死亡结果不可能归责于他们这些专业人士。

其次，本案被害人虽然同意被告人对其进行吸脂手术，但需要明确的是，被害人同意的是合理风险范围内的吸脂手术，绝对不是严重危及生命健康安全的吸脂手术，被害人并不同意被告人对其造成身体健康安全的危险，更遑论是生命危险。事发后，被害人配合医生的治疗，也要求被告人对其送医治疗，说明被害人珍视自己的生命安全。被害人虽然没有反对被告人带其离开第一家医院，而且在后续两家医院也隐瞒了在第一家医院就诊的事实，也有一些不配合医生询问的反常行为，但这是被告人主导了出院行为，被害人对被告人给予高度信任，自己又无钱治疗，其愿意配合被告人的一些错误言行，其只能依赖被告人对其进行治疗。因此，死亡结果不可能由被害人自我答责。

综上，被告人的注射药物行为与被害人死亡之间存在因果关系，而且该死亡结果应当归责于被告人。被告人的行为符合过失致人死亡罪的客观构成要件。

（二）对本案判决书裁判理由的评析

1. 本案判决书体现了归因与归责区分的法律逻辑。判决书认为：“现已查明该吸脂手术系在被告人所经营的北京某美容医院有限公司内实施，故可以肯定被告人的吸脂手术行为与被害人的死亡结果之间存在事实因果关系。”判决书指出：“事实因果关系的存在是依法追究被告人相关刑责的必要而非充分条件。本案情况较为复杂，不仅要查清死亡结果是否该归责于被告人，还得查清在多大程度上要归责于被告人。为厘清被告人的行为对死亡结果的成因力有无及大小，必须从刑法规范角度，对其行为的归责问题进行分析。”在法官看来，事实因果关系是“必要而非充分条件”，在此基础上，还要考察“结果是否归责于被告人”，“从刑法规范角度，对其行为的归责问题进行分析”，这就体现了法官归因与归责分开判断的思维，符合阶层式犯罪论体系所要求的事实判断优先于价值判断的位阶关系,[1]有利于构成要件该当性的判断,有利于对被告人行为的准确定性。

2. 本案判决书借鉴了客观归责理论的判断规则和思维,如“制造不被法律所容许的危险”“阻止他人降低危险的行为”“被害人的死亡结果与被告人的上述风险制造行为存在常态关联”“被害人的死亡结果系由被告人的涉案行为所直接导致”“因果关系并未被第三方因素中断”“被害人自身存在一定过错,但并不能对死亡结果自我答责”“不足以认定被害人需对手术风险及出院行为自我答责”等。

判决书认为,“被告人对被害人注射了利多卡因等药物,对被害人的身体健康造成了直接危害,危及其生命,制造了法不容许的危险。该危险一直存续至被害人死亡时止”。其中,“制造不被法律所容许的危险”正是客观归责理论的第一个判断规则;“被害人的死亡结果与被告人的上述风险制造行为存在常态关联”,“被害人的死亡结果系由被告人的涉案行为所直接导致”,“因果关系并未被第三方因素中断”,这体现了客观归责理论的第二个判断规则,即法所不容许风险的实现;“被害人自身存在一定过错,但并不能对死亡结果自我答责”,“不足以认定被害人需对手术风险及出院行为自我答责”,这体现了客观归责理论的第三个判断规则,即构成要件的效力范围,具体来说就是结果是否由被害人自我负责。

判决书认为,“被告人的行为客观上中断了被害人获取救治的机会,阻止了他人降低危险的行为”。这里涉及客观归责理论的第一个判断规则“制造不被容许风险”的下位规则“降低风险”。与制造风险则具有同等意义的概念是增加风险、提高风险,而降低风险则具有相反的意义,由此说来,倘若一个行为是降低风险的行为,那么它就不能被评价为制造风险的行为,其也不具备客观可归责性。例如,一块石头正要落在B的头部,A看到后出手阻挡石头,结果石头砸在B的脚上,B的脚部受伤。尽管A的阻挡行为导致B的脚部受伤,但是A的行为使得石头砸到受伤较轻的部位,这是降低风险的有利于法益的行为,不能被评价为制造了不被容许的风险,不能该当伤害罪的构成要件。又如,D奄奄一息,医生C明知D将要死亡还是为D实施了手术,实施手术是意图延长D的生命,C的行为延缓了D不可避免的死亡结果,这不是创设风险而是降低风险的行为,所以阻却了构成要件的该当。本案

[1] 陈兴良:《刑法阶层理论:三阶层与四要件的对比性考察》,载《清华法学》2017年第5期;车浩:《体系化与功能主义:当代阶层犯罪理论的两个实践优势》,载《清华法学》2017年第5期。

中,被告人中断了被害人获取救治的机会,将被害人带离医院,阻止了专业医生降低危险的行为,正是提高风险、加剧风险的行为,不是降低风险的行为,所以不能阻却结果的归责。

3. 按照阶层式犯罪论体系的逻辑,本案判决书也存在一些值得商榷的地方。例如,(1)判决书认为,“被告人的违法行为制造了法不容许的危险”,“进入刑法规制视野的行为都必须具有违法性,同时具有社会危害性,即要制造不被法律所容许的危险”,“被告人的行为具有实质上的违法性,被害人的死亡结果应该归责于被告人”。实际上,制造法所不容许的危险只是客观归责理论的第一个判断规则,而客观归责是客观构成要件要素,结果能够客观归责于行为,才能说行为具备构成要件该当性,也才能说行为具有违法性,也就是说具备客观归责性是行为具有违法性的前提,认为“被告人的违法行为制造了法所不容许的危险”,“进入刑法规制视野的行为都必须具有违法性,即要制造不被法律所容许的危险”,“被告人的行为具有实质上的违法性,被害人的死亡结果应该归责于被告人”,这在逻辑上是有问题的,也就是说应当先判断结果的客观归责,再判断行为的违法性,而不是相反,或者同时判断。而且,也只有行为在形式上该当构成要件,才能在实质上说该行为具有社会危害性(实质的违法性)。

(2)结果是否归责于行为,只有肯定与否定两种回答,而判决书认为“还得查清在多大程度上要归责于被告人”。虽然最高人民法院在《关于审理交通肇事刑事案件具体应用法律若干问题的解释》第1条中规定:“从事交通运输人员或者非交通运输人员,违反交通运输管理法规发生重大交通事故,在分清事故责任的基础上,对于构成犯罪的,依照刑法第一百三十三条的规定定罪处罚。”第2条规定:“交通肇事具有下列情形之一的,处三年以下有期徒刑或者拘役:(一)死亡一人或者重伤三人以上,负事故全部或者主要责任的;(二)死亡三人以上,负事故同等责任的;(三)造成公共财产或者他人财产直接损失,负事故全部或者主要责任,无能力赔偿数额在三十万元以上的。……”但这里的“事故责任”“全部责任”“主要责任”“同等责任”,应当是指交通参与人对交通肇事行为所应分配的客观责任,并不是指对事故后果所应承担的责任,或者说不是指事故后果在多大程度上归责于交通参与人。本案已经查明被告人行为与被害人死亡后果之间存在因果关系,在此基础上,需要基于规范的视角,继续判断死亡后果能否归责于被告人。所谓“查清在多大程度上要归责于被告人”其实还是在事实层面上“厘清被告人的行为对死亡结果的成因力有无及大小”,这还是局限在事实层面的考察,应当跃出事实层面进入规范层面的价值判断。

(3)判决书没有明确区分客观归责理论的第二个判断规则“实现法所不容许的风险”与第三个判断规则“构成要件的效力范围”。判决书认为,“被害人的死亡结果与被告人的上述风险制造行为存在常态关联”,“被害人的死亡结果系由被告人的涉案行为所直接导致”,这均体现了被告人对被害人制造的死亡风险在结果中实现了。但在常态关联标题之下,又讨论了医生治疗、被害人自身过错等问题,这里涉及第三人(专业人士)负责与被害人自我负责的问题,最好在另外的部分即构成要件的效力范围中论述。[1] 关于构成要件的效力范围,支持客观归责论的学者不一定都将其作为制造不被容许的风险、实现不被容许风险之外的另一个单独规则来看待,但是我们关注的重点应该是这个判断阶段的下位规则,如被害人自我答责、第三人负责等,它们都是客观归责判断的重要辅助规则。[2] 这样说来,要不要将构成要件的效力范围作为第三段规则只是形式之争,不如还是采用罗克辛的客观归责判断规则体系,在制造风险、实现风险之外单独考察构成要件的效力范围。[3]

虽然在风险的实现过程中,涉及第三方因素、被害人自身因素,但风险的实现阶段主要考察因果流程有无重大偏差、结果的可避免性、规范的保护目的、合法替代行为等。本案中构成要件的效力范围也特别值得讨论,本案涉及多家医院、多名

---

〔1〕 当然,也有不同观点,如有学者认为,客观归责的三段主规则,第一段与第二段之间有逻辑上的先后顺序关系,因为如同条件因果先于客观归责而检验一般,如果没有制造不容许的风险,当然就无从也无用检验是否实现该不容许的风险。反之,第三段规则与前两段之间,则无必然的逻辑顺序关系。诸如他人负责或自我负责原则,可能与风险实现的下位规则产生适用顺序上的“竞合关系”。而在竞合情形,可以优先适用较为明确的他人或自我负责原则,并进而避免重大偏异标准的模糊问题。客观归责的第三段主规则有无存在价值,是表象问题而已。因为其下位规则(如自我或他人负责原则),实质上都被当作结果归责的判断基础。他人负责原则必须限定在如消防、警务等专门职业的“专属”领域,才能保住其排除原行为人归责的实质理由。林钰雄:《第三人行为介入之因果关系及客观归责——从北城医院打错针及芦洲大火事件出发》,载林钰雄:《刑法与刑诉之交错适用》,台北,元照出版有限公司 1998 年版,第 62、65 页。

〔2〕 Vgl. Jescheck/Weigend, Lehrbuch des Strafrechts Allgemeiner Teil, 5. Aufl. , 1996, S. 288.

〔3〕 林钰雄:《第三人行为介入之因果关系及客观归责——从北城医院打错针及芦洲大火事件出发》,载林钰雄:《刑法与刑诉之交错适用》,台北,元照出版有限公司 1998 年版,第 60 页。

医生,被害人也存在一定过错。他(她)们的行为是否能够排除结果归责于被告人,也是判决书重点着墨的地方。如果判决书能够分层次、分阶段地进行讨论,可能论证过程会更清晰,更有说服力。

(4)判决书认为:“正如某些非法行医的案件那样,被害人可能出于省钱、省事或者专业知识缺乏等原因,对非法行医者的资质及治疗风险没有给予足够的注意,但并不能因此认为被害人应该独自承担非法行医所造成的死伤后果。此时,被害人并无过错,而是体现出一定的被害倾向性。”但是,判决书又指出被告人没有实施非法行医行为,“非法行医罪属于营业犯……现有证据不足以认定被告人实施了非法行医的营业行为。基于存疑有利于被告人原则,只能将被害人的吸脂手术行为作为一个独立的行为予以刑法评价”。因此,笔者认为,在论证被害人是否自我答责的部分,就不能认为被害人是非法行医的被害人。由于被害人对被告人的信任,其又无力自我救治,只能依靠被告人出钱救治,这样看来,被害人在医院对吸脂手术地点、第一家就诊医院的隐瞒,属于对治疗过程中非关键信息的隐瞒,这种过错是显著轻微的,是可以理解的。由此决定了,结果归责不能分配给被害人。

四、根据危险的现实化理论的分析

(一)危险的现实化理论与客观归责理论

在日本,学说上意图在事实因果关系(根据条件关系来判断)的基础上再对刑法上的因果关系做出限定。在因果关系的限定上,日本主流观点主张的理论框架有两方面内容,一是实行行为的概念,二是相当因果关系说。在判断因果关系的理论学说中,相当因果关系说得到多数学者的支持、赞同,以至于长期以来,该说占据着通说地位。在学说内部,学者们争论最多的问题是相当性的判断根据问题,也就是说以什么样的资料作为基础来判断相当性。然而,以大阪南港案[1]为转机,学界开始注意到,在相当因果关系说中,相当性的判断方法并非明确清楚,甚至存在不妥当之处,由此生发出相当因果关系说的危机。其后出现的有力主张是,在因果关

〔1〕 最决1990年11月20日刑集44卷8号837页。

系论中进行事实因果关系的判断,在另外的理论框架中进行结果归责的判断。[1]

在日本的因果关系学说史上,大阪南港案值得关注。该案表明,在判断因果关系时,以因果流程的通常性作为重要的判断标准有时是存在问题的。该案案情是:被告人对被害人实施了暴力行为,造成被害人内因性高血压颅内出血,其后被告人把被害人转移到大阪南港的一处材料堆放点,然后离去。第二日凌晨,被害人被发现死亡,死因是内因性高血压颅内出血。在被害人死亡前,有第三人用木棒殴打了被害人头部,导致颅内出血扩大,可能稍微提前了被害人的死亡时间。对于该案,日本最高裁判所认为,"被告人的暴力形成了属于被害人死因的伤害,在这种情况下,即使之后有第三人介入施行了暴力从而可能提前了死亡时间,仍然能够认定被告人的暴力与被害人死亡之间有着因果关系"。这样一来,即使是在因果流程中介入了第三人的故意犯罪行为,判例仍然认为存在因果关系。该判例通过这种说理明确指出,即使因果关系中有异常性,也不能否定实行行为与法益侵害结果之间存在因果关系。由本案判决的理由可以看出,相当因果关系说面临着危机。[2] 以该案为源头,学者们对相当因果关系说产生了一种新的理解:在考察因果关系存在与否的时候,判断的标准应当是实行行为对结果的影响力。这其实正是危险的现实化说的重要思想。也就是说,如果要肯定因果关系的存在,那么就要求,实行行为的危险性已经通过结果而现实化了,即结果实际实现了实行行为的危险性。近些年来日本最高裁判所的一些判例体现了危险的现实化说的思想,例如,"日航飞机危险接近案"[3],针对本案飞机危险接近致乘客受伤,日本最高裁判所认为,"这是行为人错误的下降指令的危险性现实化的情形,因而,该错误指令与危险接近之间存在着因果关系"。该判例明确使用了危险的现实化这种措辞。[4]

---

[1] [日]佐伯仁志:《刑法总论的思之道 · 乐之道》,于佳佳译,中国政法大学出版社 2017 年版,第 51 页。

[2] [日]桥爪隆:《作为危险之现实化的因果关系》,王昭武译,载《苏州大学学报》(法学版)2015 年第 1 期。

[3] 最决 2010 年 10 月 26 日刑集 64 卷 7 号 1019 页。

[4] 其后,就"三菱汽车轮轴脱落事件",日本最高裁判所也是以"可以谓之为,是将基于两名被告人之上述义务违反行为的危险予以了现实化"为由,判定存在因果关系。日本最决 2012 年 2 月 8 日刑集 66 卷 4 号 200 页。

判例的这种立场获得不少学者的支持,[1]在最近的理论发展中,危险的现实化说作为因果关系[2]的判断标准,逐渐变得有力。受客观归责理论的影响,从正面探讨实行行为所内含的危险是否在结果中得以实现受到重视。前田雅英教授认为,客观归责理论虽然是与相当因果关系说在相当大的程度上有所重合的思考方法,但日本判例中关于因果关系的思考方法是从裁判时的视角出发,把行为后的情况也考虑进去,从而确定行为与结果的联结。相当因果关系说是以行为时的相当性判断为核心,与之相比,日本判例的思考方法对客观归责理论更加具有亲和性。[3]山口厚教授直截了当地说,将因果经过理解为实行行为的客观危险性现实化的过程这样的立场,可以说与基于规范的考虑来判断能否把结果归责给行为的客观归责理论已经没有什么差别了。[4]

基于危险的现实化说的立场,着重强调实行行为制造出来的危险在具体的结果中实现这样的判断。可以说这种思想与德国的客观归责理论有着共通的旨趣。当然有必要指出的是,日本的判例、学说并非全面支持、采纳客观归责理论。客观归责理论是从规范的而非事实的视角,探讨是否制造不被容许的危险以及这种危险是否实现,由此确定结果能否归责于行为,可以说其内容已经超出了因果关系理论。比较来看,日本的危险的现实化理论并非与德国的客观归责理论完全重合的,它采用、借鉴了客观归责论的一部分内容,主要涉及第二个规则"实现法所不容许的危险"和第三段规则"构成要件的效力范围"。客观归责论的第一段规则"制造法所不容许的危险"基本可以对应于日本刑法理论中的实行行为论。如果可以断定实行行为的危险性向结果现实化了,那么就自然可以说行为与结果之间存在事实上的关联;过去的学说将因果关系分成两个阶段来检验,即事实的关联(根据条件说判断)与规范的限定(根据相当因果关系说完成),与之不同,危险的现实化说认

---

〔1〕 支持"危险的现实化说"的学者,有山口厚、井田良、伊东研祐、高桥则夫、桥爪隆等。

〔2〕 实际上,这里的因果关系是广义的因果关系,包括狭义的因果关系(事实的因果关系)与结果归责。

〔3〕 [日]前田雅英:《刑法总论讲义》,曾文科译,北京大学出版社 2017 年版,第 116 页。也有其他学者有类似观点,[日]安达光治:《日本刑法中客观归属论的意义》,孙文译,载《国家检察官学院学报》2017 年第 1 期。当然,并不是说,日本判例已经接受了(也没有否定)客观归责论所主张的各种规范性考虑。

〔4〕 [日]山口厚:《刑法总论》,付立庆译,中国人民大学出版社 2011 年版,第 59 页。

为只要聚焦于危险性的现实化就足够了。

在日本,学界对于刑法上因果关系论的理解本来是,其不仅止于事实因果关系的判断,还需要进行法律判断,具体说来,还要判断结果能否归责于行为。而且,相当因果关系说最近的发展趋势是,尝试吸纳客观归责论的内容。不管怎么说,日本学者没有普遍采纳客观归责论,原因在于,与德国的因果关系通说是条件说所不同,日本的通说是将实行行为性与相当因果关系结合起来。在日本,倘若认可以宽松的标准来判断相当性,实际上能够吸纳客观归责论主张的制造危险和实现危险的理论框架,所以日本有学者认为并无必要特别地建立另外的判断框架。另外,日本学界对采用客观归责论犹豫不决的原因还在于,客观归责论覆盖的内容非常广泛,已大大超出了传统因果关系论的判断框架,还涉及过失论、正犯论和共犯论、刑法分则的解释论等。[1] 尽管如此,在客观归责论的影响下,危险的现实化理论还是产生了并变得有力。

实行行为性的概念意味着其存在着导致结果发生的具体危险性,同时,实行行为与结果发生之间的因果经过,可以等同评价为这样一个过程,即实行行为中内含的危险性经由结果发生这种形式得以实现。[2] 在实行行为中能够识别出的造成构成要件结果的危险性现实转化为构成要件结果的流程,恰恰可以说是实行行为造成构成要件结果的因果流程的实质、核心内容。并且,这种观点也与下述立场是吻合的,即通过要求实行行为必须具备造成构成要件结果的现实危险性,从而限定实行行为的范围。根据危险的现实化说的观点,如果可以评价为,实行行为中内含的危险性已经作为侵害结果实现时,则肯定存在刑法上的因果关系以及行为的可归责性。而且,实务中在一些疑难案件中,虽然结果已然现实发生,却存在结果归责认定上的困难,这时,按照危险的现实化说的主张,起决定性作用的是要判断,导致现实中具体结果的危险性能否被评价为内含于实行行为之中。

倘若将危险的现实化的判断概括总结成公式,那么可以分为二阶段来操作,首先,识别出实行行为之中内在的危险性有何内容,明确实行行为有导致何种具体结

---

[1] [日]佐伯仁志:《刑法总论的思之道·乐之道》,于佳佳译,中国政法大学出版社2017年版,第62页。

[2] [日]桥爪隆:《当前的日本因果关系理论》,高翔译,载《刑事法评论》2017年第40卷。

果发生的危险;其次,考察经由实际的因果流程以及结果的发生,危险性的内容是否得以实现,即能否将直至结果发生的因果流程评价为危险性的实现过程。例如,行为人对被害人实施了暴力行为,该行为存在因暴力作用而引起被害人受伤的危险,如此,从可以预见到实行行为能造成何种结果的角度,就可以显现出实行行为危险性的具体内容。进而,如果可以将实际发生的因果流程以及结果发生的样态评价为所预见到的危险的实现过程,那么就可以得出结论说,实行行为的危险性现实化了。

(二)危险的现实化的类型

若对实行行为危险性的现实化进行类型化,基本上可以划分为两种类型。(1)直接实现型:实行行为直接产生了引起结果的原因,也就是说,实行行为的危险性直接现实化为构成要件的结果。在该情形中,实行行为对发生结果产生了决定性的影响,例如实行行为造成了成为死因的伤害,这时,因果进程的通常性或者说介入因素的异常性并不具有特别重要的意义。(2)间接实现型:虽然实行行为之后介入的其他行为是构成要件结果发生的直接原因,但是能够肯定实行行为以及行为人实施的相关行为诱发了这个直接原因,实行行为的危险性通过介入行为间接地转化为构成要件的结果。在这种情形下,实行行为本身具有引起介入因素的危险性,所以能评价为,实行行为的危险间接地实现了。

在将危险的现实化划分为直接实现与间接实现两种类型的基础上,还可以进一步细分。(1)直接实现型包括两种情形:一是实行行为的危险不受其他因素的影响直接实现为结果;二是实行行为的危险虽受其他因素的干扰(影响)但仍直接实现为结果。(2)间接实现型,是指实行行为的危险以其他介入因素为中介而实现为结果,这些介入因素包括:第三人的行为、被害人的行为、加害人的行为。虽然直接实现型与间接实现型都属于实行行为的危险性实现的具体变化形式,但是,在判断结果归责的时候,这两种类型所关注的重点并不相同:[1] 对于直接实现型来说,检讨的重点是,能否认定实行行为对结果发生产生了决定性影响;对于间接实现型来

---

〔1〕 [日]桥爪隆:《作为危险之现实化的因果关系》,王昭武译,载《苏州大学学报》(法学版)2015 年第1期。

说,检讨的重点是,在实行行为危险性的内容中,是否涵盖了引发介入因素的危险,易言之,能否评价介入因素的介入属于通常事态。[1]

倘若最初的实行行为直接产生了结果发生的原因,则即使一些其他因素出现在之后的因果流程中,也仍然能够确定,实行行为的危险性已经现实地转化为结果。对于直接的实现类型来说,在判断结果归责于行为时,只要求实行行为能够直接引起结果即可,即便有异常的、不可能预见的介入因素介入,也不具有重要意义。这种立场,正是日本最高裁判所在大阪南港案判决中所表明的。另外,在日本最高裁判所判决“被害人不配合治疗案”[2]中,针对被害人因素的介入,也体现了上述立场。该案的案情是:行为人对被害人施加了暴力,刺伤了被害人的左后颈部,造成该处血管损伤等伤害,被害人马上赶到医院接受了手术治疗,病情暂时稳定下来。但其后,被害人擅自主张出院,而且拔去身上治疗用的导管。结果被害人的身体状况发生急剧恶化,由于左后颈部刺伤引起的头部循环障碍及脑功能障碍而死亡。在本案中,虽然存在医生的治疗、被害人不配合治疗这些介入因素,但是可以断定,起初的伤害行为所产生的危险直接现实化引起了死亡结果。对于这一案件,日本最高裁判所认为:“被告人的行为对被害人造成了身体伤害,其本身是能够造成被害人死亡结果的,即使在被害人死亡结果发生之前的时间段里,发生了被害人因为未能遵从医生的指示、没有保持安静而使治疗的效果不能稳定发挥这种事情,也可以认定被告人的暴行所引起的伤害与被害人的死亡结果之间具有因果关系。”可以看出,最高裁判所强调实行行为本身形成了成为死因的伤害这一点,由此确认了因果关系及死亡结果的归责。最高裁判所并没有探讨实行行为与介入因素之间的关联性等问题,而着重评价的是,实行行为本身是否能引起被害人的死亡结果。虽然本案被害人接受紧急治疗获得了成功,其病情暂时稳定,但是死亡的危险并没有完

〔1〕 对于介入行为,如果能认定(1)与实行行为之间存在关联性,并且(2)该介入不具有异常性,就可以认定实行行为与结果之间存在因果关系。作为实行行为之危险性的内容,要求能认定存在引起介入因素的危险性,要求作为一般性、类型性的评价,即诱发那种介入行为属于完全有可能的事态。有鉴于此,第(1)点就属于本质性内容,这一点难以否认。不过,尽管说第(1)点的视角很重要,但如果认为,只要实行行为与介入行为之间存在某种关联性即可,那么,这种要求就不属于那么严格的要求,对于以因果关系存在与否作为主要问题的很多案件,也便会肯定因果关系。因此,第(2)点的视角实际上也属于划定处罚范围的重要标准。

〔2〕 最决2004年2月17日《刑集》58卷2号169页。

全去除。质言之,实行行为中内含的危险性虽然暂时得到控制,但一直在持续,其随时可以实现为具体的死亡结果,所以能认定危险的直接现实化。实行行为形成了死因并引起了结果是决定性的,至于被害人擅自要求出院等不配合治疗的情况是否正常、是否可预见,并未影响到危险的实现。事实上,最高裁判所根本没有提及被害人的介入行为是正常还是异常。在这种案件中,实行行为的危险性很高,即使出现了被害人不合理的行为,也仍然能够肯定,实行行为的危险照样现实化了。

在日本最近的下级裁判例(高知地判 2013 年 2 月 27 日)中,也出现虽然因果流程中介入了被害人、第三人不适当的行为,但仍然肯定了起初实行行为的危险性的现实化。在该案中,行为人对被害人施加了暴力,被害人因摔倒而头部挫伤出现了硬膜下出血,几日后,被害人因硬膜下出血而死亡。在行为人实施伤害行为后,在现场处置的警察没有要求紧急送医、被害人在医院不接受检查。如果认为这些介入因素不属于异常情形,当然可以认定因果关系的存在,但是按照判例的观点,不必过问这些介入因素是否异常情况,既然实行的行为形成成为死因的伤害,就能肯定因果关系和死亡结果的归责。上述判例也属于危险的直接实现型,而且即使受到其他因素的影响,还是认定了危险的直接现实化。

(三)运用危险的现实化理论对本案的分析

本文所要分析的案件,属于实行行为危险的直接实现型,而且是直接实现型中受到其他因素影响的类型。具体来说,虽然在危险的现实化过程中,受到被告人其他行为、被害人因素的影响,但仍能够评价为行为的危险直接在死亡结果中实现了。因此,法院认为被害人的死亡后果应当归责于被告人是正确的。

1. 被告人的实行行为对被害人死亡结果产生了决定性作用

本案被告人不具备医师执业资格,却为被害人实施医疗美容项目,对被害人注射了利多卡因等处方类药物,引起被害人急性药物中毒,最终因多器官功能衰竭而死。可以说实行行为直接创造出了引起结果的原因,实行行为之中内含了引起死亡结果的危险性,其形成了死因,这在导致被害人死亡上是决定性的,实行行为的危险性最终在被害人死亡结果中实现,因此,死亡结果必须归责于被告人,本案正是直接的危险实现的类型。

2. 被告人一系列的行为概括性地导致死亡结果的发生

被告人在将被害人送到医院后又强行将其带出院，在被害人病情危急的情况下，这种不顾劝阻强行出院的行为是极其危险的。可以说，在行为人的实行行为之后又发生了行为人新的行为。当时，第一家医院的医生认为被害人的病情非常严重，已将被害人转入重症监护室治疗，且下达了病危病重通知书，但是被告人出于治疗费用贵等考虑，还是要求将被害人带离医院。判决书也指出："被告人在因其先行行为产生了救助义务的情形下，且在明知 RH 医院下达病危通知书，被害人出院有生命危险的关键时刻，仍不顾医生劝阻，将被害人带出医院，送回暂住地。被告人的行为客观上中断了被害人获取救治的机会，阻止了他人降低危险的行为。"

在一些案件中，同一行为人的复数（数个）行为造成了结果的发生，此时，值得讨论的是，能否将复数行为概括地评价为一个实行行为。倘若数个行为在发生时间上紧密相接，而且具有同一主观内容，那么就可以将它们概括性地评价为一个整体行为。例如，行为人驾驶过程中未能集中注意力，过失撞上被害人，在从事故现场逃逸时，又因慌乱而操作失误，再次辗轧了被害人。对于本案的处理，有两种思路：一是认定第一个过失行为为实行行为，而将第二个过失行为评价为介入行为；二是将两个过失行为在整体上概括性地评价为一个过失实行行为。〔1〕 所以，在行为人连续实施过失行为的场合，完全可以将复数行为进行整体性评价，概括地认定为一个实行行为。本案中，被告人第一个行为即对被害人注射药物致其中毒是过失行为，第二个行为即带被害人出院的行为是轻信可以避免死亡结果的过失行为，两个行为可以概括性地评价为一个过失实行行为。这个行为对于被害人的生命安全具有极其严重的危险，危险持续升高、恶化，直至被害人死亡。

3. 被告人使被害人中断治疗的行为（不作为）没有改变危险的直接实现

如果不认同被告人将被害人强行带出院的行为是过失行为，不认为其与第一个实行行为可以一并概括性评价，那么，还可以存在另一个解释路径。本案被告人在给被害人注射药物之后，虽将被害人送往医院救治，但又将被害人强行带离第一家接诊医院，将其送至被害人暂住处，虽其后又将被害人送往其他医院救治，但无

---

〔1〕 参见［日］桥爪隆：《作为危险之现实化的因果关系》，王昭武译，载《苏州大学学报》（法学版）2015年第1期。

疑贻误了中毒后最重要的抢救时间，可以说被告人存在不履行救助义务的不作为，判决书也认为“被告人因其先行行为产生了救助义务”。这种在实行行为之后介入了行为人不作为的案件，是危险的直接实现型的特殊情形。例如，行为人对被害人施暴使其受重伤，如果对被害人及时施救，其完全有可能恢复健康，但行为人没有送被害人去医院治疗，这样，起初的伤害形成被害人的死因，引起了死亡结果的发生。对于这种案件，是否能够得出结论说，暴力行为的危险性最终实现为死亡结果呢？对于如何回答这个问题，山口厚教授认为可以这样来考虑，即使介入了物理性贡献很低的作为，也能承认实行行为危险的现实化，那么，在介入了无物理性贡献的不作为的场合，更应当承认实行行为危险性的现实化。因此，在这种介入不作为的案件中，还是能够承认实行行为的危险直接现实化了。[1] 确实如此，即使有不作为的介入，死因也不会因此而发生改变，在这个意义上，倘若强调死因的同一性，就应当承认，实行行为的危险性还是在结果中实现了。本案被告人的吸脂手术行为，引起了被害人的中毒反应，药物中毒致多器官功能衰竭形成了死因，虽然中途存在中断治疗的不作为，但死因并没有发生改变，原先实行行为的危险性仍然按照可以预见的因果流程逐步现实化。

4. 被害人的反常言行不能改变危险的直接实现

倘若实行行为的危险直接实现为结果，就可以不必过多考虑介入因素的性质，而是直接肯定结果归责的成立。在这种场合，从规范评价上考虑，是实行行为成就了引起结果的决定性原因，是在实行行为的作用下主导了结果的发生，所以介入因素的介入可以被忽略。同时，如果意图检验实行行为的作用力程度，则可以运用比较的方法，即假定不存在介入因素时可能会发生的结果，与实际发生的结果相比对，看这两个结果之间是否有实质的差别。

首先，本案中，被告人为被害人注射了利多卡因、肾上腺素、碳酸氢钠等药物，引起了被害人急性药物中毒，虽事后将被害人送进医院，但在医院重症监护室治疗期间，被告人中断了治疗，将被害人带离医院，丧失了宝贵的抢救时机。被告人的上述行为正是导致被害人死亡发生的关键性、决定性原因。

---

〔1〕［日］山口厚：《从新判例看刑法》，有斐阁 2008 年版，第 14 页。

其次，本案中，被害人存在一些反常行为，例如，针对医生的询问，被害人没有告知吸脂手术的具体地点，其在后两家医院陈述的治疗经过不实，隐瞒了在之前医院治疗的事实等。但是，在因果流程中被害人的这些言行，不会影响实行行为的作用力。即使被害人在医院告知医生其吸脂手术的具体地点、在后续两家医院告知医生其在之前医院就诊过，死亡结果仍然会发生。因为，被害人隐瞒的只是一些非关键信息，对于自己致病的具体原因、吸脂手术时间等关键性信息，从第一家医院开始就告知了医生，被害人对此并没有隐瞒。从本案全案的事实来看，被告人为被害人注射了处方类药物，后又发生耽搁治疗时间的强行出院行为，即便假定性地不存在被害人的任何过错，被害人仍会因急性药物中毒而死亡，并不会实质性地改变所引起结果的样态、内容，可以认定直接实现了实行行为的危险性，死亡结果要归责于被告人。

五、结语

从判决书可以看出，本案判决书事实归纳比较清晰，法律适用上能够比较充分地论证说理，尤其是运用了客观归责理论的思维和术语去分析结果的归责和客观构成要件的符合性，在当前法治语境下，这是一份“心中充满正义，目光往返于事实与规范之间”的值得赞赏的判决书。

我国虽然是成文法国家，但是判例也具有重要的参考、指导意义。理论与实务理应形成良性互动。客观归责理论虽然发源于德国，但是它是具有逻辑性和实用性的教义学理论，不但我国刑法学者应当努力学习、引入，而且司法实务上也完全可以大胆采用。本案可以称为我国显性运用客观归责理论的判例，值得类似案件的裁判者研究和借鉴。本文尝试在对该案尤其是裁判理由进行理论上评析的基础上，建立可以复制的理论模型，遇到类似案件事实的时候，可以运用该理论模型予以涵摄，从而有利于刑法规范上的分析和定性。

作为同样大量、深入继受德国刑法理论的东亚国家，日本学界和判例对客观归责理论的吸纳和发展，也值得我国学者观察、借鉴。日本正在流行的危险的现实化理论正是刑法学者立足于日本的传统理论学说，在认真研习法院判例的基础上，融合客观归责理论的思维和方法提出的。以此为分析工具,许多因果关系、结果归责疑难案件得以迎刃而解。通过实行行为理论和危险的现实化理论,可以完成结果归责的任务。实行行为理论基本上对应于客观归责理论的第一个判断规则,危险的现实化理论基本上对应于客观归责理论的第二个和第三个判断规则。这样,日本刑法学上就形成了自己的教义学规则,不但理论上有创新,而且逐步得到各级判例的亲近和采纳。这是非常值得我国学者关注和学习的。

回归与突破：我国刑法因果关系在归属层面的厘清

梁云宝*

【摘　要】　我国传统因果关系理论对因果关系作纯客观定位的同时在判断上混入了一定的规范内涵，这使它在结果归属层面存在含混不清的缺陷，也使它在具体案件处理上缺乏司法适应性。作为欧陆刑法因果关系理论晚近学说的修正的相当因果关系说和危险的现实化理论，都没有在结果归属层面抛弃规范的内容，更没有将刑法因果关系的成立范围局限于客观的层面。并且，尽管修正的相当因果关系说、危险的现实化理论和客观归属论都没能提供完善的结果归属判断标准，但客观归属论在方法论、下位规则等方面对刑法因果关系理论的完善具有明显的比较优势。我国传统因果关系理论危机的应对不是一条回归刑法因果关系的纯客观的判断之路，而是一条在借鉴归属层面理论有益素材基础上纳入规范性判断的突破之路。

【关键词】　因果关系　相当因果关系说　危险的现实化理论　客观归属论

一、我国传统因果关系理论在归属层面含混不清

众所周知，受诸多主客观因素的影响，将因果关系界定为“引起和被引起”的关系是我国传统刑法因果关系理论的显著特色。并且，“必然—偶然”因果关系和“直

---

*　东南大学法学院副教授，法学博士。本文原载《南京师大学报》（社会科学版）2019 年第 5 期。

接—间接”因果关系构成了这一理论的主要内容。但是,随着以德日刑法理论为先锋的域外刑法理论在我国的深入展开,我国传统因果关系理论对因果关系作纯客观的定位时却在判断上不可避免地混入了一定的规范内涵,这使得它在结果归属层面所具有的含混不清的缺陷逐步暴露了出来,由此导致了它在具体案件的定性处理上缺乏司法适应性。相应地,我国传统刑法因果关系理论陷入了危机。

(一)“必然—偶然”因果关系理论在归属层面的含混

长期以来,受因果关系是客观的认知支配,“必然—偶然”因果关系理论深陷必然性与偶然性的哲学思辨的迷局。在晚近以来的刑法因果关系理论争论中,这受到了普遍的批判。历史地看,因果关系的概念是在之前的哲学和自然科学的意义上,为客观的因果关系理论奠定了基础。在客观的“引起和被引起”这一认知下,“必然—偶然”因果关系在我国得到了系统的研究。但其落脚点不在于将“引起”构成要件结果发生的各种部分的原因视为独立的原因,而在于强调必然性与偶然性这一总和意义上的原因,且这一研究常常带有浓厚的哲学思辨性质。毫无疑问,哲学上的认知对部门法学具有指导性,但刑法作为一个独立的部门法,它有着自身的特殊性,即“它主要研究规范性目的的实现,换言之它主要研究目的性问题,即各种解决方式的不同目的何者为众的问题”。[1] 这要求因果关系理论的研究不能偏离或放弃刑法的独特属性,否则将会导致研究结论欠缺刑法上的适应性。不幸地,以往对“必然—偶然”因果关系理论着重于哲学思辨的阐释和完善,恰恰使得我国刑法因果关系理论丧失了作为部门法理论应有的独立性与活力。在此基础上,“必然—偶然”因果关系理论的根本缺陷在于,没有发展出一套独立的判断刑法因果关系存在与否的实质性标准,特别是在结果归属层面的判断十分含混。

在形式上,本来以“规律”或“必然性”为中心来区分必然性和偶然性,似乎能够划清必然因果关系与偶然因果关系,且任何构成要件结果的出现都可视为必然性和偶然性相结合的产物,因此,“必然—偶然”因果关系理论似乎具有强大的解释力。然而,实际情况恰恰相反。以理论上颇具影响的“高概率”偶然因果关系理论

---

〔1〕 [德]魏德士:《法理学》,丁晓春、吴越译,法律出版社 2005 年版,第 129 页。

为例,该说主张应纳入刑法领域的偶然因果关系是指高概率的偶然因果关系。[1]原本以概率的大小作为刑法上偶然因果关系的标准,在自然科学层面上并不欠缺妥当性,但将偶然因果关系的高概率判断标准与"介入因素同先在行为的关系性质(从属的还是独立的)"和"介入因素本身的特点(异常的还是非异常的)"联系起来,并且未明确从属与独立之间以及异常与非异常之间的具体标准,必然导致无论得出何种因果关系的判断结论都有主观恣意的嫌疑。不能不说,这等同于在因果关系理论上未提出实质性的判断标准。此外,在结果归属判断进入刑法因果关系判断内容后,即构成要件结果是否可视为行为人的"作品"(werk)的归责判断,它实际上如后文所述是实质性限缩刑法因果关系的举措。这预示着,在归责的意义上,哲学上的因果关系与刑法上的因果关系更不可相提并论。

在实践中,"必然—偶然"因果关系理论所具有的"强大解释力"只是一种假象。例如,在弹弓伤人案中,[2]依据"必然—偶然"因果关系理论,武某的致伤行为与袁某的重伤结果之间的事实因果联系,既有必然性也有偶然性,毕竟武某在实施打弹弓这一具有一定危险性的行为时未采取任何安全防范措施,这就使致人重伤的结果具有某种程度的必然性,而袁某在废弃的茅房上厕所时被素不相识的人的弹珠击伤眼睛无疑带有一定的偶然性。因此,在这种必然性与偶然性交织的案件中围绕因果关系的有无会得出的罪案或意外事件的不同结论,"必然—偶然"因果关系理论无法给出具有说服力的解释。实务中,该案的因果关系究竟如何一直处于巨大的争议中。在此意义上,"必然—偶然"因果关系理论的解释力缺乏司法上的适应性。究其原因,"必然—偶然"因果关系理论在抽象的界定背后,必然性与偶然性标准欠缺具体而明确的判断规则,导致它们对因果关系可以作出肯定意义上的空洞"解释",却难以作出否定意义上的实质排除或确认,因而基本不能为案件的处理

---

〔1〕 储槐植:《一个半因果关系》,载《法学研究》1987 年第 3 期。

〔2〕 本案的案情是:被告人武某住在涟水县连城镇莲花居委会伏李组 25 号,家门口是一片麦田,麦田旁边有一个晾衣架,该晾衣架是隔壁邻居的,因"城中村"改造早已废弃不用。武某每天瞄准该晾衣架中的一根柱子练习打弹弓。晾衣架旁边有个茅房,从"城中村"改造通自来水后家里有了卫生间,该茅房也处于废弃状态。2014 年 3 月 6 日,租住隔壁邻居房屋不久的袁某因节约用水而到该茅房大便,期间因听到异响而抬头张望,被武某打到晾衣架柱子上的一枚弹珠反弹后击中左眼,经鉴定为重伤二级。

提供具体的指导,这才是争议的症结所在。同时,更深层次的问题是,这一理论忽视或无视了事实因果与结果归属这两个分属于不同层面的问题,或者说它试图"毕其功于一役"地解决事实因果与结果归属问题。毕竟,司法实务在"必然—偶然"因果关系的认定中并非完全不涉及结果归属的内容,这在被害人存在特殊体质的场合较为明显。[1] 其中,事实因果是事实判断层面的问题,而结果归属是规范评价层面的问题。可见,"必然—偶然"因果关系理论在事实与规范之间或而狭隘片面或而纠缠不清。

(二)"直接—间接"因果关系理论在归属层面的含混

同样地,"直接—间接"因果关系理论也存在上述问题。在我国传统的因果关系理论中,"直接—间接"因果关系理论以往被视为"必然—偶然"因果关系理论之外因果关系理论的重要内容。所谓的间接因果关系通常是指,行为没有直接引起危害结果,而是通过中间环节与危害结果相联系,间接导致了结果的发生。那么,何种间接因果关系才是刑法上的因果关系就会成为争议的焦点。实务中,渎职类犯罪一直是"直接—间接"因果关系理论发挥作用的传统领域。此后,该理论逐步扩展到非法行医罪等领域,如今更是得到了司法解释的大力支持。2016 年 12 月 20 日实施的最高人民法院《关于修改〈关于审理非法行医刑事案件具体应用法律若干问题的解释〉的决定》第 4 条规定,非法行医行为系造成就诊人死亡的"直接、主要原因"的,应认定为《刑法》第 336 条第 1 款规定的"造成就诊人死亡",但非法行医行为是造成就诊人死亡的间接原因时,根据案件情况也可以认定为《刑法》第 336 条第 1 款规定的"情节严重"。实际上,这也是我国审判实践的立场。例如,在延误

[1] 例如,2011 年 9 月 30 日晚,陈某停车时挡住都某驾车出行,双方发生口角,继而打斗。都某用拳打陈某头面部并用脚踹其腹部。陈妻子报警,都某被带上警车,陈某自行驾车,一起至派出所接受处理。双方在派出所等候处理期间,陈某突然栽倒在地,后经送医院抢救无效于当日死亡。江苏省公安厅法医中心鉴定认为,陈某存在高血压性心脏病,因纠纷情绪激动,头面部受外力作用等导致机体应激反应,促发病变心脏骤停而死亡。法院最终肯定归属层面的因果关系成立,并判定都某成立过失致人死亡罪。张羽馨:《东大教授因停车纠纷猝死案终审》,载《江苏法制报》2013 年 12 月 2 日,第 A02 版。

致死案中,[1]法院就是在肯定间接因果关系的基础上判决行为人成立非法行医罪的,即被害人死于自己生前患有的心脏疾患(直接原因),被告人盲目救治延误了抢救时间对被害人死亡的参与度为50%(间接原因)。迄今为止,间接因果关系在渎职罪领域中的应用更为普遍。因为渎职罪大多具有特殊的一面,如果全面否定间接因果关系可以作为渎职罪成立的基础,会急剧缩小渎职罪的范围,进而造成大量渎职罪条文的虚设。但是,如果肯定间接因果关系的话,直接因果关系和间接因果关系的判断标准是什么至今仍不明确。举例来说,南京正大金泰企业集团有限公司(以下简称正大公司)系南京市劳动局下属控股企业,该公司为解决资金周转问题,拟向南京市计时器厂、南京钟表厂、南京长乐玻璃厂借款3700万元,但因企业间拆借资金违反财经纪律,故假以"联营"形式进行拆借。出借方为保证资金安全,要求正大公司出具劳动局盖章的鉴证书,否则不予借款。被告人包某原系江苏省南京市劳动局局长,其利用所担任的局长职权,未经集体研究,擅自决定以南京市劳动局名义为正大公司出具鉴证书,内容为:"我局将督促正大公司切实履行协议中的各项条款,如其违约,我局将负责追究其经济责任,并确保其补偿一切损失。"后正大公司因经营不善破产,造成三家企业损失3440余万元。依据"直接—间接"因果关系理论,在因果流程上说包某的行为"间接导致了结果的发生"不能说错,但这种关系是否就是包某成立滥用职权罪所必需的刑法因果关系,在判断标准上极不明确,一审和二审给出了罪与非罪完全不同的结论,以及围绕本案的因果关系所产生的理论上的分歧就是最好的注脚。其背后的深层次根源在于,在刑法因果关系的判断上,包某作为劳动局长擅自以国家机关名义为市场经济主体作私法上的担保明显超出了规范的保护目的,即肯定间接因果关系进而肯定滥用职权罪的成立是在刑法因果关系的判断上纳入了规范的内涵,且是一次性地解决事实因果与结

[1] 本案的案情是:被告人张富有在未取得医师资格以及医疗机构执业许可证的情况下,开办医疗机构从事诊疗活动。2012年6月4日,被告人在对有心脏疾患的被害人赵某(男,殁年49岁)进行诊断治疗中,采取人工呼吸、心脏按压及注射过期的硝酸甘油注射液等措施。上述措施均无效,被害人赵某于当日死亡。经鉴定,被害人赵某符合因患冠心病、急性心肌梗死、轻度脂肪心等心脏疾患导致急性心功能衰竭死亡。鉴定意见载明:被害人生前患有心脏疾患是死亡发生的基础;张富有非法行医,盲目治疗、施救与死因二者间虽无直接因果关系,但是张富有的行为客观上一定程度延误了抢救时间,失去了抢救机会,在赵某的死亡过程中负有一定责任,建议参与度为50%。2012年8月2日,被告人张富有被抓获归案。

果归属这两个不同层次的问题，混淆了事实与价值的关系。

二、在归属层面最近域外的因果关系理论并未退场

总体上看，晚近以来欧陆刑法因果关系理论中发展最为显著的内容，无疑是修正的相当因果关系说和危险的现实化理论。但是，无论是修正的相当因果关系说还是危险的现实化理论，都没有在结果归属层面抛弃规范的内容，更没有将刑法因果关系的成立范围局限于客观的层面。这就是说，在归属层面最近域外的因果关系理论并未退场。

（一）修正的相当因果关系说

文献资料显示，条件说是现代欧陆刑法因果关系的源头。但是，条件说的缺陷是明显的，也是公认的。在批判条件说的基础上，刑法因果关系理论开启了完善之路。其中，相当因果关系理论就具有代表性。随着相当因果关系说缺陷的暴露，受客观归属论的影响，纳入一部分客观归属论内容进行改进的修正的相当因果关系说备受瞩目。

具体而言，以条件说的缺陷为起点，相当因果关系说从社会学的角度对因果关系进行了限缩，其要旨是在事实因果的基础上不具有刑法上的因果关系论。相当因果关系说的基本主张是，在认定刑法上的因果关系时，除了行为与结果间的条件关系外，仍须参照一般人的社会生活经验考察，此行为造成彼结果若相当，就认定有因果关系。在源头上，相当因果关系说是刑法因果关系理论吸纳的一个概念。德国学者 Von. Kries 于 19 世纪 80 年代末率先引入当时民法上用来判断无过错责任（Gefaehrdungshaftung）的因果关系的观点，试图突破刑法上采用条件说之困境（特别是在结果加重犯的场合）。[1] 在德国，Sauer v. Hipel 等学者支持该理论，[2] 但德国的审判实践并不采纳此说。不同的是，相当因果关系说是之前的日本和我国

---

〔1〕［德］汉斯·海因里希·耶赛克、［德］托马斯·魏根特：《德国刑法教科书》，徐久生译，中国法制出版社 2001 年版，第 348～349 页。

〔2〕［德］约翰内斯·韦塞尔斯：《德国刑法总论》，李昌珂译，法律出版社 2008 年版，第 102 页。

台湾地区审判实践常采的见解。

一般认为,相当因果关系说建构于可能性理论之上,而可能性理论是从数学上的概率原理导出来的。[1] 经由社会生活经验判断的相当性,是一种可能性的概念或概率的概念,其要义是对一定时期反复出现的现象或类似现象的概括或抽象,它基本具有统计学意义上结论的相对确定性,这与自然科学所要求的结论的可证(辨)性相一致,从而赋予了相当因果关系说强烈的客观性。由此,将不可能发生或偶然发生的条件以不具有相当性加以排除,极大地降低了对"因果关系是客观的"确信的破坏。在此意义上,认为相当因果关系说维持着事实的、存在论的性质,[2] 似乎并不缺乏合理的成分。德国早期的学说认为相当因果关系说是因果关系问题下的一个问题,[3] 与此不无关系。

此后,相当性的内涵延伸到经验性的社会学层面。自然科学不是万能的,除自然科学外社会学也对"实然规范"(规律)进行研究和检验。"经验性的社会研究对社会群体的事实行为作出断定,并将结果称为'社会'规范。这样的规范首先只表明通常的或多数人的事实行为;它确定的是事实,而非应然,多数人的行为被看作是'通常的'。"[4] 应当说,这在方法论上具有重要意义。在事实因果的基础上,将行为人设定为理性人(=社会一般人/平均人)来考察何种行为在客观上可以避免结果的发生,从而限缩刑法因果关系。由此,仅仅是存在论上的行为人的认识或认识可能性无法起到决定性作用。例如,在弹弓伤人案中,立足于社会学的相当因果关系判断,不仅要调查统计学意义上案发前后晾衣架周围的人员出入频率、茅房的实际使用率等情况,也要调查一般人对非规范的场所(尤其是案发地)练习打弹弓(非管制器械)应否采取或采取何种程度防护措施的认识,至于行为人是否认识到在非规范的场所练习打弹弓应采取必要的防护措施则不是限缩刑法因果关系的重点。相应地,有无因果关系的判断和有无相当因果关系的判断之间层次分明。事实上,即使在客观归属论出现后,以概率原理为基础采取负面的排除方式,将不寻常、

---

[1] [美]H. L. A. Hart、Tony Honore:《法律中的因果关系》,张绍谦、孙战国译,中国政法大学出版社2005年版,第423页。

[2] [日]曽根威彦:《刑法総論》,弘文堂2008年版,第79頁。

[3] 黄荣坚:《刑法问题与利益思考》,中国人民大学出版社2009年版,第84页。

[4] [德]魏德士:《法理学》,丁晓春、吴越译,法律出版社2005年版,第47页。

异常、离奇的因果连结关系视为偶然发生的条件，以不具有相当性加以排除，仍不失其价值。

不难发现，社会学层面的相当因果关系判断在限缩刑法因果关系的范围时带有浓厚的归责属性。追根溯源，在刑法引入相当因果关系说之前的民法上，该说被用于解决无过错责任的问题，在无过错责任中责任只能指向结果发生的客观因素，〔1〕即它在解决“结果的归属”问题。对此，德国的 Honig 指出：“相当因果关系理论依经验法则判断相当关系的原则，是一种解释原则，是存在论上因果关系概念之外的一种评价概念，而这一点相当因果论者自己都不曾注意到。”〔2〕

不过，相当因果关系说的标准不明确是难以否认的缺陷。例如，江西南昌一名黑车司机载了三名女大学生，一路开车一路“玩笑”，称“要把她们卖到妓院”“拐到村里当媳妇”。惊恐之下，一名女大学生跳车摔成重伤。警方以涉嫌过失致人重伤罪将司机刑事拘留，但检察院未批准逮捕司机，称“司机的玩笑行为和重伤之间没有刑法上的因果关系，属于意外事故”，学者之间的观点更是存在分歧。〔3〕 此后不久，司机被以过失致人重伤罪逮捕。〔4〕 显然，上述立场的转变与刑法上因果关系的不同认定有直接关系，而不同的结论直指相当性判断标准不明确的症结。正是因为相当性判断存在缺陷，在民法上曾得到广泛运用的相当因果关说被新的理论代替。究其原因，在结果归属的认定上社会学层面的相当因果关系说出现了方法与目的之间的不协调，即所用经验性的方法很难达到合理限缩因果关系的目的。由此引发的批评，不言而喻。

但是，对相当因果关系说缺陷的改进方向并没有将刑法因果关系理论退回到事实因果层面，即刑法因果关系对事实因果的回归，而是沿着相当因果关系说开启的结果归属方向向前推进，即在结果归属的认定中纳入规范的内涵。如今，修正的

---

〔1〕 [德]汉斯·海因里希·耶赛克、[德]托马斯·魏根特：《德国刑法教科书》，徐久生译，中国法制出版社 2001 年版，第 349 页。

〔2〕 转引自许玉秀：《主观与客观之间》，法律出版社 2008 年版，第 178 页。

〔3〕 《江西一黑车司机开玩笑称将女生卖妓院　女生跳车成植物人》，载 http://www.jxcn.cn/system/2014/08/14/013268695.shtml，2018 年 11 月 26 日访问。

〔4〕 参见许卓：《女大学生被黑车司机吓得跳车摔成植物人　“吓人”者被批捕》，载 http://jiangxi.jxnews.com.cn/system/2014/09/16/013329296.shtml，2018 年 11 月 26 日访问。

相当因果关系说轮廓渐显。在相当因果关系说这一平台上纳入规范的内涵,并在相当性判断的名义下整合资源以梳理或重构刑法因果关系的判断结构,是这一修正学说的基本立场。例如,不少域内外刑法学者将注意规范的保护目的纳入相当因果关系说的范畴。值得注意的是,在学说史上,为克服相当因果关系说在解决民事责任界限时标准不明确的问题,替代性的理论被提出并加以应用,这就是在责任界限的判断上应考虑规范的目的。[1] 此后,这一思想直接影响了刑法上的客观归属论。因而,刑法上的相当因果关系说不可能先天性地包含规范的保护目的这一内容。并且,立足于社会学层面的角度,相当因果关系说根本无法纳入注意规范的保护目的这一与规范息息相关的内容。再如,将客观归属论已经消化吸收的规范层面的"结果回避可能性"[2]作为相当性的判断规则之一。事实上,在危险的现实化理论成为日本因果关系理论中的通说之前,不少日本刑法学者对此并不讳言。佐伯仁志教授就曾认为:"在我国,一般认为刑法上的因果关系不仅包括事实的因果判断,而且包括结果归属的判断。而且,最近的相当因果关系说,实质上吸收了客观归属论的内容。"[3]井田良、吉田敏雄等学者表达了类似的观点。[4] 山中敬一教授更是早就主张学说上不仅出现了在相当因果关系中加入客观归属理论的旧瓶装新酒式见解,而且实务上已经在向客观归属理论求援。[5]

这一现象在我国台湾地区也同样存在。与当前的日本已经抛弃相当因果关系理论不同,该说依旧是我国台湾地区审判实践的基本立场。不过,受德国刑法理论的影响,近年来我国台湾地区的审判实务有逐渐接受客观归属论的趋向,在实际的判断标准中运用"规范保护目的"、"合法替代手段"或"结果回避可能性"等客观归

---

〔1〕 [德]汉斯·海因里希·耶赛克、[德]托马斯·魏根特:《德国刑法教科书》,徐久生译,中国法制出版社 2001 年版,第 349 页;苏俊雄:《刑法总论 Ⅱ》(修正版),台北大学 1998 年版,第 105 页;等等。

〔2〕 结果回避可能性曾是传统过失论判断过失犯的要件之一,后来被客观归属论吸纳为实现不法风险的下位归责之一。林钰雄:《新刑法总则》,中国人民大学出版社 2009 年版,第 384 页。尽管相当因果关系说早已探讨结果回避的可能性,但它主要是在经验性的社会学层面进行的。

〔3〕 [日]佐伯仁志:『因果関係(2)』,载《法学教室》第 287 号(2004 年)。

〔4〕 [日]井田良:『犯罪論の現在と目的的行為論』,成文堂 1995 年版,第 79 頁以下;[日]吉田敏雄:『因果関係と客観的帰属』(下),载『北海学園大学学園論集』2010 年第 146 号。

〔5〕 [日]山中敬一:『日本刑法学における相当因果関係の危機と客観的帰属論の台頭』,载林东茂等:《罪与刑:林山田教授六十岁生日祝贺论文集》,台北,五南图书出版股份有限公司 1998 年版,第 34 页以下。

属论的审查方式,这扩大且改变了相当因果关系说的内涵。[1] 严格地说,这是修正的相当因果关系说。在大陆,刘艳红教授似乎也是在上述意义上提倡相当因果关系说的,即相当因果关系说的判断"显然不是纯自然科学概率层面的逻辑推理,也不是价值中立的形式考量,而是以行为人实际所造成的客观事实为基础,并借助行为人的预见可能性与结果回避可能性等刑法规范层面的思考以及刑事政策、法律目的等进行相当性的常识判断,最终确定是否以及如何将结果归之于行为人,此一阶段,实际是归责问题"。[2] 在此意义上,修正的相当因果关系说并没有抛弃规范的内涵,相反是在结果归属层面进一步进行完善。

(二)危险的现实化理论

21世纪以来,日本刑法理论中因果关系领域发生了颇受关注的重大变化,即之前在理论上与实务中长期居于通说地位的相当因果关系说被危险的现实化理论所取代。但是,危险的现实化理论并不是根本性地否定刑法因果关系理论中的结果归属内容,将刑法因果关系退回到之前的事实因果判断时代。

所谓危险的现实化理论,是主张将"行为的危险性是否向结果现实地转化了"作为基准来展开因果关系的判断,即实行行为是具有具体地发生结果危险性的行为,实行行为与结果之间的因果经过,可以评价为包含在实行行为中的危险性通过结果发生这一形式实现的过程。因此,包含在实行行为中的危险性仅限于能够认为具体的结果发生已经实现的情形,才能认定为刑法上的因果关系。在日本,山口厚教授可谓危险的现实化理论的集大成者。[3] 审判实践中,由相当因果关系说向危险的现实化理论转变的立场是明显的。文献资料表明,相当因果关系说在20世纪80年代就已经取得了理论上的通说地位。受其影响,审判实践逐步开始采纳相当因果关系说。最为典型的是,针对美军士兵肇事逃逸案,[4] 在依据条件说肯定事

---

[1] 王皇玉:《刑法总则》,台北,新学林出版股份有限公司2014年版,第185页。

[2] 刘艳红:《客观归责理论:质疑与反思》,载《中外法学》2011年第6期。

[3] [日]山口厚:《刑法总论》(第2版),付立庆译,中国人民大学出版社2011年版,第58~60页。

[4] 本案的案情是:被告人甲在驾车过程中因未注意前方,将被害人乙撞飞,在乙掉落汽车车顶的情况下继续驾驶汽车,乘坐在该车副驾驶位置上的丙发现被害人乙后,因极度恐惧而将手伸向车顶并将乙的身体向下拖拽,丙由此跌至沥青路面上,并最终死亡。

实因果的基础上判例以介入因素在经验上一般无法预测为由否定刑法因果关系的成立。对此,“不得不认为判例理论是客观的相当因果关系说”的结论得到了普遍的认可。[1] 但是,进入20世纪90年代以后情况有所改变,即日本最高裁判所的判决明确与相当因果关系说保持距离。随着山口厚教授入职最高裁判所,最高裁判所采纳“危险现实化”的基准变得普遍化。受其影响,危险的现实化理论逐渐成为日本刑法因果关系理论中的通说。

不可否认,在刑法因果关系判断上危险的现实化理论有其自身的特色。但是,不论该说将因果关系的判断构造区分为直接的实现类型还是间接的实现类型,它们在刑法因果关系的判断上应否纳入经验的、规范的内涵,都是无法回避的问题。比较地看,客观归属论以制造法所不允许的危险(危险创出)和该危险是否实现于结果(危险实现)为基本判断结构,同时结果应否归属的实质的、规范的根据,则依照事例群加以类型化来提示。危险的现实化理论要求通过实行行为被创造出的危险性作为具体的结果被实现,这与客观归属论存在共通之处。尽管主张危险的现实化理论的日本刑法学者一再强调,在客观归属论中创造不被允许的危险、规范的保护目的的判断等,并非从事实而是从规范的观点来判断是否构成犯罪,其内容不仅止于因果关系理论。不同地,危险的现实化理论至多是作为因果关系理论的内容被讨论。但是,这不是说危险的现实化理论属于单纯的判断事实因果的理论。毕竟,依据该理论,危险的现实化判断包含着从行为时点出发的预测可能性判断,在这一限度内,针对以行为时点为起点的介入因素的预测可能性判断,仍不能缺少在行为时点就现实存在的事实中一定事实不予考虑的操作。山口厚教授就主张:“危险的现实化是判断的基准,而介入事情的预测可能性则只是在对危险的现实化的判断中有意义时才加以考虑。”[2] 而曾支持相当因果说并对其进行改良尝试但在最近转而支持危险的现实化理论的井田良教授更是直陈:“虽谓如此,但就刑法上的结果归属之有无,系以实行行为与结果之间存在条件关系作为事实基础,再透过法的观点来限定之两阶段判断加以确定的构造,则从未改变。有较大变化的,则是第

---

〔1〕 [日]中野次雄:『判例とその読み方』,有斐閣2010年版,第72頁。

〔2〕 [日]山口厚:《刑法总论》(第2版),付立庆译,中国人民大学出版社2011年版,第59页。

二阶段的法的因果关系的判断内容及方法。”[1]

举例来说,2006 年在日本发生了一起汽车后备箱拘禁案,[2]即被告人甲在凌晨 3:40 左右将被害人乙塞进普通小汽车后备箱内使其无法逃脱,甲在行驶一段距离后为了与熟人会合,将车停在路上。停车地点位于市内的便利商店附近,车道宽度约为 7.5 米,单方车道几乎为直线视野较好的道路。甲在停车数分钟后的凌晨 3:50 左右,丙驾驶普通小汽车从后方驶来,由于疏忽未及时发现甲处于停车状态的汽车,几乎从正后方以约 60 千米/小时的速度追尾,造成甲的汽车后备箱中央部分凹陷,乙因而死亡。日本最高裁判所认为,尽管乙死于丙的追尾撞击行为,应当肯定甲的拘禁行为与乙的死亡结果之间的因果关系,从而将乙的死亡结果完全归属于甲。依据危险的现实化理论,将乙拘禁在汽车后备箱并在道路上停车的行为(将汽车追尾事故的程度抽象化),包含着因“某种追尾事故”使被害人乙死伤的危险性,且客观上因追尾事故造成被害人死亡,正可以评价为该危险已在结果中实现,因此能够肯定刑法上的因果关系。显然,在乙死于追尾的撞击行为,而不是甲的拘禁行为所产生的窒息、饿死等情况下,这很难说没有在事实因果判断的基础上纳入了规范的内涵。可见,危险的现实化判断不是一个存在论意义上事实因果的纯客观判断。

三、我国刑法因果关系在归属层面评判标准的进路

(一)我国补充说与替代说区别的实质

为了解决传统因果关系理论的缺陷及其存在的危机,理论界与实务界付出了不小的努力,但由此产生的分歧是明显的。其中,在传统因果关系理论框架下纳入必要的内容进行弥补(以下简称补充说)与“另起炉灶”引入域外刑法因果关系理论进行弥补(以下简称替代说),是引人注目的解决方案上的差异。在这种差异的背后,实质性分歧的是我国刑法因果关系应回归单纯的事实因果判断,还是在其基础

[1] [日]井田良:《日本因果关系论的现状——从相当因果关系说到危险现实化说》,载《月旦法学杂志》2018 年第 5 期。

[2] 2006 年 3 月 27 日日本最高裁判所刑事判例集第 60 卷第 3 号,第 382 頁。

上纳入结果归属的内容。

就补充说而言,在理论上它并不占优势,但司法实践中的情况明显不同。例如,有学者主张,偶然因果关系要发掘出的,恰恰是刑法因果关系研究真正需要解决的重点问题,并认为以前行为与之后结果之间有无“无前者即无后者”的关系来作为刑法上必然因果关系和偶然因果关系的判断标准。[1] 不难发现,这是以条件说的内容来弥补传统刑法因果关系理论的缺陷。当然,在补充说中被纳入补充内容的不限于条件说,还包括原因说、相当因果关系说等内容,甚至包括英美刑法实务所创立的因果关系的判断规则。[2] 这些内容实质性地充当了因果关系判断的辅助性标准。并且,由于传统因果关系理论对我国的司法实务依旧具有实质的影响力,因此,补充说对司法实践来说具有一定的吸引力,这在存在特殊体质、介入因素等案件中较为明显。例如,在洪志宁故意伤害案中,[3]法院在传统的“必然—偶然”因果关系分析中补充了条件说的内容,即“总之,如果被告人不对被害人进行击打,就可能不会诱发被害人冠心病发作,猝死的结果也就可能不会发生”。

就替代说而言,这是目前我国刑法理论上的有力见解。并且,引进的理论几乎涵盖条件说、相当因果关系说、客观归属论等域外的主流学说。例如,冯亚东教授主张,在客观归因的因果关系层面采用“条件说”即可,无须引入见仁见智的各式规范判断学说,刑事责任的限定可以借助主观罪过来实现。[4] 张明楷教授虽然不赞成直接全盘引入客观归属论,但其主张条件说并在其基础上再进行必要的结果归属判断。[5] 刘艳红教授的基本立场也是采纳相当因果关系说,而反对客观归属论。[6] 周光权教授主张,客观归属论在方法论上具有特殊的意义而应予以提倡。[7]

---

[1] 林亚刚:《刑法教义学(总论)》,北京大学出版社 2014 年版,第 179 页。

[2] 刘士心:《刑法中法律因果关系的判断规则——英美刑法介入原因规则及其对中国刑法的借鉴意义》,载《政治与法律》2017 年第 2 期。

[3] 该案的基本案情是:因女友与被害人陈碰狮发生争吵,被告人洪志宁挥拳连击被害人的胸部和头部,被害人被打后追撵被告人,追出两三步后倒地死亡。后经鉴定,被害人系在原有冠心病的基础上因吵架时情绪激动、胸部被打、剧烈运动及饮酒等多种因素影响,诱发冠心病发作,管状动脉痉挛致心跳骤停而猝死。

[4] 冯亚东、李侠:《从客观归因到主观归责》,载《法学研究》2010 年第 4 期。

[5] 张明楷:《刑法学》(上)(第 5 版),法律出版社 2016 年版,第 174 页以下。

[6] 刘艳红:《客观归责:质疑与反思》,载《中外法学》2011 年第 6 期。

[7] 周光权:《客观归责理论的方法论意义》,载《中外法学》2012 年第 2 期。

另外，即使是相当因果关系说与客观归属论各自的内部也存在一些差别。此外，有学者主张借鉴英美刑法中的“双层次原因”理论来构建我国的因果关系体系。[1]

在欧陆刑法因果关系的发展史上，条件说的缺陷使得因果关系理论持续向前发展。其中，大部分学说如原因说、重要关系说、危险关系说等，如今仅具有历史沿革的意义。而在结果归属层面，在危险的现实化理论成为日本刑法因果关系理论中的通说之前，修正的相当因果关系说与客观归属论一直是备受关注的两大理论。在我国，一旦在刑法因果关系判断中纳入包含规范内涵的结果归属内容，争议的焦点将是何者更能提供清晰的结果归属判断标准。

就修正的相当因果关系说而言，纳入规范的内涵后该理论似乎称不上已经有效地提供了清晰的结果归属判断所需的教义学标准。一方面，该说有先天性缺陷。如前所述，相当因果关系说原本是民法上用来解决无过错责任这一问题的理论，在无过错责任那里责任仅能指向结果发生的因素，且责任的承担无须考虑行为人主观上的过错，但刑法上结果犯的成立离不开主观上的故意或过失，这意味着刑事责任不仅能指向引起结果发生的因素，也能指向主观上的故意或过失（相当于民法上的过错责任），且责任的承担必须考虑主观上的故意或过失。这一错位引发的问题是，刑法上能够用相当性标准解决的因果关系问题，几乎都可以通过故意或过失的概念的过滤而得出相同的结论。其实，此后民法上相当因果关系说适用范围的变动，也未能妥善解决这一问题。[2] 在刑事领域，相当性标准不明确的缺陷恰恰推动了上述思路的发展，尤其是相当性判断出现难题时将求助罪过理论来解决问题。在日本，西田典之教授就认为，只要否定存在相当性，或者否定存在过失即可。[3] 在我国，并非没有学者注意到这一问题。例如，有学者认为，相当性标准的不明确使得异常因果关系的排除，必须借助主观构成要件的审查，尤其是“预见可能性”这一概念，才能排除归责。[4] 在德国，后来刑法理论将“社会相当性”概念导入故意和过失的概念领域中，以构成要件之界定问题去处理，而不再当作事后加以推测的因

---

〔1〕 储槐植、汪永乐：《刑法因果关系研究》，载《中国法学》2001 年第 2 期。

〔2〕 [美]H. L. A. Hart, Tony Honore：《法律中的因果关系》，张绍谦、孙战国译，中国政法大学出版社 2005 年版，第 432 页。

〔3〕 [日]西田典之：《日本刑法总论》，刘明祥、王昭武译，中国人民大学出版社 2007 年版，第 85 页。

〔4〕 王皇玉：《刑法总则》，台北，新学林出版股份有限公司 2014 年版，第 182 页。

果关系问题。[1]

另一方面,该说依旧没有解决相当性标准不明确的问题。事实上,相当因果关系理论在日本衰落的过程中,它在经验上非通常之因果经过、因果经过预测可能性的判断方法、因果经过的具体分析等关键问题的处理上存在重大缺陷,[2]且主要是围绕着相当性标准不明确而出现的,这最终使它失去了通说地位。

此外,值得注意的是,在纳入规范的内涵后,该内涵与原有的内容要么是补充关系,要么是替代关系。(1)如果是前者,那么它不会动摇该说的传统根基。问题是,传统的相当因果关系说所具有的判断标准不明确的缺陷,正是来自这一根基。因此,规范内涵的介入,不但未能解决老问题,反而引发了新问题。对此,德国的Jakobs教授批评指出,相当因果关系说根本容不下规范的内涵,即该理论利用统计学的标准和一般性的感知来评价因果关系,无法解释这一标准在规范上的相关性。[3] 日本的山中敬一教授也坦言,对相当因果关系说所陷入的危机进行纳入规范的客观归属论内容的修正,迈向的不是转机而是该说的"内部崩坏"。[4] 在此意义上,认为修正的相当因果关系说提供了明确的结果归属判断标准是不妥当的。(2)如果是后者,那么这无异于实质性地采纳了客观归属论。在关联的意义上,西田典之教授在对德国的客观归属论进行说明时就曾指出:"其理论(客观归属论)核心在于'创出不被允许的危险''该危险实现于结果',这分别对应于我国的实行行为性的判断、相当因果关系论。"[5]因此,相对于客观归属论,相当因果关系理论衰落的历史命运难以避免。

就客观归属论而言,似乎也很难说它已经清晰地提供了结果归属判断所需的教义学标准。理由是:(1)客观归属论内部较为凌乱。客观归属论看似轮廓清晰,实则内部相当凌乱。罗克辛在设计客观归属论时虽然谨慎使用规范的保护目的、

---

〔1〕 [日]山中敬一:《刑法における客観的帰属の理論》,成文堂1997年版,第104頁。

〔2〕 [日]井田良:《日本因果关系论的现状——从相当因果关系说到危险现实化说》,载《月旦法学杂志》2018年第5期。

〔3〕 周维明:《雅各布斯的客观归责理论研究》,载《环球法律评论》2015年第1期。

〔4〕 [日]山中敬一:《日本刑法学における相当因果関係の危機と客観的帰属論の台頭》,载林东茂等:《罪与刑:林山田教授六十岁生日祝贺论文集》,台北,五南图书出版股份有限公司1998年版,第55~56页。

〔5〕 [日]西田典之:《日本刑法总论》,刘明祥、王昭武译,中国人民大学出版社2007年版,第85页。

被害人自伤、征得被害人同意、第三人责任等概念,并与违法性阶层中的正当事由区别开来,但仍备受诟病,而被允许的风险在演绎中所导致的各原则之间的交叉重叠,[1]加剧了该理论内部的凌乱。对此,埃里克·希尔根多夫教授将客观归属论视为"一类为了堆放未被解决的构成要件与正当化事由问题的杂物间",而 Seher 更是认为目前"鲜有著作能够对这个概念的具体化作出实质性的贡献"。[2] (2)客观归属论应否无差别地适用于故意犯与过失犯。Reyes 认为,客观归属论应无差别地适用于故意犯与过失犯。[3] 罗克辛则认为客观归属论"主要存在于过失犯罪中",有时也对部分故意犯罪适用。[4] Schünemann 基于故意犯的归责标准不同于过失犯,主张客观归属论不应无差别地适用于故意犯与过失犯。[5] 当前,主张故意犯与过失犯在客观归属论的适用上应有所不同的论调渐趋有力,但究竟应如何不同,依旧莫衷一是。(3)客观归属论会造成阶层化犯罪论体系各阶层之间的粘连。"刑法科学的传统认识告诉我们,通过客观归属这一范畴,构成要件符合性和违法性二者之间出现了不允许的交织混合现象。这正体现在客观归属的经典内容中:风险降低。"[6]其实,这是该理论与"正当化原理"在体系上存在一定冲突的结果。

(二)危险的现实化理论也不能提供精确的归属判断标准

笔者认为,危险的现实化理论为刑法因果关系的判断所提供的标准,包含了相当不明确的内容。如前所述,在日本危险的现实化理论通过将因果关系的判断构造进行直接的实现类型和间接的实现类型的划分,来明晰因果经过的通常性。一方面,就直接的实现类型而言,行为人的实行行为形成了结果发生的原因,在该实行行为作为具体的结果而实现的情况下,能够肯定危险的现实化,即实行行为本身

---

[1] 许玉秀:《主观与客观之间》,法律出版社 2008 年版,第 206 ~ 207 页。

[2] [德]托马斯·魏根特:《客观归责——不只是口号?》,载梁根林、[德]埃里克·希尔根多夫主编:《刑法体系与客观归责》,北京大学出版社 2015 年版,第 95 页。

[3] 许玉秀:《主观与客观之间》,法律出版社 2008 年版,第 209 页。

[4] [德]克劳斯·罗克辛:《德国刑法学 总论》(第 1 卷),王世洲译,法律出版社 2005 年版,第 246 页。

[5] [德]Schünemann:《关于客观归责》,载许玉秀、陈志辉编:《不移不惑献身法与正义——许乃曼教授刑事法论文选辑》,台北,新学林出版股份有限公司 2006 年版,第 557 ~ 558 页。

[6] [德]K. H. 舒曼:《论刑法中所谓的"客观归属"》,载《清华法律评论》编委会编:《清华法律评论》(第 6 卷 第 1 辑),清华大学出版社 2012 年版,第 230 页。

的危险性直接实现于结果。例如,甲攻击乙使得乙因左后颈部刺伤而受到左后颈部血管损伤等伤害,乙立即赶赴医院接受紧急手术治疗,伤情虽然暂时趋于稳定,但之后乙因身体状况急剧恶化,最终死于左后颈部刺伤的头部循环障碍产生的脑功能障碍。经查,在治疗过程中,乙存在擅自主张出院并胡乱拔去身上治疗用的导管的情形。依据危险的现实化理论,虽然手术治疗使得包含在实行行为中的危险性暂时减弱,但它仍然存在,如果其实现成为具体的死亡结果,那么肯定刑法因果关系是可能的,而乙擅自主张出院并胡乱拔去身上治疗用的导管的行为是否属于正常情况(是否属于可预见的情形),对于因果关系的判断并无影响。这意味着,甲攻击乙使其受伤的行为并不包含乙因"擅自主张出院并胡乱拔去身上治疗用的导管的行为"使自己死伤的危险性。由此会引发一系列的疑问,如介入因素的异常性如何判断、在何种范围内认定结果的抽象化等。对此,如前所述,山口厚教授认为介入因素的预测可能性只是在对危险的现实化的判断中有意义时才加以考虑,没有必要将因果关系分成事实的关联和规范的限定这两个阶段来考虑,而应直截了当地追问有无危险性的现实化就足够了。[1] 问题是,此时"有意义"的标准是什么并不明确。并且,结果抽象化的范围是否应在侵害生命与器物损坏、伤害结果等之间有所不同,有值得探讨的余地。事实上,结果的抽象化过程往往包含着规范的判断内容,甚至就是一种规范的判断。在此意义上,危险现实化的标准并不明确。其实,日本刑法学者并非没意识到这一问题。如井田良教授就认为:"在有关行为后介入一定情事的事例,最近(日本)的最高裁判例开始使用危险现实化此一基准。但是,就其基准的内容却未必明确。"

另一方面,就间接的实现类型而言,即使结果是由介入因素引起的,但实行行为中引起介入因素的危险性被认定,实行行为的危险性以介入因素为媒介,间接地实现了"危险的现实化",也应肯定刑法上的因果关系。例如,甲以杀人的故意攻击乙,乙因极度恐惧而逃跑,但慌不择路误入野树林而被毒蛇咬死。此时,尽管乙死于蛇毒,但之所以被害人会被蛇咬而中毒死亡,是因为乙要躲避甲的攻击试图逃跑所致。因而,以乙的逃跑行为为媒介,甲的攻击行为包含了引起被害人死亡结果的危

---

〔1〕 [日]山口厚:《刑法总论》(第2版),付立庆译,中国人民大学出版社2011年版,第59页。

险性。这就是说,在间接的实现类型中,认定存在从实行行为诱发介入因素的盖然性及介入因素的发生未达到异常程度是必要的。但是,介入因素的异常性及其程度的判断是困难的。实际上,即便排除第三人故意有责的行为所成立的间接的实现类型,但在被害人存在特殊体质的场合、在自然力造成的侵害的场合、在被害人自身对结果发生具有过错的场合等,如何避免刑法因果关系认定范围过宽的问题,是危险的现实化理论亟待解决但仍未得到妥善解决的问题。并且,这一认定过程绝不是一个单纯的事实问题,规范内涵的纳入不可避免。相应地,危险的现实化标准的不明确性是确定无疑的。检阅文献资料,危险的现实化理论在发展过程中,早已被介绍到德国、我国台湾地区等,但该理论的缺陷使得迄今为止该说在日本之外鲜有支持者。可见,认为危险的现实化说已经提供了一套刑法因果关系判断的精确标准,似乎为时尚早。

另外,在日本刑法因果关系理论的最新变动中,导致相当因果关系说衰落和危险的现实化理论崛起的诸多原因中,如下观点被认为是极为有力的,即与德国刑法学不同,日本刑法学发展出了成熟的“实行行为”概念,它具有限定构成要件客观面的机能,而德国的构成要件客观面具有无限定的问题,但客观归属论以构成要件客观面的限定为主题(罗克辛语),因此,日本没有必要放弃实行行为概念,并由客观归属论取而代之。[1] 对此,我国的周光权教授提出了5点批评理由。[2] 的确,客观归属论与实行行为不是互相排斥的,否则架构在实行行为理论之上的二元的犯罪参与体系、故意犯罪的停止形态等将出现混乱,这在理论上采取客观归属论的德国并非事实。其实,“说实行行为是符合构成要件,具有法益侵害的紧迫危险的行为,实行行为必须是类型性的法益侵害行为,这样的思考方法,本身就是对客观归责论方法论的借用”。[3]

应当说,客观归属论不仅在方法论上具有巨大价值,它在自我完善过程中所发展出的诸多下位规则对危险的现实化理论也具有借鉴意义。对此,危险的现实化

〔1〕 [日]井田良:《刑法総論の理論構造》,成文堂2005年版,第63頁。

〔2〕 周光权:《客观归责论的中国实践》,载梁根林、[德]埃里克·希尔根多夫主编:《刑法体系与客观归责》,北京大学出版社2015年版,第92页。

〔3〕 周光权:《客观归责论的中国实践》,载梁根林、[德]埃里克·希尔根多夫主编:《刑法体系与客观归责》,北京大学出版社2015年版,第92页。

理论的支持者也不讳言。客观归属论“在一、危险创出判断上,具有为了具体化实行行为性的判断基准而可参考的内容;在二、危险实现判断上,具有为了具体化法的因果关系判断基准而可得参考的内容”。相反地,客观归属论在迄今为止的发展完善中并没有从危险的现实化理论中汲取素材。在此意义上,二者的比较优势如何便可一目了然。

综上,迄今无论归属层面理论中的何种学说,都不是尽善尽美的。在因果关系理论的发展过程中,客观归属论、危险的现实化理论等都只是其中的一个重要环节,并且,就理论学说的发展而言,客观归属论、危险的现实化理论也绝不是“因果关系学说”的终极理论。换言之,客观归属论在结果归属的判断上具有巨大的方法论价值,且该理论持续地为修正的相当因果关系说和危险的现实化理论等的完善提供了可资借鉴的素材,而该理论现存的缺陷远未达到让结果归属的判断改弦易辙的程度。况且,客观归属论持续不断地进行着自我完善。这对我国的因果关系理论发展具有不可替代的价值。实际上,由于客观归属论能够有效地限缩因果关系进而限缩犯罪圈,“新刑法有一个突出的特点,这就是严密刑事法网,强化刑法的社会保护功能”,[1]晚近以来的刑法修正,并未根本性地改变这一特点。这导致了我国刑法具有犯罪圈过于宽泛的弊端,而近年来随着“刑事一体化”观念的扩张,宽严相济的刑事政策由单纯的刑事司法政策提升到兼为刑事立法政策的层面,如何适当限缩犯罪圈、如何协调刑法与刑事政策关系始终困扰着我国刑法学界,能够契合宽严相济刑事政策的客观归属论具有潜在的价值。这预示着,我国刑法因果关系理论的发展,不是一条回归刑法因果关系的纯客观的判断的老路,而是一条填补传统因果关系理论在判断标准上缺失之路,更是一条在借鉴归属层面理论有益素材基础上纳入规范性判断的突破之路。

四、余论:合法则的条件说不是归属层面的理论

在德国,合法则的条件说是十分醒目的理论。在批判条件说的基础上,德国学

---

〔1〕 储槐植:《新刑法的社会保护功能》,载《法制日报》1997年5月24日,第7版。

者 Engisch 率先提出了“合法则性条件公式”。后来,阿明 · 考夫曼(Armin Kaufmann)教授进一步将合法则的条件说中因果关系的判断区分为一般因果关系和具体因果关系。[1] 其中,在一般因果关系层面要确认是否存在普遍的因果法则,在具体因果关系层面要确认具体的事实是否合乎已确认的普遍的因果法则。

合法则的条件说明显不同于条件说,这主要包括:其一,条件说将原因理解为必要条件,而合法则的条件说将原因理解为当代科学知识所认可的条件。其二,在因果关系的判断上,条件说采用的是“想象其不存在”的排除法。与此不同,合法则的条件说“以自然法则为连结,正面判断从‘行为’到‘结果’的因果关系”。[2] 其三,条件说与合法则的条件说在划定的因果关系范围上不尽一致。[3] 既然如此,那么,对条件说而言,合法则的条件说是事实因果层面的替代理论,还是结果归属层面的补充理论?

对此,黄荣坚教授认为,合法则的条件说“是条件理论在方法上的补充说明而已,而不是另外一个独立的理论”。[4] 这是不妥当的。如果合法则的条件说仅仅在方法上起补充说明的作用,那么条件说在因果关系的判断过程中必定要发生作用,但合法则的条件说三段论的推理根本容不下条件说发挥作用。对此,合法则的条件说持有者坦言:“‘条件公式’对之没有任何益处,有益处的只是专家们的内行判断。”[5] 另外,合法则的条件说是在判断有无事实因果关系,[6] 而不是在事实因果关系存在的前提下探讨结果归属问题。因而,合法则的条件说是条件说的替代理论。不过,合法则的条件说在一般因果关系层面存在“法则”具体内容不明确的问题,在具体因果关系层面存在它所依赖的方法与得出的结论之间存在潜在的矛盾的缺陷,使它对条件说的替代难以成功。因此,我国刑法因果关系理论在结果归属层面的完善中无须引入该理论。

---

〔1〕 徐凌波:《因果关系在产品刑事责任案件中的认定问题》,载《政治与法律》2014 年第 11 期。

〔2〕 林钰雄:《新刑法总则》,中国人民大学出版社 2009 年版,第 123 页。

〔3〕 张明楷:《刑法学(上)》(第 5 版),法律出版社 2016 年版,第 185 页。

〔4〕 黄荣坚:《刑罚的极限》,台北,元照出版有限公司 1999 年版,第 62 页。

〔5〕 [德]汉斯 · 海因里希 · 耶赛克、[德]托马斯 · 魏根特:《德国刑法教科书》,徐久生译,中国法制出版社 2001 年版,第 345 页。

〔6〕 邹兵建:《合法则性条件说的厘清与质疑》,载《环球法律评论》2017 年第 3 期。

实行行为、风险变更与责任归属

——客观归责的理论检讨与实践

胡　洋*

【摘　要】　实行行为具有限定构成要件和不法类型的机能，将其废弃转以行为或构成要件行为的概念替代，是以目的性处罚结论倒推不法的逻辑体现。我国不存在德国刑法的行为论基底，因此不宜采取实行行为不要说。风险变更事例中，风险降低行为并非绝对不予归责。存在重危险结果回避可能性前提下，不符合社会相当性的风险降低本身具有可归责的行为无价值。违背被害人意志的场合，风险降低免责的判断基准和根据不明确。此外，根据行为无价值的新过失论，过失犯和不作为犯具有构造的亲和性，因此可以借用不作为犯假定因果关系的既成标准，修正危险升高理论。合义务替代行为80%概率以上可能产生同等或更加严重法益侵害结果的，危险升高的归责适用被阻却，不构成犯罪。

【关键词】　实行行为风险降低　风险升高　客观归责　新行为无价值

一、问题意识

刑法知识学上，自陈兴良教授在我国首倡客观归责理论以来，[1]当前学界内部

---

*　浙江工商大学法学院讲师，法学博士。

〔1〕　陈兴良：《从归因到归责：客观归责理论研究》，载《法学研究》2006年第2期。

的态度立场属于各执一词,纷争不已。有的学者反对客观归责,认为既有理论可以满足犯罪认定和解释需要,客观归责并没有特别的优势,引入我国反而可能造成不必要的混乱。[1] 有学者主张,客观归责属于因果关系判断的补充,在特定范围内进行限缩性理解和适用即可。因此持部分肯定的观点。[2] 还有学者主张,我们需要扬弃传统的犯罪论体系和术语,全面承认客观归责,或至少主张两套体系都具有合理性。[3]

客观归责具有合理性,其理论定位并非局限于因果关系,按照罗克辛的说法,完成了制造法不允许的危险、实现法不允许的危险和构成要件的效力范围判断,实际上就可以认为过失犯成立了。比如,针对有学者主张对客观归责进行狭义理解,在客观归责以外再进行故意或过失责任判断的观点,[4]或言之过失犯中,过失的判断取决于责任过失的主观的预见可能性吗?罗克辛指出:"必须否定这样的看法。尽管主流观点将可预见性作为过失归属的重要标准,但是该标准在法律上其实并没有多大的意义。"妥当的归责方法在于,不是被告人在理论上能预见什么,而是在法律上有义务预见什么。这是一个规范论的问题,根据经验性查明的可预见性进行判断只会使其被遮蔽。正确的答案不是追溯至可预见性,而是应该追溯至客观归属理论。[5] 换言之,"根据目前几乎统一的较新的观点,过失是一个行为构成问题……行为究竟是不是过失,是在行为构成中决定的"。[6]

因此,倘若认为客观归责体系不具有犯罪论的性质,而只是因果关系判断的补充,那么可能就没有发挥出引入客观归责论的全部优势和核心理念。虽然在日本,一般认为实现法不允许的危险对应传统因果关系的范畴,[7]但客观归责显然是实现法不允许危险的上位概念。我国台湾地区的林钰雄教授更是直截了当地说:"客

---

〔1〕 刘艳红:《客观归责理论:质疑与反思》,载《中外法学》2011 年第 6 期。
〔2〕 张明楷:《也谈客观归责》,载《中外法学》2013 年第 2 期。
〔3〕 周光权:《行为无价值论与客观归责理论》,载《清华法学》2015 年第 1 期。
〔4〕 欧阳本祺:《具体的打击错误:从故意认定到故意归责》,载《法学研究》2015 年第 5 期。
〔5〕 [德]克劳斯·罗克辛:《德国最高法院判例·刑法总论》,何庆仁、蔡桂生译,中国人民大学出版社 2012 年版,第 4 页。
〔6〕 [德]克劳斯·罗克辛:《德国刑法学总论》(第 1 卷),王世洲译,法律出版社 2005 年版,第 713 页。
〔7〕 [日]西田典之:《日本刑法总论》(第 2 版),王昭武、刘明祥译,中国人民大学出版社 2013 年版,第 96 页。

观归责论重新架构了过失不法的体系……在客观构成要件上可归责者，至少必定成立过失，因而，传统过失论所谓的注意义务违反、可预见性、认识可能性及避免可能性等要件判断，皆为重复而多余。"[1]

然而，林钰雄教授对过失论要素地位的判断可能过于激进，一方面，客观归责本身具有体系的建设性和目的性，值得我国吸收借鉴，故对客观归责进行广义的把握理解可能更为妥当；但另一方面，有合理之处，不等于说就没有可能的不合理之处。客观归责中的部分观点，规范论色彩过于浓厚，并不一定完全适合我国。通过这一鉴别取舍的过程，作出吸收改进有益于我国刑法理论和司法实务的判断，而不是单纯否定或全面照搬，可能是当下亟须解决的问题。

因此，如果说，客观归责就是指制造法不允许的危险、实现法不允许的危险和构成要件的效力范围，并以此替代过失犯的实行行为、因果关系和注意义务的概念，对此笔者不赞同，因为注意义务理论没有必要被替代。但是，如果说客观归责是一种过失犯构造和归责的规范主义的方法论，是可行的。因为其符合新康德主义和行为无价值的思维方式。只是，在肯定客观归责方法论的前提下，体系内部的部分观点，如实行行为的存废，以及风险变更即降低或升高情况下的因果关系及责任归属问题，有必要展开讨论，从而在我国更好地接纳融合客观归责的方法论和判断基准。

二、实行行为的要素机能：违法定型与限制处罚

一般认为，客观归责第一步制造法不允许的危险，对应的是传统犯罪论中的实行行为。当前国内存在问题的焦点是，实行行为保留说和废弃说的争执，张明楷教授说，有实行行为的概念，就可以不需要制造风险这一层次的评价。[2] 而如前文提到的，林钰雄教授持否定说的观点，即只要赞同客观归责，就可以不"采用实行行为这一含义不明的概念"。[3] 本文支持实行行为保留说，理由如下。

---

[1] 林钰雄：《新刑法总则》，台北，元照出版有限公司 2011 年版，第 177 页。
[2] 张明楷：《也谈客观归责》，载《中外法学》2013 年第 2 期。
[3] 周光权：《行为无价值论与客观归责理论》，载《清华法学》2015 年第 1 期。

1. 没有必要放弃实行行为的概念

客观归责革新的一方面,在于对构成要件的实质判断。它既废弃了注意义务,也废弃了实行行为的概念。曾经,结果无价值的旧过失论将焦点聚讼于责任过失,也相当于没有过失犯的实行行为。但是,在我国,没有实行行为的构成要件不易令人接受,会使犯罪的客观方面失去基底,违法判断过于宽泛。

虽然说,客观归责里没有实行行为,并不是说不要求犯罪有行为或对行为不评价,而是把这种行为就叫做制造法不允许的危险,或者构成要件行为。以往犯罪论的思考方式是,某种行为是否符合构成要件行为;客观归责的思考方式是,归责的行为就是构成要件行为。客观归责归属于逆向思维的方法论,以目的为导向,不承认法律上存在实行行为的原型,突破了形式构成要件的藩篱,在刑法上体现为新康德主义。

可是,过失犯的实行行为本来就定型性弱,客观归责使得这种定型性几乎不存在了,经验的轮廓被理性的处罚目的所取代。然而这种处罚目的,很容易变成处罚利益或处罚便宜,个别无知或残暴的司法者可能以此为名义肆意擅断,在司法理性不发达的我国,实践中很容易出错,造成冤假错案。如果说,取消实行行为的原因真谛,是制造法不允许危险的下位规则的检验判断。这些下位规则包括:其一,行为人无法掌控因果流程的,不是制造法益风险。其二,降低风险的行为,不成立制造风险。其三,制造容许的危险的行为,不成立制造风险等。那么,把这些下位规则归于实行行为的实质判断之下,不是也可以吗?为什么一定要用"制造法不允许危险"这一"术语"呢?也就是说,制造法不允许的危险终究只是实行行为的判断标准,客观归责反对的,是对实行行为不够规范和实质的判断,而不是反对实行行为的概念本身。我们不能"倒水的时候把在盆子里洗澡的孩子也倒掉了"。

2. 制造法不允许危险的概念相对模糊

客观归责中这一基底概念的疑问,不在危险犯、未遂犯和不作为犯,而在于共犯。实际上,实行行为虽然只是一个概念,但它有三种区分机能:在未遂犯和预备犯的区分上,体现为着手行为;在罪与非罪的区分上,体现为构成要件行为;在实行犯和帮助犯、教唆犯的区分上,体现为正犯行为。同时,正犯行为需要具备符合构成要件的实行行为。那么,客观归责如何解释正犯与共犯呢?

如果说,犯罪是制造、实现了法不允许的危险的行为,那么教唆、帮助犯不是也制造、实现了风险吗?这样的话,不要实行行为的概念,尤其在我国,容易造成狭义共犯和正犯的违法性混淆。比如,乙教唆或帮助甲杀丙,致被害人死亡,逻辑上可以认为,甲和乙都符合了故意杀人罪的实行行为。客观归责没有实行行为的背后,隐藏着单一正犯论的危险。这一点,本来在过失犯上,问题也不突出,因为德国的过失犯自威尔泽尔以来,就是单一制体系,[1]可是一旦适用故意犯,可能与我国刑法主流认知的限缩正犯的共犯体系形成矛盾。[2]

持实行行为不要说的学者可能会辩解,客观归责中制造或实现法不允许风险的正犯行为,是指对法益侵害结果具有行为支配的行为。因此,甲以正犯归责,乙以狭义共犯归责的结论仍得以维持。但这样一来,形式上,不承认教唆或帮助属于制造或实现法不允许的行为,又如何通过"制造""实现"这一具有支配性要件提示的标准对共犯行为以客观归责的理论话语归责?实质层次的忧虑上,除了有明文立法规定的国家外,虽然狭义共犯的违法性应低于正犯,但是在我国,由于"造意为首"传统观念的存在,教唆犯在司法实践中经常以主犯定罪处罚,这就使引入没有实行行为的客观归责的话,可能容易使实务人员误解,更加模糊了正犯和共犯的界限,造成对行为人处罚过重的不公。因此,以制造法不允许的危险取代实行行为,司法改革成本过高,故实行行为的概念应当被保留。

三、风险降低的原则例外:罪刑均衡与自由意志

风险变更的归责中,与否定或弱化实行行为的定型性,动摇法条构成要件对不法的形式解释上的限定机能,对行为概念宽松化理解,完全以目的性结果归责导向,反向划定构成要件行为范围的思维逻辑相关联。客观归责中有疑问的,还有危险升高和危险降低的理论。所谓降低风险,是指"在故意行为中,降低风险的行为,

---

〔1〕[日]井田良:《讲义刑法学总论》,有斐阁2008年版,第436页。

〔2〕钱叶六:《共犯论的基础及其展开》,中国政法大学出版社2014年版,第49页。反对的观点,参见刘明祥:《论中国特色的犯罪参与体系》,载《中国法学》2013年第6期。

等于没有制造危险,因此不能将结果归咎于行为”。[1]

(一)基于降低风险结果的行为无价值归责

不加区别过于宽泛地在过失犯中使用危险降低的理论,可能会存在疑问。比如逻辑上,甲和乙都喝醉了酒,乙开车超速要撞上被害人丙,此时甲也开车超速从另一个方向撞上了丙,将被害人撞飞造成其重伤,但客观上避免了丙被乙车撞击。事后查明,丙如果被乙撞上的话,会被撞死。甲的行为,就是过失的危险降低,不归责。

可是对甲来说,倘若认为过失的危险降低就不处罚,那么,在交通秩序差,规范意识不强的国家,假设(无限)连环交通肇事的案件,因为后面的车或其他的车对被害人都有撞死的危险,那么只要前面的车或自己的车不撞死被害人,就永远没有人为被害人的重伤或身体、财产法益侵害负责。这无疑难以被刑事政策和国民意识接受,而且会使交通秩序越来越差。因此,危险降低理论在过失犯的应用中存在疑问。

另外,故意犯中,对危险降低的行为绝对不归责吗?恐怕也不尽然。以往举的例子是,乙持刀杀丙,甲见状,一把推开丙,导致丙跌倒重伤,对甲不予归责。虽然行为人既不是正当防卫,也不是紧急避险,但也不构成任何犯罪。可是倘若,乙开枪杀丙,甲见状,持铁棒重击丙头部,使丙跌倒,躲过致命子弹。那么,对甲重伤丙的行为归责吗?本案和前者的不同在于,行为人明明可以采取其他措施,如推开被害人,却基于轻率、鲁莽、放任甚至故意,实施了行为上不具有社会相当性,或异常的救助行为。结果上,确实降低了被害人死亡的危险,但危险降低的程度,明明可以更低甚至使被害人完全不受到任何法益侵害。

行为人在当时,有足够的时间、空间和它行为选择性,仍实施了这种“不当”的救助行为,难道其就没有谴责的可能性吗?类比防卫过当中,防卫人客观上也是为了救助法益,主观上有防卫意思,对侵害人造成过当伤害的,构成犯罪,危险降低中,行为人不是对侵害人,而是对被侵害人造成了不当的结果,是否也可以作为过失犯处罚呢?诚然,没有救助人的行为,被害人可能已经死了。但是,如果随便换一个救

---

[1] 周光权:《行为无价值论与客观归责理论》,载《清华法学》2015 年第 1 期。

助人,一般人都会选择推开被害人而不是施加更严重的伤害的话,被害人可能连健康法益都不会受到伤害。

因此,从预防的意义讲,不当的危险降低中的行为人,也可能具有刑法归责的余地。国民规范行为的养成,其意义在于,行为人行为的出发点,不应是不受到刑法处罚即可,而应当是最大化为被害人考虑;如果不受处罚就是刑法鼓励的,那在未来同样的场合下,行为人就可能同样的,明明可以使被害人不受到任何法益损失,仍过失或故意地利用规范允许而使被害人承受不应有的法益侵害。只不过当然,危险降低的紧急情况下,倘若行为人来不及思考,没有它行为选择性或回避可能性地造成了被害人的伤害,也就不归责。

(二)违背被害人意志的风险降低及归责可能性

除了上述危险降低的行为本身不当外,还有一种行为类型也可能产生争议,即违背被害人意志的危险降低。比如,具有自杀意思的乙对10岁的儿子丙说,你杀了我。丙同意,持刀扎向乙,此时甲见状,一把推倒了乙,导致乙跌倒重伤。那么,对甲归责吗?逻辑上,倘若认为自杀是合法的,[1]甲就肯定构成犯罪;若认为自杀是违法的,[2]岂不是侵犯了国民个人自我处分的自由权利,并为何不处罚作为自杀间接正犯的乙?若认为,自杀是既不违法,也不合法的法外空间,[3]那么救助人为何因为阻止了自杀行为而获得构成要件阻却?行为人阻止、妨碍了一个法不评价、法不禁止的个人自由的行为,还造成一个重伤结果,至少在域外符合了强要罪的构成标准。

结局上,单凭危险降低,客观上使法益侵害减小这一条,恐怕得不出行为人就绝对不构成犯罪的结论。行为人违背了被害人的意志,又给被害人造成重大身体法益的侵害,刑法如果允许此种行为,如何解释尊重个人以及自由主义的协调呢?如果说自杀关联行为的定性争议过大的话,财产犯罪中,假设丙是一个正常人,但经常冒充残疾人在街头乞讨行骗。某日,乙路过丙前,虽然知道丙是骗人钱财,但见

---

〔1〕 王钢:《自杀行为违法性之否定——与钱叶六博士商榷》,载《清华法学》2013年第3期。
〔2〕 钱叶六:《参与自杀的可罚性研究》,载《中国法学》2012年第4期。
〔3〕 周光权:《教唆、帮助自杀行为的定性——“法外空间说”的展开》,载《中外法学》2014年第5期。

他可怜的样子，心想，我多给他些钱让他不必如此吧。于是基于心生怜悯的意思，往丙乞讨的碗里放了1000元钱。知悉丙实情的甲见状，对乙说，你上当了！便从丙的碗里把钱拿出来又塞给乙。乙虽然拒绝收回，但迫于甲的坚持和拉扯阻拽，便收回1000元钱。那么设例中甲的行为是否具有归责可能呢？

如果我们说甲可能构成犯罪，直观上可能立刻给人以难以接受的感觉。但是，本例中丙实施诈骗行为，对他人的财产法益形成具体危险，甲的行为如果从客观角度看，可以说使乙的1000元没有被骗，降低了危险；可是如果从尊重被害人自由意志的角度，又可以说本来就没有危险，更没有危险降低，甲是对乙的强要罪。那么，究竟以何者为标准呢？假如说，以上行为中的甲不归责，那么假设某日，卖淫女与乙达成卖淫交易的合意，此时，甲为了阻止乙，把乙打成轻微伤或轻伤的，也就是风险降低，不可能构成暴行罪或伤害罪。

可是，为了阻止他人卖淫是否就可以随意殴打、胁迫、辱骂他人，以保护他人性自由的名义就可以随意践踏他人其他的人权吗？答案恐怕是否定的。或言之，问题的关键在于，在行为人自愿放弃法益，或两种不同性质的法益的比较衡量中，有时我们难以得出一个稳定统一的评价标准。何谓危险降低？对救助人来说是危险降低，可能对被害人来说就不是危险降低，被害人可能还不希望发生这种危险降低；救助人认为人格尊严重要，为此可以牺牲被害人的身体法益为代价，可是被害人可能认为性自由可以自我选择，自我侵害行为根本就没有危险，不宜认可容许他人对自己施加额外的身体侵害。

案件的类型化设例中，被害人本来内心愿意接受高危险，行为人却“强加”给被害人一个低危险；行为人客观上降低了一般人标准的危险，却升高了被害人主观意义的法益侵害。刑法的目的，究竟是为了保护一般的社会观念，还是被害人自己的法益呢？说到底，危险降低的标准，是一般人的标准、行为人的标准，还是被害人的标准，是客观说、主观说，还是规范说，并无定论，且在尊重法益和尊重自由间一定会出现矛盾。笔者的意思，并不是说以上案件的行为人都构成犯罪，只是想说，不考虑危险降低行为本身的危险、错误论、推定的同意等，只根据危险降低一句话就得出肯定不归责的结论，在经验性明显异常的危险降低和违背被害人意志的危险降低中，恐怕还需要进一步解释，这一理论在我国当前被直接适用的理由还并不充分。

四、风险升高的因果关系审查:规范违反与风险前置

客观归责体系中的风险变更及其归责理论,除了危险降低外,危险升高论可能也存在疑问。危险升高理论是一个"危险"的理论。自罗克辛提出以后,在德国极具争议。危险升高,又称为危险增加的原理,是"行为没有创设新的风险,但明显升高了风险的,能够将结果归咎于行为"。[1] 然而,即使在行为无价值的立场上,我国目前也没有全盘引入危险升高理论的必要。因为危险升高理论在我国,即使不是不合理的,也是不合适的,它规范要求太高,将法益结果的因果关系替代为法益危殆化,扩大处罚范围,过于激进。

(一)从法益侵害到危殆化的因果关系

基于危险升高理论解释的因果关系可能并不妥当,第一,危险升高本质上是一种因果关系的"连锁现实化"。行为人只要实施了被禁止的行为,而非结果无价值意义的法益侵害的行为,这种不被允许的危险在规范世界就一直危殆化,根据合乎科学、经验法则的假定的因果流程,从抽象的危险转化为具体的危险,从具体的危险转化为实害。换言之,不管行为的危险有无实现,只要行为一发动,违法的因果链条就停不下来了。这时候,现实世界中只要发生了实害结果,这个实害结果就作为客观处罚条件,成为证明因果关系的"果实"。因此,客观归责论认为,"因果关系是否存在并不重要"。[2]

只不过,虽然假定的因果关系对于事实因果关系确实具有二次审查机能,但是,在规范和事实之间,规范应当宽容,即假定的因果关系只起到限制处罚的作用,不宜扩张因果关系成立的范围,甚至取消归因。哈贝马斯说,法律的事实和规范之间总存在一种矛盾和张力的关系。[3] 这就是说,我们不能一元化,既不能沉溺于事

---

〔1〕 周光权:《行为无价值论与客观归责理论》,载《清华法学》2015 年第 1 期。

〔2〕 周光权:《行为无价值论与客观归责理论》,载《清华法学》2015 年第 1 期。

〔3〕 [德]尤尔根·哈贝马斯:《在事实和规范之间——关于法律和民主法治国的商谈理论》,童世骏译,生活、读书、新知三联书店 2003 年版,第 159 页。

实,也不能使规范无所限制。张明楷教授说,刑法学者应当心中充满正义,目光往返于事实和规范之间。[1] 因此,在规范的因果关系要处罚,而事实的因果关系没有达到确证性的处罚标准时,应当存疑有利于被告人。

第二,从结果与主观意思上看,客观归责论的学者如果认为行为表达出的行为人违反规范的意思、信息也是结果,那一定会支持危险升高理论。可是,这种规范违反的信息在我国的结果无价值看来,一定不会认为是结果,或与实害结果有同等的违法的效力。比如,张明楷教授指出,“将行为制造法所不允许的危险,解释为行为具有指向法益侵害的主观意向,可能是值得商榷的”。[2]

虽然说,张明楷教授的批评是可以化解的,因为行为人的主观意向,通过行为进入客观世界,展示并为社会所知后,这种主观的意向就不是主观的,而是客观的了。它变成了一种客观的现象和现实,且不能“回头”。行为无价值处罚的,不是主观意向本身,而是附着于行为上的反规范的意思和意向。设例比如,甲对乙有内心的好感,一直没有表现出来,某日,在当众明显场合,基于故意的意思甲对乙示以微笑。就使他人和社会得知,甲对乙有好感,意思通过行为变成了一种结果。

刑法上,如果行为人只是在内心反规范,但是这种主观意向并不表现出来,那么刑法也不会处罚。可是,一旦行为人基于反规范的意思实施了行为,就进入了法不允许危险的范围。反过来说,如果行为人不是出于反规范的意思实施行为,这一行为本身在刑法上也是没有意义的,刑法便根本不会对其评价。因此,说到底,法禁止的,不仅是不出现法益侵害的结果,也包括不得实施违反规范的行为。既然裸的行为是没有意义的,那么人的违法论中人的主观意向的要素,就具有重要意义,也变成了客观违法的一部分。但是,不得不承认的是,行为无价值可以证明自己坚持了刑法客观主义,但却使得(结果无价值意义的)结果在危险升高理论中确实变得不再重要。归责需要的,是危险升高,是危险现实化的过程,是危险被评价为实现了,而不是危险针对的事实对应的实现,仅此而已。对结果如此解释,是规范论“走得比较远”的体现。

---

〔1〕 张明楷:《刑法分则的解释原理》(第2版),中国人民大学出版社2011年版,序。
〔2〕 张明楷:《也谈客观归责理论——兼与周光权、刘艳红教授商榷》,载《中外法学》2013年第2期。

(二)过失结果犯的危险犯化

从既遂和未遂上看,客观归责认为,行为人试图否认规范的意思"通过特定行为而被外界所知悉",就既具有了过失犯的结果,也具有了可归责的行为。那么,外界要知悉行为人反规范的意思和信息,当然不是迟至实害结果出现才知晓,在客观归责的第一步,即制造了法不允许的危险的时候,这种信息就传递出去了。可是,这无疑等于一着手,就既遂;一有危险,就有实害,使过失犯变成了行为犯。危险升高论在逻辑上,实际上使得危险增加可能性等于未遂犯,危险增加等于既遂犯,完全改变了过失犯的整体构造和外观。

从疑难案件的处理上看,例如,甲和乙同时基于过失向丙各开一枪,结果丙死亡,查不清是被谁的子弹打死的案件。故意的场合,两人是故意杀人罪的未遂犯;过失的场合,本来甲和乙都是过失致人死亡的未遂犯,不处罚。但是采用危险升高理论的话,就会认为,"无论是哪个参与者,都使被害人寿命延长的机会减少,因此对结果归责"。[1] 也就是说,甲和乙使被害人生命丧失的机会增加,升高了死亡危险,因此成立过失致人死亡罪既遂。

显然,这一结论并不妥当,继而危险升高的学者会作出如下甲和乙不构成既遂的反驳,将这个问题复杂化。该论认为:危险增加的适用有限制,因果关系(危险的实现)有疑问的场合分为两种,一种是不确定性(Ungewißheit)的因果关系,另一种是不确实性(Unsicherheit)的因果关系。换言之,不确定是指不能确定危险的原因是否来自行为人,不确实是指不能证明结果确实是由行为人所造成的。前者是因果关系有无(不确定因果关联)的问题,后者是因果关系程度(有无相当性)的问题。施特拉腾韦特主张,查不清被害人致命伤子弹来源和子弹的发射者无法特定化的时候,危险增加理论就不能适用。危险增加只适用于不确实性,而不能是不确定性的场合。而这种考察确实性的假定、盖然的事象经过,或许已经隐藏了它是必然的。[2]

---

[1] [德]Rolf Dietrich Herzberg,Die Kausalität beim unechten Unterlassungsdelikt,MDR 1971,S. 882. 转引自[日]古川伸彦:《過失犯における注意義務の内容(三)》,载《法学協会雑誌》2006 年第 123 期。

[2] [德]Stratenwerth,a. a. O. (Anm. 15),S. 234f. 转引自[日]古川伸彦:《過失犯における注意義務の内容(三)》,载《法学協会雑誌》2006 年第 123 期。

确实,区分危险实现的确定性和确实性,可以使因果关系论更加精细,可是,现实生活中,确定性和确实性的区别并不容易把握。表面上,危险升高是对结果发生的可能性的判断,但实际上,该论是把升高的可能性等同于了发生的必然性。换言之,客观归责认为适用危险升高理论的案件,在前提上就已经被认为是具有结果实现的必然性的了。因为一适用危险升高,就是既遂,没有未遂的余地。这种因果关系的必然性,既被危险升高论当作前提,又被当作结论,这就可能使得,裁判者带着处罚目的和冲动进行因果关系检验。即当司法者说我认为这个行为危险很高,本案适用危险升高,我要检验下行为人是否升高了危险、值得处罚的时候,他在检验之前在价值判断上就已经认为本案的行为人是要被处罚了的。用必然连锁实现的规范因果关系检验假定的事实因果关系,可能会前置地得出有罪的结论。这样的话,有了行为基点的危险升高理论,会产生排斥结果基点的因果关系理论的效果。

对于规范和事实出现紧张关系的疑难案件,笔者认为,在规范的因果关系,即刑罚目的理性要处罚,事实的因果关系有不处罚的可能的时候,比如,过失的行为虽然使危险升高,但结果发生的可能性程度,没有达到假定因果关系归责要求的场合,规范和事实的处罚标准竞合,从一轻。也就是说,同是规范的因果关系,我们可以根据合义务的替代行为阻却行为人事实的因果关系,而不能根据危险升高理论直接归责。不像德国,我国的规范论不能走得太远。人类具有非理性主义的盲目和狂热,规范的刑罚容易肆虐;国家绝对理念的齿轮一旦转起,可能会有一些无辜的个人被碾死。

(三)共犯中的危险判断时点与方法

1.危险升高理论潜藏单一正犯的解释倾向

从正犯与共犯上看,危险升高虽然不要求确定的既遂的因果关系,不要求创造的不被允许的危险的真实实现,往往也需要一个有时间、空间关联的实害结果"李代挑僵"。前文已经提过,客观归责的过失犯不要实行行为,只需要行为;在结果上也就等于,不要实行行为的结果,只要行为的结果。这种结果,可能是构成要件结果,也可能不是,可能是正犯的结果,也可能是狭义共犯的结果。换言之,当行为人制造了狭义共犯的危险,也要承担正犯的归责和刑事责任,这就使得教唆、帮助犯变成了实行犯,狭义共犯变成了正犯,潜藏着单一正犯制的危险。

《德国刑法》第 26 条规定,教唆犯,按照正犯的刑罚处罚。第 27 条规定,帮助犯,参照正犯,减轻处罚。可是,根据我国《刑法》第 27 条、第 28 条的规定,教唆犯和帮助犯既可能是主犯,也可能是从犯、胁从犯;正犯可能是主犯,也可能是从犯、胁从犯。即正犯的刑罚可能低于狭义共犯,狭义共犯的刑罚也可能高于正犯。承认危险升高的话,共同犯罪中,正犯和共犯的行为一体,狭义共犯的行为对正犯的结果也有危险升高的作用,那么,岂不是说,狭义共犯和正犯容易混淆?

在德国,对教唆犯和正犯予以同等处罚,是因为德国的规范论认为教唆犯也值得严重谴责。可是在我国,刑法并没有规定教唆犯和正犯的刑事责任相同;在德国,帮助犯比照正犯减轻处罚,是因为德国一定程度上考虑到帮助犯的主观意向是为了他人、帮助他人犯罪,正犯的主观意向是为了自己犯罪。可是在我国,正犯与共犯区分标准的主观说不被接受,犯罪支配说处于支配地位。也就是说,客观归责,尤其是危险升高理论如何解释我国的共同犯罪体系,如何区分正犯(的行为和结果)与共犯(的行为与结果)呢?这个问题恐怕较难处理,因为危险升高的背后,隐隐给人以倾向纯粹惹起说、共犯独立性说和单一正犯说的感觉。

2. 狭义共犯的假定因果关系计算

从危险判断的具体时点和方法看,有疑问的是,狭义共犯的假定的危险实现的算定方法。比如,甲准备去丙家盗窃,他经验丰富,技术熟练,犯意坚决。乙得知此事后,送给了甲一把丙家大门的钥匙,甲收了钥匙,但心里一开始就没打算使用。随后,甲没有携带钥匙到达作案地点,从丙家的窗户里破窗而入,盗窃既遂。那么,乙构成盗窃的帮助犯既遂吗?

从危险升高的角度看,乙给甲提供了一把丙家门的钥匙,当然升高了被害人财物被盗的可能性,甚至达到了一种必然性的危险。即在规范判断上,通过假定因果流程检验、模拟的结果的必然实现。但是,在事实判断上,现实世界中甲没有使用乙提供的钥匙,乙的帮助没有发挥作用,没有物理的加功,本案中也没有心理的强化。那么,乙到底是可罚的帮助既遂,还是不可罚的帮助未遂?危险升高是一种事后判断(ex post),事后看来,钥匙是真的,根据经验的、科学的法则,足以打开被害人的家门。也就是说,乙递给甲钥匙的时候,已经对被害人的财产法益引起了相当的危险。客观归责的第一步,是制造法不允许危险的判断,这一步是事前判断(ex ante),乙没有疑问,具备了狭义共犯的行为无价值。第二步,是实现法不允许危险的判断,客观上确实出现了被害人家被盗的结果,结果无价值的“作品”出现了。

虽然说,正犯甲没有使用乙提供的钥匙进门,与乙设想的因果关系出现一定的偏差和错误。但是,乙一开始就会想到,甲也有可能不使用自己提供的钥匙进行盗窃;客观上,提供钥匙的行为确实升高了结果出现的危险。那么,被害人家里被盗这一结果对乙来说就是“没有错误的”,是乙参与的作品,可以归属给他。第三步,是构成要件效力范围的判断。此时,至多将乙的行为排除出盗窃正犯的构成要件,而不可能排除盗窃罪帮助犯的构成,因为其没有理由证明自己不在注意规范保护目的的处罚范围之内。那么结局上,根据承认危险升高的观点,就会认为,乙构成盗窃罪的帮助犯既遂。

可事实上,乙提供钥匙与丙家被盗,一点“关系”都没有。如果刑法学者侧重规范判断的话,行为人是帮助既遂;如果侧重事实判断的话,行为人就是帮助未遂。类似的,比如,乙得知甲要去丙家盗窃,便基于帮助的意思,一个人事先去撬开了丙家的门。甲到达现场后,发现门已打开,心想莫非有诈,便绕到后门,翻墙而入,盗窃既遂。问,乙构成帮助既遂,还是帮助未遂?侧重规范的话,正犯从门而入还是翻墙而入,其实没有区别。乙的行为无疑升高了被害人被盗的风险。侧重事实的话,乙虽然升高了丙被盗的风险,甲却没有利用这一便利,这一帮助,类型化的处理对一般人来讲是有效的,对正犯来讲却是无效的。

再如,甲得知乙要去杀丙,便基于帮助的意思事先把丙绑了起来,丢在乙必经的路上,然后离去。随后丙挣扎一番解开了绳子,准备逃跑。这时,乙恰好经过此地发现了丙,两人搏斗一番,结果丙被乙杀死。那么,甲是帮助既遂吗?虽然危险升高理论可能认为行为人帮助既遂,但我们也可以说,在正犯实施杀人行为时,丙的绳子已经被解开,帮助无效,甲没有促进被害人的死亡或为死亡加功。由此可见,采用危险升高的理论,可能使得狭义共犯的处罚范围过分扩大。因此,基于肯定客观归责理论的方法论立场,对其违法归属判断的下位规则,我国也不宜全盘引入接受。

五、风险变更的归责标准修正:高度盖然性说之提倡

(一)合义务替代行为与假定因果关系

不照搬德国的危险升高理论,而是疏解其与责任主义相悖的诘责,能够使得我国过失犯的不法认定和处罚更加明确化和稳定科学。如前所述,危险升高理论的核心不足在于使过失犯产生了既遂犯转向未遂犯的危险,以及与存疑有利于被告人原则的抵牾,虽然罗克辛教授等论者进行一定的回应,如该当事实有了侵害结果就可以了,不需要发生实害结果。侵害结果这种危险就是过失犯是结果犯的结果,以此回答了把过失犯变成了危险犯的诘难。法益有了危险,就有了侵害结果,有了侵害结果,一般情况就会有发生结果,发生结果事实上是否发生并不重要,因为有了侵害结果就可以推定事实结果发生。例外地,只有在新凌驾的危险出现,或者出现意外的时候,切断了原有的不被允许的危险在规范世界的现实化,对行为人才可以否定归责,但仍无法摆脱被认为是过分处罚的评价。

因此我们有必要进行一定修正,改变规范论介入过于激进的面相。现有理论认为,危险升高对过失犯违法的判断基点,是该行为本身是否属于被允许的危险。进一步,行为是否被允许的标准,不是是否造成了法益侵害,而是是否升高了结果发生的机会。具体而言,判断的对象是,基于不适切行为者的行为,结果发生的机会,是否超过了被允许的危险。即先判断合义务行为惹起结果发生的概率,然后判断案件中事实行为惹起结果发生的概率,最后将两者进行比较,如果后者高于前者,就归责。

那么,合义务替代行为的假定因果关系,与现实义务违反行为的事实因果关系比较,升高何种概率情况下才能够肯定该当行为升高了过失犯中法不允许的风险,继而对行为人归责呢?在德国,罗克辛教授认为,行为人升高1%危险的事实行为也构成既遂犯罪。还有一种观点认为,只有当合义务的替代行为确定的能够避免结果发生,100%确证的达到排除合理怀疑的程度,才能归责。也就是说,哪怕合义务的替代行为有1%的可能发生同样或更恶劣的结果,也应当根据存疑有利于被告人原则,对行为人免责。这种见解被称为确定能够避免说,我国也有学者赞同,比如

车浩教授。[1]

(二)风险升高的归责标准

合义务替代行为中危险升高的判断标准,主要有:(1)任意的危险升高说,认为只要合义务的替代行为有 1% 及以上的结果回避可能性,现实行为就要归责。(2)确定能够避免说,认为合义务替代行为有 100% 的结果回避可能性的,现实行为才能够归责。(3)明显的危险升高说。在我国,有学者如周光权教授,认为危险升高是指明显(erheblich)升高了结果发生的可能性,而不是说只要有细小的甚至 1% 的升高,违法行为就归责。换言之,合义务替代行为的假定的结果回避可能性,要在 1% 到 100% 的区间内,达到一个明显具有结果回避可能的程度,才能对现实行为归责。可是,这个明显度是多少,百分之多少的回避可能性才能算作明显的结果回避可能,论者并没有说明。[2] (4)优势的危险升高说。我国学者陈璇教授提出,合义务的替代行为需要以危险升高理论作为前提和基础,但这种危险,不是罗克辛讲的存在危险升高就可以归责,而是要求这种升高的危险达到优势的程度。也就是说,当合义务的替代行为对结果的回避可能性达到 50% 以上的时候,现实行为才能归责。[3]

首先,第(1)说任意的危险升高说处罚过于宽泛,升高 1% 的风险也对行为人归责,有违公平原则。表面上,危险升高是对结果发生的可能性的判断,但实际上,该论是把升高的可能性等同于了发生的必然性。换言之,客观归责认为适用危险升高理论的案件,在前提上就已经被认为是具有结果实现的必然性的了。因为一适用危险升高,就是既遂,没有未遂的余地。这种因果关系的必然性,既被危险升高论当作前提,又被当作结论。比如,某处大坝处于决堤的危险中,甲丢了一个石子上去,引起涟漪,接着就发生了漫天洪水,对行为人以危险方法危害公共安全罪的决水罪归责。虽然扔石子的行为根据科学、合法则的因果关系确实会必然引起大坝决堤,但这种事实意义的必然因果关系在过失犯中,并不具有故意犯中足够的处罚

[1] 车浩:《假定因果关系、结果避免可能性与客观归责》,载《法学研究》2009 年第 5 期。

[2] 周光权:《行为无价值论与客观归责理论》,载《清华法学》2015 年第 1 期。

[3] 陈璇:《论过失犯的注意义务违反与结果之间的规范关联》,载《中外法学》2012 年第 4 期。

必要性。此时刑法对一般国民的规范注意义务要求和设置过高，对行为人过于严苛。

其次，第(3)、(4)说把危险处罚的范围界定为明显的、优势的升高，假定行为对结果有50%以上的回避可能性时，行为人就构成犯罪的观点，虽然较之于罗克辛的风险升高理论进行了保守化的修正，但还是使过失犯的成立范围过大，且标准不明确。

最后，观点(2)看上去最大限度地保护了被告人，要求替代行为达到100%的回避可能性时才能对行为人归责，可是，回避可能性再怎么精确，还是一种可能性的概率，在现实生活中，很多案件根据合法则的科学知识，也难以断定合义务行为对结果就确定的能够避免。在规范的回避可能性上采取如此高的标准，在现实的违法行为有99%的可能性导致结果发生时，也被认为和实害结果间没有因果关系，这不利于法益保护，也使得处罚范围过于宽松。

晚近极高的概率说主张，在我国即便采用风险升高理论，也能够与存疑有利于被告原则兼容，二者不是排斥关系。如在交通肇事案件中，倘若被告人即使遵守交通法律规定，法益侵害结果若能够避免无法查明，或者不能证明结果发生概率极高的，都不可归责；反之，倘若行为人实施合义务替代行为，可以近乎肯定地避免结果发生的，才达到事实清楚、证据确实充分的证明标准，则对行为人归责。[1] 极高的概率说使得危险升高理论与责任主义共存，消解了存疑有利于被告人原则和过失犯结果犯构造的疑问。极高的概率较之于明显升高说在危险升高的判断标准上更加清晰，显然较之于优势危险升高说的50%归责概率标准更加限制了处罚的实施。只不过，极高概率说的正当化基础或归责标准，可能能够进一步明确强解释化。何谓极高，多少的概率才是极高，司法机关如何把握适用？

(三)过失的风险升高与不作为因果关系的适用

本文以为，立足于极高的概率说，在危险升高中，假定的合义务替代行为对结果的回避可能性达到80%以上的高度的可能性时，才能够认为事实的违法行为和

〔1〕 周光权：《风险升高理论与存疑有利于被告原则——兼论“赵达文交通肇事案”的定性》，载《法学》2018年第8期。

结果之间没有因果关系,对行为人免责,不构成过失犯罪。之所以将极高的概率解释为80%以上,不选取第(1)说的1%以上,第(2)说的100%,以及第(4)说的50%以上,是因为,根据日本刑法判例和学说的立场,在不作为犯的因果关系上,要求行为人履行了作为义务,十之八九能够阻止结果发生的,不作为犯的因果关系才能够成立。

在日本,甲带被害人乙进入宾馆,对处于精神错乱的乙遗弃致死的案件中,[1]最高裁判所认为,如果"被告人马上请求急救治疗,因该女性年纪尚轻,生命力旺盛,且并无特别疾病,该女性原本十有八九可能得救。这样,由于可以认定该女性的得救具有查过合理怀疑程度的确定性,因此,宜认定被告人并未采取救助措施而是随意将该女性一个人扔在宾馆客房的行为……与该女性因为兴奋剂引起的心律不全而死亡这一结果之间存在刑法上的因果关系"。[2] 这一案例,被认为是确定不作为犯假定因果关系有效性的权威,基于此案的"十之八九"的判断标准,已经成为不作为犯因果关系判断标准的通说。

同不作为犯的构造类似,现代客观归责的过失犯同样在危险升高中承认假定因果关系的判断,通过假定因果关系与事实因果关系的比较,得出行为人是否对结果归责的结论。立足于行为无价值的立场,过失犯具有以不作为犯类比解释的体系进路。[3] 甲斐克则教授指出,新过失论的普及,"特别与以不作为犯的构成来把握过失犯的强烈倾向相关,即其强烈倾向是,把旧过失论在责任阶段所解决的注意义务违反理解为实行行为,把可能构成作为的都用'因为没有尽到一定的注意义务而发生了结果'这种形式纳入不作为的因果关系论之中,用注意义务违反与结果的关系来理解它。因而,自然就会脱离存在论的基础,在逻辑上必然地要进行价值关系的假定性因果判断"。[4] 在德国,伯克曼(Bockelmann)和沃克(Volk)也说,从注

---

[1] [日]平山干子:《義務犯について》,载《立命館法學》2000年第2期。

[2] [日]西田典之:《刑法总论》,王昭武、刘明祥译,中国人民大学出版社2013年版,第98页。

[3] 胡洋:《论过失犯实行行为的不作为犯解释》,载《甘肃政法学院学报》2016年第5期。

[4] [日]甲斐克则:《过失犯的基础理论》,载高铭暄、赵秉志主编:《过失犯罪的基础理论》,冯军译,法律出版社2002年版,第4页。

意义务说出发,"过失犯含有不作为犯的性质"。[1] 因此,既然对本案的不作为犯处罚没有异议,那么根据逻辑解释一以适之,适用十之八九的高概率标准解决过失犯合义务替代行为的归责范围问题,就同样没有否定的道理。

在具体案例中,若行为人违反注意义务,按照社会一般人的观点,站在事前的角度来看,该行为明显升高了注意规范的保护目的范围的法益受侵害的风险时,若该风险现实化为侵害结果,可将结果归责于升高风险的行为。方法论上,借助假定因果关系判断危险升高理论的适用范围,所谓十之八九,是80%以上,包括80%、90%甚至100%。

也就是说,归责原则上:第一,合义务的替代行为高度可能,甚至确定地能够避免结果发生的时候,行为人对结果的因果关系才能够成立,构成过失犯罪。第二,当合义务的替代行为十之八九可能产生同等甚至更严重法益侵害结果时,有利于被告人的合理怀疑得以成立。不管行为人对现实结果有无预见可能性,只要对实害结果归责的规范因果关系不成立,就不构成过失犯罪。以此,通过对传统客观归责中危险升高理论的修正,对其肯定归责的概率标准进行调整,能够做到危险升高理论同我国司法实践与理论解释的调和,这样既维护了存疑有利于被告人原则和责任主义;也能够建立二元行为无价值规范论的思考方法,有助于过失犯知识论的转型过渡,[2] 予以妥当处罚。

---

[1] 蔡圣伟:《"交通过失"与谈稿》,载刘明祥主编:《过失犯研究——以交通过失和医疗过失为中心》,北京大学出版社2010年版,第312页。

[2] 周光权:《过渡型刑法学的主要贡献与发展前景》,载《法学家》2018年第6期。

非典型的因果流程和客观归责的质疑

蔡桂生*

【摘　要】 借助于"客观上容许的风险",客观归责理论将非典型的因果流程从刑法的关注范围中予以排除。而"客观上容许的风险"实际上是虚拟了一位"客观、标准的人格",在先后进行客观归责和主观归责两次判断的过程中,客观归责这一步骤的存在并无实际意义,如果被告人具备特别认识,客观归责还会导致错误的结论。为"客观、标准人格"视角引入特别认识加以补强,并不足以弥补客观归责的缺陷,反而会使客观归责不再客观。不宜采纳以"虚拟的标准人"判断为基础的客观归责理论,而应当由法官基于事后查明的全部事实,先后对结果、行为、故意(或过失)等要素都做规范化的理解。结果的归责,不应是指向虚拟人格的客观归责,而应是指向被告人真实人格的主观归责。

【关键词】 非典型的因果流程　客观归责　特别认识　要素规范化　主观归责

一、问题的提出及其初步分析

在我国刑法学中,因果关系问题是研究中的难点。在刑法科学史上,理论界曾围绕着必然、偶然的因果关系问题发生过激烈争论,这方面的疑难案例,在司法实

---

* 中国人民大学法学院讲师,法学博士。本文原载《法学家》2018 年第 4 期。

践中也不难找到:[1]

【避险致死案】甲、乙为夫妻,夫甲欲害妻乙。其家门口有一条小路直通车辆来往频繁的公路,在小路与公路相交段的两旁是两栋楼房,使小路在此段成为一条弄子,人在弄中察觉不到公路上车辆来往的情况。甲利用这一地形,设下谋害乙的陷阱,经常在家持棍追打乙,迫使乙经常沿小路奔向公路躲避,终于有一天被快速行驶的一辆车撞致身亡。

由于"必然、偶然"的二分法缺乏科学性,这使得学理上否定了因果关系的"偶然"性对于定罪的影响,由此便可认定该案被告人甲存在故意杀人的行为。如此定性似乎已足以平息争论。然而,在现今我国的客观归责[2]论语境中,却仍有类似疑问,例如:[3]

【毒鱼案】张三以杀人的故意将一盘拌有毒菌的鱼端给李四食用。但张三并未意识到实际上鱼肉已经腐烂变质并产生了致命毒素。结果,李四不喜欢菌类,故只将鱼肉吃下,因而中毒身亡。

该案中被害人被"毒鱼"毒死也有一定的"偶然"性,据此似也可沿用"必然、偶然"的二分法加以解决。但在现今刑法学的讨论中,该案是纳入客观归责论的语境,以"因果流程偏离"为题加以讨论的。有一种肯定归责的观点认为,应分客观、主观两步考虑,先认定结果向行为的客观归责性,然后进入主观要件的审查,此时张三虽未认识到毒鱼的危险,但他毒杀他人的故意与最终死亡的结果,能被涵摄于同一构成要件,应肯定主观归责,成立故意杀人罪既遂。[4] 该观点实际上是主张"毒鱼"这一"偶然"因素仍应归责于张三的行为。另一种观点则持"未遂说":当李四拒绝食用菌类时,张三杀人行为所制造的致死危险即告终结,尽管腐鱼所产生的

---

〔1〕 赵秉志主编:《中国刑法案例与学理研究》(第1卷),法律出版社2004年版,第272页以下。

〔2〕 "归责"一词,准确来说,应为"归属"。理由是:在我国讨论该问题时,也没有将精神病人和无责任年龄人排除在外。他们所为之事通常不需加以谴责并科以刑罚,而是以保安处分的方式排除危险。即便法律对他们所为之事有部分的否定性评价,该评价也与正式的刑事谴责存在区别,故宜用"归属"一词,以免与"罪责""刑事责任"等正式的刑事谴责中的"责"相混淆。基于此,本文针对"归责"的使用(包括客观归责、主观归责等),采取保留意见。

〔3〕 陈璇:《论主客观归责间的界限与因果流程的偏离》,载《法学家》2014年第6期。

〔4〕 欧阳本祺:《论因果流程偏离的主观归责》,载《法学评论》2015年第6期。

致命危险在客观上得以实现，但只能成立故意杀人罪未遂（或者同时成立过失致人死亡罪，二者想象竞合）。换言之，在客观上就不得将死亡结果归责于张三制造的致死危险。至于主观归责，则是个根本不应当存在的概念。[1] 不同于肯定说，该观点直接否定了“毒鱼致死”这一结果的客观归责性。可见，在由“毒鱼”这种被告人未预见的“偶然”因素致死的案件中，即使在同样采纳客观归责论的论者那里，也仍然存在能否利用客观归责加以出罪的定性分歧。这使得在理论上有必要对客观归责的审查方案做一番考察。

在德国学说史上，客观归责理论的初衷，只是为了处理存在因果关系，但不宜科处刑罚的案件。[2] 21 世纪前 10 年，我国刑法学开始逐步关注德国刑法学的部分文献，并接触到客观归责理论的庞大体系，有观点便主张在因果关系论之后，需再做客观归责的判断。在我国当前的刑法学理中，客观归责论仍占据一定的优势地位，并形成“多数说”，其具体主张是：在以合法则的条件说判定因果关系成立后，应当先进行客观归责的判断，后进行故意认定或责任判断。[3] 与支持客观归责的论者相对应，少数说认为，在结果的归属问题上，应当坚持客观归因到主观归责的分析路径。客观归因是指对因果关系的判断只是确定被告人承担刑事责任的客观基础，故采用“条件说”即能以最简捷的方法予以解决。至于由此而导致的责任范围过于宽泛的问题，则可以通过对主观罪过的精确界定予以解决。据此，客观归责失去了意义，主观归责才具有决定性的意义。[4] 多数说与少数说各执一词，究竟孰是孰非？

依照客观归责论者罗克辛教授的设想，在合法则的条件关系这一事实前提得以肯定之后，需要再采用创设不容许的风险、实现不容许的风险、构成要件的效力范围等归责标准予以实质审查。[5] 就“创设不容许的风险”（创设“禁止风险”）而言，论者认为：“像劝人散步、上楼梯、洗澡、爬山等这些促使他人从事在法律上不重要的日常性活动，尽管在极少的**例外情形**下它们也会带来不测，但是它们这种社会

---

〔1〕 陈璇：《论主客观归责间的界限与因果流程的偏离》，载《法学家》2014 年第 6 期。

〔2〕 Vgl. Honig, Festgabe fuer Reinhard v. Frank, Bd. 1, 1930, S. 174 ff.

〔3〕 例如，周光权：《刑法总论》，中国人民大学出版社 2016 年版，第 131 页以下。

〔4〕 冯亚东、李侠：《从客观归因到主观归责》，载《法学研究》2010 年第 4 期。

〔5〕 Vgl. Roxin, Strafrecht AT I, 2006, § 11, Rn. 1 – 145.

相当的低度风险在法律上是值得忽视的,因而,它们所导致的结果的发生,自始便不可归责。因为促使他人采取在社会正常限度下的通常无危险的举止是不受禁止的,这样,即使其例外地造成了法益侵害,也是不存在犯罪上那样典型的杀人行为的。"[1]据此,在被告人劝他人在下雨天到森林散步,期望他人被雷劈死,其后果真发生雷击并致其死亡的情形(【雷击案】)中,客观归责论者便主张,被告人的行为没有制造不容许的风险,因此不存在构成要件的行为,应排除刑事责任。[2] 而针对"实现不容许的风险"(实现"禁止风险"),论者又明确指出:"向构成要件的归责要求行为人所创设的那一不容许的风险正好就在结果中得以实现。因此,如果行为人虽然给保护法益创设了危险,但结果并非该危险的现实化,而只是由该危险**偶然**造成,则应否定归责。"[3]而在某甲开枪打伤某乙,某乙事后在医院接受治疗时,因病房失火被烧死(【医院失火案】)一案中,客观归责论者也指出,虽然被告人的枪击行为造成了被害人死亡的危险,但该危险并没有在结果中实现(死亡结果是由医院失火造成的)。据此,结果便不得归责于枪击行为,此"为客观归责的问题,而非故意的问题"。[4]

然而,客观归责论对于行为和结果之间归责可能性的上述否定性观点,显得有些武断,似应进一步加以分析。

在【雷击案】中,论者主张劝人散步是一个日常性的行为,不能将其后的"雷击致死"归责于他的劝说。这看上去很有道理,不过是劝人散步,怎么会是杀人呢?可是,如果被告人甲眼见前面十几米处连续发生了三四起雷击,于是指派脑子不太好使的乙前往"雷区"去做某件事情,乙听从,结果遭雷击致死,那么,此时又应该如何处理?

同样地,在【医院失火案】中,枪击行为虽未直接致对方于死地,但却是导致对方住院的原因,与死亡结果具有条件说意义上的关联性。只要案情稍作变动,问题就会浮现,此即【恐怖分子火烧医院案】:被告人得知了他的同伙者将要实施针对附

---

[1] Roxin, Strafrecht AT I, 2006, § 11, Rn. 55. 粗体为引者所加。

[2] Roxin, Strafrecht AT I, 2006, § 11, Rn. 44.

[3] Roxin, Strafrecht AT I, 2006, § 11, Rn. 69. 粗体为引者所加。

[4] Roxin, Strafrecht AT I, 2006, § 11, Rn. 45.

近医院的放火计划，于是开枪将被害人打伤，后者当晚即于医院葬身火海。此时，还能否定死亡结果向被告人枪击行为的客观归责性吗？

与此相似，在【服务生端盘案】中，生物系的学生王五在餐馆打工，为客人端盘送菜时，凭借其生物知识，发现其盘中的蘑菇属于剧毒品种，他认为自己的职责是端盘，因而没有询问厨房师傅，径直将蘑菇端给客人，客人食用后，中毒而死。在该案中，王五的行为不正是导致客人被毒死的原因？

最后，再举个常见的例子【机动车撞"低头族"案】：机动车以法定时速撞上违章过马路的"低头族"，后者受重伤后死亡。根据客观归责的逻辑，由于司机没有违章，其驾驶行为属于"容许的风险"，因此，事故不能归责于司机；这样，即使司机早就看到该违章的"低头族"而故意地撞击他，也无须对结果负责，因为遵守交通规则的司机没有创设不容许的风险。但是，这真的合理吗？

二、客观归责论的调整及其结构性缺陷

通过前述【雷击案】、【医院失火案】、【服务生端盘案】以及【机动车撞"低头族"案】，可以发现，客观归责论遭遇了不小的困难。那么，客观归责论何以应对这些棘手的问题？以下我们就来考察客观归责论所采取的相应对策，并进一步检讨该对策究竟是否成功地化解了困难。

（一）客观归责论的调整：援"特别认识"之药以解危局

其实，前述质疑不约而同地涉及的是同一难点，即如果被告人对于危险有**特别的认识**，是否会影响到结论的做出？例如，在【恐怖分子火烧医院案】中，关键点在于打伤被害人的被告人是否事先得知了放火的危险，并针对性地予以了操纵。在该过程中，被告人特定的"认识"发挥了作用，这使得案件似乎不再是个"客观"归责的问题。与此类似，在【机动车撞"低头族"案】中，依照客观归责论的逻辑，"容许（允许）的风险"是一个客观的概念，它与被告人的主观认识无关。但是，质疑者便针对性地指出：一个有意支配因果进程而实现法益损害的人（该案的撞人司机），只要他狡猾地将行为隐藏在"允许的风险"或"日常的风险"的外衣之下，便可以凭借

客观归责而逃避刑事责任。而这显然是在犯罪。[1]

客观归责论者也意识到了其理论中存在上述芒刺，于是采取了相应的补救措施，即为"创设禁止风险"引入特别认识(Sonderwissen)加以补强："实际上，如果有特别认识，那么，它就是已作为客观构成要件之前提的**不容许的危险**的一个组成要素了。法益的保护，只能通过对危险的行为加以禁止才能得以实现，而禁令又只能建立在事前判断的基础之上，据此，**行为人的认识**就必须进入到其行为的客观危险性判断之中。……客观构成要件之所以是客观的，不是因为它只处理客观的事实，而是因为**归责的结论**(成立杀人或伤害行为)是客观的。"[2]基于这种逻辑，在【服务生端盘案】中，当服务生王五发现蘑菇有毒，其行为创造了禁止风险；未发现蘑菇有毒时，就没有创造禁止风险。据此，客观归责论便声称其弥补了处罚的漏洞，具有特别认识的"王五们"，依照客观归责论也应加以处罚。借助这种调整，客观归责论之困局似乎得到了缓解。

(二)作为异体的"特别认识"

按照刑法学上的通常看法，客观要件和主观要件的区分，是建立在**行为人**犯罪行为的外在和内在特点之上的。这不仅在李斯特—贝林体系中是如此，在韦尔策尔的方案以及四要件论中也是如此。特别认识显然是行为人的内在特点，将之引入客观构成要件之中，能够没有障碍吗？

客观归责论化解困局的解药，乃是声称被告人是否具备危害行为，属于一个"客观的结论"，至于被告人的认识，虽属于禁止危险的组成要素，但不影响"客观归责"的客观性。然而，这种观点在理论和实践上皆站不住脚。

首先，在理论上，仅凭借"客观的结论"并无法将"客观归责"和主观方面的认定区别开来。客观归责论声称是否具备危害行为是个"客观"的结论，因而，归责是"客观"的，但实际情况是，查明当事人是否认识到相关的**事实**，是否成立故意，也是一个"客观"的结论，如果只要"结论客观"就代表归责是"客观"的，那么，为何不说

---

〔1〕 庄劲：《客观归责还是主观归责？》，载《法学家》2015 年第 3 期。

〔2〕 Roxin, Strafrecht AT I, 2006, § 11, Rn. 57. 粗体为引者所加。

主观方面的认定,也是“客观”归责呢?[1] 所以,不能凭借“归责结论”之客观性,来宣称“归责本身”就是客观的。

其次,从具体实践中看,在被告人掌控事件发展的前述【避险致死案】、【恐怖分子火烧医院案】、【服务生端盘案】以及【机动车撞“低头族”案】等诸案中,被告人的认识及该认识下的行为,对于结果的发生明显产生了决定性的操纵作用。如果只是主张危害行为本身具有外在性,因而属于客观构成要件的内容,尚容易理解;但是,假如说将结果算到行为人的头上(“归责”判断),也是一个借助“外在行为”的判断过程,则似乎有意地回避了被告人的认识在此间实际起到的作用。为何一旦王五发现了蘑菇有毒,其行为便创造了禁止风险呢?如果不是王五的认识能力和行为能力在主导案件的具体进程,又是什么在主导?王五的这种能力,不才是法律上应当将危害结果归属给他的理由吗?可见,特别认识这一主观要素,虽然不会影响到危害行为的外在性,但却会影响到归责判断的客观性。据此,在归责判断中,发挥出入罪决定作用的,完全可以有特别认识的一席之地。

归纳言之,特别认识乃是客观归责的“异体”。客观归责论者主张危害行为具有外在性,因而不影响客观归责的客观性的辩解,是难以成立的。特别认识使得客观归责不再是“客观”的判断过程。特别认识在客观归责论中触发的“排异反应”,将从根本上引发客观归责论的危机。

(三)客观归责论的结构性缺陷

1. 将非典型因果流程在客观构成要件上就排除出去

客观归责论的危机根源,当然不在于其强调的要限制过宽的处罚范围这一初衷,而在于其使用了错误的方法来追求这一目的。而为何其会陷入错误的方法呢?只要关注一下客观归责论的发展史,便可捕捉到蛛丝马迹。正如有观点指出的那样:“人们……批判目的主义时说,目的主义所理解的旧因果主义过于狭窄,因为目的主义片面地将目光放在主观构成要件上。这些限制本来应在客观构成要件上实施。基于这种批判,今天发展出了客观归责理论,客观归责论指出,在客观不法构成

---

〔1〕 Vgl. Kindhaeuser, Der subjektive Tatbestand im Verbrechensaufbau, GA 2007, S. 447.

要件上,除了引发结果之外,还需要在**因果关系**后再附加一个客观标准”。[1] 可见,提出客观归责论的初衷之一,只是为了“对抗”目的主义的方案,因而不免出现偏差。

除此之外,客观归责论者在因果关系后另置一个“客观”标准,更是为了将“打伤他人却使他人丧生于就诊医院的火灾”这类“偶然”的非典型因果流程,在“客观”构成要件层面就加以出罪。在我国学者中也同样如此:“根据客观归责理论,行为符合以下情形的,不能进行客观上的归责:……在行为人造成的危险和具体结果发生的方式之间,不存在**通常**的风险关系(行为与结果之间的**异常**关联性)”;[2]“危险行为是否引发特定的结果,是要追问,危险与结果间的关联是否常态?……结果与危险行为的关联,如果只是**偶然**,不能将结果归咎此危险行为”。[3] 这种主张,与因果关系学说史上的“必然、偶然”二分法在思路上如出一辙,因此,客观归责论在我国理论界的被接纳,几乎可以视作这种“必然、偶然”二分法的再度复活。

和“必然、偶然”二分法一样,客观归责论利用“不容许的风险”进行的“客观化、外表化”改造,也导致在【避险致死案】、【恐怖分子火烧医院案】等诸案中,被告人实际操控的“非典型”因果流程,由于其在客观上具备“日常行为”的外衣,在客观外表层面不引人注目,被过早地剔除出刑法关注的范围。而客观归责论者所采取的补救措施,即引入“被告人的特别认识”的做法,与以“客观外表”决定归责的努力又不免南辕北辙;因此,客观归责论发生体系性危机便属当然之事了。

2.“客观、外表”化改造和“一般人”视角

如果比较一下我国理论界熟知的相当因果关系折中说与客观归责论,就可以发现,客观归责论陷入危机,并不是巧合的事件,而是由其学说结构决定的,因为客观归责论和相当因果关系折中说一样,在危险判断上均使用了“双重标准”。

客观归责论明确指出:“若某一举止没有以显著的方式危及法律所保护的法益,就只会**偶然**地造成相关结果,这样,其不可能以该方式有目标地造成结果。在认

---

〔1〕 Hirsch, Finalismus: Grundlagen-Entwicklung-Missdeutungen, FS-Androulakis, 2003, S. 241. 粗体为引者所加。

〔2〕 周光权:《刑法总论》,中国人民大学出版社2016年版,第132页。粗体为引者所加。

〔3〕 林东茂:《刑法综览》,中国人民大学出版社2009年版,第67页。粗体为引者所加。

定**危险创设**的立足点上……决定性的是,**一个理智的观察者**是否本会在行为前(事前)也认为相应举止有风险或者提高了风险。……该观察者也配备具体行为人可能具有的**特别认识**。比如,劝说他人散步者知道路上正埋伏着一个谋杀者,就当然要肯定危险的创设,若散步者被杀害,则应处以谋杀或者杀人罪"。[1] 由此可见,论者在认定被告人"创设了不容许的危险"时,使用了所谓"理智的观察者"的"预测"来为"容许的危险"出罪。据此,在由于"理智的观察者"无法预见而将"偶然的"非典型因果流程排除出考察范围之后,如果被告人拥有特别认识,又需要为该"观察者"扩充配备"特别认识"以实现附加的入罪。与此相似,在因果关系折中说中,人们用以认定因果关系的依据则是:行为时**一般人**所可能预见的事实以及被告人特别预见到的事实。归纳而言,"客观归责"和"相当因果关系折中说"这两种方案,都不约而同地使用"一般人认识(或理智观察者的认识)+被告人特别认识"的判断标准,以便将表现得有些"偶然"的非典型因果流程先予排除。然而,所谓"非典型的因果流程",在本质上与"偶然"因果关系是没有区别的。学说史上的例子已经表明,"必然、偶然"二分法并不具有科学性。相当因果关系折中说与客观归责论诉诸于"一般人认识(或理智观察者的认识)"以排除非典型因果流的做法,有复活"必然、偶然"二分法的嫌疑,也就不免产生与皮昂特科夫斯基式"必然因果关系说"相似的问题。

针对客观归责论所采取的"虚拟的客观观察者的认识+特别认识"的判断标准,我国学者也已指出,这种标准在实际运用中会产生变质,会造成在具体运用一般人认识时,最终倒向被告人认识标准,从而使客观归责不再客观。[2] 换言之,判断结论的客观性,并不表明判断过程也是客观的。如果"客观归责"这一过程中以被告人主观认识作为决定性的要素,则该过程不宜命名为"客观归责"。鉴于此,在客观构成要件是否具足这一问题上,为了保持判断过程的客观性,就应只采取"相当因果关系客观说"那样的事后判断标准,由司法裁判者而非任何虚拟的一般人根

---

〔1〕 Roxin, Strafrecht AT I, 2006, § 11, Rn. 56. 粗体为引者所加。

〔2〕 陈璇:《论客观归责中危险的判断方法》,载《中国法学》2011 年第 3 期。

据事后查明的行为时的全部事实来进行法律适用。[1] 这种"全部的事实"在很大程度上依赖于审判时证据查明的程度。例如,【服用实验药物案】中,某甲服用了某乙给他的一种尚处于实验阶段的药后引发心脏病发作而死亡,即便在服药时不管是一般人还是某甲抑或某乙,都不知道该药能引发心脏病,只要事后查明该药有引发心脏病之副作用,就应当将该致死事实作为法律适用的基础。[2] 倘若这时以"一般人"认识不到该药的副作用为由,否定因果关系的成立,那便无疑会使某甲知情并操纵的情形被不当地排除出考察的范围。

3. 因果关系成立后,先进行客观归责,再认定主观方面?

在以事后查明的行为时的全部事实为基础,进而确认行为和结果之间的因果关系后,是否在认定主观方面之前,仍需于因果关系成立之余再另置独立的危险判断,以及如何进行该危险判断,则是回答是否需要客观归责的关键所在。

肯定的一方提出,此时"法官应当站在社会上具有正常智力和知识水平的一般理性人的角度,以案件发生时存在的所有客观事实为依据,运用一般人掌握的经验法则,从行为当时出发来预测该行为是否制造了法所不容许的危险"。[3] 这是司法者在因果关系成立的基础上,事后基于"一般人视角",对行为再次进行的危险判断。否定者认为,在客观构成要件符合性成立后,才需考察客观构成要件的实现是否可以归属给行为人的认识(主观归责),只在考察正当化事由及讨论是否存在可予防卫、避险的侵害行为或险情时,才需进行行为时的危险判断。[4]

正如英美法系的事实上因果关系与法律上的因果关系二分法那样,如果将客观构成要件的实现理解为**纯事实**(或纯本体性的)的判断,那么在它后面另行附加危险判断似乎具有合理性。具体而言,构成要件上的考察顺序也就表现为:

---

[1] 陈璇:《论客观归责中危险的判断方法》,载《中国法学》2011 年第 3 期;Kindhaeuser, Gefaehrdung als Straftat, 1989, S. 53.

[2] 张明楷:《也谈客观归责理论》,载《中外法学》2013 年第 2 期。

[3] 陈璇:《论客观归责中危险的判断方法》,载《中国法学》2011 年第 3 期。

[4] Kindhaeuser, Festschrift fuer Puppe, 2011, S. 57. 因此,肯定说论者以需危险判断为由,将否定说判定为"将客观构成要件等同于事后的因果关系判断"(陈璇:《论客观归责中危险的判断方法》,载《中国法学》2011 年第 3 期),而没有注意到,后者也有限度地支持客观构成要件上的实质限定,即主张被害人合意乃至承诺时,排除构成要件符合性。Vgl. Kindhaeuser, Strafrecht AT, 2013, § 12, Rn. 4 ff.

结果—行为—因果关系—危险判断(危险创设、危险实现、危险关联)—主观方面

这种考察顺序的后半段,即是罗克辛式客观归责论(因果关系—危险创设—危险实现—构成要件的效力范围)所采的模式。但是,这种顺序的问题是,会出现"危险判断"与"故意(过失)认定"这两个实质标准间的冲突,并使"危险判断"成为累赘。在前述【服用实验药物案】中,一旦事后查明药物的副作用,自然就可以认定行为与结果之间存在确定的因果关系,而无须再根据"客观观察者"判断被告人是否在客观上造成损害结果(客观归责)。在因果关系不太典型的"偶然"因素致损的案件中,例如,被伤害者具有心脏病等特殊体质的情形下,[1]主张"客观观察者"这一"虚拟的标准人"无法预测到后果,进而笼统地排除犯罪,就会凸显"因果关系+危险判断"模式的不妥。更有优势的做法是,在承认因果关系成立的基础之上,直接考虑被告人当时有无预见到特殊体质这类因素致死的可能性("因果关系+主观归责")。如果他根据行为时所认识到的事实没有预见到这种方法会导致危害结果,便不得认定其对结果具有故意。

之所以不必在因果关系之后附加一个危险判断,乃是因为这种做法不符合人们社会交往和具体行事的实际情况。在现实的社会交往中,每个人都拥有各自的历史背景和知识结构,加上从事任何正常的职业均以职业者具备相应的特定知识能力为前提,这就使社会生活中的每个人均可能具备某一方面的知识专长和特定能力。几乎人人都拥有他人难以随意取代的具体知识和能力(否则他难以在世界上正常立足),这使"一般人预测"中"一般人"的存在失去了实证的基础。"一般人"这种抽象的标准,在尚未被具体化时,只是无法操作的猜想而已。现实中也没有哪个人能够声称自己就是"一般人"或者"标准人格"。因此,该种"一般人"只能是某种"理论上声称的人"或者"虚拟、假设的人格"。可是,客观归责却以结果不法能否归属于该"虚拟人格"作为其内容。而在刑法科学上,真正重要的其实是,危害

〔1〕"刘旭过失致人死亡案",载陈兴良、张军、胡云腾主编:《人民法院刑事指导案例裁判要旨通纂》(上卷),北京大学出版社2013年版,第411页以下。

法益的不法是否属于现实生活中某人的作品。至于“虚拟、假设的”他人在当时的案情中会如何行事，并无任何意义。结果出现后，如果只将结果算作被告人而不是“假设(虚拟)的人”的“作品”，就无须诉诸于“假设人”会怎么做。据此，危害结果属于归责的对象，在判断其是否是被告人的“作品”之时，只要主观归责这一过程便足够，客观归责这一步骤成为多余。

如果强行贯彻以“假设人”为基础的客观归责判断，先后向“虚拟人格”和真实的被告人分别进行客观归责和主观归责这样的两次判断，就会出现4种情形：[1]

(1)在“虚拟的人”能够预见到结果发生的危险，而被告人未能预见到这一危险时，需要在主观归责上出罪，这种情形下，客观归责的判断无法发挥实际的作用。

(2)在“虚拟的人”无法预见到结果发生的危险，被告人却能够预见到危险时，应该在客观归责这一过程中就予以出罪，此时会导致错误的结论，使得不应出罪的案件被做出罪处理。

(3)如果“虚拟的人”和被告人都未能预见到结果发生的危险，那么，无论是采取客观归责、主观归责这样的两次判断，还是只进行主观归责一次判断，结论都是出罪，除了依照客观归责可以提前出罪之外，客观归责这一步骤并不决定判断的结果。

(4)如果“虚拟的人”和被告人都预见到了结果发生的危险，那么，两次判断和一次判断的结论都是入罪，客观归责这一步骤也不影响最后的入罪结论。

据此，在【医院火灾案】一案中，被告人某甲打伤了某乙，某乙随后被送往医院，当夜，由于恐怖分子放火袭击医院，某乙死于火灾，则可以做出如下分析：由于不管是被告人还是“虚拟的人”，都难以预见到恐怖分子的袭击，故依照客观归责论和主观归责论，均应出罪[即上述第(3)种情形]。如果为该案“某甲打伤某乙”补充如下细节：某甲是盲人，只知道自己用导盲棍戳了正在辱骂自己的对方某个部位，不知道事后这一敲击却致对方眼部轻伤，那么，“虚拟的人”此时能够预见到击伤风险，某甲却不能预见到击伤风险，结论同样都是出罪[上述第(1)种情形]。而如果将案情改为：如果某甲事先知道了其同伙某丙将放火袭击附近的医院，却仍然将某

[1] Vgl. Kindhaeuser, Der subjektive Tatbestand im Verbrechensaufbau, GA 2007, S. 465 ff.

乙打伤，导致某乙在被送往医院后死于火灾。对此，依照客观归责论，因“虚拟的人”无法预见，故应当出罪；而实际的情况是，被告人在打伤对方时，就已经设定了致死危险，存在将对方送入火场的行为，某乙的死亡属于危害结果。此时，应当将死亡的危害结果归责于被告人的认识，成立故意杀人罪或放火罪的帮助犯。很明显，在该种情形下，客观归责论会带来处罚漏洞[上述第(2)种情形]。倘若案情仅仅是：某甲打伤某乙，某乙随后被送往医院，医院诊断结果为重伤，那么，无论是“虚拟的人”，还是被告人，都预见到了伤害的危险，是否采取客观归责的判断，对结论不会产生影响[上述第(4)种情形]。

综上所述，在客观归责和主观归责的判断结论一致时，客观归责这一判断过程失去实际意义；而在两者判断不一致时，客观归责这一判断过程要么对结论无法产生任何影响，要么导致不合理地出罪。据此，在犯罪的判断过程中，放弃客观归责理论就成为合理的选择。针对这种主张，客观归责论者一定会反驳：因果关系之后没有了危险判断，难道不会导致生育了罪犯的母亲，要根据其分娩行为而成立因果关系，生产了汽车的制造商要因为汽车产品卷入的交通肇事案件而承担相应的刑事责任吗？这种反驳其实是将因果关系和刑事责任认定二者之间误画等号了，从而忽视了结果、行为、故意(过失)也属于构成要件要素，它们也可以承担实质审查的任务。由此可以推出的替代性方案便是：应对结果、行为等要素依照规范的保护目的加以规范化理解，而无须在因果关系的判断之后，再添加客观归责这样一个步骤。以下便对此加以进一步说明。

三、结果、行为等要素的规范化

客观归责论面临的结构性危机，在一定程度上推动了人们探索其他方案以代替客观归责论中合理成分的努力。客观归责论主张在因果关系后另置一实质评价，但更合理的做法是直接对结果和行为加以实质评价，客观归责论者似乎早已意识到了这一点，也提出了“创设不容许的风险”和“实现不容许的风险”以贯彻此实质审查的功能。然而，客观归责论者不仅错误地将该功能附加在了因果关系之后，而且不当地将这一实质审查命名为“客观”归责。其实，在既遂犯领域，“危险实现”

和“危险创设”完全可以通过对结果、行为的规范化理解来实现，即以危害结果和危害行为替代裸的“结果”和“行为”，而无须借助附加于因果关系之上的客观归责论。因果关系的判断，则应当还原到“合法则的条件说”（客观的因果关系）的状态，无须引入另一实质判断以干扰结论的作出。据此，在规范刑法学的定罪理论中，以“虚拟人格”为基础的客观归责论，便可以由“要素规范化 + 主观归责”的方案取代。

（一）结果、行为要素的规范化

倘若人们从规范角度来理解客观构成要件的实现，[1]便可以发现，客观构成要件符合性上其实已经蕴含了危险判断。依照该种规范角度的理解，不需在因果关系判断之后附加地做一个独立的危险判断，而是要根据所有事后查明的事实，对结果、行为都做规范的理解，都判断其和法益危险的关系。[2] 当对结果、行为均做规范化解释之后，也就意味着采取了如下考察顺序：

结果	——	行为	——	因果关系	——	主观方面
（危险实现）		（危险创设）		（合法则条件关联）		（预见或应当预见会实现危险）

可见，支持客观归责的论者和否定客观归责的论者之间，实际上不存在是否需要做危险判断的对立。否定论者虽然否定了因果关系后以“一般人预测”进行危险判断的必要，但却同时又引入了规范化的视角。引入规范化视角即为引入了目的理性判断。只不过这种判断是在认定结果、行为之时，就按照规范保护目的（法益保护），分别针对它们进行是否有悖于保护目的的危险判断，即结果必须是危害结果，行为必须是危害行为。具体而言，结果不可以是任何结果，而应当是刑法上关注的结果。比如，被告人开枪射击某乙，未中，却射在荒野的石堆里，石堆中石块受冲击产生的爆裂，就不是刑法关注的对象；行为也必须是直接指向法益侵害的行为，

---

〔1〕 当将行为、结果都做规范的理解后，那么客观构成要件符合性的判断，便等同于（行为）规范违反性的判断了。Vgl. Kindhaeuser, Gefaehrdung als Straftat, 1989, S. 53.

〔2〕 我国学者也已经开始贯彻这种思想，参见张明楷：《也谈客观归责理论》，载《中外法学》2013年第2期。

如对人的开枪行为；或者本身具有法益危险的行为，如持有枪支。至于作为“危险的现实关联性”的因果关系范畴，则应采“合法则的条件说”，毕竟在查明关联性问题上，当代人所掌握的**一切科学知识**和**经验法则**皆属办案可凭借的智力资源。只有在因果关系上排除任何人为的干扰，放弃典型和非典型因果流程的区分，才不会导致错误的结论。

之所以应当采规范化的径路，理由在于：结果、行为要素，均是刑法中行为规范的组成要素，也就都需做规范化的理解。这种规范评价，是目的理性的体现，是建立在对行为规范的目的加以贯彻的基础之上的。行为规范的目的在于保护法益，法益受危害就意味着不符合规范的保护目的。[1] 规范保护目的得以落实，以行为不危害法益、不出现危害法益的结果为前提。对结果、行为做规范化的理解，其优势在于：

首先，结果的规范化理解，不仅可以限缩刑法关注的对象，而且可以妥当地替代客观归责论中的合理成分。在被害人同意等被害人自我答责的情形下，不存在值得保护的利益，也就未实现法益受损的风险，例如，机动车撞死寻求自杀的他人（而非过失地误入危险区的“低头族”），此时，可以通过否定结果不法以结束审查。在客观归责论的语境中，这本是通过“加功于被害人的自危”“同意他人造成危险”等内容实现的，可是，既然借助理论上原有的被害人同意及自我答责以排除结果不法，那将之再命名为“客观归责”便只属于更换名称，而缺乏实际的意义。

其次，借助作为结果之必要条件——危害行为这一范畴，可以将不相干的情形先予过滤。如果等到因果关系的判断成立之后，再附加一个实质审查，那就意味着像杀人犯母亲的分娩行为这类着手点之前存在的各种必要条件，也只能通过因果关系之后的其他实质审查手段（比如，故意的认定）加以过滤。但是，这不符合司法实践中的思维经济性。很少有司法者会如此对一个犯罪案件做无穷追溯。据此，只

---

〔1〕 法益乃是遵循法律办事，所带来的好处。但普通公民和法律适用者遵循刑法办事，所带来的益处是不同的。正如有观点所指出的那样，需区分两类法益，它们分别受一特定的规范类型保护：行为规范要求为或禁止为某一行为（“你不得杀人”），进而保护像生命这种法益。而制裁规范（刑罚规定，例如“杀人者……，处……的刑罚”）的法益，则是行为规范的效力。人们经常不区分这两者，甚至错误地将生命、财产等称为制裁规范的保护利益。因而，在没有附加说明的情况下，法益指的是行为规范的法益。Freund, Strafrecht AT, 2009, § 1, Rn. 9.

要承认危害行为(或实行行为)的概念,或者以其他方式对行为加以实质或规范的理解,就无须像客观归责论那样,在因果关系成立之后,再别扭地另置一独立的危险判断。可见,行为的规范化诠释和实行行为的概念是相通的。[1]

再次,规范化地理解行为的概念,以着手点之后的危害行为作为刑法关注的对象,有利于处理正当防卫、紧急避险等正当化事由及共犯成立的问题。判定被告人的行为有危险,就说明善意第三人或受害人可以在行为时对之进行正当防卫、紧急避险等,恶意第三人可以在行为时参与这种行为,进而成立共犯。毕竟在实务中,恶意第三人并不必须等到危险实现(结果发生)时才能参与到犯罪中来。

又次,行为的规范化诠释,有助于处理特别认识的问题,当被告人依据特别认识着手实施行为时,实际上是对其举动设定了一个"危险射程"(或"危险流")。如果事后发生的结果在该"危险射程"的范围之内,便可以判定被告人的行为实现了对法益的危害。否则,就没有危害到法益。可见,要素规范化理论已经将客观归责理论中"实现风险"和"创设风险"这两部分合理成分选择性地加以吸纳。在被告人误以为结果已发生,进而在后续的掩饰行为中真实促成结果的"结果推迟发生"的案件中,被告人是重新进行了"危险射程"的设定,故针对后续行为所发生的结果应当重新启动犯罪审查。在这种情况下,支持只对前一行为认定故意的方案是合理的。[2]

最后,规范化的理解是"客观构成要件符合性"的必然要求。结果、行为是客观构成要件的组成部分,但案件事实是否符合客观构成要件则是一个符合性判断,需要司法者在案件事实和法律规范之间加以比照。这个符合性的比照活动,是一个考察规范目的有未得到落实的过程。因此,"客观构成要件"有别于"客观构成要件符合性",前者是一个静态的模型(类型),后者是动态的考察活动,需要由司法者**规范化**地加以把握。这种将案件事实和法律规范加以比照的活动,便是确认构成要件是否得以符合的过程。

---

〔1〕 张明楷:《也谈客观归责理论》,载《中外法学》2013 年第 2 期。

〔2〕 柏浪涛:《结果的推迟发生与既遂结论的质疑》,载《法学家》2016 年第 1 期;不同的观点,参见欧阳本祺:《论因果流程偏离的主观归责》,载《法学评论》2015 年第 6 期。

(二)犯罪审查视角下的结果归责

前文采取了从结果到行为,再到主观方面的审查方案,可能有不同意见者会认为,这不过是受了客观到主观的思维定式的影响,忽视了人的行为意识所起的能动作用。的确,理论上也有观点正确地指出:“人的行为源于行为意识,故规范要禁止人的行为,首先须禁止相应的行为意识。任何企图绕过人的意识而只发出‘客观命令’的行为规范,都是不可想象的。”[1]这种观点在原理上是成立的。理由是,就人类如何认识犯罪而言,实际上存在**犯罪发生视角**与**犯罪审查视角**这两种不同的观察模式。

就犯罪发生的角度而言,当事人是先有对危险流的相应设想乃至具体预见,然后采取相应的客观手段(危害行为)将之付诸实践,如果危害结果发生(危险实现),则与其之前的设想相吻合,是犯罪既遂;否则,就只是处于危险未现实化的危险流进程之中,属于犯罪未遂。[2] 但是,由于人的思想在尚未认真表达出来之前是不确定且复杂多变的,倘使径直利用刑罚对尚未认真表达出来的内心思想加以否定,那就过于扩张了刑罚的触角。为了免于这方面的疑虑,司法活动有必要重视外在化事实和证据在定罪中的作用,这就促成另一种观察模式的出现,即犯罪审查视角。它以犯罪结局的已然发生(危险实现)作为考察出发点,从结果(危险实现)倒推结果的条件(包括行为在内的危险流程);然后,再考察当事人在行为规范的禁令对其具体地发出警示之时(危险流启动时),当事人是否预见到会出现规范所禁止的风险实现。预见到了,则肯定故意;没有预见到,但应采取措施让自己预见到,则为过失。[3]

在犯罪审查的视角下,“着手”概念发挥着重要的作用。在被告人对较长过程的因果流有较全面的预见,并依其预见操纵事态朝法益侵害方向发展时,只有以“着手”作为其“行为”的起始点,才能限制对预备犯罪的处罚力度,并从法政策上有效避免以刑事处罚直接追究具有不确定性的思想。只有进入“着手”阶段后的活

---

[1] 庄劲:《客观归责还是主观归责?》,载《法学家》2015 年第 3 期。

[2] 这种模式,可近似地参见赵秉志主编:《刑法新教程》,中国人民大学出版社 2012 年版,第 64 页。

[3] 结果向主观方面进行归属的这一过程,为结果的主观归责。

动,才与结果实现有紧密的联系,将危害结果、危害行为及其关联列入客观要件先予关注的范围,然后再考察被告人的主观要件,这就使刑事处罚只是**间接地**对内心思想加以否定。“行为”和“危害行为”(实行行为)二者的区别,就在于“着手”概念对“行为”进行了实质的限制。如果不先考虑结果、行为的实质限定(要素的规范化),而径直进行主观归责的考察,乃至以主观归责作为唯一的审查步骤,那就将使刑事法治倒退到司法擅断的道路上,不仅偏离了现代国家刑法的基本任务,而且会带来司法成本的明显提升。因此,犯罪审查的合理模式便是:从结果(不法)朝前追溯,追溯至“着手”点为止。从“着手”到结果发生这两者之间的被告人举止即为危害行为。在确认危害行为与危害结果之间的因果关系之后,再考察该结果不法是否为当事人着手之时所预见,是,则肯定故意;否,则排除故意。

犯罪发生视角

→

初步计划(犯罪愿望)——(现实地预见、特别认识)着手—— 危害行为—— 危害结果

(故意) (未遂阶段) (既遂阶段)

←

犯罪审查视角

质言之,这两种观察模式,只要运用得当,均能正确地认定某一犯罪。两者的区别只在于,前者(主观→客观)设立的关注点略显提前,如果以人的设想为出发点,便容易将关注的范围扩张到“着手”点之前的时段。这在司法成本上不仅不经济,而且对法官的司法技艺要求较苛刻,而后一种视角(客观→主观)的关注点从已然造成的结局(危险实现)出发,确认被告人行为属于危险流中不可或缺的一环,在危害结果与行为规范发出禁令时的危险预见(或者本应有的危险预见)相符时,认定其有故意(或过失)。从定罪过程规范化和法安定性的角度而言,后一视角显得较为稳妥、实用。

四、主观归责及故意认定的具体问题

客观归责论的症结在于，通过“客观的容许的风险”这一标准虚拟了一位“客观、标准人格”。上文的论述已经证明，在先后进行客观归责和主观归责两次判断的过程中，客观归责这一步骤的存在缺乏实际的意义。在被告人具备特别认识的场合，客观归责还会导致错误的结论。为“客观、标准人格”视角引入特别认识加以补强，并不足以挽救客观归责的缺陷，反而会使客观归责不再客观。在这种条件下，不值得再提倡指向“虚拟人格”的客观归责论，而应当重拾指向被告人“真实人格”的主观归责的方案。

(一)区分归责的对象和归责的过程：主观归责的复兴

在结果犯或具体危险犯中，危害行为所造成的危害结果或具体危险，属于结果不法(客观的法益危害)的内容，这属于用以**归责的对象**。如果被告人着手实施行为时，对该结果或具体危险的发生具有可能性的设想，就应当将法益所受之危害(结果不法)归责于其主观方面，此为**归责的过程**。与前述应予否定的“结果的客观归责”相对应，该归责过程即为“结果的主观归责”(简称结果归责)。与此类似，在抽象危险犯中，危害行为的相应危险性，属于行为不法的内容，也是属于需要归责的对象，如果被告人采取该行为时，认识到了其危险性，则同样应当肯定主观归责。

放弃客观归责，走向主观归责，其实是个旧命题的复兴。正如早先观点所指出的，“偶然的或必然的因果关系，在犯罪构成中不是机械地、直接表现出来的，而是通过犯罪构成主观方面的因素、预见的因素来表现的”。[1] 同样，放弃客观归责的判断，在功效上也类似于放弃“必然因果关系说”或“必然、偶然”二分法。排除因果关系范畴上的人为干预，将因果关系还原到其应有位置的结果，自然便是给主观归责开辟了相应的空间。我国《刑法》第 16 条也规定：“行为在客观上虽然造成了损害结果，但是不是**出于故意或者过失**，而是由于不能抗拒或者不能预见的原因所引

---

〔1〕 [苏]库德里雅夫采夫：《关于刑法中的因果关系问题》，载《苏维埃刑法论文选译》(第 1 辑)，中国人民大学刑法教研室编译，中国人民大学出版社 1955 年版，第 122 页。

起的,不是犯罪。”这实际上是以立法的形式确认了在客观上的法益危害成立之后主观归责所具有的决定性作用。之所以主观归责这一旧有路径在20世纪90年代到21世纪前10年无法获得成功,乃是受限于本体论的窠臼,未能将结果、行为、故意(或过失)等构成要件要素纳入规范论的解释框架中。在缺乏规范论视角的条件下,受制于相当因果关系折中说中“一般人”视角以及客观归责中“客观化”外表的遮蔽,主观归责只能被误以为是“恣意”的产物,无法受到应有的重视乃至遭受挞伐。这应该也是有观点在2010年试图以“客观归因+主观归责”路径取代客观归责理论,[1]却响应者不多的原因之一。质言之,只有在规范论的阀门之下,主观归责的路径才能在犯罪论中获得其应有的地位。

在客观归责引入我国之前,我国刑法学即奉行主观归责之传统,在客观归责论深入影响我国刑法学之后,人们对主观归责论反而开始陌生了起来。故而,有必要在此廓清其与相关概念的关系,以免陷入误解。由于主观归责与故意(或过失)认定为同一过程,因此有必要就其所涉及的故意认定的具体争议问题略作交代:首先,因果关系是否属于故意认识的对象?[以下第(二)部分];其次,犯罪愿望、特别认识与故意之间,又是何种关系?[以下第(三)、(四)部分]。

(二)因果关系是否属于故意认识的对象

在故意的认定上,理论上存在分歧的问题是,因果关系是否属于故意的认识对象?一种观点认为,不宜认为因果关系属于故意的认识对象,只有行为创造的危险性或者行为具有发生危害结果的可能性,才是认识的对象;[2]另一种观点则主张,因果流程属于故意的认识对象,《刑法》第14条中“明知……会发生”的表述要求故意以被告人对因果关系有认识为限,故不得轻易得出因果关系错误不阻却故意的结论,只是这种认识并非要求被告人认识到所有的因果经过,他只需对因果经过的基本部分有认识便已足够。[3]

---

[1] 冯亚东、李侠:《从客观归因到主观归责》,载《法学研究》2010年第4期。

[2] 陈璇:《论主客观归责间的界限与因果流程的偏离》,载《法学家》2014年第6期;张明楷:《刑法学》,法律出版社2016年版,第275页。

[3] 周光权:《刑法总论》,中国人民大学出版社2016年版,第181页。

然而,在本文看来,上述似乎对立的观点只是关注视角上的不同,它们之间不存在明显的本质性分歧。前一种观点所认为"行为创造的危险性"或者"具有发生危害结果的可能性",实际上准确而言应该表述为行为中所蕴含"危险射程",而后一种观点中所谓"因果流程属于故意的认识对象,因果经过偏离基本部分时阻却故意"的观点,其着眼点在于因果流程中有无新启动的因果流程介入,如果有,则认定"偏离"或"重要偏离",由此否定被告人有故意。这种观点事实上要表达的意思也是:新因果流程的结果不在既有的"危险射程"范围内。

但是,这组对立观点的共同缺陷在于表述的不准确。就第一种观点而言,在不少案件中,被告人着手时的行为不一定都有危险性。比如,劝他人散步,"散步"本身无所谓危不危险,只有附加了特定的条件,"散步"才可能是危险的,如劝他人到有野兽的树丛里走动。所以,决定其有故意的,不是认识到行为本身这一动作,而是认识到行为内含的"危险的射程"。只有当时的树丛中确实有野兽,"被野兽袭击"才在被告人行为的"危险射程"范围内。在第二种观点中,正如欧阳教授所言,将因果流程是否发生"偏离"或"重要偏离"作为认定故意的决定性要素,以否定或肯定故意,会回溯地否定在行为开始时就已经存在的故意。[1] 因此,被告人在着手时,只能认识到自己行为的性质及其"危险射程",至于后来的"偏离",只是介入其他陌生因素或由他人行为所致,后一因果流程与被告人所启动的旧因果流程发生叠加,把事态引向最终的结果。结合本文开头提及的【毒鱼案】,张三的端盘行为当然与被害人李四的死亡有因果关系,客观构成要件完全具足。但是,盘中的鱼肉有毒,属于事后查明的其他致死因素,并非张三所知,故应当否定其对毒鱼毒杀李四有故意,据此,死亡结果不应归责于张三的主观方面,他只能成立故意杀人罪未遂,至多辅之以过失致人死亡罪。

"因果关系非认识对象说"认为,我国《刑法》第 14 条只规定了"结果"字样,因此,因果关系的认定不属于该条中故意所认识的对象。[2] 这种观点存在疑问。《刑法》第 14 条所采的是"明知自己的行为会发生危害社会的结果"的表述,"会发生危害社会的结果"表示结果尚未实际发生,此时仅有"危害结果发生的可能性(危

---

〔1〕 欧阳本祺:《论因果流程偏离的主观归责》,载《法学评论》2015 年第 6 期。
〔2〕 陈璇:《论主客观归责间的界限与因果流程的偏离》,载《法学家》2014 年第 6 期。

险)”,即行为中内含的“危险射程”或“危险流”。“危险流”正是因果关系的现实表现形式,既然“危险流”需要被预见,那么因果关系自然也应属于被告人认识的内容。至于因果流程是否“偏离”,以及“偏离”得是否“明显”或“重要”,则是另一问题,即新“危险流”的结果能否归责于旧的认识的问题(主观归责)。井田良教授提出,“故意的成立与否是在实行行为阶段判断的问题,错误问题则是对产生的结果能否归责为有故意,即主观归责问题”。[1] 有的人甚至认为:“故意既遂犯的构成要件该当性便包含了客观构成要件该当性、主观构成要件该当性以及故意既遂之归责三者。只有当这三个审查阶层均得出肯定的审查结果时,才算是故意既遂犯的构成要件该当”。[2] 这两种思路已开始区别事前和事后两种视角,有助于推动目前归责理论的真正进步,值得关注。只不过在本文看来,实行行为阶段被告人事前对危险射程的认识,只属于案件事实的内容,是认定故意的事实性材料,这种事实性材料在犯罪实施的过程中,还会不断地调整、改变,仅有事实材料尚不等同于符合了主观构成要件。仅当这种认识与结果实现相符,规范的保护目的落空,才能将危险的实现认定为被告人的认识得到落实而产生的结果。该认定过程才是主观归责或者主观构成要件符合性。换言之,构成要件符合性中,只包含客观、主观构成要件符合性这两者。

所以,准确的表述是,被告人事前需认识的对象是其实施的危害行为。危害行为中的“危害”,即为行为的性质及其“危险的射程”。确认被告人对其行为属性具有认识,属于事实的查明,而之后结果的主观归责,则为故意的认定。故意的认定,是一种将案件事实比对于法律规范的过程,属于“认知”的规范化。事实的查明,关乎的是犯罪如何发生,而主观归责,则是司法审查视角的裁判结论。后者以前者为基础,是前者事后在法律上的表现。

(三)犯罪愿望=故意?

前已提及,在危害行为发生之时即存在当事人的认识,但这一认识和“犯罪愿望”是何种关系?在被告人着手实施危害行为时,这一对行为的危险射程的主

[1] 刘明祥:《刑法中错误论》,中国检察出版社2004年版,第70~71页。
[2] 蔡圣伟:《刑法问题研究》(二),台北,元照出版有限公司2013年版,第178页。

观认识,事后通常会被认定为故意。只是,“犯罪愿望”尚有别于“故意”,二者不应等同。

然而,在客观归责论那里就存在将“犯罪愿望”误认作“故意”的做法:“对于客观偶然的结果,只要对这一结果有认识,就应当承担刑事责任,则其刑事责任的范围是极为宽泛的。例如,甲指使乙在下雨天到森林里去散步,**期望**乙被雷击死,乙果然被雷击死。对于这样的案例,尽管雷击是偶然结果,但根据库德里雅夫采夫的观点,由于甲对乙的死亡是有认识的,因此甲应对乙的死亡承担刑事责任。”[1]实际的情况是,在【雷击案】中,被告人只有所谓“期望”(犯罪愿望),他并未认识到雷击发生的现实可能性。他那“潜在的认识”,即“下雨天易发生雷击”,仍停留在很抽象的领域,尚未现实化为眼前可资利用的具体事件。除非他真实地见到眼前几米、十几米处连续发生了几起雷击,却仍然指使他人朝雷击区走去,才能认为他明知相应危险,进而在法律上认定故意。因此,只要辅之以要素规范化的思想,引入危害结果与危害行为的概念,库德里雅夫采夫的主观罪过说便是有价值的。

就“犯罪愿望”和“故意”的关系而言,有“犯罪愿望”不见得就有“故意”,而有犯罪“故意”,一般可以推导出被告人有犯罪“愿望”或对犯罪有“认可”“容忍”之态度。正如“认可”“容忍”等因素更多只是故意定义中的情感因素[2]那样,不宜认为有“犯罪愿望”就能够认定“故意”。如果认为有“犯罪愿望”就有犯罪“故意”,便需大大提前认定“着手”;这种处罚上的“恣意”前置,在缺乏实际法律规定的条件下,并不值得认同。

不过,依“犯罪愿望”行事,可能成立不可罚的迷信犯。例如,某甲与他的舅舅有矛盾,于是在正月里剪头发,期望后者去世,剪头发之后5天,后者果然在另一城市遭遇交通事故身亡。如果说犯罪愿望等同于故意,该案的甲便具有杀人的故意,但这显然是误解了故意的含义。即使在目的主义论者那里,这种案件也会因为缺乏条件关系而出罪,[3]它至多属于不可罚的迷信犯。在【服用安眠药】一案中,甲以为乙对安眠药有严重过敏,于是基于杀害的意图,将少量安眠药加入乙的食物

---

〔1〕 陈兴良:《刑法因果关系:从哲学回归刑法学》,载《法学》2009年第7期。

〔2〕 李兰英:《间接故意研究》,武汉大学出版社2006年版,第62页。

〔3〕 对只考虑主观方面的主观主义的反驳,见 Welzel, Das Deutsche Strafrecht, 1969, S.2。

中。实际上，乙对安眠药并没有过敏，只是因为服用了安眠药而昏睡过去，结果在昏睡中因为吸入壁炉中的一氧化碳而中毒死亡。有观点指出，该案中甲只有犯罪愿望，不成立犯罪。[1] 但是，正如误认男子为女子而强奸的案件那样，本案甲在投放安眠药之时，只是剂量不够，无法单独致死，仍有可能因欠缺结果而成立不能犯未遂。他也已经认识到了行为的危险射程，这不妨碍事后对未遂故意的认定。

(四)特别认识≠故意?

特别认识(或特别认知)与犯罪愿望一样，也不属于规范化的术语。当被告人对于规范侵害的认识一旦**特别化**，在事实上就具足了认定为故意的前提。故意是特别认识在刑法上的规范化、术语化的表达。当事人的设想与尚未现实化的个别危险因素相结合，即产生潜在的认识；而当潜在的认识一旦与实际的禁止危险相结合，则会使潜在的认识转化为现实的特别认识。换言之，某一风险因素被认定为刑法上关注的特异因素，就意味着它的犯罪意义得以确定。由此可见，特别认识和故意一样，都是观察的结论，而不是原因。

从学理上讲，被告人必须认识到其行为和相应结果之间的**符合构成要件的风险**联系，才能够合理地将结果归属于他，并成立故意(有观点将其命名为“风险的故意”)。具体而言，在【坠桥案】中，被告人将他人从很高的桥上推下，便给对方制造了生命危险，该危险会以多种方式演变为死亡结果。对方可能溺死、可能猛然入水致使意识丧失、可能休克、也可能撞上岩石或者桥墩基座。所有这些都是撞下桥可能导致的因果流程。至于被告人想着这些可能的因果流程中的哪一种，并且认为其具体有多大的可能性，则并不重要，因为鉴于撞下桥会导致的结果上的风险，他清楚地知道，为了避免结果，就不能将受害人撞下桥。[2] 与此不同的，在【服务生端盘案】中，如果服务生只是认识到“端上一盘炒蘑菇”，那就没有认识到风险，也没有特别认识。但是，倘若他认识到“要端给顾客食用的蘑菇是毒蘑菇”，就无疑认识到了致害风险，也应肯定有特别认识。可见，被告人具体地认识到自己行为的**致害危险**，是认识的具体化、特别化，这种条件下认定故意成立，肯定主观归责，不正是特别

---

〔1〕 欧阳本祺：《论因果流程偏离的主观归责》，载《法学评论》2015 年第 6 期。

〔2〕 Kindhaeuser, Strafrecht AT, 2013, § 27, Rn. 44 f.

认识的法律效果吗?

特别认识与故意的认定是同一事物的不同表达。表达之不同,源自视角的不同。在从**犯罪如何发生**的角度认识犯罪时,可以发现所谓的"特别认识",而在以犯罪结局或者危险实现作为起点进行**事后司法审查**时,则是从危害结局出发进行相应的法律适用,也就可以判定被告人对危害结果的发生具有故意。正如庄劲博士所指出的,"只有行为人明知行为具有特异危险因素,才可能成立刑法上的故意"。[1] 这就承认了特别认识和故意这两者之间一体两面的关系。

但同时,庄劲博士提出,前述"风险的故意"概念存在如下缺陷:"其一,无法合理解决所谓反常的因果关系的情形。根据该概念,若被害人被扔下桥后,在送往医院途中遭遇车祸而死亡,行为人仍要对结果负责。因为风险的故意只要求行为人认识到原初的风险,至于被害人具体的死因和行为人是否预见到具体的因果过程,不影响归责。其二,风险的故意只强调行为人的认识因素,忽略了其对结果的意志因素。其三,会混淆故意和过失的界限。"[2]这种批驳未能切中肯綮。被批驳者认为,故意须认识到"符合构成要件的风险联系"。既然如此,而"风险联系"意味着行将现实化的损害可能性,那么这种故意的内容无疑包含了从行为到结果的危险流程。如果有他人将受害人救走送往医院,则是重新创设了新的另一因果流程,自然应当针对新的因果流程开启另一审查过程,前一行为人(在知晓新流程后的情况下)至多只能成立帮助犯。至于第二、三点所述忽视意志因素和混淆故意、过失界限的问题,则完全是出于"意志因素必要说"(简称"必要说")之立场的批判,这种立场同样也是导致有的观点[3]将特别认识宽泛化,进而使之成为故意、过失的共同前提的原因。然而,尽管"必要说"追随者众,但它在规范论上却缺乏学理说服力:"必要说"通常举的例子是,被告人驾车接近一个拐弯处,对面有人骑来一辆自行车,被告人相信自己车技不错,所以觉得没事,就没有减速,结果在转弯时撞上对方。论者通常主张在这种案件中,被告人认识到了危险,但不想撞上对方,成立有认识的过失,而"意志因素不要说"(简称"不要说")会导致将这种案件认定为故意。可

---

[1] 庄劲:《客观归责还是主观归责?》,载《法学家》2015 年第 3 期。

[2] 庄劲:《客观归责还是主观归责?》,载《法学家》2015 年第 3 期。

[3] 欧阳本祺:《论特别认知的刑法意义》,载《法律科学》2016 年第 6 期。

是,“必要说”的这种批判是建立在对“不要说”的误解之上的。“不要说”在这种案件中,也不会主张成立故意,而是认为,被告人之所以未减速,乃是因为他没有认识到存在的真实危险。因此,成立过失不是因为不“想”发生事故,而是因为没有真正认识到现实的危险。“必要说”所主张的“想与不想”的标准在实践中也过于随意。因此,不宜以此作为区分有无故意的标准,而宜以有没有确实认识到危险为准。尽管“必要说”和“不要说”这两者在结论上没什么不同,但在原理上,“不要说”更为合理。[1]

可见,如果故意是对行为的危险射程的认识,那么特别认识便是该认识与结果或应当发生的结果相吻合后的称谓:如果不切中危险,“认识”何以“特别”? 因此,危险认识的特定化,即为故意;特别认识是故意在事前角度的别称。

五、结论

客观归责论利用创设不容许的风险、实现不容许的风险等标准,对客观构成要件进行了客观化、外表化改造,这种改造看似扭转了犯罪论主观主义化的趋势,但实际上运用了错误的方法。在使用“客观理性观察者 + 特别认识”的归责标准时,客观归责论事实上继承了相当因果关系折中说中“一般人认识 + 特别认识”的思维模式,也自然同时具备这一思维模式的结构性缺陷。“一般人认识”属于“虚拟的、假设的人”的认识,而刑法所关心的,应该是真实、具体的被告人是否应当承担相应的刑事责任。至于一个“虚拟人格”会怎样认识,与刑法上故意的认识并无关系。

在危害行为与危害结果之间的条件关系成立的基础之上,先采取客观归责,然后再认定主观方面的方案,并不存在优势。它不仅在多数案件中,无法影响到犯罪的认定,因此显得多余,而且在被告人具备特别认识的案件中,将错误地导致处罚的漏洞。在【伤人送医院遇恐袭案】中,客观归责论认为,被告人殴伤他人致使他人住院,在住院期间遭遇恐怖分子的放火袭击身亡的案件中,由于死亡结果是由恐怖分子直接造成的,被告人的殴伤行为和死亡结果之间只有非典型的因果关系,故应

---

〔1〕 蔡桂生:《构成要件论》,中国人民大学出版社 2015 年版,第 246 ~ 248 页。

该在客观上即排除被告人的责任。然而,合理的认识应该是,该案被告人的殴伤行为和死亡结果之间仍具有因果关系,但由于其在殴伤对方之时未认识到死亡的具体危险,故应在主观归责上出罪;如果被告人当时已经认识到其同伙将在夜间放火,则应将死亡结果主观上归责于被告人的殴伤行为,成立故意伤害罪以及杀人罪(或放火罪)的共犯,二者想象竞合。这种分析也同样适用于本文开篇提及的【避险致死案】。据此,客观归责论会使事先认识到特定危险因素并操纵相关法益使之陷于危险的被告人逃脱刑法的制裁,不符合"法律面前人人平等"的原则,不利于国家法制的统一。

至于对结果和行为的实质评价,可以通过对结果、行为的规范化理解来替代实现,用危害结果(法益所受危害)和危害行为(实行行为)替代"结果"和"行为",无须借助附加于因果关系之上的客观归责论。至于被害人同意和加功于自杀、自危,由于不存在值得保护的法益,自始便缺乏危害结果。同时,宜将因果关系还原到其本来的状态,即采取合法则的条件说以认定因果关系;借助另一实质判断只会人为地增加干扰。据此,我国理论界最初引入客观归责的理想,即因果关系恢复到事实归因的含义和对行为、结果等要素加以实质审查,至此便已由客观归责的替代性方案代为实现了。在法益确定受到危害之后,则应当考察是否可将该法益损害归责给被告人。该归责过程,不是客观归责,而是主观归责。我国《刑法》第16条更是以立法形式明确了客观上法益危害成立之后主观归责的决定性作用。在故意的认定上,被告人事前需预见的对象是其实施的具有相应危险射程的危害行为。危害行为之"危害",即为行为的性质及其"危险射程"。因此,在【毒鱼案】中,尽管客观构成要件完全具足,但被告人并未预见到毒鱼这一致死因素,故不得将死亡结果归责于他的故意(否定主观归责),无法成立杀人既遂。至于理论界所关注的"特别认识",则是被告人事前的认识与事后的结果或应发生的结果相吻合后得出的结论性称谓。

不作为因果关系的理论发展与基准反思

李 川*

【摘 要】 不作为因果关系因为缺乏自然因果流程参照,故在认定上更加困难复杂。早期学说从自然因果论出发,诉诸构成要件外因果原因力说明因果关系,难以符合构成要件的基本理论架构。后期学说虽然回归构成要件要素的范围,但存在混淆行为认定和因果认定以及标准模糊等问题,最终只能采用拟制作为因果关系的方法形成准因果关系说。而在因果关系归因和归责的双重审视下,准因果关系说存在着以归因判断方法解决归责问题的逻辑难题,不作为因果关系应还原规范评价和归责判断的属性。相当因果关系说通过"相当性"标准体现归责判断,但在不纯正不作为犯情形下难以避免防果义务判断与因果归责的循环论证的问题,混淆了构成要件要素的层次。客观归责论通过不法风险的制造与实现的分层认定部分缓解了这一问题,但其内涵超越了因果判断的范围,实质为构成要件客观要素判断理论。客观归责论中制造法所不容风险的规则实质为行为判断标准,只能作为不作为因果归责的前规则而非因果归责本身。应倡导以实现不法风险和效力落在构成要件效力范围之内的规则为不作为因果关系的归责标准,而考虑到不作为因果关系缺乏实存因果流程的特点,也就是不作为因果关系的认定标准。

【关键词】 不作为因果关系 自然因果 相当因果关系 客观归责

---

* 东南大学法学院教授。本文原载《法律科学》2016 年第 1 期,略有改动。

因果关系是结果犯的既遂、共犯和结果加重犯成立的构成要件要素。[1] 其中以作为为行为特征的因果关系中存在可体察的由实行行为启动的物理性因果变化流程,因此可以在这种实存因果的基础上确立符合法律意义的因果关系。比如在医生开错药给病人导致病人误服药物死亡的例子中,病人死亡的实存因果流程可以物理性地追溯到医生开错药这一行为,医生开错药现实地引起病人服错药而最终导致死亡结果,是导致病人死亡的可体察的原因力。但不作为因果关系与前述不同,消极不作为都不是自然因果流程意义上的引发法益侵害结果的可察要素。申言之,需判断因果关系的不作为犯罪中,[2]不管是违反命令规范规定的作为义务(纯正不作为犯)还是违反保证人地位而形成的防果义务(不纯正不作为犯),不作为都体现为听任其他条件所导致的法益侵害结果发生而不阻止、不介入的消极义务违反方式。因此在事实因果关系流程中,与作为表现出的对结果的实然影响不同,不作为的行为方式不能介入自然因果流程,从而对自然因果流程没有实存的作用力或原因力,确立不作为因果关系并不以自然因果关系作为基础。即“虽然作为和不作为的因果结论,都是依经验法则推论出来的,但是作为犯所造成的法益受害流程是可以在物理上加以检验的,而不作为犯对法益受害的因果作用,却是‘假设’出来的……而作为犯造成的法益受害流程,所发挥的因果作用却是现实上存在的。”[3] 比如在医生未尽应履行的对病人医治义务从而导致病人未得到治疗死亡的例子中,追溯病人死亡的实存因果流程能够体察的只是疾病严重伤害了病人身体健康而导致病人最终死亡的合乎自然法则的变化。从这种自然物理性因果之中无法发现是医生的违反义务的行为引起了病人的死亡,因为医生未尽医治义务的不作为并没有外在体现,未产生物理性影响。因此医生未尽医治义务的不作为在多

---

〔1〕 [日]松宫孝明:《因果关系和客观归责论》,载陈兴良主编:《刑事法判解》(2012 年第 1 期),钱叶六译,北京大学出版社 2012 年版,第 51 页。

〔2〕 这点不限于结果犯,还包括对共犯、结果加重犯判断时也需要对因果关联进行判断,但判断构造还是应以基本的结果犯的定型化结构出发。纯正不作为犯是单纯违反法律命令规范的犯罪形态,因此不以结果犯为必要,目前我国刑法中基本都是行为犯;不纯正不作为犯是作为犯的补充形态,由于其义务前提有防果义务的限制,一般理解为行为犯。所以不作为因果关系对相对模糊的不纯正不作为犯意义更大,更加有利于不纯正不作为犯的定型化理解。侯国云、梁志敏:《论不作为犯罪的因果关系》,载《法律科学》2001 年第 1 期。

〔3〕 许玉秀:《保证人地位的法理基础》,载《刑事法杂志》1998 年第 2 期。

大程度上要与病人的死亡结果构成因果联结的认定就变得相对困难。可见,相对于作为,不作为因果关系缺乏实存因果流程参照,就导致其确认标准相对于作为因果关系更加复杂;特别在是否引入构成要件要素外的因果判断和是否与作为因果关系采用同样标准认定等问题上屡生分歧,出现了相对多元的观点。只有对这些的观点发展进行深入的辨析,并结合因果关系一般理论框架,才能够进一步确定相对合理的不作为因果关系认定标准,使得这一问题进一步明确。

一、回归构成要件要素意义:不作为因果关系理论的发展谱系

早期不作为因果关系理论诸如先行行为说、他行为说和他因利用说秉持自然因果论,着眼于实存的自然因果流程,诉诸现实存在的导致危害结果发生的原因力因素,并认为这些因素不应限于构成要件要素的范围之内。第一,先行行为说认为,是先行积极的作为行为导致了处于保证人地位的防果义务的产生,并进而由于该义务的不作为导致危害结果。所以不作为的因果关系应该追溯至导致防果义务产生的先行行为之处。例如,带邻居家小孩去河中游泳,眼睁睁看着小孩溺水而不救助导致小孩淹死的情形,该学说认为,其因果关系是追溯至带邻居小孩去河中游泳这一先行行为的,这一先行行为导致了防溺水救助义务的产生,并进一步使得不尽该义务所导致的小孩溺水死亡结果的发生。先行行为说的特点是将不作为因果关系追溯至不作为义务来源的作为行为,但对于保证人地位的形成来源于非行为因素的情形,如法律的规定或自然的特征,则并未予以说明。第二,他行为说认为不作为的行为人在不作为的同时还在进行着其他的作为行为,这种作为行为导致了行为人无暇履行命令规范义务或防果义务,从而导致了危害结果的发生。这种因果关系论从单纯物理性因果流程视角出发,认为只有作为才能导致侵害结果,因此视行为人在不作为同时进行的其他作为行为是导致结果的原因。就前述案例而言,他行为说认为,其因果关系表现为该行为人忙于其他行为比如接听电话、自己游泳甚至单纯观望,从而未尽救助义务导致小孩溺毙。第三,他因利用说认为处于保证人地位的行为人本应履行防果义务,以中止导致危害结果发生的自然因果流程的进行,但行为人为了利用这种自然流程而不介入作为,从而导致了这一流程的完

成,发生了侵害法益的结果。[1] 不作为在其中处于顺水推舟地利用自然因果流程的地位。就前述案例,他因利用说认为,判断因果关系需考虑溺毙是由于小孩水性不好所导致,行为人未尽救助义务从而没有介入溺毙的自然流程,是利用这一流程而已。以上三种观点的共性是从导致危害结果的实存物理性因果关流程出发,在此存在论观念的基础上,追究实际导致危害结果的原因力以说明因果关系,将不作为构成要件要素之外的先行行为、同时他行为或可利用的引果条件认定为不作为因果关系的核心要素,不作为行为本身反而由于不具有自然原因作用力在因果判断中居于次要或被替代的地位。然而这类的判断在构成要件论看来存在根本缺陷,其忽视了因果关系认定的具体语境:刑法中因果关系是放在该当构成要件的结构中来认定的,因此因果关系是指作为构成要件的行为因素与结果因素之间的发生关系,在不作为的情形下,就是指构成行为要素的不作为与危害结果要素之间的关系,而那些犯罪构成要件之外的因素无论在自然属性上有多强的致果原因都不应属于构成要件因果关系所要考量的范围。所以先行行为说中的先行行为、他行为说中的同时其他作为行为,或他因利用说中的致果条件即便在自然因果流程上确实导致了危害结果的发生,但是作为构成要件外的非规范要素,于具备构成要件要素属性的不作为因果关系判断时均不应考虑,因此对不作为因果关系的判断并无实益。

当然,不可否认,从存在论和自然因果论的角度出发,不作为由于对实存的自然因果流程未能产生物理性影响,从而也就没有实存的原因力,因此很难被评价为与危害结果存在可体察的因果联结。这也是为什么前述观点都只能在不作为行为之外寻求因果关系的引发要素。所以也有学者在这个意义上干脆否定不作为犯罪中存在任何因果关系。[2] 然而在犯罪构成要件完整性的意义上,不作为的结果犯必然存在不作为行为与危害结果之间的因果关系,只是这种因果关系采用何种判断标准需要认识和明确。所以后续出现的不作为因果关系理论都明确了从不作为行为出发探究因果关系标准的视角,从而能够回归犯罪构成要件意义上的因果关系性质认定。

---

〔1〕 许玉秀:《当代刑法思潮》,中国民主法制出版社 2005 年版,第 523 页。

〔2〕 于志刚:《论不作为犯的因果关系》,载《云南大学学报》(法学版)2008 年第 5 期。

干涉说认为,作为提供了起果条件,不作为提供了排除防果条件。所以不作为因果关系体现为不作为的行为压抑干涉了防果条件,导致了结果的发生。保证人说认为,行为人具有保证人地位从而具有排除危害结果的义务和可能,因果关系就体现为对这种义务的违反。[1] 干涉说和保证人说虽然都承认了不作为作为因果关系来源的作用地位,但是二者都更强调了不作为所具有的未尽防果义务的行为属性,而缺乏从行为到结果之间的具体认定标准的分析,与其说是解释不作为的因果关系,不如说是表明不作为的义务违反属性。虽然防果义务的认定与危险结果有一定的联系,但是未履行防果义务本身同不作为行为与危害结果之间的关系是两个问题。两种学说都想当然地认为未履行防果义务就表明了因果关系本身,这实际上是将不作为的认定与不作为与危害结果之间关系的认定混淆起来,实际上并未提出明确的因果关系标准。如前述带邻居家的孩童游玩因未尽救助义务导致孩童溺毙的案例中,干涉说认为,因果关系就体现为行为人排除了其本应实施的救助孩童的防果条件,保证人说认为,因果关系就体现为行为人居于保证人地位,有救助孩童防溺毙的义务和可能而行为人违反了。这两种观点与其说是在寻找不救助行为与孩童溺毙之间的因果关系,不如说是在解释未尽救助义务的不作为的认定根据。

而真正提出实质性的不作为因果关系认定标准的是防止可能性说。该说着眼于结果发生并非不可避免的特征,认为只要经验表明行为人履行了相应的防果义务,危害结果就有回避的可能性,存在因果关系。如苏俊雄所言:"行为与结果间有无相当因果关系,应视社会是否认其行为具有危险性以断。准此见解,在不作为犯的情形,举凡可能防止结果发生者,如果怠于防止,其不作为于结果之发生,则显然具有危险性,即不得否认其间具有之相当因果关系。反之,若防止为不可能者,纵然有防止之义务,亦不得认有因果关系。"[2] 防止可能性说值得肯定之处为,其相对明确地提出了以结果回避可能性标准来认定不作为因果关系,摆脱了因果关系认定形式化和与不作为认定本身相混淆的问题。但其缺陷亦很明显,缺乏了实存因果流程的参照,对可能性到底需要多高才能确认因果关系的存在难以把握,结果回避

---

〔1〕 韩忠谟:《刑法原理》,中国政法大学出版社 2002 年版,第 87 页。

〔2〕 苏俊雄:《刑法总论Ⅱ》,台北大学 1998 年版,第 556 页。

可能性的内涵就变得难以界定或过于模糊,成为纯粹盖然性的假设判断,由此导致了因果认定仍然缺乏明晰的标准。

所以依靠拟制提供如作为因果关系般更明确标准的准因果关系说(或假设因果关系说、变体的条件理论)应运而生,且逐渐成为不作为因果关系的通说。准因果关系说,首先承认不作为因果关系并不像作为因果关系般具有物理实存性,但又认为可以比照作为因果关系来进行假设性逻辑拟制,因此这种学说又被称为假设因果关系说。刑法上因果关系概念之目的在于确立行为人的行为对于结果的有效联系,并且因此建立可归责于行为的可罚性,这一目的并不由于行为人用来实现构成要件的行为方式的不同而有差异。因此,不作为因果关系之判断与作为因果关系之判断其实并无二致,判断作为因果关系的条件理论同样可以成为判断不作为因果关系的理论。但是,考虑到不作为与作为在行为方式上的差别,应适当对条件理论加以修正。传统的作为因果关系中,条件理论体现为:若行为人不为符合构成要件的作为,则不会产生构成要件结果;但不作为犯罪中构成要件行为体现为违反命令规范义务或防果义务的不作为,所以条件理论在适用时则修正为:若行为人履行命令规范义务或防果义务的要求而积极作为,则构成要件结果不会发生。这显然是把“去除法”转换成“加入法”的变体公式。[1] 而且由于这种拟制的不作为因果关系在事实上是种没有实存因果流程相对应的状态,显然与建立在有客观实存基础上的作为因果关系的假设标准还存在程度差异,即不作为因果关系很难准确地依据经验法则得出必然性的结论,所以理论上允许在“确定”之外采用“几近确定”的最大可能性标准。当行为人履行防果义务要求而积极作为时,只要“几近确定”符合构成要件的危害结果不会发生,就可认定因果关系的存在。

二、从事实归因到评价归责:准因果关系说的反思启示

准因果关系说虽然看上去提出了相对明确的不作为因果关系的认定标准,但是从因果关系归因和归责的双重视角审查,这样的拟制存在相当的逻辑问题。基

[1] 林钰雄:《新刑法总则》,中国人民大学出版社 2009 年版,第 408 页。

于新康德主义对存在论与价值论的区分,事实判断和社会规范判断是两种不同的判断形式,刑法意义上的因果关系应该既是现实因果的反映,也是规范评价的体现,所以因果关系本身就存在两种不同的含义,“一种观点将因果关系视为物理的、实在的关系,另一种观点将因果关系视为观念的、论理的关系”,〔1〕基于前者的因果关系体现为事实归因的判断,重在考察自然的、实存的因果流程;而基于后者的因果关系是评价归责的判断,重在发现规范的、具有社会价值意义的因果关联。而“归因”与“归责”两层面所处理之对象、性质和适用的理论标准都不相同。狭义的因果关系仅指前者,即归因层面上的物理性因果联系;而广义的因果关系则不仅包括归因层面上的物理性因果联系,还涵盖了在此基础上归责层面的具有社会评价意义的因果联结,需在实存因果关系的基础上通过因果归责理论进行进一步限制,从而具有归因和归责双重属性。〔2〕

于事实归因层面,因果关系的认定标准需符合自然因果流程的发展变化,所适用的理论通说为条件理论及其补充规则。〔3〕条件理论设定的原则为:针对具体结果的发生,不能想象其不存在的条件,即属该结果的原因,如果可以想象该条件不存在,而结果仍会发生,该条件即非该结果的原因。申言之,只要行为不存在,结果就不会发生,则该行为与该具体结果之间就具备条件关系,可以认定事实因果存在。绝对的条件理论最大的问题是导致自然因果链条上的一切行为都被等价性地纳入因果关系之中,从而使正犯的范围不当扩大,这是由于条件理论只是印证客观实存性的因果关系流程,并不产生规范性评价机能造成的。因果关系作为犯罪构成要件的要素之一,应是具有体现规范评价意义机能的刑事归责筛选机制,因此并不完全等同于经验或者科学法则的实存流程。通过条件理论及其补充规则进行归因只是确定因果关系的第一步,还需要在此基础上进行具有规范性限制刑事责任

〔1〕张明楷:《也谈客观归责理论——兼与周光权、刘艳红教授商榷》,载《中外法学》2013年第2期。

〔2〕[日]野村稔:《刑法总论》,全理其等译,法律出版社2001年版,第125页。

〔3〕为弥补条件理论对复杂情况的判断,比如择一关系或介入关系解释力的不足,条件理论不断做出修正,形成了双重因果关系、因果关系中断等补充规则。因此完整的归因理论通说应该包括条件理论及其修正补充规则。其中因果关系中断论常用来补充本应由归责理论起到的限缩因果关系无限扩大的作用。但这一点实际上并不与实存因果相符,因此中断论略示微。[日]大谷实:《刑法总论》(第2版),黎宏译,中国人民大学出版社2008年版,第194页。

机能的归责性评价,这就是因果关系的归责阶段。但不可否认的是,因果关系评价性归责需建立在事实性归因的基础之上,只有具备了条件因果关系的基础,才能进一步确立结果归责的存在。然而不作为因果关系恰在基础性的事实归因层面上存在无法认定的问题。

如前所述,不作为基于其未尽防果义务的特征而属于未有物理表现的非实存现象,从而事实上并未发生对因果流程的原因力,就实存角度而言根本就不存在物理性因果联结。[1] 事实归因的理论不管是作为通说的条件理论还是其他诸如原因论、充要说都是作为对这种客观实存因果联结加以体察确认的逻辑原理,都必须以存在这种客观的物理性的因果联结为前提。而在不作为的情形下,物理性的因果联结根本就不存在,这就导致所有一切针对事实因果关系的论理学说都缺乏适用的必要前提,更进一步导致以事实归因为基础的因果关系判断失去了意义。即条件理论仅是适用于作为因果关系情形的归因原则,在不作为情形下失去了相应机能。

为解决这一难题,准因果关系说提供了对事实上并不存在的因果流程比照条件理论进行假设的方法,从而拟制了事实上并不存在的物理性因果联结。这样的推论是意欲能够将不作为与作为等价视之,进而将不作为的因果流程设定为作为所起到的引起外界自然变动的效果,仍然强调的是对自然因果的拟制。因此其预设的理论基础是自然行为论(或因果行为论),即"认为行为系指由人内心的意思带动身体动作,而引发外界变动的因果历程;至于意思内容是故意或过失,以及因果变动的社会意义如何,在非所问"。[2] 然而同样在自然行为论意义上,不作为与作为的地位和性质存在根本上的差异,不作为由于不能实际引发外界变动的因果历程,从而根本缺乏进行归责处罚的依据,进而缺乏进行因果关系认定的必要性,无法说明不作为因果关系认定的意义基础。更进一步说,将条件说的假设性方法运用于不作为因果关系时,没有所谓的合法则的条件关系即符合自然规律法则的变化发展关系作为依靠,拟制过程中的假设纯粹成为依据过往经验的可能性判断而变得不可捉摸,根本无法与作为因果关系的必然性判断等价。且这种可能性的判

〔1〕 于志刚:《论不作为犯的因果关系》,载《云南大学学报》(法学版)2008年第5期。
〔2〕 林钰雄:《新刑法总则》,中国人民大学出版社2009年版,第109页。

断还不得不考量不作为义务的规范性来源，导致了准因果关系的判断仍然需要借助规范评价才能展开，这就不可能将作为与不作为等价视之并坚持自然因果论的观点。所以以这样的拟制无法解释不作为因果关系的理论来源，无法靠自然因果论来完成内部逻辑自洽，体现为单纯为了处罚不作为而进行的强行假设。例如，两少年从山顶推石下山砸中山下驶来的火车致出轨产生重大损失，经查明当天铁路巡视员本应巡视而未尽巡视义务，其不作为行为与火车出轨的损失之间的因果关系，依据准因果关系说就需要判断如果巡视员尽了巡视义务结果是否仍会发生。由于巡视员的不作为在本案中并不属于自然引果条件，不能够考察合法则的因果流程，所以这一判断从事实法则上会变得困难重重，只能说巡视员有可能发现这两少年的行为而加以阻止，但这种可能性显然与作为因果关系的必然性判断相差甚远。如果不结合巡视员违反其巡视义务的规范性评价，就难以圆满地解决这一任务。

所以还是要回归不作为行为的归责依据层面，只有在社会行为论或人格行为论的意义上，违反社会规范义务（社会行为论）或“作为的期待”（人格行为论）的不作为才具有可罚性。进言之，就是不作为的结果犯中（一般为不纯正不作为犯）违反防果义务的不作为只有产生规范评价意义上的危害结果时才能视为存在构成要件中因果关系的联结。不作为行为与危害结果之间的关系绝非事实评价那么简单，而是具备了规范评价所体现的价值属性而能够予以确认。因此，“（不作为因果关系否定说）之缺憾在于拘泥于自然因果关系之论旨，而忽视刑法上行为之社会意义，遂致否定不作为之原因力”。[1] 从社会因果论的角度出发，不作为因果关系必须置于基于社会规范产生的价值评价的语境中才有意义，“刑法上因果关系的问题，是一个价值判断的问题，与自然科学因果关系概念有异，因此自然科学意义的因果关系的不可能，并不影响不作为犯的因果关系概念的认定”。[2] 与作为因果关系既有实存的物理性因果变动流程，又有体现规范评价的因果归责的双层次因果关系结构不同，不作为因果关系缺乏实存的自然因果作用，因此只能是从具有价值判断意义上的归责层次进行说明，因果归责才是不作为因果关系的基本特征和论

[1] 韩忠谟：《刑法原理》，中国政法大学出版社 2002 年版，第 92 页。
[2] 黄荣坚：《基础刑法学》（下），中国人民大学出版社 2009 年版，第 423 页。

理原点。准因果关系说的缺陷是将本来应该从因果归责层面说明的理论问题套用归因层面的条件理论并予以拟制，无视了不作为因果关系归责的基本属性，无法确立其标准。要探讨不作为因果关系的具体判断指标，还需要从因果归责理论入手，寻求能够对不作为因果关系的归责属性进行准确说明和合理判定的论理标准。

三、构成要件效力范围内的不作为风险实现：基于归责的不作为因果关系基准

归责意义上对因果关系的判断，目前比较有说服力的两种学说是相当因果关系说和客观归责理论，二者的特点都是在确认存在实存因果关系之后，进一步通过具有规范评价色彩的归责标准对实存的因果流程进行限缩，以确定可归责于结果的行为的具体范围。相当因果关系说将因果关系中的归责标准表达为"相当性"的判断，"就要求实行行为与构成要件结果之间的因果关系要有相当性，通过这种相当性来对作为构成要件要素的因果关系加以限定"。[1] 具备"相当性"的因果关系就可以说结果可归责于行为。相当性最初的提出是为了判断行为与结果之间关系发生的可能性（概率）高低，但是在逐步发展后，对"相当性"的判断存在诸多不同的见解，就判断基准上依纳入考量的判断对象而言，主要有以行为时行为人认识到的可能性状况为标准的主观说、以事后判断的一般平均人可见行为时状况行为后状况为标准的客观说，以及行为人可知状况与一般人可知状况都要符合的折中说[2]三种。而无论以行为人的认识标准还是平均人的认识标准，都体现了一定的社会规范评价的特征，从而不可避免地带有价值判断的色彩。其中折中说长期占据通说的地位。

以相当因果关系的理论来判断不作为因果关系之存焉，即需要事后判断不履行防果义务的消极不作为致危害结果的可能性是否能为行为人所认识、为平均人所认识或为行为时平均人所认识。姑且不论对相当因果关系一般性质疑所提出的主观化倾向或明确性的问题，就不作为因果归责的判断来讲，这样的认识标准在不

〔1〕［日］山口厚：《刑法总论》（第2版），付立庆译，中国人民大学出版社2011年版，第56页。
〔2〕陈子平：《刑法总论》，中国人民大学出版社2009年版，第122页。

纯正不作为犯的情形下就难以避免因果关系判断与不作为行为前提的防果义务判断产生逻辑重复。不纯正不作为犯违反的防果义务与纯正不作为犯违反的规范义务不同,后者已经通过刑法的规定通过命令规范的形式加以表达定型,无须探究其内容;但前者由于不纯正不作为犯与作为犯都体现为同样的犯罪构成规定,所以防果义务还要根据不作为来源理论首先确定防果义务的相应内容,可以说因缺乏明确的定型故需要个案判断。而在确定不纯正不作为犯防果义务的范围时,就需要考量履行该义务的作为行为所具备的危害结果回避可能性这一问题,只有那些防止危害法益的结果发生的作为行为才能纳入防果义务的范围;[1]这就导致确定防果义务的范围不得不考虑该义务所要求的作为与危害结果之间的确定性关系,即需要考虑行为人所认识、为平均人所认识或为行为时平均人所认识到作为与危害结果之间的具体联结的可能性,而这正是前述相当因果关系在判断相当性时的考虑因素。所以这里的问题是:防果义务的判断需考虑结果回避可能性的因果关系相当性内容,而因果关系的相当性判断的前提是确定以防果义务为前提的不作为;[2]防果义务需靠因果相当性判断,而因果关系又以防果义务判断为前提,这就出现了二者之间循环论证、合二为一的问题,导致违反防果义务的不作为的判断与因果关系的判断混为一谈,构成要件要素中本应层次分明的归属于行为层次判断的防果义务问题和归属于随后因果归责层次判断的因果关系也因此难以区分,从而架空了犯罪构成要件要素的定型化机能。

例如,在医生未尽医治义务且病人得不到医治而死亡的情形中,一方面,确定医生未尽救治义务的不作为的前提是确定救治义务的范围,而救治义务的范围需要从防止病人疾病发展、死亡结果的应尽作为行为来进行圈定,考虑医治的作为与死亡结果之间的相当性关系,这就需要从一般人认知或医生认知等相当性标准出发判断哪些作为防果的必要;而另一方面,判断医生未尽救治义务的不作为与病人死亡的结果之间的因果关系,采取相当性标准,同样需要考虑一般人认知或医生认

---

〔1〕 然而不作为义务来源本身是个复杂且充满争议的问题,这里探讨的并非不作为义务的合理范围边界问题,而是着眼于结果犯的情形下不作为义务的确定需指向防止危害结果发生这一目的。

〔2〕 林钰雄:《第三人行为介入之因果关系及客观归责——从北城医院打错针及芦洲大火事件出发》(下),载《台湾本土法学杂志》2006 年第 3 期。

知哪些作为是防果的必要,从而超越此种认知标准的不作为就不认为与结果有因果关系,这实际上与防果义务的判断趋同。

而出现这一问题的根本原因在于,占据不作为行为主要部分的不纯正不作为犯行为本身由于义务来源的多元性和复杂性缺乏如作为般的实行行为的定型化基础。不纯正不作为犯以消极不作为的方式达到通常须以积极作为方式才能实现的犯罪构成要件,其形成的前提是行为人须居于保证人地位从而具有防止结果发生的义务。虽然对于保证人地位和防果义务来源有诸多理论,但其具体构成具备基于多元理论的多样性,在制定法上也无法将其列出故无法像作为判定般明确的定型化。〔1〕 在对作为犯罪的构成要件进行符合性的判断时,行为判断靠实行行为的法定类型加以认定,这与相当因果关系的相当性判断是并无交叉的,所以层次分明、不同构成要件要素界分清晰。但对不作为构成要件进行判断时,对缺乏定型化的不纯正不作为犯只能通过义务来源尽量加以限定,而对限定不作为的义务来源进行判断时,又不得不因为确定义务防果性的内容而考虑与法益侵害结果的相当性联结,从而将相当因果关系问题前置为防果义务问题加以处理,这导致相当性判断不得不既用来判断不作为的义务内容,也用来判断因果归责。

而将行为判断所涉的风险惹起与因果联结所涉的风险实现相区分的客观归责理论则在某种程度上可以缓解前述问题。有观点认为,客观归责论在某种程度上就是为了弥补相当因果关系的不足而产生的,是对"相当性"概念的进一步细分明确。可以说客观归责理论将相当因果关系中原本一体化判断的"相当性"标准细分为制造了法所不容风险(或称不法风险)、实现法所不容风险以及落在构成要件的效力范围之内的三层次递进式判断规则,通过不法风险这一概念将归责性因果的判断标准确立为行为所引起的风险制造与实现。〔2〕 不过就其内容在犯罪构成要件体系中的定位而言,制造法所不容的风险对应的其实是我国犯罪构成要件中的行为认定的问题,包括确定不作为的范围;而实现法所不容的风险是说明的行为与结果之间的转化关系即因果归责判断;落在构成要件的效力范围之内则处理了复杂

〔1〕 张小宁:《相当因果关系说的兴盛与危机——兼谈客观归属论的提倡》,载《东岳论丛》2014 年第 8 期。

〔2〕 陈兴良:《从归因到归责:客观归责理论研究》,载《法学研究》2006 年第 2 期。

因果中第三人或被害人介入因素时的责任归属问题。[1] 所以有观点认为客观归责论在某种意义上并非一种纯粹的因果归责判断,而是一种综合行为限缩、因果归责和介入因果因素判断的相对完整的构成要件客观要素判断理论。[2]

适用于不纯正不作为犯的情形而言,客观归责理论的意义同样可能不限于纯粹因果关系判断:第一个阶段,制造法所不容的风险其实是可以用来限制和认定不作为行为的标准,不作为违反防果义务可以转换成制造了法所不容的风险的判断,将防果义务判断用规范容许性的标准加以转换。而客观归责的第二个阶段,法所不容的风险的实现才是真正可以用来判断不作为行为与危害结果之间因果归责关系的准则。作为其下位概念的规范保护目的是典型的用来限制结果无限归于缺乏定型化的各种不履行义务的不作为的有效标准。而客观归责的第三个阶段,可以用来处理介入第三者或被害人行为时的因果关系归属问题,是在复杂因果的情形下对因果关系进一步细化的判断标准。通过三个阶段层层递进式的判断,客观归责论体现出在确认因果关系时相对于相当因果关系说的优势:不纯正不作为犯的行为缺乏定型化问题通过制造法所不容风险的判断标准而与因果关系的风险实现的判断标准相区别而加以各自认定,防果义务违反的判断转化为制造不法风险的判断,从而与专门判断因果联结的风险实现层次区分,从而缓解了前述相当因果关系混淆不作为行为判断与因果关系判断的问题。[3] 即判断犯罪构成要件要素时区分行为的风险惹起认定与因果的风险实现认定,并且逻辑上先认定行为、后认定因果关系,使得因果关系的定位和逻辑层次更加清晰。

然而应当注意的是,客观归责论的第二阶段风险实现规则和第三阶段构成要件范围内规则(或行为人应负责规则),从其内容上讲才是真正涉及因果关系归责的判断,而第一阶段制造法所不容的风险的规则实际上是对行为的判断规则,对因

---

[1] [德]沃尔冈夫·弗里希:《客观的结果归责》,载陈兴良主编:《刑事法评论》(第30卷),蔡圣伟译,北京大学出版社2012年版,第227页。

[2] 许玉秀:《检验客观归责的理论——客观归责理论是什么?》,载《刑事法杂志》1994年第2期。

[3] 实际上在德国客观归责理论的兴起也基于其更加明确的对犯罪构成要件行为要素的定型化机能,而日本之所以更注重相当因果关系学说,是因为其已有实行行为的概念提前处理了行为的定型化问题。张明楷:《也谈客观归责理论——兼与周光权、刘艳红教授商榷》,载《中外法学》2013年第2期。

果关系的归责问题并未直接探讨,之所以将之囊括进因果关系的归责判断内容,是因为不法风险是贯穿于客观归责论的核心要素,风险实现的判断不得不同时考虑不法风险的性质,而对不法风险性质的认定也很难脱离制造风险的前提而孤立地进行探讨,因此制造风险的判断虽非直接的因果关系判断准则,但也作为不法风险产生的必要前提而在风险实现的判断即因果归责的判断中不得不加以考量。在客观归责论的结构中,制造不法风险的规则是因果归责判断时的上位规则,而不法风险的实现和落在构成要件效力范围内才是因果归责判断的本规则。

综上可见,在探讨不作为因果判断标准时,应以客观归责论中行为制造的法所不容许的风险的实现与落在构成要件效力范围内作为以归责为基本特征的不作为因果关系的判断规则,前者通过风险实现这一标准用于确定危害结果与行为之间的归属关系,后者通过构成要件效力范围的判断排除应该由他人负责或受害人自我负责的异常介入因果情形。当然在涉及法所不容风险的性质时,也需要参考制造法所不容风险规则的相关原理。

按照前述这一标准,于不作为因果关系的判断时,首先,要审查不作为行为所引起的法所不容的风险是否实现,即侵害结果是否应该属于该风险实现的结果。在判断这一问题时,需通过下位归责进行三个方面的审查:首先,违反应尽义务的不作为所制造的风险与结果之间并没有重大的因果偏异,不作为与结果之间的关联属于风险现实化的常态范围之内。即行为人只能对风险支配范围内的结果负责,如果结果超出了一般常规所能涵盖的风险现实化范围,则不能进行归责。这一点主要是以排除法确认,即将存在重大因果偏异导致风险没有现实化的情形排除在因果之外。[1] 比如母亲未尽喂养婴儿的义务,导致婴儿严重营养不良就医,在医院治疗过程中发生火灾导致婴儿烧死。此例中母亲未尽养护义务的不作为产生的婴儿饿死的风险并未现实化,婴儿被烧死不属于未尽喂养婴儿义务产生的风险所能涵盖的结果的范围,因此婴儿被烧死的结果就不能归责于母亲的不作为行为。其次,允许的危险必须是有可能转化为危害结果的,如果不允许的危险没有可能实现,那么就要在因果关系归责中进行排除。不允许的危险没有可能实现的情形,即

〔1〕 张丽卿:《客观归责理论对台湾地区实务判断因果关系的影响——以台湾地区“最高法院”96 年台上字第 5992 号判决为例》,载《北方法学》2009 年第 5 期。

是指行为人即便积极履行了相应义务而作为，风险涵盖的结果仍然确定会发生的情形。[1] 例如，不管医生是否应尽积极的救助义务，枪伤病人因已失血过多，无力回天，此时医生即便怠于履行救助义务亦不应视为是医生的不作为的风险实现，而不应将此死亡结果归责于医生。最后，也是对不作为因果关系最有特殊意义的一点，结果必须落在注意规范的保护目的之内，否则即便发生了危害结果，也不能视为风险实现而予以归责。不作为行为所制造的风险的前提必须是法所不容的风险，即违反特定行为人应注意的规范而致的风险。按照客观目的论的认识，规范一经出台，其目的就已经脱离了规范确立者的主观目的而客观化了，只有符合这种客观的规范目的的危害结果，才属于不法风险制造者所能认识和支配的范围，也才能作为不作为行为的归责范围。因此，就需要排除那些落在不法风险所违反的注意规范的保护目的之外的危害结果的归责属性。如著名的摩托车灯案，甲乙两摩托车手晚间路上一前一后地骑行，皆未开车灯，前行的甲在黑暗中撞伤了另一骑车人丙，但却责怪后面的乙未开车灯，认为乙若开车灯自己便不会撞伤丙，因此要求丙受伤之结果同样归因于乙未开车灯之不作为。经过鉴定，确实乙若开车灯，丙被撞伤的情形几乎可以避免。此案中，乙未尽交通规则规定的开车灯义务之不作为产生了违反交通规范的风险，这样的风险也确实客观地促成了甲与丙相撞导致丙受伤的结果。但值得注意的是，交通规则对车辆驾驶人夜间行驶开灯的要求所要达到的规范目的，是防止驾驶的车辆自身与别人相撞，而非避免别人的车辆之间相撞。因此乙未开车灯的不作为所造成的别人的车辆之间相撞的结果并不在其所违反的交通规范的保护目的之中，因此丙受伤的结果就不能归责于乙的未开车灯的不作为，而只能归责于自身引起相撞的甲的不作为。

其次，在审查了法所不容的风险实现之后，要确认不作为因果关系是否能够归责，还需进一步确认结果是否落在不作为构成要件效力范围之内，即排除那些结果落在了他人行为的负责范围或受害人自我负责的范围的情形。所以这一阶段的审查，主要是指有其他人的行为介入了因果流程的复杂情形时能否予以归责的问题，主要通过两重审查来进行归责筛选。一方面，归责时需排除结果发生在其他人专

---

〔1〕［德］Schuenemann：《关于客观归责》，陈志辉译，载《刑事法杂志》1998年第2期。

属负责的领域之内的情形，即如果结果的发生都可归责于介入的其他专属掌控该风险者的制造并实现的风险行为，则就不能归责于行为人的不作为。[1] 如母亲未尽喂养义务导致孩童严重营养不良就医，医生在医治过程中由于自己的疏忽行为导致孩童严重感染死亡的情形中，导致孩童死亡的风险是由医生的医疗疏忽所制造并实现的，因此应归责于医生的疏于治疗的行为，而不能归责于母亲的不作为。但如果此案中孩童的死亡并非医生的医疗疏忽所导致，而是医生尽力挽救仍无法挽救因营养不良的身体衰竭，孩童最终死亡，则虽然医生的行为有所介入，但孩童死亡仍是由母亲未尽喂养义务的不作为所产生的风险而致，就不属于由他人负责的情形，仍应归责于母亲的不作为。另一方面，归责时需排除结果发生在受害人自我负责领域内的行为。即行为人通过不作为的形式参与他人故意自伤的行为或同意他人的危害行为的，在被害人的自我负责范围之内的，行为人不应被归责。[2] 例如，夫妻争吵后，在妻子自杀时丈夫未予施救的情形，即便丈夫有违反夫妻互相扶助的义务的不作为行为，但妻子的自杀行为在丈夫未有强迫的情形下应属于自我负责的范围，不应归责于丈夫的不作为。

通过客观归责论为基础的不法风险的实现和落在构成要件效力范围内的双重审查，可以相对更明确地认定不作为因果归责成立与否。当然客观归责论目前在理论定位和理论机能方面还有诸多争论，并非能一劳永逸地解决不作为的因果关系标准问题，但是其注重因果归责判断的特点符合不作为因果关系的归责特质，其更清晰的下位规则也为不作为因果关系的认定提供了更加合理的判断指标，是对不作为因果关系来说具有独特方法论意义的进路，有利于不作为因果关系形成与作为因果关系相区别的合理定型。

---

[1] 林东茂：《客观归责理论》，载《北方法学》2009 年第 5 期。

[2] 也有主张通过被害人的承诺或同意的违法性判断、自我答责等理论来处理此一问题的观点。参见刘艳红：《客观归责理论：质疑与反思》，载《中外法学》2011 年第 6 期。

医疗过失因果关系之判断

曾淑瑜*

一、前言

医疗过失犯之成立除有医疗行为之实施与伤亡结果之发生外,此二者之间犹须有因果关系存在,此与一般结果犯成立之情形并无不同。唯由于医疗行为具有专门性、个别性与特殊性,是以,对于医疗过失犯之因果关系有特别予以检讨之必要。于医疗过失案例中,常见过失竞合之情形,例如,病人在发生交通事故后送医急救,急救时因医疗人员之过失未注意交通事故所产生之脑损伤,延后医治导致病人死亡者;或者是医疗团队中同时或先后发生不同医疗人员之过失行为。前开情形均属复数过失态样竞合下,致结果发生之案例,结果之发生究与何人之行为产生因果关系,相关因果关系理论是否可以提出适当之判断方法,不无疑义。此外,医疗纠纷案件亦偶见在行为与结果之间,介入不能预期之异常事实,例如,患者之特异体质;病人之疾病严重,依其进程本就无法避免死亡;因此由于无法预见或不可避免之事实的介入而发生结果之情形不少。又如,病人不遵守医嘱、故意为危险行为,或道听途说另行服药等等,则在此场合下,行为与结果之间是否仍有因果联络关系,或因介入此行为而切断行为与结果间之因果关系,究应如何论断,以下兹举曾在我国台湾地区发生之两个重大瞩目案件,再分别就因果关系理论进行分析讨论。

【A 例】邱父因酒后不耐其4岁女儿邱小妹的吵闹,出手殴打邱小妹之头部,至

---

* 台北大学法律学系教授。

其头部钝挫伤致急性硬脑膜下腔出血而昏迷。邱小妹被送至仁爱医院时，值班急诊科主任甲医师判断邱小妹脑伤，昏迷指数七分，遂安排计算机断层扫描及 X 光检查，并联系该院神经外科当日第一线值 on call 班之乙医师要求会诊，乙当时在宿舍，经甲告知后，乙基于当晚该院无多余外科加护病房，向甲宣称先为邱小妹插管。做完检查后，邱小妹两侧瞳孔散大，无光照反应，昏迷指数降至三分，病情危急。甲判断须紧急手术清除邱小妹脑部血肿，便再次联系乙，乙称该院神经外科加护病房均已满床，为免邱小妹手术后无法进行术后监看及照护，建议将其转院。乙并拨电话给神经外科主治医师丙，二人讨论后，仍决定将邱小妹转院。经联络结果，当日台北地区并无多余之神经外科加护病房可收治，遂将邱小妹转往台中某综合医院。嗣后虽经脑部手术，唯其脑干已因延误丧失功能，最后因中枢神经性休克死亡。

【B 例】庚与辛皆为受雇于新北市土城区北城妇幼医院之护士，庚负责麻醉事务，而辛之工作内容乃婴儿病房中之护理工作，尚包括施打疫苗等。2002 年某日，7 名刚注射完 B 型肝炎疫苗之新生儿出现呼吸衰竭并昏迷之情形，被送医急救，其中有一名新生儿不幸死亡，其余 6 名受有程度不等之健康损害。侦查后发现，原来辛护士施打疫苗前并未遵守用药时“三读五对”之标准程序，错将麻醉用之肌肉松弛剂当作 B 型肝炎疫苗为新生儿施打，而该肌肉松弛剂乃 7 个月前庚护士放置在婴儿房之冰箱中。其实肌肉松弛剂本不该出现于婴儿房之冰箱，庚护士虽于当时有在药物旁放置警示标语，然经过 7 个月以来之更动，告示标语已被置于他处而失去警示之作用。

二、过失竞合与因果关系

(一) 过失竞合时因果关系之特征

关于过失原因竞合，因果关系之认定有下列几个特征。[1]

1. 认定事实意义之重要性。按过失原因之探究，系溯及地确定因果关系；而故

---

〔1〕 曾淑瑜：《医疗过失与因果关系》，台北，翰芦图书出版有限公司 2007 年版，第 495 ~ 496 页；[日] 正田满三郎：《刑法における因果关系(二)》，法曹时报 25 卷 3 号，第 63 ~ 65 页。

意犯之因果关系,系已经确定的先行事实与后续事实间之链接,即有因果流程。在此意义上,事实认定之重要性,在过失犯之场合便成为特别的问题。

2. 过失原因系回溯过去加以探究,属于同一系列之数个过失行为,从上流到下流依条件关系顺次连续时,是否应将其全部作为过失原因予以把握?具有其中一部分是否足矣,或择一,或容许不特定之认定?从诉讼目标的角度而言,对同一不法之结果,从刑法之立场,原则上应解为及于全部才正确。但过失行为之原因力,从上流到下流,因为次第的累积沉淀,上流虽幅员广阔,同时力量却削弱。时点不同之过失行为各个都具备固有之原因力,哪一个为主要,从而,能预见那一个,有困难(此即为原因说之缺点)。实务上,有谓不一定要求把握全部者,具有一部分即能满足,故只限于应归属于一个人时,容许过失之择一或容许不特定之认定。

3. 因果关系盖然性程度之问题。日本学者不破武夫认为,无该当不注意(不作为),而该当结果不发生时,盖然性应该为最高度。过失犯以现在进行之行为事实为基础,发生结果之盖然性应依条件关系之定式判断。一方面,结果之防止,在某程度上加以保障即足矣;另一方面,以平均之正常人为标准,即以得期待之客观注意为标准。盖过失犯之本质系平均正常人所期待之规范要求;再者,基于客观事后预测(客观的相当因果关系说)之立场,与过失犯之构造合致。

4. 因果关系限定基准之问题。过失犯之成立不必要对具体之结果有预见可能性,伴随抽象之危险性,具有违反注意义务之态度即足矣。因此,中间介在事情预见之有无很少会影响到因果相当性之判断。即排除行为人之主观,以客观之基准决定因果关系之范围(客观的相当因果关系说)。故于被害人或第三者行为介入之场合,因为具有上述基准之关系,此为过失犯上因果关系之核心问题。

(二)择一之因果关系

择一之因果关系,系指两个以上行为人之行为并列出现,发动原因,即使以单独之行为,亦能发生相同之结果的情形,又称为择一之竞合或二重因果关系。例如,两个行为人每人均给予被害人致死量之毒药,毒药同时发生作用,导致被害人死亡之事例。发生择一之竞合时,如果排除两个行为中之任何一个,结果仍会发生;但如果排除两方面之行为,则结果不会发生。此是否得认定有条件关系?依 c. s. q. n.

(condition sine qua non)公式,因为即使无一方之行为,结果仍会发生,所以否定有条件关系。德国学者 Traeger 对此质疑,其认为“将个别之行为排除,虽然结果不变,但如果将全部排除,则法的重要性结果便会欠缺,故诸条件在法的意义上皆为条件”。而日本学者中山研一则认为,即使是在择一之竞合的情形,至少行为如果有前后关系;另外,则对于先行行为认定有条件关系。此外,日本学者西原春夫谓,两人给予致死量之毒药,同时发生效力时,从一方来看,他方之毒药也有发生效力之可能性,故难以严格地认定条件关系,条件关系之认定,结论上不能依人类之经验判断。如果依经验判断,一方之毒药单独地或与他方之毒药同时地发生效力之盖然性很高时,对于两方面之行为均能肯定因果关系。

关于择一之竞合,大致上有下列五种见解。[1]

1. 择一之竞合不存在拟制说

此见解坚持采取 c. s. q. n. 公式,主张择一之竞合的问题在现实生活中不可能发生,只是“讲坛事例”,为非常不适合之“绊脚石”。因此,支持 c. s. q. n. 公式者有两种见解,一为在此情形下否定因果关系者(学者町野朔、内田文昭);另一种见解认为现实上没有此种问题(学者冈野光雄)。后者如学者冈野氏所言:所谓择一之竞合的问题,实际上为 A、B 任何一方之毒性是否较早发作,除非能证明 A、B 任何一方之毒性较早发作,否则毋庸赘言,只能证明同时发生效力;更且,同时发生效力,只不过由于二者之竞合使死亡提前发生。从而,如果具体之结果有差异者,此即非为择一之竞合的事例。

2. 证明不可能拟制说

不存在拟制说不能完全否定择一事例之存在。故有谓实际上,不能证明一切条件行为对结果之发生均有效果,所以否认有条件关系存在。如日本学者冈野光雄即谓:在此情形,基于个人责任之原理及“被告之利益值得怀疑”之原则,应否定条件关系。唯此种见解,在择一竞合之事例为不可能,盖依二段式构造之论证,对此见解非常容易提出反证。例如,C 于河川溺水,C 向某橡皮艇游过去,正当 C 要抓住橡皮艇时,A 与 B 独立地,而且同时地向橡皮艇发射子弹,两人之子弹打中橡皮艇,

---

[1] 曾淑瑜:《医疗过失与因果关系》,台北,翰芦图书出版有限公司 2007 年版,第 337 ~ 339 页;山中敬一,《刑法における因果关系と归属》,成文堂昭和 59 年第 1 刷,第 268、270 ~ 274 页。

使橡皮艇沉入水中,C由于不能依靠它浮出水面,旋而淹死。如果只有A或B之行为,与此相同,不能说C无橡皮艇之助而沉下去为证明不可能,C溺死之结果在证明上完全相同。又如,切断电流会使断头台之利刃落下,此为执行死刑之装置。此电流由两个同性质之电线,连接切断电流之开关,且两个开关距离死刑装置相等。今E、F在同一时刻,分别独立地按下开关切断电流杀死D,那么E、F两人之行为同时发生效果是否不能证明呢?

3. Puppe之说明

德国学者Puppe认为,择一竞合之情形,可以说是完全独立之两个充分条件之复合体。"即使排除一定事实也能说明结果。即进行结果演绎之因果法则,排除该当事实时,必然的也不失其妥当性,没有理由不认为该当事实为结果之原因。以其他要素代替说明该当事实时,为双重地实现同一个原因。从而,将二者从说明中加以排除,亦能认定为原因。"唯日本学者山中敬一认为,一个因果法则没有理由适用两个条件。因此,Puppe主张,即使排除一个事实,亦不失"因果法则之妥当性"—此具有何种意义不明确;且其后半段之说明没有必要。

4. 合并排除两条件

德国及瑞士今日仍主张维持c. s. q. n.公式,共同排除两个条件而肯定因果关系。但其理由并不明确。盖原则上如果在任何场合或任意地合并排除两条件,例如,合并的排除A以手枪射杀B之行为,与C未将枪收妥,在家读书之行为,则C之行为便成为B死亡之原因,其不当,自不待言。此外,限于两个条件基本上都是"原因"时,如果将其合并的排除,很明显地,将陷于循环论法中。

5. 先顺位行为原因说

日本学者中山研一曾提倡其独创之见解,主张"行为如果有前后关系时,宜认为后者欠缺条件关系"。又学者井上佑司谓"转辙工服下安眠药,在睡眠期间,不知情之第三者以绳子绑住其身体,导致火车出事之事例;或某人将横越沙漠旅行者之水壶中的水倒出,以沙代之,不知情之第三者在水壶之底部凿洞之事例等,均为择一之因果关系的问题。且能明确地区别双方行为因果经过上之作用。故在这些设例中,能肯定先行为人为既遂,后行为人依未遂或不能处理"。唯一般而言,没有理由依行为之前后关系决定条件关系之存否。有疑问的是,学者井上氏所举之例子。在火车失事之事例中,转辙工未睡醒时,非为择一竞合之情形,井上氏之结论自属妥当。转辙工如已清醒,则第三者当然负既遂责任,转辙工无疑地也对结果提供条件(问题在于是否对结果为客观之归属)。在此情形下,因为双方之行为属于个别独立之因果系列,非谓为择一竞合之事例。又在横越沙漠旅行者之事例中,最初之行为人取走旅行者生存上所必要之饮水,对结果设定条件;而第二个行为人因为只取走不能帮助旅行者生存之沙石,所以对旅行者之死亡未设定条件。从而,此亦非择一竞合之事例。因此,学者井上氏之见解并非解决择一竞合之方法。

三、相当因果关系理论之发展在医疗过失案例之适用

(一)相当性之判断

相当因果关系是由德国弗莱堡之医师生 Johannes v. Kreis 提出的。相当性理论是以条件理论作为前提,认为并非所有造成结果之条件均是相当犯罪构成要件之条件,而是对于结果之发生具有一定程度或然率(盖然性)之条件,才是使结果发生之相当性条件。换言之,相当性理论是从人类生活经验与因果法则之认识,推论一个行为对于结果有多高之发生或然率,由此可见,"相当性"指的是一种可能性或概率之概念。至于究竟要达到何种程度之或然率,才能认为行为与结果间具有"相当性"?多数学者多略而不谈,"相当性"便成为困扰学界及实务界之抽象议题。根据德国学者 Engisch 之看法,相当性理论之操作是一种负面排除方式,亦即排除不可能发生或偶然发生,即凡是不具有相当性之条件。Engisch 从抽象法益危险之观点,认为从生活经验来看,导致结果发生之概率属于偶然之条件极少见、罕见之条件,非合乎一般生活经验上之因果,此种结果之发生属于偶然或反常之原因,因概率过于低微,即非属"相当性"之条件。〔1〕

台湾刑法学说及实务见解对于相当因果关系理论深受学者韩忠谟之影响,其谓:"相当因果关系主张凡属发生结果之条件,必须与结果有相当之关系,换言之,依吾人知识经验为客观的观察,认为在一般情形下,有同一之条件,均可发生同一

〔1〕 王皇玉:《医疗过失中的因果关系:从邱小妹人球案谈起》,载《台大法学论丛》2012 年第 2 期。

之结果者,则该条件即为发生结果之相当条件,亦即为发生结果之原因,反之,若在一般情形下,有此条件存在,而依客观的观察,认为不必皆发生此结果者,则该条件与结果并不相当,亦即无相当因果关系,不过为偶然事实而已,决定某一行为(条件)是否为发生结果之相当条件,需依客观上一般人之观察为准,与行为人主观之认识无涉。”其并列举了教科书上经典之案例医院大火案来说明,强调“自行为当时所存在之一切事实观之,不能认为某甲之伤害行为与火灾之条件有必然结合之可能,故其行为并非发生结果之原因”。然而他又举了另一例,认为具有相当因果关系:“某甲殴乙致重伤,乙因贫困无力医治,致伤口化脓,不数日而死,此种伤口化脓之条件,依行为当时所存在之事实观之,与行为有必然之结合关系,故某甲之伤害行为,与某乙之死亡有相当因果关系。”由此可见,学者韩忠谟将相当因果关系理论之相当性判断转化为以行为对于结果是否具有“必然的结合关系”为标准进行审查。据此,我国台湾地区相关判例援引前开见解,亦谓“所谓相当因果关系,系指依经验法则,综合行为当时所存在之一切事实,为客观之事后审查,认为在一般情形下,有此环境、有此行为之同一条件,均可发生同一之结果者,则该条件即为发生结果之相当条件,行为与结果即有相当之因果关系。反之,若在一般情形下,有此同一条件存在,而依客观之审查,认为不必皆发生此结果者,则该条件与结果不相当,不过为偶然之事实而已,其行为与结果间即无相当因果关系。”前开制式化公式至今仍有法院参采,唯如同本文前揭指出,“相当性”是一种客观上之概率,究竟此概率在量化上要达到何种程度才称为行为与结果间具有“必然如此”或“毫无例外”之连结关系,才具有“相当性”,不无疑义。既然称为高度之盖然性,即指一定程度之概然率,或某个程度之概然率,事实上自无须达到“必然如此”或“毫无例外”之程度。

相当因果关系理论之目的是防止条件说不当扩大刑事责任而产生之理论,因为相当因果关系可以在客观不法上将偶然之事实或偶然发生之结果从刑法之评价上排除。即相当因果关系具有排除异常因果之过滤作用。然而,除了医院大火案外,以异常因果关系或偶然事实作为排除归责之过滤标准,在医疗过失案例中不一定行得通。盖医疗过失案例常属因疾病及医疗行为等复数原因纠缠之典型类型,疾病是“先行的原因事实”,医疗行为是“后行的原因事实”,当两个以上之原因都有可能造成同一结果时,就需要先还原各个原因之事实样貌,然后厘清各个原因彼此之间之前后关联性,最后才能判断各个原因与结果之关系。疾病对于最后结果之支配性,吾人可以从医学经验加以判断,困难的是如何判断后行之医疗行为对最后结果有何种程度之支配性。据上所述,相当因果关系理论中"相当性"之判断以一定程度之概然率为标准,此在医疗过失案例中不但添增判断之难度,更难筛漏异常性之原因。

(二)医疗过失采相当因果关系说之缺点

在医疗诉讼中,为了认定是否有医疗过失之存在及成立,必须判断医疗人员所为之医疗行为与病人之死伤之间是否有因果关系存在。如采相当因果关系说作为判断过失犯因果关系之基准,因相当因果关系系采"客观事后判断"标准,以所谓最适判断者,即就其所知或依其生活经验可得而知之情况而为判断,便容易陷入看似无所不知,其实在医疗过失案例中却变成无所知之情形。由于因果关系之判断相当抽象,且临床医学属尝试之学,在从事临床行为时,任何人都无法预料或确知何种处置正确无误,即使知悉病程演进,唯在行为时既无法掌握,自不能以结果推导行为是否正确。基此,在医疗诉讼上如采用相当因果关系说,须证明至如何程度之事实始足以认定其间具有因果关系,不无疑问。鉴于前开学说有其论理上之限度,兹归纳其适用上之缺点如下。[1]

1. 在医疗过失中因果关系之举证主要为事实之因果关系。从前在犯罪情节单纯时,事实因果关系之存在即为事实认定之一环,委由法官自由心证,自不成问题。唯医疗过失诉讼中,涉及不少复杂的医学技术问题,其事实之因果关系即为决定诉讼胜败之关键。实务上倾向于将此因果关系依据医学鉴定意见作成决定,然鉴定意见仍存有诸多分歧,很难说有所谓之公平、适当之鉴定机关或鉴定;且医学之鉴定本来即与法的因果关系不同,是以,自不得径为采用鉴定意见作为相当性之判断,而认定因果关系。由此可见,相当因果关系说所称"相当性"之判断,实无用武之地。

2. 在医疗过失诉讼中,有关医疗过失行为与损害间之因果关系由检察官(病

---

〔1〕 曾淑瑜:《医疗过失与因果关系》,台北,翰芦图书出版有限公司2007年版,第542~543页。

人)方面负举证责任为原则,因前开因果关系之举证牵涉到科学的、医学的专业理论,且诊断、检查等相关资料亦由医师所独占,若要求病人严格地证明因果关系之存在,显系造成苛酷之结果。又医疗行为本具有特殊性,医疗知识属医疗人员之专门领域,因医疗行为实施时常居于医疗人员排他性之支配下,极有隐密之色彩,故第三人欲收集证据显为困难;且诉讼当事人被告与鉴定人因系同业之故,要求鉴定陈述率直之意见,实不容易。而相当因果关系说所称"相当性之判断"包含了判断之基础数据与事情之选定判断,则于基础数据、事情之选定未能明确,且可能渗入恣意之要素者,自会影响因果关系之认定。

3. 查于通常违法行为之情形,加害人之行为与被害之结果间,其事实之因果关系本身乃极为清楚明白,如以通常人之感觉予以理解事属可能。但在医疗过失案例中,欲判断事实上之因果关系,须先探究加害人有如何违法之行为造成被害人如何受害之结果;若对此一问题采肯定见解,则须进一步检讨应令加害人负担如何范围之责任,此即为法的因果关系判断之问题。由于医师之医疗行为与病人之死伤间事实之因果关系本身即有所争执,且普遍存在有疑问,基于医疗行为属于极高度特殊专业之领域,若仅以通常人、一般人所具有之经验法则,实无法判断医师之医疗行为与病人死伤结果间之事实因果关系。又即令处在医学进步之现代,亦尚有不少医学上不明领域存在,且病人之个人特异体质,甚至于伴随着新医学技术所产生之副作用、并发症等,更增加了事实因果关系判断之困难性,遂进而影响法学因果关系之判断。相当因果关系说之"相当性",不论系以"经验上通常"、"一般之可能性",或以"高度之盖然性"予以说明,当其所依据之基础资料的诸事情,无法于事实上合理地说明其因果关系时,更遑论以相当性判断证明法的因果关系了。

我国台湾地区在实务上对相当因果关系之认定,若以"些微可能性"认定标准,未落实应有之医疗尝试可理解性判断,亦未兼顾医事人员应有之临床裁量权,即忽略了医疗行为特殊性质之考虑。

(三)危险现实化说之因果关系判断方法

到20世纪80年代为止,日本有关法的因果关系,学界压倒性通说采相当因果关系说,判例亦从之。进入20世纪90年代,最高裁判例明确地开始与相当因果关系说保持距离,最近则与之诀别,开始采用“危险现实化”基准,[1]学者井田良为了“拯救陷于危机中的相关因果关系说”,提案修正与补充,改采危险现实化说。[2]其认为发生结果之“相当性”或经验上之通常性未必有必要,而系依情况,有某程度之可能性即为已足,即使是实行行为后,第三人之行为介入而致结果发生之情况,若该等情事之介入而有致结果发生可能一事,系该当行为之禁止根据,则即使具体而言该当介入情事之预测可能性相当低,仍然得肯定法的因果关系。因此,其认为应该采取以实行行为之危险是否已现实化为结果为基准之见解。[3] 在判断危险现实化时,切合具体事实来分析现实所生之因果经过,一方面,考虑实行行为带有之危险性有如何之程度、检讨行为及行为后介入情事对于具体结果之发生个别有如何之因果贡献、沿着该具体经过来思考导致该具体态样结果之预测可能性的程度等;另一方面,追究因果关系是否能够评价为实行行为所具有之危险现实化或确证之过程。具体而言,(1)行为后之介入情事即使有高度异常性,但若实行行为形成了死因,能够肯定行为之危险现实化(危险的确证)之关系,则能肯定法的因果关系。(2)即使行为本身之危险并非直接实现(即使行为并未形成死因),但如仍能肯定因果经过之预测可能性,则能肯定法的因果关系。(3)即使行为本身之危险并未直接实现,且就因果经过只有低度之预测可能性,则在刑法规范所禁止之根据的危险已现实化为结果之情形,能肯定法的因果关系。[4] 日本学者前田雅英亦谓:就因行为后之介入情事而结果发生之情况,不将判断时点固定于行为时点,且亦不划定判断基础之事实,认为应该综合(1)实行行为具有之危险性大小,(2)介入情事之异常性、介入情事与实行行为之关联性大小,(3)介入情事对于结果贡献之大小,来加

---

〔1〕 最决平成 22.10.26,刑集 64 卷 7 号,1019 页。支持此判例之学者如山口厚:《刑法总论》(第 3 版),有斐阁 2016 年版, 第 58 页以下。

〔2〕 [日]井田良:《犯罪论の现在と目的行为论》,成文堂 1995 年, 第 79 页以下;[日]井田良:《刑法总论の理论构造》,成文堂 2005 年版, 第 58 页以下;[日]井田良:《讲义刑法学 · 总论》,有斐阁 2008 年版, 第 128 页以下。

〔3〕 [日]井田良:《日本因果关系论的现状——从相当因果关系说到危险现实化说》,林琬珊译,载《月旦法学杂志》2018 年第 276 期。

〔4〕 (1)为「大阪南港事件」,最决平成 2.11.20,刑集 44 卷 8 号 837 页。(2)为「后车厢事件」,最决平成 18.3.27,刑集 60 卷 3 号 382 页。上述判例之特色在于,关注被告行为在与结果发生之关系上所具有之因果影响力、事实上之贡献程度(及与介入情事之贡献程度之比较),如果行为具有一定程度之重要性而有助于结果发生或对于结果发生有所贡献,则肯定因果关系。

以判断。[1]

在采取危险现实化说时,存在有行为人与一般通常人皆认识不可能之被害人特异体质或宿疾时,在行为人不过是施加了轻度暴行,但被害人却死亡之情形,亦可能否定法的因果关系;反之,在采取危险现实化说时,行为具有使重的结果发生之充分危险性时,则可能肯认法的因果关系。实行行为本身高度危险时,即使部分之具体因果经过预见不可能,仍不能直接否定结果归属。现实上受到了即使是普通人之情况致死亦为相当的致命性伤害时,纵使预见不可能之被害人的特异体质具有提早死期之作用,法的因果关系仍会被肯认。若是完全健康的人受到不至于死亡之伤害时,即使系在因为被害人隐藏有高度病变而致死亡之事件中,倘若就高年龄者而言,一般认为有隐性心脏疾病或有碍疾病健康障碍不稀有之情形,结果归属并不会直接被否定。[2] 日本判例在被害人有特异体质、特异疾病、宿疾,与此相伴而结果发生之情形,无论该特殊情事在行为时是否认识可能,一贯地肯定有因果关系。[3]

本说起始之目的在于解决相关因果关系理论适用上之偏差,然观其脉络似又向客观归属理论靠拢,以"风险实现"为判断基准。

四、客观归责理论之判定方法

(一)客观归责理论之三层次

现在广为人知的客观归责理论是由德国学者 Claus Roxin 所提出之版本,其认为只有在行为人之行为违反行为规范,对于行为客体制造不被容许之风险,而这个风险在具体的结果中实现,且结果存在于构成要件之效力范围内,这个行为所引起的结果才可以算是行为人的结果并归责于行为人。客观归责理论以条件理论作为

---

〔1〕[日] 前田雅英:《刑法总论讲义》,东京大学出版会 2015 年版,第 139 页以下。

〔2〕[日]井田良:《日本因果关系论的现状——从相当因果关系说到危险现实化说》,林琬珊译,载《月旦法学杂志》2018 年第 276 期。

〔3〕例如,最判昭和 25.3.31,刑集 4 卷 3 号 469 页;最决昭和 36.11.21,刑集 15 卷 10 号 1731 页;最判昭和 46.6.17,刑集 25 卷 4 号 567 页;[日]井田良:《日本因果关系论的现状——从相当因果关系说到危险现实化说》,林琬珊译,载《月旦法学杂志》2018 年第 276 期。

因果关系讨论之前提，在有条件因果的前提之下，首先，判断行为人之行为是否开启了一个法规范欲避免发生之危险，若有的话则为一般我们所称之“制造法所不容许之风险”。其次，再判断行为人制造之风险是否有实现，亦即结果与风险之间是否具有“常态关联”，此处与相当因果关系在判断相当性之部分有些类似，若认为其风险实现是按照一般经验法则可得出之结论，则肯定其具有常态关联；但若是偶然之结果，或者出现重大偏异之情形时，则否认结果之归责。最后一个层次，要求结果必须落在避免危险之构成要件效力范围之内，具体而言，便是要检验系争结果系属于他人负责或是自我负责之领域，即是所谓“构成要件效力范围”，只有当结果发生在自己应负责之范围内，行为人始被归责。

此理论建立了一个说理明确且有层次性的讨论模式，抽丝剥茧地判断每个行为与结果间之因果关系及归责；在以三大原则为主干之体系下，更发展出诸如“风险升高”“第三人自我负责”等下位概念，将客观归责理论做更完善的讨论。在现在的德国客观归责理论已经成为因果关系理论的通说，我国台湾地区现在亦有越来越多之实务见解采纳客观归责理论。客观归责理论中过失犯之因果关系判断，同样以条件关系作为前提，接下来依序讨论“制造法所不容许之风险”、“风险实现”以及“构成要件效力范围”三个层次。在过失犯的部分我们会先认定行为人之行为是否有违反客观注意义务，而这个违反客观注意义务之行为即会被认为是制造法所不容许的风险；而违反注意义务之前提是具有“预见可能性”，客观归责理论认为“以一个谨慎小心之人只要在此一环境或条件下，均能计算与预见到会有某些危险结果发生之可能”，则此时行为人则有预见可能性。据此，行为人在有预见其若为违反注意义务之行为可能造成危险，却仍违反注意义务时，此时就认定其有制造法所不容许之风险。以医疗纠纷为例，若医师所采取之医疗行为是违反医疗常规的，则要判断违反之医疗常规其目的为何，是否系有要求医师有注意义务去避免危害发生，以及医师本人是否对于其违反注意义务之行为可能造成之结果有预见可能性，若有，则医师违反注意义务之行为即是制造法所不容许之风险。

在风险实现之层次里，要讨论实现之风险是不是行为人制造之风险，此时必须借助“规范保护目的”作为限缩归责范围之下位概念，只有在行为人违反之规范、其保护目的是为避免该风险之实现时，行为人才可能被归责。在确定规范保护目的之后,接下来即是判断制造风险与实害结果间的因果关系,被称为“义务违反关联性”;当违反义务的行为跟结果之间是具有关联性的时候,行为人才需要为其行为负责。而关联性之判断方式,是假设行为人为合乎注意义务之行为时是否结果仍会发生,若结果仍会发生则代表该结果不可避免,不具结果避免可能性,此时就会认为行为与结果间欠缺义务违反关联性;反之,若行为人为合乎注意义务之行为,则结果“几近确定”不发生,就会被认定该结果是具有结果可避免性,则有义务违反关联性进而将结果归责于行为人。

最后,在构成要件效力范围之层次,主要判断结果是否发生在行为人所制造之风险范围之内,若结果之发生在他人行为的构成要件效力范围之内,就算行为人违反注意义务行为所制造之风险与结果有因果关系,仍不能归责于行为人;通常会多加讨论的即是:案件中若有第三人之故意行为介入、落入他人专业领域的范围以及被害人自己之行为介入时,原本制造风险之行为人是否在这些干扰因素介入之后仍可归责之判断,至此乃是客观归责理论建构出过失犯因果关系之论证方式。

(二)结果客观归责之审查

依据客观归责理论,过失犯因果关系之审查,在第一阶段之条件满足之后,必须进一步地进行客观归责之审查。换言之,行为人之行为虽然是造成结果发生之原因,但行为人对于结果是否负责,还须进一步进行法律上之归责评价。就过失犯而言,最重要之归责评价有二,一是“保护目的关联性”之审查,二是“结果与义务违反之关联性”。如果说违反注意义务是制造法所不容许之危险,则义务违反关联性之审查就是判断此一“法所不容许之危险”是否进一步地“实现了危险”。前者主要判断结果之出现是否属于注意义务之规范保护范围内之危险。只有死亡结果系该注意义务保护规范目的所要避免者,始具有“保护目的关联性”,死亡结果始可归责于行为人。至于如何审查后者,则必须以一种反面假设方式加以判断,如果行为人当时履行了合乎注意义务之行为,仍无法避免地出现死亡结果,则认为违反注意义务与死亡结果之间不具有“义务违反关联性”。义务违反关联性之审查只要评估一个假设之问题,即如果行为人在该特定状况下进行了合乎注意义务的行为,则结果会是什么?结果得以避免,还是结果依然发生?如果结果依然发生,则此一结果实属客观上无可避免之结果,因此不能归责于行为人违反注意义务之行为。学说上有将此称为"合乎注意义务之替代行为"或"合法替代行为"加以审查。违反注意义务意味着行为人制造了法所不容许之危险,合乎注意义务则意味行为人并未制造法所不容许之危险,如果法益侵害之结果即使在行为人合乎注意义务之情形下,仍然"几近确定"发生,则意味着此一结果在客观上属不可避免之结果,亦即违反义务之行为并非实现结果之行为,因而此一结果在客观上即不可归责于行为人。对于前开"义务违反关联性"作为结果客观归责理论之标准,德国学者 Roxin 提出反对意见,提倡"风险升高理论",其认为"几近确定"之标准过于严格,主张只要行为人遵守了义务,死亡结果"有可能"得以避免,则此一未遵守注意义务即属已超越了法所容许之风险,且从法律之观点来看,提高了死亡之机会,该未遵守注意义务之行为就该被归责。〔1〕

在风险实现的层次,此处即是要判断行为与结果间之因果关系,又称为"义务违反关联性"。医疗行为因为涉及诸多个人因素而具有高度不确定性,结果究竟得否避免,会因为每个病患身体素质或者环境因素的不同而有不同的认定结果;在我国台湾地区的医疗案件中,实务通常会寻求鉴定意见,来认定结果不可避免之部分。假设行为人有符合客观注意义务,我们称其为"合法的替代行为",而结果究竟得否避免,在医疗案件中是极难确定的。即使适用客观归责理论,仍无法减少争议。

五、结论

综上所述,前言所举二例究如何判断行为人(或第三人)之行为与结果间是否有因果关系,以下做个总结。

【C 例】地方法院"依据医事审议委员会鉴定书之鉴定意见为:……尽早手术可以缓解血肿引起的脑部二度伤害,但不能改善脑部直接受到的伤害,对可能已经损伤的脑干也益处不大,未必能挽救此病童,但可略为增加此病童存活的机会,不过亦有反而成为植物人之可能,未能尽早手术对其病情可能有些影响,对此病童死亡

〔1〕 王皇玉:《医疗过失中的因果关系:从邱小妹人球案谈起》,载《台大法学论丛》2012 年 41 卷 2 期。

结果的影响不大。就该鉴定报告所言,尽早手术有增加邱小妹存活的机会,虽然影响不大,终究还是有影响,依照前述'几乎可以完全确定'的最大可能性'拟制因果关系',本件被告不立即进行手术之不作为与邱小妹的死亡有因果关系",本件判决认定若当时医生有为合法替代行为,邱小妹之死亡结果并没有"几近确定仍会发生",故认为其并不具有结果不可避免性,认定医师之不作为仍与结果有因果关系。

本案判处医师延误治疗行为并不成立业务过失,无罪之理由在于医师等尚无作为义务之违反,可归责者,系整个医疗体系之设备不足及其运作。然罕见的本不用再讨论因果关系问题,法院判决中确肯认延误治疗与邱小妹死亡之间具有因果关系。从过失犯之审查来看,如果行为人并未违反注意义务,意味着行为人并未制造法所不容许之风险。换言之,即便出现法益侵害之结果,也应该认为是该结果属法所容许之风险。法院之判决明显不采确定或几近确定之"结果回避可能性",而是认为"尽早手术有增加邱小妹存活之机会,虽然影响不大",但只要"终究还是有影响",即使是"略微"之影响,还是认定有相当因果关系。法院认为:"本案认定无因果关系,此形同宣示,往后医师面对各种重症及绝症,选择不予医治或甚至给予错误医治,将不必负担任何责任,且医师最好选择不予医治,因为可轻易且有效规避积极治疗所需承担之风险。"事实上,即使采取"合法替代行为"理论,医师如果违反注意义务而延误医治或给予错误医治,只要病人有存活之高度可能,则医师当然要负过失致死责任,前开判决之推论如同"风险升高理论"想法一样,认为医师只要遵守注意义务就好,有没有达到防止结果之发生并不重要,此值得深思。

【D 例】法院最后判决认定庚、辛之行为与婴儿死伤之结果间有相当因果关系,首先对于庚护士有无过失及对结果之因果关系做说明。在有无过失之部分,法院认为庚护士为麻醉护士,将对新生儿如此危险之麻醉药品放置在婴儿房冰箱却未设置明显且有效之警告标语,系难谓无过失,而肯认庚护士有过失。且法院认定庚之行为与婴儿死伤之结果间有相当因果关系,且不因辛拿错药之行为而中断。

而在辛护士的部分,法院认为"注射疫苗时,应恪遵三读五对原则,善尽注意义务,竟未详读标签,谨慎核对药名,而将亚库凯林注射剂误为 B 型肝炎疫苗,对新生儿实施注射,过失情节甚巨”肯定辛护士之行为有过失;在因果关系之认定则以“而以经验法则判断,将亚库凯林注射剂置放于婴儿房护士业务专用,供暂时存放 B 型肝炎疫苗、母奶之冰箱内,又未竖立明显有效之警示标语,在通常情形下,可能导致施打疫苗之婴儿房护士,在预期婴儿房冰箱内皆应为 B 型肝炎疫苗或其他婴儿用药之情形下,误取药剂;又注射一 CC 肌肉松弛剂于新生儿身上之行为,依据经验法则作客观判断,可认定在通常情况下均足以造成婴儿死亡或伤害之结果,故被告二人之业务过失行为相互结合,与被害人之死亡及伤害结果间,均具有相当因果关系,至为灼然。”认定辛护士未经“三读五对”而为新生儿注射之行为亦与结果具相当因果关系。

相当因果关系在判断第三人介入之行为是否有生“因果关系中断”时,所使用之标准乃介入之行为是否为“一般生活经验以外,出乎行为人预料之偶然行为,若是偶然行为,则认为因果历程偏离常理,原本之行为与结果间不具有相当性而不可归责于原行为人”。地方法院认为原庚护士放置肌肉松弛剂原就属于可能引起死亡结果之行为,而放置在冰箱内之药品依据一般经验法则本就可能被他人错认,辛护士之行为非偶然之预料外行为,故结果仍应归责于庚。

上述关于第三人介入之讨论皆在相当因果关系之范围内,以下先讨论客观归责理论中第三人介入如何操作,再套入本案事实看是否会得出不同之结果。在客观归责中,有关第三人行为介入之部分多在构成要件效力范围这个阶层讨论,例如甲枪击乙,乙受伤送医途中因救护车与违规丙车发生之车祸而死亡,被害人最后死于违规丙车所制造之风险中,而非行为人枪击制造之死亡风险中,于此便可认定行为人不可客观归责。若是在第三人介入之行为开启一个崭新的风险之情形,则我们要判断有无在构成要件效力范围内实现就十分容易,若今日介入之第三人并未制造崭新的风险,而系就原行为人已经制造之风险为延续之行为,应如何认定应该归责于谁?学说上多认为若是延续原行为人所制造之风险,则不阻断归责性,原行为人仍应被归责。据此,辛护士未经“三读五对”就为新生儿施打疫苗,系为庚护士置放药剂所致生风险之延续,就构成要件效力范围来看,新生儿死伤之结果亦是发生在庚护士制造之风险范围内而可归责于庚。至于倘护士辛以合乎注意义务之方式注射 B 型肝炎疫苗,则婴儿“几近确定”不会死亡,则注射错误疫苗与死亡结果之间即具有违反义务关联性,死伤之结果在客观上即可归责于辛。

论共犯脱离:因果关系切断说的再提倡

姚培培*

【摘　要】 共犯脱离问题讨论的是共犯承担责任范围的问题,本质上是因果共犯论的具体应用,因此以因果共犯论为基础的因果关系切断说是妥当的。但是,这种因果关系切断说并非仅指将自己参与行为的因果性完全消除,还应当理解为只要达到阻却对其参与行为的结果归责意义上的因果关系的程度就足已。这个意义上的因果关系切断说,既能够对相关判例进行妥当说明,也能够合理地认定共犯的责任范围。

【关键词】 共犯脱离　因果关系切断说　共犯因果性　脱离行为

一、问题的提起

一般认为,在数人共同实施犯罪的场合,各共犯人除了对自己的参与行为负责之外,也要对其他共犯人所实施的参与行为承担责任。这是共犯责任的原则。[1] 例如,甲出于抢劫目的,在摸清被害人A家里情况并准备好了抢劫用的刀具后,邀

---

* 日本京都大学法学研究科法政理论专攻博士研究生。本文获中国国家留学基金管理委员会“国家建设高水平大学公派研究生项目”资助,项目文号为“留金发(2016)3100号”。

[1] [日]盐见淳:《论共犯关系脱离》,姚培培译,载《山东大学法律评论》(2017年辑),山东大学出版社2017年版,第1页[原文为[日]塩見淳:「共犯関係からの離脱」,『法学教室』387頁(2012年),第94~101頁]。

请乙和丙共同参加，在犯罪当日，丙在A屋外望风，乙使用甲准备的刀具对A进行胁迫，在乙压制了A的反抗后，甲拿走A家里的财物。在本案中，甲、乙、丙三人都作为共同正犯对抢劫罪既遂结果承担责任。此即共同正犯中的“部分行为全部责任”的归责原则。〔1〕

与单独犯的情形相同，在共犯现象中，也存在部分共犯人在犯罪进行过程中，幡然悔悟，意图中止犯罪的情况。此时，根据通说，共犯人想要成立中止犯享受减免处罚的恩典，除自动中止自己的犯罪行为外，还必须阻止其他共犯人继续实施犯罪或者有效防止犯罪结果的发生。〔2〕 由此得出的结论就是，在犯罪达到既遂的情况下，共犯人就不存在成立中止犯的余地。通说对于共犯中止的要求与单独犯中止的要求是一致的，即在单独犯中止的情况下，中止行为必须具有有效性，即中止人必须有效防止结果发生，否则不成立中止犯。〔3〕 例如，行为人出于杀人故意对被害人实施暴行，对被害人造成重伤后，出于怜悯，决定开车送被害人去医院接受治疗，然而被害人还是在送往医院的途中死去。此时由于最终发生了死亡结果，因此行为人必须承担故意杀人罪既遂的责任，不成立中止犯。同样的道理在前述共同抢劫的案件中适用的话，结论就是共同正犯人之一的乙如果想要成立中止，不仅要中止自己的犯罪行为，还必须阻止其他共犯人即甲和丙继续实施犯罪，如果没有做到这一步，甲和丙最终仍然实现抢劫罪既遂的话，乙也不成立抢劫罪中止，而要作为共同正犯对抢劫罪既遂结果负责。

这种将单独犯情况下中止犯成立要件直接套用到共犯的做法，忽视了共犯现象固有的特点，即与单独犯的情形不同，在共犯现象中，由于不止一个人在实施犯罪，即便某个共犯人中止了自己的参与行为，犯罪结果仍然可能由于其他共犯人的行为而发生，此时要求中止了的共犯人就其他共犯人造成的既遂结果负责，否定其

---

〔1〕 即便不承认共谋共同正犯理论，认为实施望风行为的丙仅成立抢劫罪的帮助犯，对于丙要对抢劫罪既遂的结果承担责任这一结论也并无影响，唯一的区别在于丙究竟是成立正犯还是共犯，此端视共同正犯的理论而定。

〔2〕 ［日］大塚裕史、十河太朗、塩谷毅、豊田兼彦:『基本刑法Ⅰ総論』，第3版，日本評論社2019年版，第402頁、第403頁;大谷實:『刑法講義総論』，新版第4版，成文堂2012年版，第467頁等。

〔3〕 ［日］大塚裕史、十河太朗、塩谷毅、豊田兼彦:『基本刑法Ⅰ総論』，第3版，日本評論社2019年版，第282頁。

中止的努力,在刑事责任的认定上过于严苛,从刑事政策上来说,不利于瓦解共犯关系,也无助于鼓励共犯人中止自己的参与行为。不仅如此,在某些场合,更会得出不合理的结论。例如,在前述共同抢劫的案件中,若是固守只要发生了既遂结果,就一概不成立中止犯的观点的话,那么,即便乙在抢劫过程中幡然悔悟,在劝说甲、丙放弃抢劫无果后,为保护A的人身与财产安全,与甲、丙进行搏斗,如果乙被甲打晕,没能够保护A的人身和财产安全,甲和丙最终仍然实现了抢劫罪既遂的话,此时乙仍旧要承担抢劫罪既遂的责任,这种结论难以被人接受。[1]

正是由于共犯中止理论存在上述缺陷,共犯脱离理论[2]应运而生。共犯脱离理论的意义在于,在认定部分共犯人脱离了共犯关系的情况下,脱离了的共犯仅对自己脱离前的参与行为负责,对自己脱离后其他共犯人的行为与结果不必负责。其效果就是,在实行着手前脱离的,根据实行从属性说,脱离者不成立犯罪(若共犯意图实施的犯罪的预备犯是可罚的,则成立预备犯);在实行着手后既遂结果出现前脱离的,脱离者仅在犯罪未遂的限度内承担责任,若另外满足中止犯的任意性要件,脱离者就成立中止犯;在结果加重犯、继续犯等的场合,脱离者同样仅对脱离前的犯罪事实负责。

虽然共犯脱离理论产生于日本,但我国司法实践中也不乏涉及此问题的案件。

【案例一】被告人刘某、王某与张某共同商议对歌厅坐台小姐白某实施抢劫。三人商定,三人一起到歌厅消费,王某、张某配合,由刘某在白某面前装“大款”,消除白某的戒备心,然后伺机实施抢劫。当晚,三人来到歌厅,进入包厢后点名让白某相陪,玩乐中,王某发现白某随身没有带多少钱,乘白某出去之际,王某把此情况告诉了刘、张二人。三人商议后,决定放弃此次作案,由刘某继续扮“大款”,为下次作案打基础。按照商定,三人在离开时,刘某很大方地从身上掏出500元钱甩给白某,

〔1〕 [日]豊田兼彦:「共犯からの離脱」,载『法学教室』359号(2010),第28頁注11。

〔2〕 除共犯脱离外,日本判例与学说还经常使用“共犯(关系)消解”一词,对这两个概念之间的关系,学说上存在不同的理解。但是如后所述,在日本最高裁判例的用语中,“脱离”是在描述共犯中途退出这一现象的意义上使用的,而“共犯(关系)消解”则往往作为法律判断的结论而使用;换言之,在最高裁看来,存在共犯脱离的事实未必能够得出共犯关系消解的结论,即脱离者仍需对其脱离后的犯罪事实负责。事实上,将此种场合称为“共犯关系脱离”还是“共犯关系消解”只不过是用词上的差别,本文在相同含义上理解二者。

并约定次日再来找她玩。到了第二日，刘某越想越害怕，决定不再参与此事，遂以有事为由，拒绝了王、张的邀约，由王、张二人前往。3日后，刘某被公安部门传讯，并被告知王、张二人于当晚在歌厅灌醉白某，抢得现金2000元和手机一部，总价值4800元。对于刘某，实务部门人员认为其构成抢劫罪既遂。[1]

【案例二】2009年4月间，被告人郭艺彬（女）等人在厦门市轮渡码头的海滨公园附近经营烧烤摊，因琐事与王光艺等人发生矛盾。2009年5月14日凌晨4时许，被告人郭艺彬在与被告人郑艺贤等人在思明区大同路吃烧烤喝酒时，发现之前与其有过矛盾的王光艺及被害人陈某某（殁年16岁）等人也在对面的烧烤摊吃烧烤，遂向被告人郑艺贤提议给对方一点教训。被告人郑艺贤先打电话纠集被告人陈富裕前来报复对方，然后又打电话让林文宜携带砍刀赶到现场。郭听到郑打电话叫人带刀过来，即竭力进行劝阻，郑遂让甘智宗拉住郭。尔后，陈富裕先赶到现场，随后林文宜携带砍刀也赶到现场。郑、陈各取一把砍刀欲往对面的烧烤摊冲过去时，郭挣脱上前拉住郑进行阻止，但郑打了郭脸部一下，并踹了一脚后，与陈各持一把砍刀继续冲上前去。王光艺、纪仕荣及被害人陈某某等人见状四散跑开。由于陈某某身体残疾，行动较为迟缓，郑、陈追上陈某某，并持刀朝被害人陈某某的腿部、肩部、背部等部位猛砍十多刀，其中郑砍了数刀，陈砍了十余刀。之后，三被告人一起逃离现场。陈某某受伤后被送医院抢救无效死亡。对于郭艺彬，一审认定了其"在发现被告人郑艺贤纠集他人持刀伤害时，采取了积极的阻止行为"，"酌情从轻处罚"，以故意伤害罪判处其有期徒刑10年，剥夺政治权利一年，[2]二审维持了对其的量刑部分。[3]

【案例三】2015年3月，被告人潘冬梅、韩国泉伙同周伟林、周小芳经事先商量，决定由周伟林通过具有复制信用卡信息功能的POS机设备窃取他人信用卡信息资料后伪造他人信用卡，由被告人韩国泉负责提供场地摆放设备，被告人潘冬梅负责套取信用卡内现金。同年4月，被告人韩国泉入股的绍兴市柯桥区柯桥

---

[1] 杨俊超、贾长青、王志刚:《共谋抢劫而中途不参与如何处理》，载《中国检察官》2007年第6期。

[2] 厦门市中级人民法院(2010)厦刑初字第06号刑事判决书。

[3] 福建省高级人民法院(2010)闽刑终字第302号刑事判决书。

街道"凤舞九天酒吧"开始试营业,并在收银台启用具有复制信用卡信息功能的POS机设备。2015年4月16日至5月1日,通过上述POS机设备非法窃取了20余张该酒吧消费者的信用卡信息资料。后因发生矛盾,被告人潘冬梅、韩国泉等人商议决定放弃作案。同年6月,被告人韩国泉伙同周伟林、周小芳在浙江省兰溪市"景澜宾馆"一房间内将窃得的信用卡信息销毁,并将POS机设备丢弃入兰江。周伟林在其他人不知情的情况下,在POS机设备、信用卡信息销毁前,从之前复制的信用卡信息中挑选了一张陈槟城的工商银行信用卡(卡号为62××××70)信息并伪造信用卡1张,后与林某、林卸支于2015年7月6日晚到江西省贵溪市商贸广场的中国工商银行ATM,通过取款、转账方式,从陈槟城工商银行信用卡账户内套取现金共计14万元。对于周伟林,二审认定其犯窃取信用卡信息罪和信用卡诈骗罪,实行数罪并罚;[1]而对潘冬梅,司法机关仅追究了其窃取信用卡信息罪的责任。[2]

在上述三个案例中,刘某、郭艺彬和潘冬梅都是在共同犯罪实行过程中退出,其中刘某和郭艺彬分别是在抢劫行为和伤害行为着手实行前退出,潘冬梅也是在信用卡诈骗罪着手实行前退出犯罪,但是司法机关否定了刘某和郭艺彬构成共犯脱离,在未追究潘冬梅信用卡诈骗罪刑事责任的意义上肯定了潘冬梅构成共犯脱离。

那么,在何种情况下,或者说在共犯现象中,脱离人要满足哪些要件才能认定其已经从共犯关系中脱离了呢?基于此问题意识,本文以下将在对日本的判例和学说进行介绍、探讨的基础上,重视因果关系切断说的妥当性,并以此学说来解决上述三个案例。

---

〔1〕 浙江省绍兴市中级人民法院(2016)浙06刑终305号刑事判决书。本案一审判决(绍兴市柯桥区人民法院(2016)浙0603刑初32号刑事判决书)认为周伟林的行为分别符合窃取信用卡信息罪、伪造金融票证罪和信用卡诈骗罪的法定犯罪构成,鉴于三个犯罪行为之间具有手段行为与目的行为的牵连关系,择一重予以定罪处罚,故周伟林的行为应以信用卡诈骗罪定罪处罚。检察机关抗诉意见建议改判周伟林犯窃取信用卡信息罪、信用卡诈骗罪,并数罪并罚,二审采纳了抗诉建议。

〔2〕 绍兴市中级人民法院(2016)浙06刑终321号刑事判决书。

二、日本判例与学说中的共犯脱离问题

（一）涉及共犯脱离问题的日本司法判例

1. 早先的最高裁判例

就共犯着手实行后，部分共犯人中止自己参与行为，退出犯罪的案件，早先日本司法判例都是将此作为共犯中止问题来解决。例如：

【案例四】在E与其他共犯人共谋强奸F，在强奸之际对F造成伤害，但E在准备强奸F之时因该女的哀求而中止了强奸的案件中，辩护人主张E成立中止犯，对此，最高裁昭和24年7月24日判决认为："既然与其他共犯人共谋强奸该女，其他共犯人实施了强奸并且在强奸之际对该女造成了伤害的结果，就不得免于与其他共犯人同样的共同正犯的责任，因此，不存在中止未遂的问题。"从而认定E构成强奸致伤罪的既遂。〔1〕

又如：

【案例五】在A和B共谋侵入X家住宅并实施抢劫，实际上也侵入了X的住宅并着手实行了抢劫罪，X的妻子拿出了900日元，但A并未接受这些钱，并对B说"回去吧"，走到外面，结果B夺取了这些钱的案件中（以下称为"900日元案"），最高裁昭和24年12月17日判决认为："既然没有阻止而是放任了（B）强取金钱的行为……那么就不得就仅（A）论以中止犯，（A）也不得免除由（B）完成的抢劫既遂的罪责。"〔2〕

前述最高裁判例的做法是将这一问题放在中止犯成立与否的框架内讨论，〔3〕

---

〔1〕 最判昭和24年7月12日刑集3卷8号1237頁。陈洪兵教授举例道，甲男和乙男欲强奸丙女，乙男因为丙女的苦苦哀求决定放弃奸淫，对甲男说"我们走吧"，随即独自离去。后甲男单独强奸了丙女。陈洪兵教授就此例认为，乙男脱离以前的行为对随后甲男实施的奸淫行为不具有因果性，故乙男消极离去的行为成立共犯的脱离，作为犯罪中止处理。陈洪兵：《共犯脱离的处理》，载陈洪兵：《共犯论思考》，人民法院出版社2009年，第186、202页。不过这样的论断似乎稍显武断。

〔2〕 最判昭和24年12月17日刑集3卷12号2028頁。其他将共犯脱离问题作为中止犯问题处理的判例还有大判大正12年7月2日刑集2卷610頁；大判昭和9年2月10日刑集13卷127頁。

〔3〕 成濑幸典教授指出，这是将能否对脱离者就脱离后剩余共犯人的行为进行归责的问题与脱离者是否成立中止犯的问题混淆在一起了。[日]成瀬幸典：「共犯論における判例の変容——共犯からの離脱を素材として」，载『法学セミナー』705号（2013年），第13頁。

前一个判例认为如果存在共谋,只要发生了既遂结果,就要对既遂结果负责,不存在讨论中止犯的余地;后一个判例认为即使中止了犯罪行为,只要没有阻止其他共犯人的犯罪行为,犯罪结果最终发生了的,就不得作为中止犯享受刑罚减免的优待。[1]

然而,这种在着手实行后,犯罪因其他共犯人的行为达到既遂的情形中一概要求在既遂结果发生前退出了的共犯就既遂结果负责,否定中止犯的做法,首先难免在具体结论上是过于苛刻的指责。例如,就前述"900 日元案",理论上不乏批判意见。平野龙一教授就批判道:"由于属于能够认定以前共谋、合作的效果消灭了,B 是重新基于自己的意思取得财物的情形,应当认定 A 就既遂不负责任,就未遂的部分也应当肯定中止犯。"[2] 西田典之教授也指出:"只要不存在 A 邀请了 B 或者提供了信息之类的情况,就应当认为共谋的心理效果因对 B 的中止的说服而消灭了。另外,A 做出的中止言行也可以说消解了 X 的恐怖状态。如此,对于这种情况下的 A,有肯定抢劫中止未遂的余地。"[3]

另外,这种只要共犯达到既遂就一概否定中止犯成立的做法在说理上也存在瑕疵。松原芳博教授指出,在"900 日元案"中,应该在讨论是否成立中止犯之前,先讨论能否说 A 去除了自己对抢劫既遂结果的影响力。在否定了这个意义上的"脱离"的场合,A 成立抢劫罪既遂的共同正犯,因此没有成立中止犯的余地。与此相对,在肯定了这种"脱离"的场合,A 由于成立抢劫罪未遂的共同正犯,进而根据 A 的行为能否说是任意的中止而决定其能否适用第 43 条但书规定的刑罚的必要性减免。就本判决而言,即便肯定其结论,在没有理解"脱离"与"中止"的这种二阶层构造这一点上,从现在的理论状况看来是不充分的。[4] 换言之,由于彼时共犯脱离的问题意识尚未萌发,最高裁没有具体考察各个共犯人对既遂结果的因果性,从而在说理上也存在不充分的地方。

---

〔1〕 [日]淵脇千寿保:「共犯における因果性と共犯関係からの離脱」,载『日本大学大学院法学研究年報』44 号(2014),第 74 ~75 頁。

〔2〕 [日]平野龍一:『刑法総論Ⅱ』,有斐閣 1975 年版,第 386 頁。

〔3〕 [日]西田典之:「共犯の中止について——共犯からの離脱と共犯の中止犯」同『共犯理論の展開』,成文堂 2010 年版,第 266 頁。

〔4〕 [日]松原芳博:『刑法総論』,日本評論社 2013 年版,第 397 頁。

2. 昭和年间的下级审裁判例

对于共犯脱离问题,最高裁直到平成年间才正面就此表态,不过下级审则在较早阶段就开始正面讨论共犯脱离问题。例如:

【案例六】在被告人与三名共犯人共谋了对旅馆实施入户盗窃,并前往旅馆附近,其后被告人以外的人基于共谋实施了犯罪的案件中,福冈高裁昭和24年判决指出,就未参与实行行为的人而言,"即使其在实行以前就已经怀有从该通谋关系脱离的意思,只要其在实行行为前没有采取对通谋者表明从通谋关系脱离的意思从而消解该关系等的措施,就不得免于共同正犯的责任",从而判令被告人就入户盗窃承担共同正犯的责任。[1]

福冈高裁的这一判例虽然在结论上否定了共犯脱离,但由于提出了脱离的意思表示这一消解共犯关系的要件,从中可以读出"如果表明了脱离的意思就成立共犯脱离"这一层意义,因而颇具启发性。

【案例七】在被告人与其他三名共犯人就入户盗窃进行了共谋,并一同前往被害人家的途中,想到自己还处于缓刑考验期,便放弃犯罪行为并向其他共谋者表明的案件中,东京高裁昭和25年判决认为:"即便是一度与他人共谋了实施犯罪的人,在着手前向其他共谋者明示了中止实行的意思,其他共谋者也知晓了此事,基于仅有其他共谋者的共谋实行了犯罪的场合,之前的共谋应当评价为完全不存在,(中止人)对其他共犯人实行了的犯罪不分担责任",从而撤销了认定盗窃罪共同正犯的原审判决。[2] 东京高裁的这一判例率先提出,在着手实行前,脱离人只要做出脱离的意思表示并获得其他共犯人的了解,即可从共犯关系中脱离,对其他共犯人着手实行后实施的犯罪不负责任。

【案例八】在被告人参加了抢劫的共谋而在抢劫着手前脱离,但是被告人在脱离前向抢劫的实行犯提供了有关被害人住宅的信息和供抢劫用的匕首的案件中,福冈高裁昭和28年判决认为:"即使这个人(脱离者——作者注)对其他共谋人既没有阻止犯行,又没有明确表示从该犯行脱离的意思,但当其他共谋人在认识到脱

---

〔1〕 福岡高判昭和24年9月17日高刑判特1号127頁。

〔2〕 東京高判昭和25年9月14日高刑集3巻3号407頁。

离者脱离事实后在就仅由剩下的共谋人实行犯行进行共谋的基础上实施犯行之时,认定剩下的共谋人受领了脱离者脱离的默示的意思表示是合适的。因此,在此情形下,脱离者只要就基于当初的共谋的抢劫预备承担责任,不必就其后的抢劫承担共同正犯的责任。”据此撤销了认定被告人构成抢劫罪教唆犯的原审判决,认定被告人仅成立抢劫预备罪。[1] 如果说上述东京高裁判例的意义在于提出了着手实行前脱离的标准,即脱离的意思表示及其他共犯人对此的了解的话,福冈高裁的这一判例则将其标准进一步细化,指出这种脱离的意思表示和其他共犯人的了解不必是明示的,脱离者通过自己的脱离行为本身即可默示地做出脱离的意思表示,而其他共犯人的了解也不必通过交流产生,只需要对脱离者的脱离事实存在认识即可认定。[2]

---

〔1〕 福岡高判昭和28年1月12日高刑集6卷1号1頁。

〔2〕 其他以存在脱离的意思表示及其他共犯人对此的了解为根据肯定着手实行前共犯脱离的判例有東京地判昭和31年6月30日判例体系31-3卷1100の6頁(在A、B、C三名被告人共谋伪造属于公文书的废车证明书并出售,三人在合作之下印刷了多张具有神奈川县知事署名的证明书用纸,但是,在着手制作特定的废车证明书之前,A得到B、C的谅解后中止了犯罪行为的案件中,判决认为:“在这种情况下,应当评价为包括A在内的三人最初实施的共谋……不构成(其后B、C实施的)犯行的推进力”,从而认定A无罪);大阪高判昭和41年6月24日高刑集19卷4号375頁(在共谋强奸,其中一名共谋者将被害人带进旅馆后,被告人等想要进入旅馆跟该共谋者汇合但被旅馆主人拒绝,于是与共谋者商量后离开,该一名共谋者单独实行了强奸的案件中,判决指出“虽说达成了强奸的共谋,但通过在犯行着手前表示了放弃基于共谋的犯行的实行的意思,其后实行的共谋者也对此表示了解,一度成立了的共谋关系在犯行着手前消灭了”,据此否定了被告人强奸罪的罪责);大阪地判平成2年4月24日判タ764号264頁(在被告人与作为小头目的共犯人A等共谋杀害行为后,原计划是自己用装有子弹的手枪实行杀害行为,但后来丧失了实行的意愿,到了现场也完全没有要实行的意思,在编造了差不多的理由后将手枪交给共犯人B并回家,第二天在与共犯人B的电话中只进行了模糊不清的应答,当B说了“行了”之后一直到共犯人等实行犯罪行为之前,被告人与共犯人等没有进行任何联系的案件中,判决认为被告人在打电话的时点已经完全失去了犯意,并且这件事通过被告人的言行、态度也传达给了共犯人等,从而肯定了共谋关系的脱离);以不存在脱离的意思表示及其他共犯人对此的了解为根据否定共犯脱离的判例有東京高判昭和26年10月29日高刑特25卷11頁(在被告人与共犯人就盗窃进行了共谋,并根据共谋前往被害人家,由于发生了腹痛而产生脱离意思,共犯人一个人单独实行了犯罪行为的案件中,判决认为“即使共犯者中的一人在内心已经没有了实行共谋的犯罪事实的意思,只要其没有将此向其他共犯人表明,采取手段从共谋的犯罪实行中断绝,既然其他共犯人实现了共谋的犯罪行为,该共犯应当就所实现了的结果承担共同正犯的责任”);広島地三次支判昭和33年4月25日一審刑集1卷4号648頁(判决认为“虽然能够认定在实行着手前,由于认识到杀害计划的重大性而开始对参与实行表示犹豫,甚至已经抱有从前述通谋关系中脱离的意思,除此之外,无法认定存在将从前述通谋关系脱离的意思向其他通谋者表明,并为消解该通谋关系而采取适当措施的形迹,仅凭抱有这样的意思这一件事”,无法免除承担其他共犯人实行的犯罪的刑责,否定了共犯关系的脱离)等。

在着手实行后的案件中,也存在个别判例以存在脱离的意思表示以及其他共犯人对此的了解为理由肯定脱离。例如:

【案例九】在被告人与9名共犯人共谋轮奸被害人,其中2名共犯人在汽车内强奸了被害人,被告人由于不耐烦要等顺序而放弃奸淫,对其他共犯人表示了该意思并得到了解,其后剩余的共犯人将被害人带到很远的公寓内实行了强奸的案件中,神户地裁昭和41年判决以"对共谋的相对方表明了放弃犯意,并在得到了解后离开现场走上归途,因此在此之后,当初的共谋关系得到了消解""公寓内的强奸和汽车内的强奸在法律上虽然能够评价为包括一罪,但在社会事实上是另外的奸淫"为理由,肯定了被告人构成脱离,认定被告人对脱离后公寓内的强奸犯行不承担责任。[1]

然而多数裁判例则认为,在着手实行后,仅有脱离的意思表示及其他共犯人对此的了解并不足以认定共犯脱离。例如:

【案例十】在被告人受到共犯人A的委托放火,于是将犯罪的实行委托给共犯人B,并对其指示实行方法等信息,共犯人B基于此实施了3次放火行为的案件中,被告人提出抗辩,说自己在2次未遂的犯行后,自己放弃了继续实行犯罪行为,对此,东京高裁昭和30年判决以将类似问题作为中止犯处理的最高裁在"900日元案"的判决为依据,认为"只要没有将放弃的意思表明于外部并且阻止其他共犯人实行犯罪行为或阻止结果的发生,其刑事责任就没有消灭",由此认定被告人成立放火罪的共谋共同正犯。[2] 换言之,在着手实行后的案件中,判例认为脱离人想要从共犯关系中脱离,不仅需要进行脱离的意思表示,同时还需要阻止其他共犯人实行犯罪行为或者阻止结果的发生。

因此可以得出结论:日本战后昭和年间判例对共犯脱离问题的讨论发端于在实行着手前脱离的案件中,以着手前脱离者做出的有关脱离的意思表示以及其他

〔1〕 神戸地判昭和41年12月21日下刑集8卷12号1575頁。
〔2〕 東京高判昭和30年12月21日裁特2卷24号1292頁。

共犯人对此的了解为标准,[1]着手后则要求现实阻止犯罪结果发生,否则不成立中止犯。然而,上述昭和年间判例的认定标准未必便是妥当的,具体理由如下。

首先,即便是在着手脱离前,也存在仅有脱离的意思表示及其他共犯人对此的了解并不足以认定为脱离的情况。例如,在前述福冈高裁昭和28年判决的案件中,正犯在实施抢劫行为时,使用了被告人提供的匕首,并且被告人还就选定被害人向共犯人提供了关键信息,从严格意义上来说,被告人脱离前的行为对于抢劫结果的发生提供了不可缺少的贡献。换言之,其参与行为与抢劫既遂结果之间的物理因果性并未切断,因此,本案肯定脱离的做法存在疑问。正如西田典之教授所言:"由于A(脱离者——引者注)提供的指示、信息对其后B、C、D犯行全体具有明确的物理影响力,因此应当说无法认为通过单纯地从共谋的脱离就能够认定切断了其加功的因果性。"[2]

其次,在着手实行后的案件中要求脱离者现实地阻止其他共犯人的犯罪行为或者阻止结果发生的做法混淆了共犯脱离与共犯中止。共犯脱离理论解决的是脱离者对脱离后的行为是否承担责任的问题,其实质是共犯承担责任范围的问题,本质上是共犯论的问题;而共犯中止理论解决的是共犯人的犯罪形态问题,是犯罪形态理论在共犯论中的运用,本质上是广义的未遂犯论的问题。阻止结果发生的这一要件是中止犯中"有效性"的要求,即中止行为人只有有效防止了结果的发生才能成立中止犯,但这并非共犯脱离理论本身的要求。在处于通说地位的因果共犯论看来,共犯只对与自己行为存在因果关系的结果承担责任,因此,即便现实发生了结果,如果其与共犯的参与行为之间不存在因果关系,共犯也无须承担责任。这一点无论是在着手实行前的案件还是在着手实行后的案件中都没有差别,因此判例在着手实行后的案件中提出的要求显然过高,混淆了共犯脱离与共犯中止。

复次,区分着手实行前与着手实行后,采取不同的标准认定共犯脱离的判断方法本身缺乏合理性。共犯脱离理论所要讨论的情况是在共犯实施犯罪过程中,脱

---

〔1〕[日]鈴木義男:「実行着手前における共謀関係からの離脱」,载臼井滋夫、前田宏、木村栄作、鈴木義男編:『刑法判例研究 II』,大学書房1968年版,第126頁。

〔2〕[日]西田典之:「共犯の中止について——共犯からの離脱と共犯の中止犯」,同『共犯理論の展開』,成文堂2010年版,第253頁。

离者在满足怎样的条件下可以不对其脱离之后其他共犯人实施的犯罪行为及结果承担责任的问题,这一点无论是对着手实行前还是着手实行后应当是共通的问题。既然如此,其判断标准也应当是共通的。而且,实行着手后的案件也并非一概能够作为中止犯讨论,例如在前述神户地裁昭和41年判决的案件中,被告人脱离之时已有2名共犯人强奸了被害人,强奸罪本身已经成立既遂,不存在讨论中止犯的余地,但是此时仍有讨论被告人是否成立脱离的必要。因此,正如林干人教授所言,“实行着手的概念,在共犯脱离的问题上完全没有理论上的意义”。[1]

最后,不得不指出的是,昭和年间判例做法的背后是团体主义的共犯观。正如松原芳博教授所指出:“这种‘二元论’来源于共同意思主体说所代表的团体主义共犯观。因为如果将集团整体看作一个犯罪主体的话,在着手前得到其他成员了解退出的人,可以说是在该集团意思发动的实行的着手的时点上,已经不是集团的成员了,因此不必对该集团实行的犯罪承担责任,而对于在作为集团的意思发动的实行的着手的时点上是成员的人,作为其成员的责任要求阻止既遂的成立。”[2]但是这种团体主义的共犯观违背了责任主义,已被抛弃。

3. 平成年间的最高裁判例

进入平成年间,最高裁终于就共犯脱离问题表态。

【案例十一】在被告人甲与乙一同将丙带到乙家,基于暴行的意思联络,持竹刀和木刀交替对丙实施持续了一个到一个半小时的殴打后,甲离开乙家,离开之际仅说了句“我回去了”,其后乙被丙再次激怒而又实施暴行,丙最终死亡,但无法查明死因具体是发生在甲回去之前还是回去之后的案件中,最高裁平成元年决定认为:“根据前述事实,在被告人回去的时点上,乙还会继续施加制裁的危险尚未消灭,但被告人并未特别采取防止该危险的措施,而仅仅是放任其走向离开现场,因此在前述时点上,其与乙之间当初的共犯关系不能说已经消解了,应当认定其后乙的暴行也是基于前述共谋的。于是,原审判决立足于与此相同的判断,认为即使丙的死亡结果是由被告人回去后乙施加的暴行所引起的,被告人也仍然要承担伤害致死的

---

〔1〕［日］林幹人:『判例刑法』,東京大学出版会2011年版,第145頁。

〔2〕［日］松原芳博:『刑法総論』,日本評論社2013年版,第390頁。

责任的做法,是正当的。"[1]

【案例十二】在被告人对犯罪现场进行踩点后与其他共犯人就入户抢劫进行共谋,在2名共犯人根据共谋侵入房间确认侵入口后,负责望风的共犯人因看到附近有人过来而给屋内的人打电话单方面说了句"太危险了,等不了了。先回去了"后,与被告人共同驾车离开,而剩下的共犯人在得知被告人等离开的事实后仍按原计划实施了抢劫,并造成2名被害人受伤的案件中,最高裁平成21年决定认为:"被告人与数名共犯人就侵入住宅实施抢劫行为进行共谋,在部分共犯人侵入了有人居住的住宅后,负责望风的共犯人只对已经侵入住宅内的共犯人单方面地说了句'还是别做了,我先回去了',被告人也没有另外采取防止以后犯行的措施,仅仅与望风的人一起从待机的现场脱离,剩余的共犯人等按原计划实施了抢劫。这样的话,被告人实施脱离是在着手抢劫行为之前,即便被告人也是在认识到望风的人前述电话内容的基础上脱离,并且剩余的共犯人等在此之后也认识到了被告人的脱离,也不能说当初的共谋关系得到了消解,其后的共犯人等的抢劫也还是基于当初的共谋而实施的犯罪行为。"[2]

对上述两个最高裁判例,可以做如下分析。

第一,完成了共犯脱离理论与共犯中止问题的分离。最高裁平成元年决定的案件与最高裁昭和24年的判决的案件都是在着手实行后脱离的案件,但与昭和24年的判决不同,平成元年决定并未将本案作为中止犯成立与否来探讨,[3]而是从被告人与乙之间的共犯关系是否得到消解,被告人是否要对回去后乙单独造成的伤害结果负责,来解决被告人应当承担责任的范围,在这个意义上,本决定是最高裁首次正面就共犯脱离问题表态的判例。[4] 而且,与昭和24年的判决认为只要结果发生一概不承认脱离(从而否定中止犯成立)的做法不同,从本决定中可以读出"即使发生了结果,但如果采取了防止后续犯行危险的措施,也能够肯定脱离"这样的

[1] 最决平成元年6月26日刑集43卷6号567頁。

[2] 最决平成21年6月30日刑集63卷5号475頁。

[3] 应当注意的是,本案之所以未被作为中止犯成立与否来探讨,是因为被告人在离开乙家之前,其实施的犯罪已经构成伤害罪既遂。

[4] [日]島岡まな:「共犯関係の解消(2)」,载山口厚、佐伯仁志編:『刑法判例百選I総論』,第7版,有斐閣2014年版,第192頁。

意思,[1]本决定在理论上认可了共犯脱离的法理。

第二,实现了着手前脱离基准与着手后脱离基准的统一。最高裁平成 21 年决定的案件在与抢劫罪的关系上,属于着手实行前脱离的案件。如前所述,昭和年间下级审裁判例的规则是只要存在脱离的意思表示及其他共犯人对此的了解就认定成立共犯脱离。但本决定则认为,仅有脱离的意思表示及其他共犯人的了解尚不足以构成消解共犯关系,与平成元年决定一样,本决定以被告人"没有另外采取防止以后犯行的措施"为理由,否定被告人构成共犯脱离。本决定的调查官解说指出:"就共犯关系(共谋关系)的消解,并不是仅仅根据实行着手的前后进行区别就足已,应当在考虑案件具体情况的基础上进行判断,本决定明确了这一点思路,对于今后的实务也十分有益。"[2]

第三,前述两个最高裁的判例虽然在结论上否定了被告人构成共犯脱离,但其理由并不是在于现实发生了结果,而是在于被告人没有采取一定的措施防止其离开后的犯罪行为。考虑到在这两个判例中,被告人脱离前的参与行为已经对最终结果的发生具有一定的贡献,例如在前一个案例中,甲和乙一起将丙带到乙家,并且也对丙实施了殴打,在后一个案例中,被告人实施了踩点行为,参与了抢劫行为的共谋,并且其参与行为对侵入口的确定提供了贡献,因此,这两个判例要求脱离者必须采取的措施,可以理解为要求切断其之前参与行为与最终结果之间的因果关系,在这个意义上,可以认为最高裁判例采纳了因果关系切断说的实质标准。[3]

(二)因果关系切断说的通说化

与早先的判例一样,日本刑法理论过去的通说认为,关于共犯的中止犯,如果

---

〔1〕 [日]原田國男:「共犯関係が解消していないとされた事例」,载『最高裁判所判例解説刑事篇(平成元年度)』,法曹会 1991 年版,第 182 頁。

〔2〕 [日]任介辰哉:「共犯者が住居に侵入した後強盗に着手する前に現場から離脱した場合において共謀関係の解消が否定された事例」,载『最高裁判所判例解説刑事篇(平成 21 年度)』,法曹会 2013 年版,第 184 頁。

〔3〕 最高裁平成元年决定的调查官解说也认为该决定"将因果关系切断的有无作为实质的判断基准加以采用。至少,在这个意义上,本决定以因果共犯论为基准。"[日]原田國男:「共犯関係が解消していないとされた事例」,载『最高裁判所判例解説刑事篇(平成元年度)』,法曹会 1991 年版,第 182 頁。

中止行为人没有阻止其他共犯人的犯行,犯罪最终达到既遂的话,就不构成中止犯。[1] 但如前所述,旧通说的观点对共犯人的责任认定过于严苛,存在诸多不合理性。因此,以下学者依次对旧通说进行发难。

首先是井上正治教授的共同意思欠缺说。井上正治教授认为,共同正犯中行为人的性格仅仅是由共同加功的意思即意思联络所塑造的,在实施犯罪的中途,如果欠缺意思联络,在此之后各人的行为就已经不得评价为整体的行为。据此认定表明了退出意愿,中止自己参与行为的共犯不必对剩余共犯人的行为负责,从而成立中止犯。[2] 此观点率先对在共同正犯中机械适用"部分实行全部责任"法理的做法进行反思,指出即便其他共犯人实现了犯罪结果,仍有可能成立中止犯,在这一点上,存在积极意义。但本说一来将共同正犯的本质求诸意思联络,仅重视共同正犯之间的心理联系,[3] 忽视共同正犯相互之间的物理因果性,二来无法说明教唆犯、帮助犯的情形,尤其是无法对片面帮助犯的脱离进行说明,因而未能获得支持。

此后,大塚仁教授提出障碍未遂准用说。该说认为,在共犯中止失败的场合,一概将共犯既遂的罪责归属于以中止为目标并做出认真努力的人,而将其中止行为仅认定为裁量减轻事由的做法,在某些场合存在就实际上的处遇有失均衡、过于严酷之嫌。因此,该说主张,在共犯人就阻止犯行做出了认真努力的场合,即使最终没能阻止犯行,也应当承认共犯的脱离,此时共犯人只需要在障碍未遂的限度内承担责任即可。[4] 认识到在共犯中止不成功的场合,一概要求实施了中止行为的人承担共犯既遂的责任过于严苛,因而有必要提出共犯脱离理论来对此情况进行救济,从而保持与中止犯之间的整合性和结论上的具体妥当性,在这个意义上,本说具有

〔1〕 [日]小野清一郎:『刑罰の本質について・その他』,有斐閣 1955 年版,第 298 頁以下;[日]植松正:『刑法概論 I 総論』,全訂版,勁草書房 1966 年版,第 282 頁等。

〔2〕 [日]井上正治:「共犯と中止犯」,载平野龍一、福田平、大塚仁編:『判例演習刑法総論』,有斐閣 1960 年版,第 209 頁以下。

〔3〕 町野朔教授站在因果共犯论的立场上,认为共犯因果性的本质因素在于共犯之间的心理因果性,因此主张只要切断了心理因果性就成立共犯脱离。[日]町野朔:「惹起説の整備・点検」,[日]松尾浩也、芝原邦爾編:『内藤謙先生古稀祝賀・刑事法学の現代的状況』,有斐閣 1994 年版,第 136 頁以下。在只重视心理联系的意义上与井上正治教授的观点具有一致性。

〔4〕 [日]大塚仁:「共同正犯関係からの離脱」,载『研修』301 号(1973 年),第 3 頁(该文后收录于[日]大塚仁:『刑法論集(2)——犯罪類型と解釈学』,有斐閣 1976 年版,第 31 ~ 42 頁。)。

积极意义。但是,本说现在在日本处于少数说。[1] 其最大的问题点在于,对脱离了的共犯准用障碍未遂的规定,仅认可刑罚的任意性减轻。例如,大塚仁教授认为,在教唆犯中止不成功的前提下,如果教唆犯就阻止犯罪结果发生付出了"认真的努力"的话,即认定教唆犯关系的脱离,脱离了的教唆犯就承担教唆犯未遂的罪责。[2] 但是,既然教唆犯做出了"认真的"努力,就意味着教唆犯存在任意性,与未遂犯相比,其有责性或者特殊预防必要性得到减少,准用障碍未遂的规定,显然没有充分评价到这一点。另外,"认真的努力"这一行为本身并不足以成为否定对既遂结果的归责的根据,因此大塚仁教授才说是"准用"。然而"准用"的理由却并不明确。

日本现在的通说是由平野龙一教授提出[3]、经西田典之教授详细展开[4]的因果关系切断说。本说以共犯处罚根据上的因果共犯论为前提,因果共犯论认为,共犯的处罚根据在于共犯的参与行为与正犯所造成的法益侵害结果之间具有因果关系,因此,当共犯通过自己的脱离行为切断了自己之前的参与行为与法益侵害结果之间的物理的、心理的因果关系的话,便可肯定共犯的脱离。此时,脱离人仅对自己脱离之前的参与行为负责,对脱离之后的行为及结果不承担责任。本说在判断思路上贯彻共犯人个别考察的思考方法,重视共犯现象中的因果性,与作为共犯论基础的共犯处罚根据具有理论上的一贯性,因此在理论上获得广泛支持。[5] 同时,以前述平成元年最高裁判例的出台为契机,该案调查官原田国男也明确指出最高裁

---

〔1〕 对本说表示支持的,仅有野村稔教授和佐久间修教授,[日]野村稔:『刑法総論』,補訂版,成文堂1998年版,第436頁;[日]佐久間修:『刑法講義〔総論〕』,成文堂1997年版,第396~397頁。

〔2〕 [日]福田平、大塚仁:『刑法総論Ⅰ——現代社会と犯罪』,有斐閣1979年版,第405頁(大塚仁執筆)。

〔3〕 [日]平野龍一:『刑法総論Ⅱ』,有斐閣1975年版,第383頁以下。

〔4〕 [日]西田典之:「共犯の中止について——共犯からの離脱と共犯の中止犯」,载『法学会雑誌』100巻1号(1983年),第221頁以下(后收录于[日]西田典之:『共犯理論の展開』,成文堂2010年版,第240頁以下)。

〔5〕 [日]相内信:「共犯からの離脱、共犯と中止犯」,载[日]阿部純二、板倉宏、内田文昭、香川達夫、川端博、曽根威彦編:『刑法基本講座第4巻未遂/共犯/罪数論』,法学書院1992年版,第254頁;[日]山口厚:『刑法総論』,第3版,有斐閣2016年版,第377頁;[日]佐伯仁志:『刑法総論の考え方・楽しみ方』,有斐閣2013年版,第388頁;[日]西田典之著、橋爪隆補訂:『刑法総論』,第3版,弘文堂2019年版,第399頁;[日]井田良:『講義刑法学・総論』,第2版,有斐閣2018年版,363頁;[日]松原芳博:『刑法総論』,日本評論社2013年版,第390頁;[日]林幹人:『刑法総論』,東京大学出版会2000年版,第393頁等。

采取了因果关系切断说的实质标准,[1]因此本说对实务也产生了巨大影响。最终,本说成为日本的通说。[2]

(三)因果关系切断说面临的挑战

因果关系切断说重视共犯现象中的因果性,以同时切断物理因果性和心理因果性为基准判断共犯脱离,不仅在日本占据通说地位,在我国也获得了众多的支持。[3] 但是,在日本司法判例中,存在一些认为本说无法进行合理说明但在结论上具有妥当性的裁判例,以下结合这些裁判例进行说明。

【案例十三】曾经一起生活的A、B、C、D、E 5人在窃取6瓶甲苯之际,共谋将其中1瓶留下来共同使用,剩下的5瓶卖掉5人平分货款,此后5人分别住在4个不同的地方,各自使用着窃取的甲苯。在共谋之后2个月有余的某日,B将剩下的1瓶甲苯出售并独吞了货款。东京地裁昭和52年判决认为,"从共谋成立后到本案出售行为之间2个月有余的期间内,并未发现就共谋的消解进行了商谈,或者进行了从共谋关系脱离的意思表示的迹象。……但是,共谋的消解并不限于明示进行的场合。在本案中,处于共谋背景中的各种情况随着2个月有余的时间的经过发生了大幅度变化,最迟到实施本案出售行为的4月17日之前,前述共谋在默然中已经消解了",从而认定出售甲苯的行为是B的单独犯行为,A等不必对此负责。[4]

【案例十四】被告人在与D等数人进行共谋的基础上,提供了拘禁被害人的场所,参与了拘禁被害人和向被害人的弟弟勒索赎金的行为,但在其后被警察抓捕,被告人被抓捕后,积极配合警察调查。东京地裁平成12年判决认为,"由于可以评价为被告人在被警察抓捕后,通过答应警察的说服,配合调查,面向将来地把自己

---

〔1〕[日]原田國男:「共犯関係が解消していないとされた事例」,载『最高裁判所判例解説刑事篇(平成元年度)』,法曹会1991年版,第182頁。

〔2〕[日]大塚裕史、十河太朗、塩谷毅、豊田兼彦:『基本刑法Ⅰ総論』,第3版,日本評論社2019年版,第398頁。

〔3〕张明楷:《刑法学》(第5版),法律出版社2016年版,第448页;黎宏:《刑法总论问题思考》(第2版),中国人民大学出版社2016年版,第473页;周光权:《刑法学总论》(第3版),中国人民大学出版社2016年版,第358页;钱叶六:《共犯论的基础及其展开》,中国政法大学出版社2014年版,第144页;陈洪兵:《共犯论思考》,人民法院出版社2009年版,第198页等。

〔4〕東京地判昭和52年9月12日判時939号126頁。

的加功给本案各犯行施加的影响消除了,因此在此时点上,可以认定从与 D 等之间当初的共犯关系中脱离了",从而认定被告人对其被抓捕后的犯罪行为不承担责任。[1]

【案例十五】被告人与共犯人 A 等共同对被害人施加暴行造成伤害(第 1 暴行),致使被害人陷入不能抵抗的状态,此时被告人对被害人的情况表示关心,这一举动惹怒了 A,A 与被告人发生了争论,在争论过程中 A 突然打晕了被告人,其后,A 等将被告人留在原地,将被害人带到其他地方,继续实施伤害行为(第 2 暴行)。名古屋高裁平成 14 年判决认为,"以 A 为中心包含被告人在内形成的共犯关系,由于对被告人的暴行以及将被告人留在原地的这一 A 自己的行为而得到单方面的消解",据此就第 2 暴行否定被告人共犯关系的成立。[2]

因果关系切断说在提出之际认为,在提供物理性帮助的场合,脱离人必须消灭自己的参与行为对结果的物理因果性,在提供技术性帮助的场合,必须说服正犯放弃犯罪或者阻止正犯实行犯罪,否则不构成共犯的脱离。例如,西田典之教授指出,提供有关侵入对象的信息、告知工具使用方法等的加功行为,通过正犯的记忆还能够对犯罪的实行施加影响。因此,对于这种帮助而言,与教唆犯的场合一样,脱离的方法只能是说服正犯中止犯行或者物理性地阻止正犯着手实行。[3] 根据此观点,在未完全消除自己参与行为的物理性影响的场合中,不成立共犯的脱离。如此的话,在上述东京地裁昭和 52 年判决的案件中,B 出售的甲苯正是 A 等之前窃取后得到的甲苯,在 B 出售的时点上,A 等其他共犯人对其出售行为的物理因果性尚未消失。在因果关系遮断说看来,A 等应有成立帮助犯的余地。[4] 在东京地裁平成 12

---

〔1〕 東京地判平成 12 年 7 月 4 日判時 1769 号 158 頁。

〔2〕 名古屋高判平成 14 年 8 月 29 日判時 1831 号 158 頁。不过本判决通过适用《日本刑法》第 207 条关于同时伤害的特例,在结论上认定就第 2 暴行造成的伤害被告人也要承担共同正犯则责任。

〔3〕 [日]西田典之:「共犯の中止について——共犯からの離脱と共犯の中止犯」,同『共犯理論の展開』,成文堂 2010 年版,第 249 頁。此处的表述虽然是就正犯着手实行前的帮助犯而言的,但西田教授在该论文后面指出这同样适用于共同正犯。同文第 251 頁。

〔4〕 山中敬一教授称此类型为"共谋关系的消灭",[日]山中敬一:「共謀関係からの離脱」,载[日]川端博、椎橋隆幸、甲斐克則編:『立石二六先生古稀祝賀論文集』,成文堂 2010 年版,第 546 頁。十河太朗教授就本案否定了 A 等的共同正犯性,同时认为本案难以肯定因果性的切断。[日]十河太朗:「共謀の射程と共同正犯関係の解消」,载『同志社法学』67 卷 4 号(2015 年),第 402、404 頁。

年判决的案件中，被害人被拘禁的场所是由被告人提供的，并且这一事实在被告人被抓捕后也同样存在，在这个意义上，被告人被抓捕前实施的参与行为在其被抓捕后也持续提供影响，虽然判决说的是“面向将来地”，但这一物理因果性仍然难言得到切断。既然如此，在因果关系遮断说看来，难以认定被告人在被抓捕后构成共犯脱离。在名古屋高裁平成14年判决的案件中，被告人所参与的第1暴行造成的被告人反抗被压迫的状态一直持续到第2暴行的时点，因此难以否定被告人的行为对第2暴行的物理因果性，在因果关系切断说看来，被告人提供的物理因果关系并未得到切断。[1]

（四）对因果关系切断说进行补充的学说

鉴于因果关系切断说面临对上述裁判例说理困难的局面，日本学者又提出了一些新的理论对因果关系切断说进行补充。例如，岛田聪一郎教授认为，就共犯脱离问题，在因果关系切断说基准之外，还存在另一种基准，即当正犯所实行的行为被评价为基于新的行为决意的“另外的犯罪事实”的场合，仅参与当初行为的人不论其有无脱离行为，对新的犯罪事实都不必承担罪责。此即所谓“另外的犯罪事实论”。[2] 盐见淳教授则认为，“从对‘遮断’的规范化理解出发，需要考察的并不是先行的参与行为对结果的作用是否现实地消灭，而是介入的自己的中止措施——如中止的意思表示及其了解，取回金库钥匙等——能够规范性地评价为脱离。与其说是与结果之间的因果性，不如说有意义的是行为所采取的作为行动、举止的脱离的适格性。这样，如果采取了‘站在行为人的立场，通常足以消灭行为人所造成的危险的’措施的话，不必讨论是否存在异常的经过，根据这一措施本身就可以肯定脱离。”[3]

---

[1] 山中敬一教授称此类型为“共谋关系的强制终了”，[日]山中敬一：「共謀関係からの離脱」，载[日]川端博、椎橋隆幸、甲斐克則編：『立石二六先生古稀祝賀論文集』，成文堂2010年版，第547頁。对于此案，山口厚教授基于因果关系切断说的立场，认为物理因果性仍然存在，仅能够免于承担共同正犯的责任，但还要承担帮助的责任。[日]山口厚：『刑法総論』，第3版，有斐閣2016年版，第380～381頁。

[2] [日]島田聡一郎：「共犯からの離脱・再考」，载『研修』741号（2010年），第7頁。

[3] [日]盐见淳：《论共犯关系脱离》，姚培培译，载《山东大学法律评论》2017年辑，山东大学出版社2017年版，第11～12页。

不过就怎样的情况下能够看成"另外的犯罪事实",岛田聪一郎教授认为:"这里涉及的是,对于X(脱离者——引者注)当初加担的行为(以下称为第1行为——原作者注),能够将其后X并未直接参与的结果惹起行为(以下称为第2行为——原作者注)以及由此产生的结果也进行归属。"[1]既然"另外的犯罪事实论"也需要判断能否将脱离之后的犯罪事实归属给脱离者脱离之前的参与行为,其基本立场仍未脱离因果关系切断说。盐见淳教授的看法与其在中止犯的构造中重视"中止行为适格性"的观点[2]具有逻辑上的一致性。不过需要注意的是,盐见淳教授本身并不否定因果关系遮断说判断方法的妥当性,[3]只是在不能事实性地消除对结果的作用、影响的场合,主张采取规范判断,在这个意义上,可以认为盐见淳教授的基本立场仍是因果关系切断说。

三、自说的提出及展开

(一)因果关系切断说基本立场的再提倡

首先需要明确的是,共犯脱离问题涉及的是共犯承担责任范围的问题,因此在以下方面与共犯中止存在不同:(1)成立阶段上存在不同。在日本,中止犯是以未遂的成立为前提的,因而在着手实行之前不存在未遂犯的问题,而共犯脱离也可能发生在着手实行之前。当然,在我国刑法语境下,两者在着手实行之前的阶段上均有可能发生,因此不成问题。但是,与中止犯只能发生在犯罪既遂之前不同,共犯脱离问题则可能发生在结果加重犯、继续犯等犯罪既遂之后。例如前述日本最高裁平成元年判例的案件,就是在暴行罪既遂结果(在我国刑法语境下,也能够肯定故意伤害罪既遂结果)发生之后、死亡这一加重结果发生之前进行脱离的情况;又如前述东京地裁平成12年判决的案件就是在非法拘禁既遂结果发生后、犯行继续的

---

〔1〕［日］島田聡一郎:「共犯からの離脱・再考」,载『研修』741号(2010年),第11頁。

〔2〕［日］塩見淳:「中止行為の構造」,载中山研一先生古稀祝賀論文集編集委員会編:『中山研一先生古稀祝賀論文集　第3巻　刑法の理論』,成文堂1997年版,第259頁。

〔3〕盐见淳教授也认为因果关系切断说的"方向性是妥当的"。［日］盐见淳:《论共犯关系脱离》,姚培培译,载《山东大学法律评论》2017年辑,山东大学出版社2017年版,第13页。

过程中脱离的情况。(2)两者的成立要件不同。首先,共犯脱离不以任意性(自动性)为前提。例如,在前述东京地裁平成12年判决的案件中,被告人被警察抓捕后积极协助调查的行为很难说具有任意性。其次,共犯脱离也不以脱离人实施中止行为为要件。例如,在乙意图盗窃,甲为其提供钥匙,但在实施盗窃过程中,乙发现甲提供的钥匙打不开门,于是用其他方法破门而入实施盗窃的案件中,德国帝国法院认为,甲对乙盗窃既遂的结果不承担责任,仅成立盗窃罪未遂的帮助犯。[1] 在此案中,甲虽然没有实施任何中止行为,但由于其所提供的钥匙在盗窃既遂结果的发生上没有提供物理因果性,同时在乙发现甲提供的钥匙无效的时点,甲对乙盗窃行为提供的心理因果性也随之切断,因而甲也构成共犯脱离,对乙盗窃既遂的结果不承担责任。

在明确共犯脱离与共犯中止不同的基础上,本文认为,只要肯定共犯是犯罪的一种方法类型,[2]承认因果共犯论的合理性,在共犯脱离问题上,因果关系切断说的基本立场就是妥当的。换言之,既然共犯对其他共犯的犯罪行为及结果承担责任的理由在于该共犯的参与行为与其他共犯的行为及结果之间存在因果关系,那么当这种共犯因果关系得到否定的场合,就构成共犯脱离,共犯对不具有因果性的行为及结果不承担责任就是应有之义。与此问题互为印证的就是承继共犯的问题。在承继共犯的场合,由于后行为人的参与行为与其加入之前的行为及结果之间不存在因果性,因此对该部分犯罪事实不承担责任,因而承继共犯否定说的立场契合因果共犯论,值得提倡。[3] 同理,在共犯脱离的场合,如果共犯人脱离前的参与行为与其脱离后发生的结果之间不存在因果性,自然就不必对该部分犯罪事实承担责任。

大谷实教授认为:“在脱离中重要的是能否说脱离前的共犯关系因脱离而消解,并成立了新的共犯关系或者犯意,在这个意义上应当认为重视物理的、心理的因果性的立场并不妥当。在将因果性作为问题之时,几乎在所有的场合认定脱离

---

〔1〕 RGSt. 6,169. 转引自[日]大越義久:『共犯の処罰根拠』,青林書院新社 1981 年版,第 161 頁。

〔2〕 [日]佐伯千仭:『三訂刑法講義〔総論〕』,有斐閣 1977 年版,第 332 頁

〔3〕 姚培培:《承继共犯论的展开》,载陈兴良主编:《刑事法评论(第 40 卷) · 教义学的犯罪论》,北京大学出版社 2017 年版,第 108 页以下。

都是困难的。"[1]就脱离的要件,大谷实教授认为:"脱离必须引起已经成立了的共犯关系的消解。要认定共犯关系的脱离或者消解,要求在处于共犯关系的人脱离后,脱离者的影响力消灭,新的共犯关系或者犯意成立。因此,首先,脱离者要表明脱离的意思。其次,处于共犯关系的剩余的人必须了解脱离者脱离的意思。在此基础上,当剩余的人实行犯罪之时,作为基于新的共犯关系、新的犯意的行为,脱离者不必就该行为乃至结果承担刑事责任。"[2]这种观点被称为共犯关系消解说。[3]

本文认为大谷实教授对重视因果性的因果关系切断说的批判意见不能成立,理由在于:

第一,与因果关系切断说重视因果性判断的观点相比,共犯关系消解说更不具有明确性。事实上,共犯关系消解这一命题与其说是判断共犯脱离的要件,倒不如说是共犯脱离的效果,其本身并没有揭示共犯脱离的要件。

第二,与上一点相联系,如果非要追问共犯关系消解的要件是什么,回答恐怕还得在因果性中寻求。在逻辑上可以明确的是,在回答共犯关系消解的要件是什么之前,必须先明确共犯关系成立的要件是什么,两者的要件应当是一致的。既然大谷实教授在共犯处罚根据的问题上采取的是重视因果性的惹起说,[4]那么可以认为,在大谷实教授看来,共犯关系成立的要件就在于共犯与正犯行为及结果的因果性。如果这样的推论没有什么问题,那么归根结底共犯关系消解的要件也仍在于共犯因果性的切断。

第三,大谷实教授为共犯关系消解所举的"脱离者的影响力消灭""新的共犯关系或者犯意成立"的例子本质上就是因果关系的切断,前者既包括物理因果性的切断,也包括心理因果性的切断,[5]后者就是心理因果性的切断。事实上,大谷实教

---

〔1〕 [日]大谷實:《刑法講義総論》(新版第4版),成文堂2012年版,第470頁。

〔2〕 [日]大谷實:《刑法講義総論》(新版第4版),成文堂2012年版,第470頁。

〔3〕 我国郑泽善教授赞同此说,郑泽善:《共犯关系的脱离》,载《法治研究》2014年第10期。王昭武教授曾经也持此观点,王昭武:「共犯関係からの離脱」,载『同志社法学』58卷1号(2006年),第181頁以下;王昭武:《共犯关系的脱离研究》,载陈兴良主编:《刑事法评论 · 第32卷》,北京大学出版社2013年版,第116页以下。

〔4〕 [日]大谷實:《刑法講義総論》(新版第4版),成文堂2012年版,第400頁。

〔5〕 不能认为这里的"影响力"是因果性之外的要素。

授在论述实行着手后共同正犯关系脱离的要件、[1]评述东京高裁昭和25年判决、[2]论述教唆犯关系脱离之时,[3]也不得不援引因果性的标准。

第四,在提供工具等物理性帮助的共犯收回该工具的场合,仅凭此难以认定“新的共犯关系或犯意成立”,但此时肯定共犯脱离的结论是妥当的,而共犯关系消解说难以对这种情况进行妥当说明。

王昭武教授认为:“共犯行为与构成要件结果之间存在因果关系只是成立共犯的最低限度要件,存在因果关系未必构成共同犯罪,亦未必对最终结果承担罪责,另外还得存在作为共犯之本质的相互利用相互补充的关系,存在‘共同意思’与‘共同行为’。而能够为这种相互利用相互补充的关系奠定基础的,正是参与者之间的共谋,要成立共同正犯关系,必须是基于当初的共谋而实施了实行行为。反之,若形成了不同于当初的共谋的新的共谋或者犯意,并基于这种新的共谋或者犯意实施了实行行为,就不能谓之为是由基于当初的共谋的相互利用相互补充的关系实现了结果,不能成立共同正犯。具体就共犯脱离而言,因果共犯论只能说明为何担责,其本身并不能界定担责范围,而是否成立共犯脱离,要解决的是归责范围与归责程度的问题,两者处于不同理论层面,因而不能过度夸大因果共犯论的作用,简单以‘归责根据’来确定‘归责范围’,混同处罚根据理论与归责范围确定理论。因此,在本文看来,对于共犯脱离问题的解决,以因果共犯论为基础的因果关系切断说、规范的因果关系切断说的路径选择本身是存在问题的。与因果论相比,更应该从共犯论本质来考察,取决于退出之后的行为是否仍然能谓之为是基于当初的共谋而实施,最终结果是否是由‘共同实行的意思’支配之下的‘共同行为’所引起。”[4]

上述批判意见认为,因果性只是成立共犯的最低限度要件,即只是共犯归责的必要条件,而非其充分条件,进而认为要肯定共犯归责,在因果性的基础上,还必须

---

[1] 其中写道“自己切断了自己行为的心理因果关系”。[日]大谷實:《刑法講義総論》(第4版),成文堂2012年版,第471頁。

[2] 其中写道“在实行着手前的话,由于能够切断物理的·心理的影响力,肯定‘脱离’是比较容易的。”[日]大谷實:《刑法講義総論》(新版第4版),成文堂2012年版,第472頁。

[3] 其中写道“使被教唆者的犯意消灭”“当初教唆的效果消灭”。[日]大谷實:《刑法講義総論》(新版第4版),成文堂2012年版,第473頁。

[4] 王昭武:《共谋射程理论与共犯关系脱离的认定——兼与刘艳红教授商榷》,载《法律科学》(西北政法大学学报)2016年第1期。

存在相互利用相互补充的关系,而这种关系只能由共谋来奠定基础。因此,仅着眼于因果性的因果关系切断说不妥当。本文认为上述批判意见存在如下疑问。

首先,在因果性之外寻求归责根据的看法违背了个人责任原则。个人责任原则是责任主义原则的内容之一,其核心主张是行为人只对与自己的行为有因果性的犯罪事实承担责任。共同正犯的归责原理是"部分行为全部责任",对此,王昭武教授指出,"'部分行为全部责任'原理之所以符合'个人责任原则',正是因为该人与其他人处于同一共犯关系之下,相互利用相互补充地完成了犯罪,行为人虽然只是实施了部分行为,但其他人的行为仍然可以被评价为该人之行为"。[1] 如果该观点是认为共同正犯的归责根据是不同于因果性的"相互利用相互补充的关系",那么,在以这种关系的存在为依据让共犯就他人的行为承担责任这一点上,违反了个人责任原则。

其次,共谋射程理论归根结底还是要还原成共犯因果性理论。王昭武教授认为,"共谋射程包括三个方面的内容:(1)有参与共谋的意思;(2)实际参与了共谋;(3)行为是基于共谋而实施。该理论研究的是,已经实际存在的行为是不是基于当初的共谋而实施,以确定行为的实施主体,进而决定该行为及其结果的归责对象"。[2] "只有就行为的实施进行共谋,由此形成共同实行的意思,并且基于这种共谋(共同实行的意思)实施了行为,才能认定该行为属于'共同意思'支配之下的'共同的行为',属于共谋射程之内的行为,进而成立共同犯罪,行为人也才会对该行为所引起的结果承担罪责;反之,尽管行为造成了某种结果,倘若该行为不能认定为行为人的行为,则不可能将结果归责于行为人,自然也无须再研究该行为与结果之间是否存在因果关系以及行为人是否具有故意等问题。"[3] 然而,正如桥爪隆教授所指出的那样,共谋这个要件发挥着三个机能,一个是肯定心理因果性,另一

---

[1] 王昭武:《共谋射程理论与共犯关系脱离的认定——兼与刘艳红教授商榷》,载《法律科学》(西北政法大学学报)2016 年第 1 期。

[2] 王昭武:《共谋射程理论与共犯关系脱离的认定——兼与刘艳红教授商榷》,载《法律科学》(西北政法大学学报)2016 年第 1 期。

[3] 王昭武:《共谋射程理论与共犯关系脱离的认定——兼与刘艳红教授商榷》,载《法律科学》(西北政法大学学报)2016 年第 1 期。

个是肯定故意,还有一个是肯定正犯性。[1] 王昭武教授所说的"基于共谋实施了行为","属于共谋射程之内的行为",无非指的是正犯行为与共谋行为(参与行为)之间存在因果性,[2]因此,共谋射程理论归根结底仍旧能够还原成共犯因果性理论。事实上,王昭武教授在论证如何确定共谋的射程时也指出:"共犯之间的相互利用相互补充的关系,是指物理以及心理方面的影响,因而可以通过综合考虑客观与主观两个方面的因素来确定共谋的射程。"[3]可见王昭武教授本身也是认可共谋射程理论要通过因果性来认定的。[4]

最后,王昭武教授观点的最大问题在于混淆了归责范围(因果性)与归责程度(正犯性)。关于共同正犯的正犯性根据,大谷实教授认为:"在2人以上达成共同实施犯罪的合意,在此意思即共同实行的意思之下,相互之间利用补充他人的行为实现犯罪的场合,能够认定各参与人的行为结成一体实施犯罪。(共同正犯)'全部作为正犯'的根据在于在共同实行的意思下,共同者相互利用补充的行为。"[5]由此可知,王昭武教授所谓的"相互利用相互补充的关系"是为共同正犯的正犯性奠定基础的要件,这是应当在肯定因果性(王教授所说的归责范围)后讨论的要素。因此,否定这一要件,充其量只能否定脱离者构成共同正犯,但仍残存构成狭义共犯的余地。因此,作为认定包括狭义共犯在内的共犯脱离的认定标准,共谋射程理论是不充分的。事实上,在日本,首倡以共谋射程的理论来认定共犯脱离的十河太朗教授,也只是在补充因果关系切断说的意义上,指出在因果性尚未切断但相互利用相互补充关系得到消解的场合能够否定共同正犯,而并非主张以此理论取代因

---

[1] [日]橋爪隆:「共謀の意義について(1)」,载『法学教室』412号(2015年),第128頁。

[2] 一个可以作为佐证的例子就是,藤木英雄教授在论述因果关系中的"相当性判断的基准"之时,指出:"在讨论因果关系之时……被害是否是该行为射程范围内的事实这一点是重要的。"[日]藤木英雄:『刑法講義総論』,弘文堂1975年版,第100頁。这从侧面说明所谓"射程范围"理论与因果关系判断是一回事。

[3] 王昭武:《共谋射程理论与共犯关系脱离的认定——兼与刘艳红教授商榷》,载《法律科学》(西北政法大学学报)2016年第1期。

[4] 山中敬一教授也认为是否"基于共谋"的问题是"共谋对犯行因果关系"的有无的问题。[日]山中敬一:「共謀関係からの離脱」,载川端博、椎橋隆幸、甲斐克則編:『立石二六先生古稀祝賀論文集』,成文堂2010年版,第547~548頁。

[5] [日]大谷實:《刑法総論》(第5版),成文堂2018年版,第234頁。

果关系切断说。[1]

(二)因果关系切断说的重构

如前所述,因果关系切断说在提出之际对因果性切断的认定标准较高,具体表现就是要求脱离者必须消除其脱离之前参与行为的因果性,在无法消除事实上的影响力的场合不构成共犯脱离。[2] 这种观点在要求脱离者溯及性地消除自己之前参与行为影响力的意义上,也被浅田和茂教授称为"溯及消解说""溯及撤回说"。[3]

但是,要求脱离者溯及性地消除已经造成的因果影响,事实上是不可能的,因为一切因果经过在时间上都是向后发展的,脱离者的脱离行为也只能对脱离后的事实产生作用。这就好比承继共犯现象中后行为人的行为不可能溯及性地对其加入之前的犯罪事实产生影响一样。即便在诸如取回了提供的工具等可以物理性地观察到撤回物理影响力的场合,通过提供工具给予共犯的心理支持,以及共犯基于该心理支持而实施的预备行为的影响力,也难以认为得到了消除。又如,在共谋过程中就犯罪的实施提供了技术性建议或者关键信息的场合,有道是"舌不及驷",一旦说出口的东西就会在一定时间内(或许永久地)停留在共犯的记忆中,这种因果影响可以说根本是无从消除的。正是在这个意义上,松宫孝明教授才说:"严格来说,只要没有阻止犯行,'因果性的切断'就是不可能的。"[4]

本文认为,出现这种情况的原因在于溯及撤回说仅仅在(合法则)条件关系的意义上理解共犯的因果性,而没有重视对条件关系这一事实因果关系基础之上的法律因果关系的判断。换言之,由于认为只要存在条件关系就足以肯定共犯的因

---

〔1〕 十河太朗教授指出:"由于各行为人与结果之间因果关系的存在是共通于所有参与形式的要求,因此当能够说切断了因果关系时,不仅仅是共同正犯,教唆犯、帮助犯也没有成立的余地。另外,相互利用相互补充的关系是共同正犯固有的问题,在未切断因果性而否定共同正犯性的时候,还存在成立教唆犯、帮助犯的可能性。"[日]十河太朗:「共謀の射程と共同正犯関係の解消」,载『同志社法学』67 卷 4 号(2015 年),第 407 ~ 408 頁。

〔2〕 例如[日]西田典之:「共犯の中止について——共犯からの離脱と共犯の中止犯」,同『共犯理論の展開』,成文堂 2010 年版,第 249 頁;[日]山口厚:『刑法総論』,第 3 版,有斐閣 2016 年版,第 377 頁;钱叶六:《共犯论的基础及其展开》,中国政法大学出版社 2014 年版,第 144、145 页。

〔3〕 [日]浅田和茂:『刑法総論』(第 2 版),成文堂 2019 年版,第 480 頁。

〔4〕 [日]松宫孝明:『刑法総論講義』(第 5 版),成文堂 2017 年版,第 319 頁。

果性,那么要否定共犯的因果性,就必须达到否定这种条件关系的程度,于是便逻辑性地要求溯及性地撤回该条件的存在,即要求脱离者必须消除自己贡献的影响力,使该物理的、心理的因果力不存在。[1]

但是,因果共犯论中的共犯因果性并不以存在(合法则)条件关系为充分条件。与单独犯的因果关系一样,共犯的因果关系也应当是条件关系的形式判断与在此基础上的实质判断相结合。详言之,要肯定对共犯的结果归责,也需要共犯参与行为的危险性通过其他共犯的行为在最终结果中得以现实化。[2] 在共犯提供物理工具的场合,要肯定物理因果性,其他共犯必须按照该工具通常的用法实际使用了该工具,并且该工具也实际上起到了作用。如果未满足这样的条件,那么只能从心理因果性上进行认定,此时就要求提供工具的行为对其他共犯犯意的形成起到促进、强化的效果。因此,应当肯定存在与最终结果存在条件关系但不存在结果归属的共犯行为,例如,在甲将钥匙交给乙用于盗窃,在通常情况下乙是会直接用这把钥匙盗窃,但乙出于保险起见,暗中配了一把钥匙,并且用这把配的钥匙实施盗窃的案件中,甲提供钥匙的行为与乙盗窃结果之间虽然有条件关系,但由于其中介入了乙暗中配钥匙并用配的钥匙盗窃的异常因素,甲提供钥匙的行为与乙用暗中配的钥匙盗窃成功的结果之间即不存在结果归属的关系,因此只能否定甲提供钥匙的物理因果性。接下来,只能从甲提供钥匙的行为能否强化、促进了乙盗窃的犯意的角度讨论其心理因果性。而此时,只要甲没有提出取回钥匙的要求或者表明脱离的意思,一般能够肯定这种心理因果性;反过来,在这种情况下,如果甲提出要取回钥匙,即切断了该心理因果性,从而构成脱离。正是在这个意义上,岛田聪一郎教授

---

〔1〕 黎宏教授指出了这一点,参见黎宏:《共犯脱离论文评议》,载林维主编:《共犯论研究》,北京大学出版社 2014 年版,第 46 页。

〔2〕 因此桥爪隆教授才说"为了使共同正犯的结果归责得以正当化,应当认为必须发生作为共谋的危险的现实化的结果。而且,要能够说共谋的危险在结果中现实化了,必须能够肯定共谋对实行分担者所造成的犯行促进效果一直持续,在其影响下犯罪得以实施。"[日]橋爪隆:「共謀の限界について——共謀の射程・共謀関係からの離脱」,载『刑法雑誌』53 巻 2 号(2014 年),第 171 頁。岛田聪一郎教授也指出:"与参与行为不存在的场合相比,在参与行为产生的正犯行为的结果发生的危险升高到了肯定相当因果关系的程度的场合,就现实发生的结果可以肯定危险增加,结果归属得以肯定。"[日]島田聡一郎:「広義の共犯の一般的成立要件——いわゆる『中立的行為による幇助』に関する近時の議論を手がかりとして」,载『立教法学』57 号(2001),第 88 頁。两位教授的观点都说明了在共犯因果性中应当重视对结果归属的判断。

才认为这种情况属于异常事态,否定因果关系或客观归责。[1]

事实上,盐见淳教授所提出的具有脱离的适格性的“站在行为人的立场,通常足以消灭行为人所造成的危险”的措施这一标准,其实质仍然是考量该脱离行为是否造成因果经过变得异常。因为当脱离者在犯罪进行过程中采取了通常足以消灭行为人所造成的危险的措施之时,从脱离者意欲脱离的立场看来,其采取的行为越通常,对其他共犯人而言就意味着介入了越异常的阻止结果发生的因素,而为了弥补该介入因素导致结果发生的“能量的减少”,其他共犯人就必须从其他方面对该部分“能量”进行补强,而在该补强行为导致结果发生的场合,该补强行为对于脱离人而言,就是在其脱离前的参与行为与结果之间的异常的介入因素,从而阻却对其脱离之前参与行为的结果归责。

这种将其他共犯人的行为视作异常的介入因素,从而否定因果关系或者客观归责的思路,在其他共犯人将脱离者排除了的案件中也同样适用。事实上,共犯现象的核心即在于因果作用的延长,通过参与行为对其他共犯行为施加物理的或者心理的影响,从而使自己贡献的参与行为的危险在最终结果中得到现实化。但是,当某个共犯被其他共犯人排除出去时,意味着该共犯提供的贡献不被其他共犯人所认可,在其被排除前的参与行为的危险现实化为结果的进程中,介入了其他共犯人独立的排除行为这一异常的介入因素,从而阻却其参与行为与结果之间的因果关系。

(三)具体类型的展开

以上,本文论证了因果关系切断说基本立场的妥当性,并结合因果关系理论中实质判断的观点,认为由于共犯的因果性也需要进行法律因果关系的判断,需要考虑共犯行为的危险是否在正犯所造成的结果中实现或者说共犯行为与正犯结果之间是否存在相当因果关系。因此,就否定共犯结果归属的共犯脱离而言,脱离者的

[1] [日]西田典之、山口厚、佐伯仁志編集:『注釈刑法(第1巻)·総論』,有斐閣2010年版,第866頁(島田聡一郎執筆)。島田教授所说的情况是甲向乙交付了A家的备用钥匙并教唆其盗窃,后来又后悔了,说服乙并取回了备用钥匙,但是乙只是假装被说服,其实并没有放弃犯意,并且已经制作了一把备用钥匙,因而成功盗窃。前书第865頁。

脱离行为不必达到消除了之前参与行为的事实影响力的程度,只要达到能够阻却对参与行为的结果归属的程度即可。[1] 在判断是否成立共犯脱离的时候,应当注意判断脱离之际其他共犯人为继续实施犯罪行为所做的行为是否构成足以阻却脱离人之前参与行为与结果之间的因果关系。以下,结合中日相关案例,具体阐释本文的判断标准。

1. 危险自然消灭型

在案例十三中,虽然 B 出售的甲苯来源于 A 等共谋的盗窃甲苯的行为,但 B 出售甲苯的行为距离当初共谋并盗窃甲苯的犯罪行为之间已经经过了两个多月,当初共谋行为产生的贩卖该甲苯的危险已随着时间的流逝而消灭,此时,A 等共同盗窃而来的甲苯对 B 来说,与自己单独盗窃而来的甲苯没什么不同。在这种情况下,A 等之前的参与行为的危险已经自然消灭,B 实施的贩卖甲苯的行为完全可以评价为是其单独实施的犯罪行为,因而 A 等可以不对其贩卖行为承担责任。在这种危险自然消灭型的脱离案件中,脱离者无须实施任何脱离行为,即可构成共犯脱离,对其他共犯人实施的犯罪行为不负责任。

与此相对,在案例一中,刘某第一日扮"大款"的行为,首先制造了王某与张某接近被害人白某的机会,还使白某消除了对三名共犯的戒备心,在歌厅包厢中单独面对三名行为人,可以想象,如果不是白某第一天身上没带多少现金,三人在第一天就有很大可能性实施抢劫行为并达到既遂。在发现白某身上没带多少现金后,刘某不仅给钱稳住白某,还与白某约定次日再找她,可以说为王某和张某第二天实施抢劫行为提供了极大便利。换言之,即对白某造成了遭受抢劫的现实危险。而且,由于时间间隔非常短,此时难以认定刘某造成的危险在自然中得以消灭,因此,刘某想要脱离,必须采取诸如向白某通风报信、报警或者极力劝阻王某、张某第二天犯罪行为等的行为。而本案中,刘某仅以有事为由进行推唐,不足以认定构成脱离,王某和张某的抢劫行为正是其第一日参与行为危险的现实化,因此,刘某应当对抢劫既遂的结果负责。

---

[1] 同样指出这一点的有:[日]橋爪隆:「共犯関係の解消について」,载『法学教室』414 号(2015 年),第 105 ~ 106 頁;[日]前田雅英:『刑法総論講義』,第 6 版,東京大学出版会 2015 年版,第 365 頁。

2. 被动排除型

在案例十五中，被告人被共犯人 A 打晕，如前所述，这表明就其后的犯罪事实而言，A 等认为被告人的参与行为不重要，其参与行为提供的影响不被 A 等认可。在 A 等看来，有没有被告人，后续的暴行都能够顺利实施，因此，共犯人 A 等将被告人排除出去的行为作为介入因素，阻却了被告人之前参与行为与结果之间的因果关系，因此，被告人成立共犯脱离，对其被排除出去后的犯罪行为不承担责任。同样，在案例二中，郑、陈各取一把砍刀欲往对面的烧烤摊冲过去时，郭挣脱上前拉住郑进行阻止，但郑打了郭脸部一下，并踹了一脚后，与陈各持一把砍刀继续冲上前去。此时，就其后的伤害行为而言，郭被共犯人排除出去了，其之前打电话叫人来的教唆行为与其后的伤害致死的结果之间的因果关系被阻却，认定郭构成共犯脱离，否认其对死亡结果负责的做法才是妥当的。

值得一提的是，这种被动排除型的共犯脱离只限于脱离者被共犯排除的情况，当共犯人被外力排除时，不能认定共犯脱离，因为共犯现象的核心即在于为防止不确定的外力阻碍犯罪实施，而通过共犯行为扩大自己行为的因果力，而且实施犯罪遇到外力阻碍很难说是什么异常的情况，其不足以阻却参与行为与结果之间的因果关系。例如，甲乙少量饮酒后决定殴打丁取乐。甲乙对丁拳打脚踢几下之后，甲突发昏厥而倒地不醒。乙找来木棍继续殴打丁，直至其重伤。事后查明，甲系病理性醉酒导致的昏厥并致深睡。对于此案，刘艳红教授认为甲构成脱离。[1] 对此，本文不无疑问，主张应当否定甲构成脱离。

3. 主动脱离型

在脱离者主动脱离的案件类型中，如前所述，应当判断行为人采取的脱离行为是否足以排除就最终结果对其之前参与行为的结果归责，其判断标准可以采用盐见淳教授所提出的具有脱离的适格性的“站在行为人的立场，通常足以消灭行为人所造成的危险”的措施这一标准。在案例三中，潘冬梅与其他共犯人共同商议决定放弃作案，将窃得的信用卡信息销毁，并将 POS 机设备丢弃入兰江。站在脱离者潘冬梅的立场上，其所实施的行为通常足以消灭其之前参与行为所造成的使他人信

---

[1] 刘艳红：《共犯脱离判断基准：规范的因果关系遮断说》，载《中外法学》2013 年第 4 期。

用卡内财产被侵犯的危险。此后周伟林另外实施的信用卡诈骗行为应当看作异常的因果经过,潘冬梅的行为构成共犯脱离,因此,司法机关没有追究其信用卡诈骗罪刑事责任的做法是妥当的。

四、结语

在因果共犯论占据通说立场的理论现状下,共犯人只对与自己的参与行为具有因果关系的犯罪事实承担责任。在此前提下,共犯脱离的根据也只能在切断自己行为与结果之间的因果关系这一点中寻求。但需要注意的是,这种因果关系切断说并非仅指将自己参与行为的因果性完全消除,还应当理解为只要达到阻却对其参与行为的结果归责意义上的因果关系的程度就足已。在这个意义上,因果关系切断说的基本立场是妥当的。只是,在具体判断上,需结合认定法律因果关系的原理来进行判断。

因果共犯论视角下限制网络平台帮助行为处罚的理论重构

——以日本 Winny 案为视角

储陈城*

【摘　要】 网络时代背景下,被告人通过网络平台可能构成帮助犯的案件往往呈现两个特征,即中立行为性和帮助对象的不特定性。不加甄别地适用传统的因果共犯论,往往会形成对网络技术发展的桎梏。如何既合理保护法益,又不致技术萎缩,是新时代刑法需要面对的问题。日本 Winny 软件案所展示出的法理具有一定的启示意义。摒弃对中立行为理论的依赖,在坚持传统共犯论的基础之上,合理地添加限制性要素,成为当前的解决之策。

【关键词】 帮助犯　因果共犯　中立行为　Winny 软件

一、Winny 案的案情及理论问题

被告人开发了一款文件共享软件 Winny,反复地进行改良,并且将其在网络上予以公开,通过互联网,向不特定的多数人予以提供。有两名正犯利用该软件,将具

---

* 安徽大学法学院副教授,法学博士。本文为教育部人文社科规划项目“刑法出罪机制问题研究”(15YJA820015)的阶段性成果。原载《中国刑事法杂志》2017 年第 6 期,略有改动。

有著作权的游戏软件等信息,通过互联网向公众进行传播。因为其行为违反了著作权法,侵害了著作的公众传播权(日本《著作权法》第23条第1项),被认定为著作权侵害罪的正犯,被告人也因为公开提供最新版的Winny软件,而被当作帮助犯予以起诉。对于开发者的刑事责任,一审认定有罪,[1]二审则判决无罪。[2]由于一审、二审存在判断上的分歧,故该案最终被送至最高裁判所,2011年,最高裁做出决定,否定了软件开发者的刑事责任,认定被告人无罪。[3]本案的基本事实如下。

Winny是一款通过运用P2P技术,实现文件共享的软件。它是在能够确保信息发送主体匿名性(匿名性机能)的同时,还兼具记忆区分、多重下载以及自动下载(能够确保文件检索、传播更加具有效率)等功能。因此其是在能够保证通信秘密的同时,使多样性的信息交换能够有效率地进行,可以在诸多领域中予以运用的软件,但是也可能以如本案的正犯所为的侵害著作权的方式,被予以滥用。

被告人为了验证新的文件共享软件是可以在兼具匿名性和效率性的状态下运转的技术,于2002年1月,着手开发Winny软件,于同年的5月6日,在自己开设的网站上,将Winny的最初试用版予以公开。被告人其后,又依次地公开了改良版的Winny,并于同年12月30日,将Winny的正式版——Winny1.00予以公开,第二年4月5日,公开了Winny1.14版。其后,被告人为了实现建立利用P2P技术的大型的BBS,创设新的商业模式的目标,着手开发Winny2.0,于同年5月5日,公开了Winny2.0的最初试用版,同年的9月,依次公开了被本案的两名正犯所利用的Winny2.0β6.47以及Winny2.0β6.66(以下将两者合并,简称为本案的Winny)。并且,Winny2.0虽然是为了实现上述建立大型的BBS之目标而开发的,但是其和Winny1拥有几乎一样的文件共享机能(以下将Winny1和Winny2合称为Winny),被告人在公开Winny的时候,在网络上附注了警告说明——"请勿利用该软件实施违法的文件交换"。

本案的正犯B,在2003年9月3日,将被告人所公开的Winny2.0β6.47下载入手,在并无法定除外事由的情况下,且未经著作权人的许可,于9月11日至12日,

---

〔1〕 京都地判平成18·12·13判タ1229号105页。

〔2〕 大阪高判平成21·10·8刑集65卷9号1635页。

〔3〕 最决平成23·12·29第三小法廷·刑集65卷9号1380页。

通过该软件,将 25 盘游戏软件进行上传,向不特定多数的互联网用户进行自动传播,侵害了著作权人拥有的对著作的公众传播权,属于违反了著作权法的行为。另外,本案的正犯者 C,在同月的 13 日,下载入手了被告人所公开的 Winny2.0β6.66,在无法定除外事由,且没有得到著作权人许可的情况下,从 24 日到 25 日,通过该软件,将 2 部电影进行上传,向不特定多数的互联网利用者进行自动传播,损害了著作权人的公众传播权,属于违反著作权法的行为。

(一)价值中立的行为构成帮助犯的争议

Winny 案件当中,软件开发者被追究的刑事责任是侵害著作的公众传播权(日本《著作权法》第 23 条第 1 项),因而构成著作权侵害罪的帮助犯。帮助犯的成立要件,在日本刑法条文上仅规定为“帮助正犯的人”。根据一般的理解,其意义是“对于正犯给予物理的或者精神的援助、支援,促进该实行行为的进行,并且促进构成要件该当事实的惹起”。[1] 一直以来,日本的学说、判例沿袭了德国关于帮助犯的成立要件,即帮助犯的成立必须要有帮助行为性、因果关系和帮助故意。所谓帮助行为,是指使得犯罪实行变得容易的行为。帮助的因果关系,并不需要“无帮助行为,正犯即无法实施实行行为”这样的条件关系,能够认定基于帮助行为,使正犯的实行变得容易即可。帮助的故意只要达到未必的故意就已足够。这种通说的理解的基础是,共犯的处罚根基为:通过正犯,间接地惹起对法益的侵害,即因果共犯论(惹起说)。[2]

当然,因为帮助犯也是故意犯,要想成立帮助犯的话,在实施了满足客观的成立要件的基础上,还必须要对此有认识和预见,即犯罪的意思。这些要素都满足的话,行为和结果之间便具有因果性,对此有认识和预见的所有行为,就都能够成立帮助行为。

然而问题是,如果按照上述见解来看的话,帮助犯的成立范围是不是过于广泛了?刑法学对于这一问题已经有所察觉,对于因果性和故意被认定的行为,开始积极讨论是否存在否定帮助犯成立的余地。

---

〔1〕 山口厚:《刑法》(第 3 版),有斐閣 2015 年版,第 160 页。
〔2〕 川端博:《共犯の理論》,成文堂 2008 年版,第 170 页。

具有代表性的就是，围绕“中立帮助行为（日常行为）”的讨论。[1] 比如说，五金店的员工甲，偶然得知客人乙计划实施侵入他人住宅的行为，因为想到和自己并无关系，便将螺丝刀卖给了该客人。乙使用该螺丝刀实施了侵入住宅的行为。甲售卖螺丝刀的行为，实际上使乙的侵入住宅行为变得容易，甲在对此明知的情况下，则具备了因果性和故意。从之前的帮助成立要件来看，甲构成了侵入住宅罪的帮助犯。但是，甲并没有想帮助乙实施侵入住宅的意思，甲也要被认定为帮助犯吗？[2]

对于贩卖螺丝刀案，学说中的多数观点认为，螺丝刀也是对社会具有用途的工具，或者认为这种工具贩卖行为，属于日常性实施的交易行为，并展开了否定帮助犯成立的探讨。也就是说，对于实施中立行为的案例，尽管能够认定因果性和故意，在理论上也做限定处罚范围的尝试。[3] 尽管这样的理论构成，尚没有形成一致的见解。

Winny 案也是如此，一审、二审和最高法院的决定，虽然在理论构成上有所不同，但是在 Winny 是价值中立的软件这一点上，在对提供价值中立的软件行为限定帮助犯成立这一点上，具有共通之处。价值中立的软件是指同时可以用于合法和违法用途的软件。二审当中，将提供价值中立的软件的行为称为“价值中立的行为”。在最高裁的犯罪意见当中，大谷刚彦法官提出，根据利用帮助的行为者目的的不同，法益侵害的危险性的有无会存在差别的行为，称为“价值中立的行为”。

（二）针对不特定者该当于帮助犯的递进难题

Winny 案当中，也并非只涉及“中立帮助行为”这一个问题。也就是说，“本案中，被告人将既能够用于合法用途，也可以用于违法用途的 Winny 通过互联网向不特定的主体进行公开，也即具有向不特定多数人概括性提供的特征”。也即本案还

〔1〕 山中敬一：《中立的行為による幇助の可罰性》，《関西大学法学》2006 年，第 56 卷第 1 号；以及曲田统的：《日常的行為と従犯》，《法学新報》2004 年第 3 · 4 号等。

〔2〕 日本对于中立帮助行为的裁判，也存在否定处罚和肯定处罚的两种立场，否定处罚的比如：熊本地判平成 6 · 3 · 15 判时 1514 号 169 页；肯定处罚的，比如东京高判平成 2. 12. 10 判タ752 号 246 页。

〔3〕 比如西田典之ほか编：《注释刑法第 1 卷总论第 1 条—第 72 条》，有斐阁 2010 年版；永井善之：《关于中立的帮助行为》，载《齐藤丰治先生古稀祝贺论文集》，成文堂 2012 年版，第 129 页等。

包含了中立帮助行为以外的法律问题。[1]

一般来说教唆犯当中，被教唆者必须是特定的人。与此相对，在帮助犯的场合，几乎没有人探讨过被帮助者的特定性问题。在 Winny 案当中，被告人并不是向特定的人提供 Winny 软件，甚至对于正犯是谁都不知道。因此，有观点认为，某种技术被开发，虽然将该技术向不特定多数人进行提供，在该技术被用于著作权侵害的场合下，面向不特定的多数人是不能被认定构成帮助的。[2] 也就是说，帮助犯要成立，必须要有帮助的行为、帮助的故意和帮助的因果性。在实施帮助的对象不特定的情形下，甚至连自己的言行该如何被采纳以及将和何种犯罪行为相关联都不甚明确，当事人之间的信任关系也不存在。作为帮助行为，使社会通常观念上的正犯的行为变得容易，必须指的是以特定的相对方来实施的行为，即便是作为帮助的故意，也必须要以认识和预见特定的正犯者为必要。所以被告人开发和公开 Winny，向不特定多数人予以提供的行为，不该当于帮助行为，对于被告人来说，其帮助的故意也不能被认定。如本案那样，不是对正犯进行个别贡献的案件中，帮助犯不能被认定。[3] 然而在 Winny 案当中，一审和二审法院的判决都否定了这一观点，认为对于不特定多数人也能成立帮助犯。因此，从本案来看，不仅因为提供行为是中立的，而且向不特定多数人提供的特征也可能是限定网络帮助行为成立的事由之一。针对不特定主体是否有可能成立帮助犯？如果有可能，则较之于普通的帮助行为，在构成要件上是否存在特殊要求？这些都是在此之前从未被正面探讨过的问题。

二、Winny 案的审判流程和解析

一审判决认为，不管被告人是在何种目的之下开发了此款软件，Winny 的技术本身是价值中立的，提供价值中立的技术的行为一般来说难以认定为犯罪行为，基于无限定的扩大帮助犯成立范围有失妥当这一立场，将这种技术向外部提供的行

〔1〕 矢野直邦：《判解》，《Law and Technology》2012 年第 55 号。

〔2〕 園田寿：《Winnyの開発提供に関する刑法的考察》，载《刑事法ジャナール》2007 年第 8 号。

〔3〕 豊田兼彦：《不特定者に対する幇助犯の成否》，载《立命館法学》2009 年第 5 · 6 号。

为自身,是不是作为帮助行为而具有违法性,应根据这种技术在社会现实中的利用状况、被告人对这种状况的认知,以及其在提供的时候主观心态如何而定。

因此一审判决认为,从客观状况上来看,利用包括 Winny 在内的文件共享软件进行活动的内容当中,有将近 90% 是在实施著作权侵害,并且,Winny 被认为是即便用来侵害著作权,也是很安全的一款软件,因为其效率更高,更具有便利性,能够被广泛地予以利用。被告人对于这种文件共享软件,尤其是 Winny 的现实利用状态等存有认识,也期待一种新的商业模式的产生,因此,被告人对于 Winny 在现实中被利用的状态有认知的情况下,仍然将 Winny 在网站上予以公开,使得不特定的多数人能够入手。因为这种行为能够包摄各个正犯的实行行为,因此,认定成立著作权侵害罪的帮助犯,判处被告人罚金 150 万日元。[1]

对于第一审的判决结果,被告人和检察官双方都提出了上诉和抗诉,二审的判决推翻了一审的判决结果,否定被告人帮助犯的成立,认定被告人无罪。

1. 关于 Winny 利用状况的考量

首先该判决就文件共享软件所导致的著作权侵害状况的观点,和第一审判决不同,认为根据时期、统计方法的不同,对于调查结果也会产生差别。而原判决对于 Winny 被公开、提供时的现实利用状况,被告人具有何种认识,并不明确;且达到何种程度的被利用状况,才能够成立帮助犯,其基准也不清晰。

2. 提供价值中立的软件是否成立帮助犯

基于上述原因,大阪高裁就帮助犯的成立与否,做出了如下判断:匿名性机能是为了保护通信秘密所必要的技术。该技术自身不能够被视为是违法的。并且,下载路径增加机能、集群化机能、被参照量阅览机能、多重下载机能,都是为了使文件检索和传送更有效率化,降低网络负荷的技术,其本身也不能被视为不是价值中立的软件。当然,在这种情况下,该软件也可能会被用于侵害著作权。以在互联网上提供软件的行为的形式,成立帮助犯,是在此之前不曾有过的、新型的帮助犯。对其进行刑罚的科处,需要从罪刑法定主义的视角下,进行慎重的检讨。

以上述判断为前提,二审关于帮助犯的成立要件,做出了如下分析:对于在互

[1] 京都地判平成 18・12・13 判タ1229 号。

联网上提供价值中立的软件的行为，如果以帮助犯追究刑事责任，必须要予以慎重对待。也就是说在互联网上提供价值中立的软件，要想说成是使得正犯的实行行为变得容易，进而成立帮助犯，不仅需要软件的提供者，对于不特定的多数人中出现实施违法行为的人的可能性和盖然性，有认识和许可。而且，还要就将软件只用于违法性用途，或者主要用于违法用途，在互联网上进行劝诱，进而提供软件。

具体到本案当中，被告人将价值中立的软件在互联网上公开、提供的时候，对于出现著作权的侵害者的可能性和盖然性，虽然有认识，也予以默认，但是，无法认定被告人是劝诱他人只将该软件作为著作权侵害之用途，或者主要用于著作权侵害，并提供软件。因此，被告人不构成本案的帮助犯。[1]

对于这一判决结果，检察官以违反判例为理由，继续提出抗诉。

最高裁认为检察院所谓的“违反判例这一点，因为其援用了存在事实差异的判例，运用于本案不具有适当性，另外事实误认、只是对法律的违反的主张，并不符合《刑事诉讼法》第405条抗诉的理由，”[2]因此驳回了检察院的抗诉。最高裁的多数意见主要体现为以下三点：

一是关于原判决采用的方法是对《刑法》第62条的误读。检察院关于“原判决所作出的对帮助犯的成立要件需要达到‘劝诱他人进行违法使用’的程度，是对《刑法》第62条的错误解释的主张”被予以采纳，并做出如下解释：《刑法》第62条第1项中的从犯，是具有对他人犯罪予以加功的意思，通过有形、无形的方法来实施帮助，使得他人的犯罪变得容易的人。[3] 也就是说，帮助犯是对行为使他人的犯罪变得容易存有认识和容许的同时并实施，实际上也发生了正犯行为，则帮助犯既已成立。而原判决着重关注提供价值中立软件行为的特殊性，认为只有“劝诱他人将该软件仅作为或主要作为侵害著作权的用途而使用”并提供的时候，才能成立帮助犯，而不问该软件的性质（被用于违法行为的可能性较高）和客观的利用状况如何，其判断根据不具有充分性，属于对《刑法》第62条解释的错误。

---

[1] 大阪高判平成21·10·8刑集65卷9号。

[2] 島田聡一郎：《winny開発提供者の罪責に関する最高裁決決定》，载《刑事法ジャナール》2012年第32号，第146页。

[3] 最高裁昭和24年(れ)第1506号同年10月1日第二小法廷判决·刑集3卷10号1629页。

二是本案应该采用的判断方法。最高裁首先指出了以下三点因素:(1)Winny是既能够用于合法用途,也能够用于违法用途的软件;(2)将开发中的软件上传到互联网上对不特定多数人无偿公开、提供,来促进软件开发是合理的软件开发方法;(3)新开发的软件会受到社会广泛的评论,如果考虑到开发的迅速性要求的话,则不应当对在开发中的软件产生过度萎缩的效果。

最高裁在指出这些因素的基础上,做出如下论述,提出具体判断的方法:如果只是存在被他人利用进行著作权侵害的一般可能性,提供者对此有认识和默许的同时,将该软件予以公开和提供,正犯据此实施著作权侵害,是不能直接认定符合著作权侵害的帮助行为的。要成立帮助犯,必须要有超越一般可能性的具体侵害利用状况,而且需要提供者对此有认识和容许。

最高裁对该判断方法进行分解如下:第一,“软件的提供者,对于该软件被利用现实地进行具体的著作权侵害有认识和容忍的同时,还进行公开和提供,实际上出现了著作权被侵害的情形”;第二,“参照该软件的性质、客观利用状况、提供的方法等,能够认定入手该软件的人当中,非例外的范围的人利用该软件进行著作权侵害的盖然性较高,提供者对此有认识和容忍的同时,将该软件进行公开和提供,实际上也确实出现利用该软件实施著作权侵害的时候”。只有在满足这两个因素的情况下,认定公开和提供软件的行为构成帮助行为才是妥当的。

三是在这样的一般性前提下,得出本案的结论。显然被告人并不是在对于正犯现实地进行具体的著作权侵害有认识和容忍的同时,将本案的 Winny 软件予以公开和提供(因此不符合前述的 1 因素)。

那么接下来就要检讨是否能够认定入手该软件的人当中,非例外的范围的人利用该软件进行著作权侵害的盖然性较高,被告人也对此有认识和容忍的同时,公开和提供本案的 Winny 软件。首先,Winny 是在保证多样信息交换和通信秘密的同时,使传输更有效率的软件,在本案正犯者所实施的著作权侵害的情形中,其也是能够非常易于使用的软件。其次,从本案当时的客观利用状况来看,如原判决所指出的那样,关于通过软件进行著作权侵害的状况,根据时期和统计的方法会有相当幅度的变化,虽然该统计不是能够正确展示本案当时的 Winny 的客观利用状况的证据,但是根据原判决引用的关联证据,可以推测出在 Winny 网络上流通的文档中有40%以上是著作物,且没有经过著作权人的许可。再次,从被告人提供本案中的Winny软件的方法来看,其虽然采取了警示性措施——通过附加注意书的方式提醒用户不要流通违法的文档,但是对于下载者没有采取任何限定措施,而是无偿地、持续地将本案的Winny软件公开在网络上。最后,综合这些因素来看,则可以得出这样的结论:被告人是在入手该软件的人当中,非例外的范围的人利用该软件进行著作权侵害的盖然性较高的背景下,实施公开和提供行为的(前述2因素的客观补充)。

另外,从被告人的主观方面来看的话,虽然能够认定被告人在公开、提供本案的Winny的时候,对于以下事实——有利用Winny进行著作权侵害的人存在以及这样的人的数量在增加——有认识,但目前还没有证据能够证明,被告人在公开、提供该软件时能够认识和容忍这样的事实——利用Winny进行著作权侵害的人数扩张到非例外范围,且这些范围的人实施著作权侵害的盖然性较高。[1]

也就是说,最高裁采用了这样的判断方法即"相关软件的提供行为,要想成立帮助犯,必须要有超越一般可能性的具体侵害利用状况",且"软件的提供者对此要有认识和容忍"。由于本案中欠缺后者,即欠缺软件提供者的认识和容忍要素,所以被告人的所为不构成帮助犯。

三、限制网络平台帮助行为处罚的前提一:中立行为理论的慎用

Winny案的第一个主要特征就是和中立行为理论相关联。那么首先要明确什么是中立行为。法院是如何说明中立行为的呢?在德国,对于中立行为是否成立帮助犯的问题,有很多的判例。[2] 联邦普通法院就什么是中立行为,没有给出详细的定义。但是,其将职业上典型的行为认为是中立的行为。原因是,联邦普通法院在职业上典型的行为是否成立帮助犯的争议案件中认为,职业上典型的中立行为展示出频繁地反复一般的原则。[3] 而有的联邦普通法院所做的判例中,阐述过一般

〔1〕 最决平成23·12·29第三小法廷·刑集65卷9号。
〔2〕 Vgl. Peter Rackow, Neutrale Handlungen als Problem des Strafrechts, 2007, S. 281ff.
〔3〕 BGH NJW 2000, 3010.

原则也可能适用于中立的日常行为。[1] 因此,可以说联邦普通法院将职业上典型的行为和日常行为理解为中立行为。在德国法院虽然有和 Winny 案相类似的中立行为是否构成帮助犯的案件,但是就中立行为的内容,却没有做出和 Winny 案审理法院那样的说明。

即便是在学理上,就中立行为也没有固定统一的观点。比如,有观点在说明中立行为的时候认为,中立行为自始就和犯罪行为无关系,因为其是追求法不否定的目的,对任何人都会实施的一切行为;[2] 还有观点认为,中立行为就是日常极其普通的行为;[3] 另有观点认为,中立行为是指日常的,至少在外型上看似不具有犯罪意义的行为。[4]

诸如上述的观点,是以中立行为的概念存在为前提。然而还有有力的观点认为,根本不存在中立行为的概念。[5] 比如联邦普通法院就支持这一观点,认为"日常的行为、职业上典型的行为都不是中立的",[6] 进而否定中立行为的概念。但是如前所述,联邦普通法院在该案当中,是以中立行为概念存在为前提进行阐释的。这样在德国联邦普通法院的同一份判决中,看起来似乎出现了一边承认中立行为概念,一边又否定中立行为概念的矛盾现象。但是,如果对该法院所使用的中立行为的概念,根据文脉的不同而做不同考量的话,则并不矛盾。联邦普通法院在说明适用于中立行为的一般原则的时候,该中立行为是指看起来欠缺可罚性的行为。而普通法院在该判决中称"无论是日常行为抑或是职业上的典型行为,在所有的案件中都不是中立的"的时候,该文脉当中的中立行为是指根本就无法进行可罚性评价,本来就没有犯罪意思的行为。一般来说,所谓中立行为的概念,是用于指看起来似乎缺乏可罚性的行为。[7] 因此,法院的论述出现的诸多不同,不过是看起来欠缺可罚性的行为根据案件的不同,而呈现的转换说法而已。同样学理上的不同观点,

---

〔1〕 BGH NJW 2003, 2996, 2999.

〔2〕 Marcus Wohlleben, Beihilfe durch äußerlich neutrale Handlungen, 1996, S. 4.

〔3〕 曲田統:《日常的行為と従犯—ドイツにおける議論を素材にして》,载《法学新報》2004 年第 3·4 号。

〔4〕 豊田兼彦:《共犯の処罰根拠と客観的帰属》,成文堂 2009 年版,第 170 页。

〔5〕 Claus Roxin, Was ist Beihilfe?, in festschrift für Koichi Miyazawa, 1995, S. 4.

〔6〕 BGH NJW 2000, 3010.

〔7〕 Vgl. Tomas Rotsch, Neutrale Beihilfe Zur Fallbearbeitung im Gutachten, Jura 2004, S. 21.

也不过是各个学者根据案件的差异，对看起来欠缺可罚性的行为产生的不同理解而已。无论如何，看起来似乎缺乏可罚性的行为在能否成立帮助犯上都是一个需要解决的问题。

所谓中立行为的案件，是指涉及看起来似乎缺乏可罚性的行为能否成立帮助犯的案件。然而，即便是在最典型的帮助犯案件当中，也存在看起来似乎缺乏可罚性的情况。也就是说，中立行为的案件并不是和典型的帮助犯案件有明确的区别的特殊案件。在日本司法实践中，在 Winny 案中才第一次使用了“价值中立的行为”这一概念，在此之前，一直都没有使用过中立行为的表述，且对于中立行为理论的司法适用极为谨慎。[1] 绝大多数案件均认定中立行为构成帮助犯，只有极少数案件否定了帮助犯的成立，即便如此也没有以中立行为作为裁判的依据。

在为赌博提供斗鸡一案中：“被告人对开设赌场的人购买斗鸡是为了赌博而使用的事实明知，仍然提供该斗鸡，使得赌场开张变得容易。”该被告人的“所为该当于《刑法》第 186 条第 2 项，第 62 条第 1 项，第 55 条”。虽然辩护方认为，被告人本来就是以贩鸡为业，并不具有帮助他人进行赌博的意思存在。但是大审院认为“以贩鸡为业的被告人已经知道开设赌场牟利者为赌博使用斗鸡，仍然贩卖给其斗鸡，使得开设赌场牟利的犯行变得更加容易，因此构成同罪的从犯”。[2]

在交付存款案中，从事交付存款业务的银行业务员，已经知道客户取款的目的具有刑事不法的性质，仅在程序上完备了形式上的要件，即按照请求拨付了存款。该业务员被认定为构成业务上侵占罪的帮助犯。法院认为“作为从事拨付存款业务的职员，即便对方请求拨付存款在程序上满足了形式上的要件，但是由于知道对方取款的目的在刑法上具有不法性，当然就不应该接受对方取款的请求”。因为该拒绝义务是法律上的义务，“被告人违背该义务，同意了对方的取款请求，使得对方的犯罪行为变得容易，因此构成该犯罪行为的帮助犯”。[3]

在宾馆手册制作案中，为宾馆制作宣传手册的印刷业者被判决构成介绍卖淫罪的帮助犯。该案的被告人被认为有帮助的故意，满足了帮助犯的所有要件，且该

---

[1] 濱田新:《帮助犯の処罰範囲限定理論について》，载《法学政治学論究》2012 年第 6 号。

[2] 大判昭和 7 年 9 月 26 日刑集 11 卷 1367 页。

[3] 高松高判昭和 45 年 1 月 13 日判时 596 号 98 页。

印刷行为被认为不是正当业务行为。[1]

在车牌号隐藏器案中,被告人作为汽车等用品制造销售业者的法定代表人,售卖一种能够让拍摄汽车车牌号变得困难的车牌号隐藏器——wizard,由于使得购买这种仪器的正犯实施速度违反之犯行变得容易,因而被判决构成帮助犯。判决概要如下:"正犯超越最高速度限制驾驶普通汽车,在此之前,被告人向正犯售卖了一枚 wizard,该仪器能使夜间拍摄的速度违反自动监视装置以保全证据,故摄像头很难拍摄到汽车的车牌号。正犯将该装置安装在汽车车牌外侧,使得其实施违反最高限速的犯行变得容易。被告人的行为构成帮助犯。"[2]

在 Winny 案之前,唯一一起涉及中立行为被认定不构成帮助犯的案件就是轻油交易税案。关于地方税法中的轻油买卖税不纳入罪,从触犯该罪的具有特别征收义务人手中购买轻油的买主,虽然已经推知卖主有买卖税不纳入的意图,但是不能够认定买主构成共同正犯。因为被告人并不该当于同罪的共同正犯,"而且,对被告人的行为是否构成帮助犯进行检讨"的话,被告人"并不是基于为帮助正犯者的犯行的意思下开始交易的,而是为了自己交易的利益,只不过是和之前一样的从(正犯)手中购入轻油行为的继续",因此否定了帮助犯成立的可能性。[3] 虽然有观点认为,本判决是以中立的行为作为实质的理由来否定帮助犯的成立的,[4]但最新的见解认为该判决是依据促进意思理论做出的。[5]

这些案件当中,法院对中立行为都保持相当缄默的态度,连帮助的一般成立要件都极少说明,对于中立行为更是没有拿出解释立场。而在 Winny 案当中的各级审理过程中,也没有引用这些裁判例。

确实,如 Winny 案最高裁判决的多数意见所认为的那样,"Winny 作为价值中立软件,是既能够用于合法用途也可以用于违法用途的软件,到底是将其用于著作权侵害还是其他用途,终究是委诸于各个利用者自身的判断"。反对意见中也认为:"如果软件按照适法的目的被利用的话,Winny 的提供行为自身不会产生任何

---

[1] 东京高判平成2年12月10日判(タ)752号246页。
[2] 大阪地判平成12年6月30日高刑集53卷2号103页。
[3] 熊本地判平成6年3月15日判(タ)863号281页。
[4] 松宫孝明:《刑法総論講義第4版》,成文堂2009年版,第291页。
[5] 濱田新:《幇助犯の処罰範囲限定理論について》,载《法学政治学論究》2012年第6号。

法益侵害的危险性，然而如果该软件被予以滥用进行侵害性利用的话，则软件的提供行为就会有法益侵害的现实危险性和违法性。”

也就是说，最高裁并不是以中立行为为由，即提出本案和一般帮助成立要件不同的意见。而且，如前所述，不管是多数意见抑或是反对意见中，都没有只将价值的中立性作为采用前述判决方法的根据。

最近，中立的行为的概念被指出具有多义性，[1]或者说，“价值中立的意义内容极度暧昧，用何种形式来限制其要件、从处罚的对象中排出除去等理由，无法摆脱出循环论证的问题”。[2] 为此，最高裁没有采取依据中立行为的概念来解决问题的姿态应该得到支持。

这样来看的话，Winny 案中最高裁判所的判决不应该被理解为是和中立行为相关的判例，而应该被认为是之前几乎未被讨论过的向不特定多数主体提供帮助相关联的判例。

四、限制网络平台帮助行为处罚的前提二：针对不特定者可能成立帮助犯

现在是互联网时代，如 Winny 案那样，针对不特定多数人，在互联网上提供能够促进犯行的实物或者信息的案件，今后也肯定将时有发生。对于不特定者能否成立帮助犯进行检讨也更具有必要性。

在日本，有学者认为，针对不特定者不可能成立帮助犯，帮助的相对方也即被帮助者，需要是特定的人。[3] 肯定对不特定者成立帮助犯的话，“会使得原本已丧失明确轮廓的帮助犯的成立范围变得更不具有限定性”。并且，在网络时代的背景下，“电脑技术的开发者常常会意识到技术会有被恶意使用的危险性，因此在开发一些具有划时代意义的技术的时候，担心会被用于犯罪之目的，并很有可能会被认

---

[1] 濱田新：《幇助犯の処罰範囲限定理論について》，载《法学政治学論究》2012 年第 6 号。

[2] 石井徹哉：《デュアル・ユース・ツールの刑事的規制について（下）》，载《千葉大学法学論集》2012 年第 2 号。

[3] [日]大谷實：《刑法講義総論》（新版第 4 版），成文堂 2012 年版，第 448 页。

定为具有帮助的故意。"会给"软件产业全体带来强烈的萎缩效果"。[1]

在 Winny 案之前,日本最高裁尚没有判例对针对不特定者能否成立帮助犯的问题从正面进行探讨。但是,有判例对这一问题的前提进行过争论。

案件内容如下,被告人是五金制造和贩卖商,他对老客户 A 说:"只要您需要,我任何时候都可以将收藏的色情电影借给您。"几日后,A 向被告人提出想借被告人的色情电影以转借给自己的老客户。被告人便将自己收藏的 10 卷色情电影借给了 A,A 则转借给了自己的老客户 B,B 因为将该色情电影让多数人观看,导致被告人被以公然陈列威胁图画罪的帮助犯予以起诉。在本案当中,被告人将电影借给 A 的时候,客观上被告人(A 的老客户 B)被特定化了。但是,A 并没有告知被告人 B 的名字,只是说想转借给自己的老客户。在被告人的认识当中,被帮助者只停留在"是 A 的老客户"的限度内被特定化,因此,到底谁才是被帮助者并没有被特定。最高裁最终认定被告人成立公然陈列猥亵图画罪的帮助犯。[2]

虽然不能确定这一判决对无限定的不特定者成立帮助犯持肯定的态度,但是至少可以看出,该决定认为,作为被帮助者的正犯即便不是个别化特定的人,也不影响帮助犯的成立。在正犯实施实行行为前,如果将正犯需要是个别地被特定化作为帮助犯的成立要件的话,那么作为帮助的故意,也需要对个别地被特定化的正犯有认识,但是最高裁对于欠缺这样认识的被告人,也认定成立帮助犯。

虽然本案属于一般的间接帮助的案件,在间接帮助的案件中,在间接帮助者行为时,作为被帮助者的正犯没有被个别地特定化,或者说(虽然在客观上被特定化了)间接帮助者对于(被帮助者)没有具体的认识的案件并不少见。比如大审院大正 14 年 2 月 20 日的判决(刑集 4 卷 73 页)、大审院昭和 10 年 2 月 13 日的判决(刑集 14 卷 83 页)和大审院昭和 11 年 11 月 12 日的判决(刑集 15 卷 1431 页)等等。这些判例都认定在对正犯没有个别地认识的情况下,也可以成立帮助犯,和前述的最高裁的决定一样,认为在间接帮助者实施行为的时点,对于正犯无须被个别地特定化。

其中尤其需要注意的是大审院昭和 10 年 2 月 13 日的判决。作为大审院和最

---

〔1〕 園田寿:《Winny の開発・提供に関する刑法的考察》,载《刑事法ジャーナル》2007 年第 8 号。

〔2〕 最高裁昭和 44 年 7 月 17 日的决定,刑集 23 卷 8 号 1061 页。

高裁的先例,本判决似乎是关于是否需要对特定的正犯有认识做出明示判断的唯一判决。案情大致如下:被告人推测金箔会被走私,其将金箔销售给 A,A 将该金箔金又出售给 B,B 实施走私行为,关于被告人是否构成外国汇兑管理法违反罪的帮助犯产生争议。辩护人主张,对于帮助犯的成立,必须要对特定的正犯有认识。对此,本判决认为,成立帮助犯无须确知谁是正犯,理由是,是否确知谁是正犯,在使得正犯犯行变得容易这一点上并不会产生任何差异,因此不支持辩护人的主张,认定帮助犯成立。[1]

以上的判例,均是和间接帮助相关的案件,在间接帮助的案件当中,帮助行为的直接相对方(中间的帮助者)虽然是特定的,但是却存在间接帮助者行为时,正犯没有被特定的情形。这种情形中,要想肯定帮助犯的成立,则只能说不需要正犯的事前特定性。相反,一旦要求正犯的特定性,间接帮助中将会有大量的案件,被做出否定帮助犯成立的判决。在这一意义下,正犯的特定性问题也就会和间接帮助的可罚性问题产生关系。

在德国,针对不特定者是否成立帮助犯进行正面争论的案件尚没有见到,但是也有一些相关联的判例。

如联邦普通法院 1952 年 6 月 10 日的判决,对于劝诱被害少女甘愿与第三者的性交的行为,是否构成强制猥亵以及强奸的帮助犯的案件中,傍论(英美法系判决中的一个组成部分)中曾经指出,对于行为者所不知悉的正犯者也可能成立帮助犯。[2] 另外,在被告人将伪造的邮票交给欺诈的实行犯,实行犯使用该伪造的邮票实施了欺诈行为,但最终欺诈未遂的案件中,联邦普通法院 2001 年 11 月 7 日的判决认为被告人成立同罪的帮助犯。该决定的理由当中提出“帮助者对于正犯是谁无须知悉”。[3]

以上的判例均认为无须知道正犯是谁,但是对于非个别特定的人是否也能成立帮助犯没有明确。

---

〔1〕 小野上真也:《従犯における故意の認識予見対象の具体化》,载《千葉大学法学論集》2015 年第 1·2 号。

〔2〕 BGHSt 3,65.

〔3〕 BGH NStZ 2002,145.

即便是在德国,也几乎没有文献研究帮助犯中被帮助者的特定性问题。但是在部分文献当中也有一些简单的记述,并且这些观点都一直认为,作为帮助犯的故意,没有必要知道正犯到底是谁,[1]并且在客观上正犯(在正犯实行行为开始前)也无须被特定化。[2]

应当注意的是和教唆犯的比较。综观德国的相关研究,关于教唆犯中,正犯虽然无须是个别的被特定化的人,但是其必须是个别特定化的人群中的特定或者不特定的人。[3] 与此相对,对于帮助犯却没有附加这样的限定条件。

那么这样理解的理由是什么呢?应该是教唆犯和帮助犯在构造上的区别。教唆犯是使没有犯行决意的人产生犯行决意,即所谓的使产生犯意;而帮助犯则是对已经有犯罪决意的人施以援助。借用罗克辛教授的话来说,"教唆者是描绘并使(被教唆者)看见犯行。因此至少必须要知道大概的轮廓";而在帮助犯中,"正犯的犯罪决意以及计划要实施的犯罪构想已经存在,因此无须再给予犯行的轮廓"。[4]

正犯和帮助犯之间即便欠缺相互意思联络也不影响其成立。诚然,判例和多数说都肯定片面的从犯(帮助犯),基于此,对于正犯来说,无须认识到有帮助犯对其进行帮助。但是,并不能得出这样的结论,即对帮助者而言无须对被帮助者是特定的有认识。如果要想得出那样的结论,则必须要有更充分的理由。另外,在检讨帮助的故意问题之前,有必要检讨一下在客观上正犯是否必须要被特定化的问题。

如果将正犯的存在放置在帮助者和结果之间的因果经过中进行理解的话会怎么样呢?如果将正犯的存在置于这样的位置上的话,或许就能不再需要正犯的特定化了。并且站在将正犯专门作为事实的存在进行理解的纯粹惹起说的立场来看,将正犯的存在作为因果经过的一部分来进行理解也是有可能的。但是在纯粹惹起说以外的观点(责任共犯说、不法共犯说、修正惹起说、混合惹起说)当中,一直

---

〔1〕 Vgl. Peter Cramer/Günter Heine, in: Adolf Schönke/Horst Schröder, Strafgesetzbunch Kommentar, 27. Aufl., 2006, § 27 Rn. 19.

〔2〕 Vgl. Hans-Heinrich Jescheck/Thomas Weigend, Lehrbuch des Strafrechts Allgemeiner Teil, 5. Aufl., 1996, S. 695.

〔3〕 Vgl. Peter Cramer/Günter Heine, in: Adolf Schönke/Horst Schröder, Strafgesetzbunch Kommentar, 27. Aufl., 2006, § 26 Rn. 18.

〔4〕 Claus Roxin, Zur Bestimmthet des Teilnehmervorsaztes, in: Festschrift für Hannskarl Salger, 1995, S. 136.

将正犯作为规范的存在来理解,正犯无法单纯地被作为因果经过来理解。将正犯的存在放在因果关系中进行理解的方法,如果不是站在纯粹惹起说的立场,就无法被采用。

诚然,针对不特定者也能成立帮助犯,源自于帮助犯的构造。所谓教唆犯,因为是使没有犯罪决意的人产生具体的犯罪意思,所以在教唆犯当中,教唆必须要对特定的人进行。与此相对,所谓帮助,是对已经有强烈犯罪决意的人施加援助的行为,且一般来说,该帮助只要能够使正犯的实行行为变得容易即可。这样的行为即便针对的相对方或者正犯没有被特定化(正犯到底是谁都不知道)也是可以实施的。不管是间接帮助的案件还者是如 Winny 案的直接帮助的案件,都属于此种情形。

如果说对于不特定者可以成立帮助犯的话,那么也就可以推导出对于不特定多数者也存在成立帮助犯的可能性。帮助行为的相对方是少数者还是多数者,并不会影响帮助犯的可罚性。

当然,在比如向不特定多数主体提供犯罪工具的情形中,如果对于不特定多数者也可能成立帮助犯的话,因为帮助犯的追诉时效是在正犯行为终了之时才开始计算的,所以只要该工具尚存在,且出现了使用该工具实施犯罪的正犯的话,那么对该工具的提供者是否不问期限地无限制地追究其刑事责任呢?这便是一个需要解决的问题。有观点认为,关于刑事责任的范围,根据共犯的脱离(共犯的消解理论)应该可以通过适当的理论进行限定。如虽然将向不特定多数人提供的工具全部回收存在困难,但是倘若采取了一定的措施来进行回收,即便现实中并没有达到全部收回的效果,也可以认定从共犯当中脱离了。[1]

五、限制针对不特定主体成立帮助犯的可能路径

虽然针对不特定主体也存在成立帮助犯的可能,但是在互联网的背景下,不加限制地严格遵循传统的因果共犯论,或许会导致网络时代技术开发的萎缩效果。因此,如前所述,最高裁的判决对于被告人帮助犯故意之否定的判断过程如下。

---

〔1〕 小林憲太郎:《共犯関係の解消について》,载川端博等编:《理論刑法学の探究 9》,成文堂 2016 年版,第 199 ~ 202 页。

要想肯定故意的成立,作为认识和容忍所必要的对象,首先是公开、提供 Winny 的适合,“非例外的范围的人利用该软件进行著作权侵害的盖然性较高”(以下简称“侵害利用的非例外性”)这样的客观事实。然后,判决认为,虽然能够肯定该客观事实的存在,但是在主观面当中,没有足够的证据认定被告人对此有认识和容忍。

以上的对于帮助犯成立的理论构成,可以分解为,第一,客观上,必须要满足帮助的构成要件该当事实;第二,主观上,有帮助的故意,即要求对客观的构成要件该当事实有认识(客观的要素充足且在主观面有所反映)。

但是,作为认识对象的“侵害利用的非例外性”这样的客观面,为什么是帮助犯成立所必须的?关于这一点,有进行讨论的必要。

一直以来,帮助犯是基于帮助行为使正犯行为得以强化促进,以及推动作用结果的实现。也就是说,从在此之前的一般的理解来看,帮助犯的构成要件该当事实是,实施了使他人犯罪变得容易的行为(帮助行为),然后,基于这一帮助行为,因果地促进了正犯的实行行为,进一步促进了构成要件该当事实。[1] 然而,最高裁的判决在帮助行为促进正犯实行行为这一事实之上,又进一步要求“侵害利用的非例外性”。

也就是说,根据最高裁判决的理论,本案中的实施著作权侵害的正犯,利用公开、提供的 Winny 进行著作权侵害,即便能够认定正犯行为被现实地强化促进,如果 Winny 公开、提供之时,不能够认定“侵害利用的非例外性”的话,也不能够成立帮助犯;反言之,即便正犯利用 Winny,且著作权侵害行为被现实地予以促进,如果该行为只是 Winny 使用者中的例外性情形的话,也会否定帮助犯的成立。

为什么必须要将“侵害利用的非例外性”作为此种情形帮助犯的成立要件呢?确实,基于犯罪类型的不同,存在将行为当时的客观的状况作为成立要件的必要。但是,那里所说的客观状况,是作为行为的法益侵害性的必要根据,所以才成为成立要件。于此相对,本案中的“侵害利用的非例外性”,对于帮助行为给正犯行为的强化、促进作用的程度,并没有施加影响。那么为什么这样的事实会对帮助犯的成立与否带来决定性作用呢?

---

〔1〕 小島秀夫:《幇助犯の規範構造と処罰根拠》,成文堂 2015 年版,第 32 页。

1. 具体的侵害利用状况的要求和“非例外性”

首先需要检讨的是，本判决所显示出的判断框架的理论根据。最高裁认为，本案的 Winny 是“既可以用于合法用途，也可以被用于违法用途的软件，是利用其进行著作权侵害，还是利用作为其他用途，终归是委诸于利用者自己的判断”。基于这一特征，“相关软件的提供行为，要想该当于帮助行为，必须要是‘超越一般可能性的、具体的侵害利用状况’，另外，提供者对此要有认识和容忍”。那么为什么必须要求有入手者当中，这种“侵害利用的非例外性”这一意义下的“具体侵害利用状况”呢？

关于其理由，最高裁的判决认为，新开发的软件会受到来自社会的广泛的评价，考虑到其开发迅速性的要求的话，为了不导致对相关软件开发行为产生过度萎缩的效果，对于他人利用软件进行著作权侵害，仅具有一般的可能性，而提供者对此有认识和容忍，并公开和提供软件，事实上该软件也确实发生了利用软件进行著作权侵害的行为，如果仅限于此的话，不应当直接作为著作权侵害的帮助行为处理。[1]

总之，最高裁注意到同时具有被合法和违法利用可能的软件的开发和公开行为的性质，为限定帮助犯的成立，附加了“具体的侵害利用状况”“侵害利用的非例外性”这两个要件。

2. 侵害利用的高度盖然性 = 惹起正犯结果的高危险性

如上所述，最高裁判所的多数意见认为，对于提供的软件是既能够用于合法用途，又能够用于侵害著作权目的，这种行为要想构成帮助犯的话，必须要具有具体的侵害利用状况。具体到本案当中，则是向不特定多数的人无偿公开和提供 Winny 的情形，必须要达到软件入手者中非例外范围的人进行侵害利用具有高度盖然性的程度。

那么最高裁所说的，“具体的侵害利用状况”的要求，在刑法理论上到底具有什么样的意义呢？尤其是在本案中，向不特定多数人进行概括提供的情形，软件的入手者全体当中，非例外范围的人进行侵害利用的盖然性较高的这一状况，和作为帮

---

〔1〕 亀井源太郎：《Winny 事件最高裁決定と中立的行為論》，载《法学研究》2014 年第 3 号。

助犯处罚根基的对正犯行为的因果促进之间，到底具有何种关系呢？

有学者认为，作为帮助犯的成立要件，正犯必须要存在利用所提供的物品实施犯行的客观征兆。[1] 这种客观征兆表现为正在现实地进行违法行为。即便这样的客观征兆没有被认定，如果“存在能够评价为，和特定的正犯现实地实施违法行为的情形可以等同视之之程度的，导致结果发生的危险”情形的话，也应该可以作为帮助犯来处罚。[2] 而这种等同视之可能的危险的存在的根据，就是最高裁判所在决定中所说的“非例外范围的人”利用提供的物品进行违法行为的“高度盖然性”这一要素。

另外有学者认为，要想成立帮助犯，被帮助者必须是在“(工具被)提供时，能够被评价为实施犯罪实行盖然性较高的人”，向不特定多数人提供物和工具的情形中，也必须要满足这一要件。并且认为归根结底，该正犯必须要被认定为“具有实施犯罪实行的高度盖然性”。也就是说，这种观点认为，向多数人提供物品的案件当中，从利用状况来看，“广泛地被违法利用”的物就是“被用于犯罪实行的危险性较高的物”。想入手这样的物的人，就能够被评价为“进行犯罪实行盖然性较高的人”。而且，从提供时的利用状况来看，能够被评价为“被用于犯罪危险性较高的物”的 Winny，想要将其入手的人，在事前，就是具有实施犯罪实行盖然性较高的人，[3] 因此其提供行为在客观上就符合帮助行为。

亦有学者认为，作为衡量行为有用性和危险性的基础，必须要考量所提供的物和信息的客观利用状况。从“被许可的危险”的法理出发来看，[4] 即便是在帮助犯的情形中，行为时点中有用性超过危险性的时候，则应该否定构成要件该当性。[5] 也就是说，这种观点认为，一般来说，“如果该软件虽然利用于少数的犯罪行为，但是从社会的全体来看，是具有较大有用性的话，则提供该软件的行为不应当被认定

---

〔1〕 島田聡一郎：《広義の共犯の一般的成立要件》，载《立教法学》2001 年第 57 号。

〔2〕 島田聡一郎：《winny 開発提供者の罪責に関する最高裁決定》，载《刑事法ジャナール》2012 年第 32 号。

〔3〕 濱田新：《関与者によって提供される物の利用状況と幇助犯の成否》，载《法学政治学論究》2013 年第 96 号。

〔4〕 林幹人：《刑法総論第 2 版》，東京大学出版会 2008 年版，第 33 页。

〔5〕 林幹人：《Winny 事件と幇助犯》，NBL2010 年第 930 号。

为违法”。在 Winny 案当中,最高裁虽然指出“Winny 确实有多数法益侵害的高度盖然性”,但是,“本案中的软件,至少在行为当时,具有实现重要的社会利益的可能性。”[1]因此,本案即应以此为由,采取客观上不该当帮助行为的解释。

笔者认为,日本最高裁的判决在基本维持之前的帮助犯的成立框架的同时,为了防止对软件开发行为造成过度的萎缩效果,有必要对“帮助行为”进行实质化考察。软件提供行为通过正犯行为,惹起正犯结果的危险性较高,通俗地说,着重审查,将该软件转交到利用之实施著作权侵害的者之手,实际被利用进行侵害行为的可能性和盖然性会达到何种程度。如果在现实地有具体的侵害利用状况,且这样的侵害利用,具有高度的盖然性的情形下,可以作为帮助行为来评价。

也就是说,作为“基本上维持了一直以来帮助犯的判断框架”,为什么要求帮助行为需要有惹起正犯结果的(事前的)危险性的高度?确实,作为能够按照帮助犯处罚的对象的行为,应该限定为惹起正犯结果危险性较高的行为,这一点要求结果确实关系到防止过度萎缩效果。但是,从过度萎缩效果防止这一观点来看,在理论上,则必须要导出作为限定处罚对象的行为范围的基准。

3. 非例外性和危险性的关系

对于“认定成为侵害利用者的高度盖然性的非例外性”这一基准,很快就能联系到的疑问是,这样的基准和法益侵害的现实的危险性的有无、高低之间,是否没关系?也就是说,以不特定多数人为相对方,进行软件的提供和公开的场合中,软件入手的众多利用者集团中,将来进行违法利用的高度的盖然性的人存在的话,即便他们的比例是极其“例外的”,将来,利用导致法益侵害被惹起的现实的危险性,在事前也能够被肯定的。

对于这一问题,有学者认为:“当想利用被提供的工具进行犯罪的人越来越多的时候,工具的提供行为和被提供者进行犯罪利用之间的关联的概率就越高。”根据利用所提供的工具进行犯罪的人的多寡、比率,由道具提供行为对正犯结果惹起的危险性的程度会发生变化。[2] 另外,岛田聪一郎教授也认为:“向不特定的多数人进行提供行为的场合中,‘非例外范围的人’将所提供的客体用于违法行为的‘盖

〔1〕 林幹人:《Winny 事件と幇助犯》,NBL2010 年第 930 号。

〔2〕 豊田兼彦:《幇助犯における線引きの問題について》,载《立命館法学》2012 年第 5 · 6 号。

然性较高’的情形中，这样的可能性、盖然性和可能的正犯的存在之间就会有所谓的交叉，就可以评价为和特定的正犯现实地进行违法行为的情形等同视之的程度的，能够引起结果发生的危险的存在。”[1]这便说明了“非例外性”和法益侵害惹起的危险性的高低之间的关系。

确实，如上述的见解所言，在向不特定的多数人提供可能用于犯罪的工具的案件中，在提供行为的时点，因为接受方实际上是否利用该工具进行侵害利用上存在不确定性，具备潜在的出现侵害利用的高度盖然性的正犯的数量，可以说决定了法益侵害惹起的概率的高低。

4. 防止技术开发萎缩效果的评价

日本最高裁判决做出上述判断框架之时，强调了要防止对于软件开发行为产生“过度萎缩效果”。确实，虽然软件的开发、提供者在主观上对于“非例外范围的人”“著作权侵害利用的盖然性较高”的客观状况，有认识和容忍，符合帮助犯的成立要件，这是对于开发者而言，合法软件的开发和违法软件的开发的界限所在。也就是说，作为开发者，只要对于侵害利用的盖然性有认识和容忍的场合，就应该控制软件的开发；反之，在只要没有这样的认识和容忍的情况下，应该保障其软件开发的自由。[2]

但是，根据客观利用状况以及对于这一状况的认识来划定界限，是否就可以防止因帮助犯的处罚导致过度萎缩的效果发挥充分的功能，尚有疑问。其原因是，开发者对于所开发的软件的客观利用状况，在行为时的认识方法是非常有限的。

对此，开发者恐怕只能够拿和开发、公开的软件性质大致相同的、同种软件的利用状况等进行参考，预测违法利用的风险。但是，对于个人层面进行软件开发的人而言，对于某种软件的客观利用状况，想要收集充分的统计数据，实际上是不可能的。要想防止对软件开发产生萎缩效果的话，作为开发者的立场，以能够获得的资料和数据为基础，能够在一定程度上判断出“非例外范围的人”进行违法利用的

---

〔1〕 島田聡一郎：《winny 開発提供者の罪責に関する最高裁決決定》，载《刑事法ジャナール》2012 年第 32 号。

〔2〕 穴沢大輔：《ファイル共有ソフトの提供につき公衆送信権侵害罪の幇助の成立が否定された事例》，载《刑事弁護》2012 年第 70 号。

盖然性较低的话，则应该一律予以免责。但是，根据上述判决的框架，对于利用状况的认识和预见，终归是对客观面作为故意予以要求的。因此，对于违法利用的盖然性较高的认识和预见，即便只有未必的故意，也就已足够，因此，即便对于非例外范围的人实施违法利用的盖然性较高只有未必的认识和预见，实施开发和公开的开发者也可能被作为帮助犯来予以处罚。但是，因为缺乏客观的资料，而对于违法利用的风险只有未必认识的情况下，也认定故意成立的话，对于开发者来说也会带来相当的萎缩效果。要想避免这一现象，则应该对无法获得客观利用状况资料的行为人，一律否定其故意的成立。但是这一结论，既无法契合传统的故意论的框架，而且，也可能导致故意回避对于客观利用状况的资料的收集。

六、结语

日本最高裁在 Winny 案中的判决，对于兼具侵害用途和合法用途的工具，向不特定多数人予以提供的行为，在刑法上如何对待，展开了详细的论述，所做出的判断框架，具有重大的意义。在互联网平台上，多数对多数的交流、信息的获取是其特征，以不特定多数人作为相对方提供服务，通常来说，就会存在利用者违反刑法实施犯罪行为的潜在风险。刑法总则当中的帮助犯的规定，本来就缺乏限定性，容易导致帮助犯认定的宽泛化。Winny 案当中最高裁判决为防止“对于技术开发产生萎缩效果”所做出的限缩帮助犯处罚范围的方针应该得到积极的评价。但是，如前所述，“非例外范围”这样的基准是否能够成为消除萎缩效果的标准尚有疑问，仍然存在限定不充分的问题，对于需要特殊保护的范围，有待后续的研究继续关注。

客观归属论与间接正犯论

[日]市川启*文　郑　超**译

前　言

从前的间接正犯论,围绕以利用无身份但有故意之人为道具的事例展开讨论的居多,比如公务员 X 利用其妻子 Y(非公务员)前往建设公司 A 处收受其贿赂的情形。[1] 但是,正如一直以来所批判的一样,直接行为人在详知事情始末,并在个人自由意志的决定下实施了该行为,这种情况属于行为人的介入,而行为人能否能被称为道具则值得商榷。[2]

鉴于此,针对于以无身份但有故意之人为道具的事例,成立身份犯的共同正犯(《日本刑法》第 60 条[3]、第 65 条[4])的主张属于当前有力的观点(当然同时也离不开实务界采取共谋共同正犯的一边倒趋势的影响)。即《日本刑法》第 65 条中的"共犯"也包括了共同正犯,在这一前提下,幕后人 X 的公务员身份与直接行为人 Y

---

* 立命馆大学专门研究员,法学博士。

** 华东师范大学晨晖学者,法学博士。

〔1〕 比如,大塚仁:『間接正犯の研究』(有斐閣·1958 年)218 頁参照。

〔2〕 Siehe z. B. *Ernst Beling*, Zur Lehre von der „Ausführung" strafbarer Handlung, ZStW 28, 1909, S. 593.

〔3〕《日本刑法》第 60 条规定"二人以上共同实行犯罪者,皆为正犯"。

〔4〕《日本刑法》第 65 条第 1 项规定,"在需要基于犯人的身份才能构成犯罪行为的场合,对其加功者,即便属于无该身份的人员,也为正犯"。

的收受贿赂这一构成要件行为，分别进行了补充〔1〕。换言之，即便是非身份者，只要与有身份者联合在一起的话，是可以跨越身份犯这一壁垒的。〔2〕

然而，第65条所规定的对象是"基于身份所构成的犯罪行为"，决非"基于身份所构成的犯罪"。〔3〕因此，像受贿罪一样的构成性身份犯中，被视为问题的行为（比如"收受"）是因为被有身份者实施才开始具有刑法上的意义，〔4〕而如果说非身份者（与有身份者相互作用之后）也可以实行的话，那么这种想法本身在解释上便存在破绽。并且，构成性身份犯原本是只有像公务员一类的有身份者才能实施的犯罪，可以犯此类罪行的理应限于有身份者。〔5〕但在共同正犯说中，由于有身份者与无身份者都属于"正犯"，所以在是谁违反了构成性身份犯规范（比如，是谁收受了与职务关联的贿赂）这一点上，答案则变得含混不清〔6〕。

一、义务犯中的间接正犯？

为了正确地解决无身份但有故意之道具的问题，相关身份并非属于行为（Tat）

---

〔1〕 西原春夫『刑法総論[改訂準備版]』（成文堂・1993年）363頁、西田典之『刑法総論[第二版]』（弘文堂・2006年）331頁、島田聡一郎『正犯・共犯論の基礎理論』（東京大学出版会・2002年）265頁以下、前田雅英『刑法総論講義[第六版]』（東京大学出版会・2015年）87頁以下、大谷實『刑法講義総論[新版第四版]』（成文堂・2012年）147頁以下、山口厚『刑法総論[第三版]』（東京大学出版会・2016年）73頁。

〔2〕 比如、西田典之『共犯理論の展開』（成文堂・2011年）86頁以下、同『新版 共犯と身分』（成文堂・2003年）183頁以下を参照。

〔3〕 松宮孝明「ロー・クラス 現代刑法の理論と実務:総論(第12回)間接正犯および共犯論の諸問題」法学セミナー64巻3号(2019年)83頁参照。

〔4〕 也就是说，所谓"收受"是公务员收取了职务关联性的对价，正因此才被称为"私相授受"（袖の下）。

〔5〕 同样的观点可以参见松生光生「身分なき故意ある道具」松宮孝明ほか编『浅田和茂先生古稀祝賀論文集[上巻]』（成文堂・2016年）466頁。

〔6〕 实际上，作为破产财产管理人的律师向受破产者、破产公司委托受理全部破产手续事务的司法书士（被告人）问及破产者财产的情况，但被告人向其做了虚假说明的场合，在这一以破产法上的虚伪说明罪（《破产法》第268条、第40条）起诉的案件中，第一审裁判所（徳島地判平成28年3月24日LEX/DB文献番号25545236）认为被告人不属于《破产法》第40条第2号中的"破产者代理人"，因此不负有真实说明的义务，但是最高裁判所（最決平成29年6月7日LEX/DB文献番号25546821）认为被告人与说明义务人（破产公司清算人的破产者与其妻子）通过共谋，向破产财产管理人做出了与破产相关的虚假陈述，构成虚伪说明罪的共谋共同正犯。

的标识,而是应该最终回归到行为人(Täter)的标识这一构成性身份犯的性质中去。在这一点上,德国的义务犯论可以为问题的解决提供一些启发。基于 Jakobs 的观点,在达到了相当程度复杂性的一切社会之中,(在以态度自由与结果答责为代价的制度背景下)通过自我组织化的形成,为使社会所需之制度发挥并维持作用,对拥有一定特别地位之人,不仅仅存在不得侵害他人之消极义务,同时也存在一些积极义务。[1] 承担此类义务者,对于他者、集体或者"公共",不仅需要保障其自身所固有的组织化不会侵害到这些对象,有时更需要概括性地(在所有的生活领域之中)顾及到这些对象,或者顾及这些对象不被变更的状态(比如安全健康等),甚至是需要顾及如何促进他者的组织化。因此,无论是以作为还是以不作为的形式,如果承担积极义务之人不从侵害过程中脱离而是继续地存在于那个世界中的话,那么他就不是以某种媒介而是经常地以侵害的(直接)正犯的面目而出现。[2] 换言之,义务犯的处罚基础在于义务违反,根据针对于义务人的犯罪构成要件,如果涉案人不属于义务人的话(姑且不谈作为共犯参与的场合)就不应对其进行处罚,[3] 在此时,非义务人被排除于正犯领域之外。

原本,即便我们不援引义务犯理论,同样的结论也可以通过对分则构成要件的解释得出。[4] 但此时依旧存在如下不明之处,即在自律的意思决定主体介入的情况下,为何幕后人属于正犯?答案在于,义务犯只关注积极义务人的义务违反,同时认为不具有此类义务之人员的答责性在此不重要(故而,在这种场合,传统的溯及禁止论[5]在此时没有了登场的机会)。

---

〔1〕 *Günther Jakobs*, System der strafrechtlichen Zurechnung, 2012, S. 83.

〔2〕 *Günther Jakobs*, System der strafrechtlichen Zurechnung, 2012, S. 85.

〔3〕 安達光治「責務(Obliegenheit)と犯罪論(1)」立命館法学 380 号(2018 年)1497 頁以下参照。

〔4〕 20 世纪初期,针对索取贿赂罪相关的无身份但有故意之道具的事例,Frank 曾将其中的幕后者作为直接正犯进行解读。Vgl. *Reinhard Frank*, Das Strafgesetzbuch für das Deutsche Reich, 18. Aufl., 1931, S. 108. 并且,对于虚伪公文书作成罪相关的无身份但有故意之道具的事例,主张成立直接正犯的有 *Eugen Flegenheimer*, Das Problem des "dolosen Werkzeug", Strafrechtliche Abhandlungen Heft 164, 1913, S. 67 u. S. 68. 现在持有同样观点的日本学者,可以参见松宮孝明『刑事立法と犯罪体系』(成文堂 · 2003 年)264 頁以下、同『刑法総論講義[第五版]』(成文堂 · 2017 年)258 頁以下、園田寿「間接正犯と教唆犯(特集 正犯と共犯)」現代刑事法 1 巻 2 号(1999 年)37 頁参照。小林憲太郎「刑法判例と実務 第二一回 間接正犯」判例時報 2337 号(2017 年)1128 頁。

〔5〕 当前可以参见島田聡一郎『正犯 · 共犯論の基礎理論』(東京大学出版会 · 2002 年)89 頁以下。

综上所述,针对无身份但有故意之道具的问题提供解决路径的义务犯论,是以社会已经形成的制度中有关行为人的社会性地位与角色为归属的基准,是“在客观归属论的框架内的一个尝试”。[1]

二、支配犯中的间接正犯

(一)社会性验证的意义

在这样的义务犯论之中,行为人的义务仅与其所受委托的法益的保护直接关联,义务人直接承担的责任清晰明了,所以间接正犯没有了登场的余地。[2] 因此,间接正犯的概念在与义务犯相对应的支配犯的领域内,变得存有疑问。[3]

一直以来,为了承认间接正犯,需要以所谓的“规范性障碍”不存在为前提。话虽如此,但如果将这种“规范性障碍”的意思内容理解为不存在与直接正犯等同的结果发生确实性(也就是说,具有责任能力也了解情况的人如果介入的话,初期的犯罪计划就会遭遇停顿[4]),这种理解也未免过于自然主义。因为,犯罪行为并非如落雷等自然界中存在的现象,而是社会化的事件,换言之,是一种客观的、随着社会拘束后果的规范违反态度,[5]如果将刑法上的归属建立在自然法则、(单纯的)因果法则之上,那么将很难对这种现象进行社会性的验证。因此,在区分正犯与共犯的时候,不应该忽视共犯规定背后存在的社会性评价的扩张趋势。[6]

---

〔1〕 佐川友佳子「共犯論と身分犯の共犯」刑法雑誌50卷1号(2010年)22頁。

〔2〕 Vgl. *Javier Sánchez-Vera*, Pflichtdelikt und Beteiligung: zugleich ein Beitrag zur Einheitlichkeit der Zurechnung bei Tun und Unterlassen, 1999, S. 162 f.

〔3〕 附带而言,义务犯与支配犯的区别无法离开分则构成要件要素的性格,在这一点上,可以说至今依旧以“形式的客观说”为主。拙稿「間接正犯論の歴史的考察(4·完)」立命館法学371号(2017年)67頁参照。

〔4〕 比如,中義勝『刑法総論』(有斐閣·1971年)222頁、224頁以下、中山研一『刑法総論』(成文堂·1982年)475頁以下。

〔5〕 Vgl. *Gerhard Timpe*, Beiträge zum Strafrecht, 2014, S. 102 f.

〔6〕 園田寿「中共犯論についての覚書き」中山ほか编『刑法理論の探究:中義勝先生古稀祝賀——中刑法理論の検討』(成文堂·1992年)315頁参照。

(二)基于中立行为的间接正犯

鉴于此,将具有社会通常意义的现象与可能具有犯罪性意义的现象进行区分的客观归属论,[1]在间接正犯论中扮演了重要的角色,而此时的出发点在于对分离性社会分工的承认。换言之,社会应该保障高度匿名的社会化接触,借此才能使个人的生活形成变为可能,为此则需要承认参与者在答责领域的“分离化分工”。因为,只有参与者之间的交换背后所追求的目的是相异的(也就是说,给付者无须关心给付的接受人如何处理给付对象),才能伴随各种各样的目的而形成人格相互间有效的财的交换。[2] 即假如必须考虑所有的缺陷这一义务的话,将会出现扼杀一切自由的相互性父权主义,所以,针对给付这种社会化接触(给付这种有限领域下的共通世界)之外的现象,给付者不承担考虑的义务。[3] 比如,某人将锤子借给邻居,邻居想用这把锤子将父母所有的镜子挂到墙上,但因为笨拙打到了自己的手指也敲坏了镜子,即便出借人预见到了这种事情的发生,也不能说构成器物损坏罪与伤害罪的间接正犯。因为,将锤子借与邻居的行为,属于日常间无处不在的中立行为,也就是说,这种行为不过是制造出了可以被允许的、属于社会形成的风险,所以不能将结果溯及锤子的出借人(溯及禁止)。[4]

如果是这样的话,那么制造出不属于可以被允许的、社会形成风险的社会化接触[5]就成为间接正犯论的出发点。但是,将实施了这类社会化接触的人员都认为是间接正犯的做法则过于武断。如果将其与狭义的共犯对立来看的话可以更容易理解,在间接正犯中,行为媒介人的无管辖所对应的幕后人的管辖,即行为媒介者

---

〔1〕 *Jakobs* 著/松宮孝明訳「故意なき者を利用した間接正犯における客観的帰属」松宮孝明編訳『ギュンター・ヤコブス著作集[第1巻]』(成文堂・2014年)171頁参照。

〔2〕 Vgl. *Gerhard Timpe*, Beiträge zum Strafrecht, 2014, S. 104.

〔3〕 *Jakobs* 著/松宮孝明訳「故意なき者を利用した間接正犯における客観的帰属」松宮孝明編訳『ギュンター・ヤコブス著作集[第1巻]』(成文堂・2014年)182頁参照。

〔4〕 Vgl. *Gerhard Timpe*, Beiträge zum Strafrecht, 2014, S. 105.

〔5〕 この点については、狭義の共犯においても同様のことが求められうる。すなわち、豊田兼彦「共犯の一般的成立要件について」山口厚ほか編『理論刑法学の探究3』(成文堂・2010年)1頁によれば、可罰的な共犯が成立するためには、間接的な結果惹起行為『それ自体』が結果発生の『許されない』危険を創出し、この危険が構成要件該当結果の中に実現したことが必要であるとされる。同『共犯の処罰根拠と客観的帰属』(成文堂・2009年)167頁以下も参照されたい。

的态度被当作所谓的“自然现象”[1]而不被问责这一点,属于其特征。因此,间接正犯的第二个要件就是,对于行为媒介人的归属欠缺或者对于其态度,要求幕后人具有关键性(第一次的な)管辖。[2] 只有集合了这些要件,幕后人才能成为“间接”[3]正犯。

三、关于间接正犯的若干事例

(一)对器官机能性欠缺的父权主义式的管辖

在一般讨论间接正犯的场合中,多以利用儿童以及精神病患者的场合为例。比如,在一件日本有名的裁判例中,被告人强迫(未必一定达到压制意思自由的程度)12 岁的养女去实施盗窃,裁判所通过强调“使对方服从于自己的意愿”这一点而认为成立间接正犯[4](话虽如此,这类事例如果着眼于父母与儿童的关系的话,只要存在于义务犯中的问题,同样存在于支配犯中)。

在这一点上重要的是,儿童的器官机能性欠缺属于无论是谁都需要顾及的存在。这是为了使弱者尽可能被融入进社会之中的这种规范性确认所形成的要求。[5] 比如,X 在一个民俗祭礼中将装有白兰地的酒杯交给儿童 Y 并让其饮用,造成了 Y 急性酒精中毒死亡,即便 X 向 Y 真实地告知了白兰地的危险性也没有意义(毋宁说,即便告知了实情,也不允许向儿童提供白兰地)。在这类场合中,X 违

---

[1] *Jakobs* 著/松宮孝明訳「故意なき者を利用した間接正犯における客観的帰属」松宮孝明編訳『ギュンター・ヤコブス著作集[第 1 巻]』(成文堂・2014 年)177 頁以下、181 頁以下参照。

[2] *Günther Jakobs*, System der strafrechtlichen Zurechnung, 2012, S. 75. 此时,值得留意的是,幕后人在操纵作为道具之他人时,主观上不过是一种无社会化意义的个人想法,因此并不重要。*Jakobs* 著/松宮孝明訳「故意なき者を利用した間接正犯における客観的帰属」松宮孝明編訳『ギュンター・ヤコブス著作集[第 1 巻]』(成文堂・2014 年)190 頁以下参照。

[3] 通过这样的解读,间接正犯只能在“自然现象”途中介入这种表现型中之内与自手实行相区分。因此,近年来 *Jakobs* 论述道,间接正犯是指“被伪装成表现型的直接实行的事例”,“如果严密地限制在无答责道具的场合——即便与表现型没有亲密性——也属于直接的正犯”。Vgl. *Jakobs*, Theorie der Beteiligung, 2014, S. 37 f.

[4] 最决昭和 58 年 9 月 21 日刑集 37 卷 7 号 1070 頁。另外,在最决平成 13 年 10 月 25 日刑集 55 卷 6 号 519 頁中,指示 12 岁的儿子去盗窃的母亲被认为成立共同正犯。该案认为,不存在对意志压进行迫的强制,对被利用者不存在支配。

[5] Vgl. *Gerhard Timpe*, Beiträge zum Strafrecht, 2014, S. 109 f.

反了对弱者所具有的包括性的(父权主义式的)关心义务,因此被害人Y的自我侵害可以归属于X,并成立杀人罪的间接正犯。

(二)错误与间接正犯

正如罗克辛所言,以前,在间接正犯通常讨论的事例中经常会涉及利用陷于错误之被利用人的场合。[1] 在日本有一件经常被援引的案例,被害人向被告人提议一起殉情之后,被告人利用被害人对自己的爱意,在没有一同赴死意愿下却伪装成愿意与其一同赴死,随后将准备好的达到致死量的氯化钠交与被害人并让其吞咽而造成被害人死亡的伪装殉情案。[2] 本判决是从被害人的立场判断动机错误的重大性,如果被害人知道了事实就不会实施承诺的话,那么同意就是无效的,因此对被告人应该成立杀人罪的间接正犯。[3] 但是,认为成立间接正犯的本判决却受到颇多的批判,动机错误的重大性本身在是否可以左右间接正犯的成立这一点上存在异议。正如松宫孝明教授所指出的,[4] 比如像浮士德一样,谎称愿意交出灵魂(=赴死)所以期望对方会为了自己去杀害仇敌,如果对方信了这个谎言而实施了杀人行为,即便其决意是受到欺瞒的结果并存在不符合其真实意愿的重大瑕疵,也无法免除其杀人的罪责,而欺瞒者则应该因对受欺瞒者杀人的教唆(或者共同正犯)受到处罚。因此,基于错误的间接正犯的成立与否的关键是:幕后人是否对该错误具有作为正犯性根据的关键性(第一次的な)管辖。[5]

如果是这样的话,针对基于错误而实施行为的他人的态度具有管辖的幕后人,

---

[1] *Claus Roxin*, Täterschaft und Tatherrschaft, 9. Aufl. (2015), S. 724.

[2] 最判昭和33年11月21日刑集12卷15号3519頁。最高裁判所判决认为,“本案被害人是在被告人的欺瞒,即预期被告人会追随自己一同赴死后才决意去死的,这一决意明显存在不符合其真实意愿的重大瑕疵。而且,被告人在没有一同赴死意思的情况下,欺骗被害人使其误信自己愿意追随被害人赴死,并最终造成被害人自杀,被告人的所为符合通常的杀人罪。”

[3] 比如,塩見淳『刑法の道しるべ』(有斐閣·2015年)60頁参照。

[4] 松宫孝明『刑法各論講義[第四版]』(成文堂·2017年)29頁。关于伪装殉情事件,在结论上,虽然被告人撒了追随对方去死的谎言,也准备了毒药,但是,说出一起去自杀的话,喝了毒药的都是被害人自己,从后者来看,成立杀人罪的间接正犯的观点多受诟病。

[5] 关于这一点,豊田兼彦「被害者を利用した間接正犯」刑法雑誌57卷2号(2018年)282頁所提出的观点是合适的,即同意的有效性问题有别于正犯性问题,即便同意被解读为无效,也有必要进一步讨论正犯性的问题。

成立间接正犯是基于何种理由？比如，枪械的管理者将装有子弹的枪械交给射击手，同时让对方以为枪里没有装弹，并教唆射击手抠动扳机，结果枪支走火造成射击手负伤。[1] 在这种场合，射击手的错误本身原本处于他自己的管辖之下。但是，对陷于错误地以为结果无害的他人的态度实施了促进的幕后人，针对造成损害的他人的态度具有管辖性，并且对他人的态度所衍生的错误也具有[关键性(第一次的な)管辖]。[2] 也就是说，行为媒介者(被害人)的归属欠缺，已经使事情不单单是他个人的事情，也同样是幕后人的事情，因此被害人的损害应该作为幕后人的过错而进行归责。[3]

在此类案件之外，以他人的错误与幕后人之间的社会化接触作为理由，幕后人将他人的行动计算在内的行为也可以通过被认为赋予某种义务作解读[关键性的(第一次的な)错误管辖[4]]。此时，实行人与幕后人之间存在如下的法律关系，即，幕后人成为幕后人之后有不使实行人陷于错误的义务(组织化管辖所产生的义务)，或者基于与被害人之间的连带要顾虑到实行人需具备充足认识这一义务(制度性管辖所产生的义务)。幕后人对这类义务的违反，潜在地侵害了被害人"追求真实的权利"。[5] 比如，吊灯如果处于稍微碰一下就有掉落的危险状态的话，家庭的主人就具有防止别人不注意碰到吊灯的管辖义务；在徒步旅行路线上挖掘坑洞的人，不仅需要设置警示牌，对于行人"这条道路可以安全通行吗？"的疑问也应该

[1] Vgl. *Gerhard Timpe*, Beiträge zum Strafrecht, 2014, S. 120.

[2] *Jakobs* 著/松宮孝明訳「故意なき者を利用した間接正犯における客観的帰属」松宮孝明編訳『ギュンター・ヤコブス著作集[第1巻]』(成文堂・2014年)180頁参照。

[3] Vgl. *Gerhard Timpe*, Beiträge zum Strafrecht, 2014, S. 121.

[4] 根据雅科布斯的观点，虽然关键性的(第一次的な)态度管辖与关键性的(第一次的な)错误管辖可以区分，但他也承认，这两种管辖存在竞合的可能，实际上也经常发生竞合。*Jakobs* 著/松宮孝明訳「故意なき者を利用した間接正犯における客観的帰属」松宮孝明編訳『ギュンター・ヤコブス著作集[第1巻]』(成文堂・2014年)179頁以下参照。

[5] *Jakobs* 著/松宮孝明訳「故意なき者を利用した間接正犯における客観的帰属」松宮孝明編訳『ギュンター・ヤコブス著作集[第1巻]』(成文堂・2014年)183頁参照。附带而言，最近，强调诈欺罪也是"对追求真实的权利实施侵害的犯罪"的观点有，*Michael Pawlik*, Das unerlaubte Verhalten beim Betrug, 1999, S. 67 ff。

告知其真相。[1]

话虽如此,对追求真实权利的保障并非指向所有事物。因为,在保障高度匿名化社会接触的社会之中,行动时的角色就已经规范化地决定了参与者的共同性,即然唯有一部分的现实(如买卖契约等受限的现实世界)受此限制,所谓被保障的真实也同样需要限制在欺瞒者在其角色中值得被注意的人格所形成的可预期的知识之内。[2] 比如,生物学专业的学生利用暑假去餐厅打工做服务生,认识到餐厅提供的沙拉里面可能有与欧芹相像的有毒野菜,但没有进一步确认就将其提供给了食客,造成对方中毒死亡结果的场合,[3]是否应该成立(利用了被害人的)杀人罪的间接正犯?的确,他没有将作为生物专业学生所具有的知识投入此刻的接触中去。但是,在人格性的答责领域内根据角色所决定的社会之中,角色的分量是以被预期所具有的知识为基准,此案中的大学生并不被预期在其打工角色中投入生物学上的知识。[4] 因此,这种特别知识[5]在此处的背景下与欺瞒者的社会化角色无关,也就是说,这种特别知识没有必要,不具有这些特别知识也无妨,即使偶然获得了这些知识并对被欺瞒者做了告知,被欺瞒者信赖这个告知所实施的行为应该被认为是基于一种自我责任。[6]

---

〔1〕 *Jakobs* 著/松宮孝明訳「故意なき者を利用した間接正犯における客観的帰属」松宮孝明編訳『ギュンター・ヤコブス著作集[第1巻]』(成文堂・2014年)184頁参照。Siehe auch Vgl. *Gerhard Timpe*, Beiträge zum Strafrecht, 2014, S.114 Fn.65.

〔2〕 Vgl. *Gerhard Timpe*, Beiträge zum Strafrecht, 2014, S.113 ff.

〔3〕 此处参考了 *Jakobs* 著/玄守道訳「刑法上の故意概念に関する新しいものと古いもの」松宮孝明編訳『ギュンター・ヤコブス著作集[第1巻]』(成文堂・2014年)273頁中的事例。

〔4〕 Vgl. *Gerhard Timpe*, Beiträge zum Strafrecht, 2014, S.114 f.

〔5〕 Vgl. *Jakobs*, Tätervorstellung und objektive Zurechnung, in: *Gerhard Dornseifer*, u. a. (Hrsg.), Gedächtnisschrift für Armin Kaufmann, 1989, S.283; *ders.*, Altes und Neues zum strafrechtlichen Vorsatzbegriff, Zeitschrift für rechtswissenschaftliche Forschung, Juli 2010, Heft 3, 308 ff.; *Heiko Hartmut Lesch*, Der Verbrechensbegriff: Grundlinien einer funktionalen Revision, 1999, S.258 ff.; *ders.*, Anmerkung zu BGH, Urt. vom 01.08.2000 – 5 StR 624/99 (Beihilfe zur Steuerhinterziehung durch Mitarbeiter von Geldinstituten in Form des Kapitaltransfers ins Ausland), JR 2001, S.387. 最近,日本讨论特别知识的论文可以参见森川智晶「過失犯における特別知識と特別能力の考慮について(1)(2)(3・完)」関西大学法学論集67巻2号(2017年)343頁以下、67巻4号(2017年)770頁以下、67巻6号(2018年)1380頁以下。

〔6〕 Vgl. *Gerhard Timpe*, Beiträge zum Strafrecht, 2014, S. 115. Siehe auch *Wolfgang Frisch*, Selbstgefährdung im Strafrecht-2. Teil-Grundlinien einer opferorientierten Lehre vom tatbestandsmäßigen Verhalten, NStZ 1992, Heft 2, S.64.

这样处理之后,对于间接正犯的成立与否而言,各种各样错误类型的现象学区分就不再重要,[1]当然,动机错误的重要性也并非决定性的。起决定性作用的是,根据此类接触中行为人的角色,判断其是否在被欺瞒者的错误中具有管辖义务。比如我们可以对比以下两个场合,某人在庭院里和邻居聊天的时候欺骗对方说,自己的一个亲戚和对方患了同样的疾病不久就惨死了,听到这个讯息之后邻居因此自杀了的场合,与医生让病人误信自己已经身患不可能恢复的疾病,听到这个结果病人自杀的场合。第一个场合的欺瞒者并不构成杀人罪的间接正犯,与之相对,第二个场合的医生则应该构成杀人罪的间接正犯。因为,医生与患者的共同性,决定了涉及患者病情的情况属于真实的对象,医生背弃了其角色相关的知识所要求的信赖(与之相对,与邻居在庭院中的对话就不涉及这样的信赖)。[2]

(三)基于强迫的间接正犯

最后,我们讨论一下基于强迫的间接正犯的事例。关于这一点,日本有一个著名的案件,被害人从很早以前就极度畏惧于被告人的暴行与胁迫并对其言听计从,当被告人通过暴行与胁迫不断地要求被害人连人带车跳海自杀之后,被害人虽然没有自杀的意思但希望通过假死来逃离被告人,因此听从了被告人的胁迫驾驶汽车落入海中,最终侥幸逃过一死。关于本案,日本最高裁判所(最决平成 16 年 1 月 20 日刑集 58 卷 1 号 1 頁)判决认为,“被告人……强迫被害人,使其陷入除了驾驶汽车掉落海里自杀之外无从选择的精神状态……这种命令被害人连人带车掉落海里的被告人行为,引起了被害人让自己陷于死亡的具有现实危险状态的行为,因此属于杀人罪的实行行为”。但是,本案被害人考虑的是假装自杀并借以活下去,因此没有像被告人命令的一样系好安全带,落海时车窗也是打开的,可以立刻从车中脱逃而出。如果考虑到这些事实的话,正如本案的调查官同样认可的,[3]无法否认被害人依旧具备主体的意思决定,这样的话,作为间接正犯手段的意思压制本身是

〔1〕 Vgl. *Gerhard Timpe*, Beiträge zum Strafrecht, 2014, S. 115.

〔2〕 Vgl. *Gerhard Timpe*, Beiträge zum Strafrecht, 2014, S. 115 f.

〔3〕 藤井敏明「刑事関係　自殺させて保険金を取得する目的で被害者に命令して岸壁上から自動車ごと海中に転落させた行為が殺人未遂罪に当たるとされた事例」法曹時報 58 巻 12 号(2006 年)3972 頁参照。

否存在则值得推敲。[1] 对此,从与其他裁判例[2]的比较考察来看,有部分学者分析认为,要成立基于强迫的间接正犯,幕后人不仅需要利用被害人事前的精神状态,更需要在现场指示具体的自杀方法,或者有直接地不断强迫对方自杀等积极形式的参与。[3] 但是,基于强迫的间接正犯的成立与否,是否重要的地方仅仅是幕后人强迫本身的性质与程度?关于这个问题,客观归属论或许可以提供一些启发。

自我侵害人形成决定的基础如果因为意思欠缺而有所毁损的话,谁应该为这种欠缺以及结果答责?针对这个问题 Pawlik 做了以下回答。即原则上各人需要通过自己对情报进行处理、对生活上的压抑进行适切地调整(如果没有自我答责,那么就无所谓自我决定),对决定者(被侵害人)而言不利的处理结果的管辖如果要转移到他者,需要满两个要件:(1)他者使被侵害人的决定余地在法律上的重要样态变得狭窄(也就是说,使其暴露于社会性的不恰当强制中,或者义务违反式地破坏被害人对于情报的处理);(2)基于以上(1)所形成的被侵害人决定属于,客观上再现可能的、理应归属于他人责任的强制状况的产物。当此时,只要自我侵害所产生的害与所保护的利益之间的均衡没有失去的话,则满足要件(2);如果(自我侵害所产生的害)与受损的利益之间,在后者的牺牲中存在不均衡的话,那么财的转移就是非理性的,因此可以归属于被侵害人。[4] 满足这些要件的话,或者说,当行为媒介人依据紧急避险的规则理性地行动的话,对存在行为强制的状况具有管辖的人,

---

〔1〕 松宮孝明『刑法各論講義[第四版]』(成文堂·2017年)35頁参照。

〔2〕 比如,神戸地判平成27年11月13日判例時報2337号97頁(在以A为头的A家这种特殊的生活共同体的人际关系当中,被告人与A等共犯者在共谋的基础上,对A的小姑B曾经户籍上的丈夫V1实施了暴行、饮食限制等长时间的虐待,导致V1跳崖死亡并借以骗取生命保险金,以及对因无法忍受来自A的虐待而对A家隐瞒行踪的V4的住所实施突袭并将其绑架、实施暴行最终导致V4因急性硬膜外血肿的伤害成为植物人,并最终死亡的案件),以及福岡高宮崎支判平成元年3月24日高刑集42巻2号103頁(在得到案发时66岁的独居女性的等同于盲信的信赖之后,被告人在短时间内通过欺瞒手段以借款为由获得合计750万日元,但被告人并没有返还计划而是企图强迫该女性自杀,所以被告人虚构了被害人因为出违反资法而将受到严厉刑事追究的事实,这种欺瞒胁迫的结果导致被害人陷入将被警察追捕的错误之中,更有甚者,被告人在假装带领被害人流转各地逃亡的期间,不断怂恿被害人自杀,加深了被害人对于状况的错误认识,最终让被害人陷于已经逃无可逃除自杀之外别无选择的地步,结果,被害人自己咽下了100cc的马拉松乳剂原液之后死亡的案件)。

〔3〕 豊田兼彦「被害者を利用した間接正犯」刑法雑誌57巻2号(2018年)282頁。

〔4〕 *Pawlik*, Das Unrecht des Bürgers, 2012, S. 234 f.

对财的转移结果也具有管辖。[1] 因此,比如,师傅以威胁解除师徒关系的方式强迫弟子吃未消毒内脏的场合,[2]师傅构成身体伤害罪的间接正犯。因为,受到胁迫的弟子虽然对于损害的分配具有决定的余地,但对于被威胁的损害结果而选择相对容易接受的方法进行分配的场合;换言之,在对多种害进行比较之后结果非负的场合,他在法上处于劣势的位置。

不过根据 Timpe 的观点,基于强迫所导致的自我侵害并非全部都是间接正犯,构成间接正犯的仅仅是在与作为牺牲的财的关系上存在重要强迫的场合。他指出,在胁迫的场合也好,在心理性强制的场合也好,同意论需要同样地作出判断,如果对自我侵害的自我答责性不通过第 34 条与第 35 条(译者注:《德国刑法》第 34 条规定了正当化的紧急避险、第 35 条规定了阻却责任的紧急避险)进行判断的话,便会造成以下的结果。即准备放弃对自我利益的关心,便被想定为是对引诱者的介入许可,如果在法律上是有效同意的话,那么被教唆的自我侵害则变为了一种自我答责的行为。[3] 因此,在不胁迫与强制下的无效同意的场合,不应该将其作为自我侵害者自律性的表露,而应该是对自我侵害者自律性侵害的一种表露。

但是,即便欠缺同意,行为媒介人所造成的财的损失也并非经常性地客观归属于幕后人。即使欠缺同意,被害人无所谓地或者轻率地实施行为的场合也应该另当别论。比如,幕后人威胁被害人,声称如果不对被害人自己的车辆实施放火,那么就会打碎其车窗玻璃的场合,幕后人对同意的欠缺的确存在管辖,但对车辆损坏并不存在管辖。因为,由于被害人不用更为容易接纳的方法去替换其被威胁的损害,违反了被害人自我保护的义务。

关于这一点,Pawlik 做了富有见地的叙述。他认为,无论是谁在自己的权利领域内,都可以无所顾忌地行动。但是,他这种无所顾及的行动结果是否可以转移到他者身上的问题,已经离开私人领域进入到诸主体间人格的领域。此时,为了一定的管辖分配所援引的诸多根据,需要回应所有法同胞之间的平等,同时也自发地要

---

[1] Vgl. *Gerhard Timpe*, Beiträge zum Strafrecht, 2014, S. 117.

[2] RGSt 26, 242 f.

[3] Vgl. *Gerhard Timpe*, Beiträge zum Strafrecht, 2014, S. 118.

求具有一般化的接受可能性。因此,对于内容的说服力所做的讨论,被害人必须承认。[1]

四、代结语

综上所述,本稿通过讨论有身份但无故意之道具的事例,主张问题的解决需要基于制度化的义务犯论,并对于义务犯相对立的支配犯中的间接正犯问题,通过诸多事例在客观归属中的立场进行了概括与讨论。本稿到目前为止依旧存在许多尚未解决的地方,只希望能给本次关于客观归属论的学术论坛提供一点浅见,如果能从讨论中学到更多,对于笔者而言将是非常有意义的。

〔1〕 *Pawlik*, Das Unrecht des Bürgers, 2012, S. 236 f.

结果加重犯的因果关系判断

——以被害人行为的介入为例

邓毅丞*

【摘　要】 在结果加重犯中,相当因果关系不能有效控制严厉法定刑的滥用,因此,有必要对结果加重犯的因果关系进行限定。借鉴德国刑法中的直接性要件,在结果加重犯的因果关系判断中,应当以直接的因果关系进行限定。关于直接性的具体判断,有两个基本规则:第一,作用力规则:在介入因素对于加重结果的作用力显著轻微的场合,特殊危险的现实化并没有受到重大影响,因而危险实现的直接性不应当被否定;第二,支配性规则:在基本行为对于介入因素具有支配作用的场合,介入因素对于加重结果的贡献可以归责于基本行为。被害人的逃跑行为、自杀行为、拒绝治疗行为、不适当的自我治疗行为以及对第三者的营救行为等介入行为能否阻断加重结果的归责,应当根据上述两个规则进行具体的判断。

【关键词】 相当因果关系　直接性要件　直接因果关系　介入因素的独立意义　被害人的介入行为

一、问题的提出:相当因果关系在结果加重犯中的适用困境

在结果加重犯的因果关系判断中,被害人行为的介入对加重结果的归责有重

---

* 杭州师范大学沈钧儒法学院副教授,法学博士。本文原载《政治与法律》2017 年第 2 期,略有改动。

大影响。例如,在被害人受到轻微暴力的袭击,为躲避而决然跳入悬崖的场合,行为人不会对被害人的死亡结果负责,因而不成立故意伤害(致人死亡)。但是,如果上述例子中的暴力程度增加,就可能逐渐提高对危害行为进行归责的可能性。问题是:在何种场合,被害人的介入行为可以阻断基本行为与加重结果之间的因果关系?

对此,通说认为,"作为基本犯罪构成以外的重结果,是对基本犯罪所导致的基本结果的延伸和发展,是基本行为内在的危险的现实化的体现"。[1] 关于相当性的判断,"考虑按照一般的社会生活经验,该行为是否通常可能导致加重结果的发生"。[2] 据此,只要被害人对于危害行为的反应处于一般社会生活经验的范围内,就可以认定相当因果关系。例如,在甲伤害乙后,乙在医院治疗期间,没有卧床休息,因伤情恶化而死亡的场合,伤害行为与死亡结果之间有因果关系。然而,一般的过失犯也要求实行行为和危害结果之间存在相当的因果关系,因此,结果加重犯与一般过失犯的因果关系就难以区分。问题是:结果加重犯的法定刑往往极其严厉,甚至可以超出故意的基本犯和加重结果的过失犯的刑罚总和。例如,故意伤害致人死亡的法定刑是10年以上有期徒刑、无期徒刑或者死刑。与之相对,普通故意伤害罪的法定刑是3年以下有期徒刑、拘役或者管制,而过失致人死亡罪的一般法定刑是3年以上7年以下有期徒刑。相比之下,前者的刑期显然远远超出了后两者的总和。三者刑期的比较如下表所示:

故意伤害致人死亡的法定刑	故意伤害罪的法定刑	过失致人死亡罪的法定刑	故意伤害罪和过失致人死亡罪的刑罚总和
10年以上有期徒刑、无期徒刑、死刑	3年以下有期徒刑、拘役或管制	3年以上7年以下有期徒刑	3年以上10年以下有期徒刑

如果仅仅从相当因果关系的角度对结果加重犯进行限制,就很容易导致刑罚的滥用,即使伤害行为与死亡结果有相当的因果关系,也不宜立即认定故意伤害致

[1] 黎宏:《刑法学总论》(第2版),法律出版社2016年版,第320页。
[2] 周光权:《刑法总论》(第3版),中国人民大学出版社2016年版,第130页。

人死亡的因果关系。因此，有必要针对结果加重犯的特殊性，对因果关系的判断进行反思。

二、德国刑法中的直接性要件及其启示

德国刑法中的直接性要件对结果加重犯的因果关系进行严格限制，这在弥补相当因果关系的罪刑不均衡方面有积极的意义。下文将对此要件的基本内容及对其批驳的观点进行检讨，以求从中得到限制结果加重犯的成立范围的启示。

（一）直接性要件概述

基于限制重刑的需要，德国法院提出以直接性要件作为结果加重犯的成立要件。在第二次世界大战以前，德国的帝国法院已经言及基本犯和加重结果之间的"直接关系"，后来的德国联邦法院判例则对直接性要件做出进一步的确认。下面通过三个德国判例来辨析直接性要件的基本内涵。

在德意志帝国最高法院 1910 年 10 月 24 日判决的【殴打枪击案】中，被告人在争吵后，用装有子弹的手枪捅击被害人的小腹，由于右手指挂着扳机而突然导致子弹射出杀害了被害人的事例，法院认为，"若要成立伤害致死罪，应当是由伤害自身直接引起死亡。为了实现故意伤害罪而直接引起死亡时数个行为的着手，其中一个行为引起了与意图的结果没有关系的场合，死亡不是由于伤害所引起"，因而否定了伤害致死罪的成立。[1]

在德国联邦普通法院 1970 年 9 月 30 日判决的【阳台跌落案】中，行为人对被害人实施暴力殴打，导致被害人鼻骨骨折，被害人为了逃避伤害逃至二楼阳台，不慎从窗户摔下致死。法院认为，在故意伤害致死罪中，立法者预设了内在于伤害的加重结果发生的固有危险以及该危险的实现。即使根据具体因果经过的通常经验，基本行为与加重结果有因果关系，以及行为人对加重结果有预见可能性，也不能立

[1] 具体案情参见 RGSt 44, 137。转引自［日］山本光英：《結果的加重犯における"直接性"要件について》，载《山口経済学雑誌》1999 年第 47 卷第 2 号，第 38～39 页。另参见［日］丸山雅夫：《结果加重犯論》，成文堂 1990 年版，第 153 页。

即满足结果加重犯的成立要件。在第三者或者被害人的行为介入时,在伤害中的固有危险没有被实现。因此,关于被害人为逃避伤害从窗户逃跑而不慎摔死的情形,不成立故意伤害致死罪。[1]

在德国联邦普通法院1991年10月29日判决的【伪装死亡案】中,行为人在没有杀人故意的情况下扼住被害人的脖子直至其脸色发青并失去意识。行为人以为被害人已经死亡,为了伪装成被害人自杀的场景,行为人用皮带用力勒住留有脖子手印的地方,从而导致被害人死亡。法院认为,伤害致死罪的法条应当是用于阻止连接伤害而引起加重的致死结果之间发生的危险。因此,伤害致死罪应当只应用于使被害人死亡的特殊危险所依附的伤害之中。而这样的危险应当在致死结果中表现出来。因此,基本犯和被害人的死亡之间应当存在直接关系。在本案中,行为人在伪装被害人自杀的情形下造成加重结果,因而伤害罪和死亡结果之间不存在直接关系,从而否定伤害致死罪的成立。[2]

在上述判例中,德国法院在肯定相当因果关系的前提下排除结果加重犯的适用。也就是说,上述判例在基本行为和加重结果之间的关联性方面提出了较之条件关系乃至相当因果关系更加严格的要求。这被学界归纳为"直接性要件",[3]即加重结果必须实现于基本犯内含的固有危险之中。[4] 因此,直接性要件并不是一般因果关系理论的具体应用,而是比一般因果关系的要求更加严格的限定性条件,即基本行为创造了导致加重结果的高度风险并且这些风险直接实现为加重结果。如果基本犯缺乏足够的危险或者危险在实现过程中因其他因果流程的介入而被阻断,就不能成立结果加重犯。也就是说,"直接性要件"作为特殊不法对结果加重犯进行限制,较之相当因果关系而言提出了更高的不法要求。

---

〔1〕［日］内田浩:《結果的加重犯の構造》,信山社出版2005年版,第174～175页。

〔2〕BGHSt 32, 25. 转引自［日］山本光英:《結果的加重犯における"直接性"要件について》,载《山口経済学雑誌》1999年第47卷第2号,第40页。

〔3〕直接性要件也被称为"直接性法理"或者"直接性关联"。李晓龙:《论结果加重犯的直接性关联》,载《法学》2014年第4期;内田浩:《結果的加重犯の構造》,信山社出版2005年版,第147页。

〔4〕［日］井田良:《犯罪論の思考と論理(28)結果的加重犯の理論》,载《現代刑事法:その理論と実務》2002年第4卷第12号,第109页。

（二）对直接性要件的批判观点及相关评价

虽然直接性要件可以限制结果加重犯的成立范围，但是，也有不少学者对直接性要件的正当性提出质疑，大致有以下几个方面：

其一，直接性要件与结果加重犯的加重处罚根据有冲突。例如，日本学者町野朔教授在结果加重犯的加重处罚根据上倾向于危险性说。他认为，基本犯的内在危险性和对加重结果的高度预见可能性是结果加重犯的加重处罚根据。因此，不应当以直接性要件作为结果加重犯的特别归责原理。[1]

其二，直接性要件可能造成处罚漏洞。例如，日本学者林干人教授认为，如果伤害致死罪的规定要求有别于杀人罪、过失致死罪的固有的重大不法内容，在没有充足这一内容的场合，作为伤害罪和过失致死罪的想象竞合犯，结局只能以伤害罪的刑罚来进行处断。但是，这样的话，以伤害故意而引起死亡这种极其严重结果的情况将被不当无视。如果考虑伤害致死罪的不法和责任内容，其法定刑与伤害罪、杀人罪以及过失致死罪相比，并没有失去均衡。因此，伤害致死罪、故意伤害致死罪与杀人罪、过失致死罪具有相同的不法内容，它们的区别在于责任内容。[2]

其三，直接性要件已经过时，应当消解在客观归责的一般理论之中。例如，日本学者山中敬一教授指出："德国判例曾要求结果应当由基本犯'直接地'引起，即直接性要件。但是，在其后期的判例中，直接性要件没有被使用。特别归属原理在结果加重犯中并无必要，可以消解在一般的客观归属论中。其中，基于规范保护目的的考虑，即可求得充分的归属标准。"[3]

关于上述对直接性要件的批判观点，本文不敢苟同，主要理由如下。

首先，危险性说与直接性要件具有内在的一致性。危险性说是以基本犯的特殊危险作为结果加重犯的加重处罚根据的学说。危险性说认为，"使得结果加重犯

---

[1] [日]町野朔：《結果的加重犯の法定刑に関する一考察——傷害致死罪を中心として・内田浩（成蹊大学法学政治学研究 8 号）含原著者コメント（現代刑事法学の視点）》，载《法律時報》1991 年第 63 卷第 12 号，第 119 页。

[2] [日]林幹人：《刑法総論》（第 2 版），東京大学出版会年版 2008 年版，第 144 页。

[3] [日]山中敬一：《刑法総論》（第 2 版），成文堂 2008 年版，第 173 页。

成为独立的犯罪类型,是内在于其基本犯的特殊类型的危险性",[1]那么,"在结果加重犯中刑罚的加重根据是,基于具体情况,通过基本犯的实行,使得加重结果出现的高度危险性产生,这种危险通过直接的结果实现得以确证"。[2] 可见,虽然危险性说以"危险"命名,但是,该说不仅关注特殊危险的内容本身,而且将特殊危险的直接实现作为结果加重犯的本质内容。因此,危险性说与直接性要件的思维逻辑具有高度的一致性。当然,两者的意义并非完全相同。危险性说是对结果加重犯的立法理由所作的说明,而直接性要件则是司法实践对结果加重犯的成立范围所作的目的性缩限解释。因此,两者属于表里关系。危险性说是直接性要件的理论根据,[3]而直接性要件则是危险性说在认定结果加重犯过程中的具体化。[4]因此,在危险性说的基础上否定直接性要件的意义,并非妥当的思路。

其次,特殊危险自身不足以说明结果加重犯的严厉法定刑。在国外刑法中,不乏以特殊危险作为加重处罚要件的危险加重犯,而且,结果加重犯比危险加重犯的处罚重得多。例如,德国刑法以"行为致他人有死亡危险"作为特别严重的放火情节(《德国刑法》第 306 条 b 第 2 款第 1 项)。在具备该情节时,放火犯罪的法定刑为 5 年以上自由刑。同时,德国刑法规定放火致人死亡(《德国刑法》第 306 条 c)作为放火犯罪的结果加重犯,法定刑为终身自由刑或者 10 年以上自由刑。显然,后者的法定刑较之前者严厉许多。但是,前者已经将致人死亡的特殊危险作为成立要件。在脱离直接性要件的情况下,很难解释为何致人死亡的结果可以导致如此严厉的刑罚。因此,将危险实现的直接性作为结果加重犯的不法内容,对于加重处罚的程度有正当化的重要作用。因此,直接因果关系对于重刑的限制而言仍然是必要的。

再次,直接性要件不会产生处罚漏洞。虽然结果作为不法的内容对法定刑的

---

〔1〕 D. Oehler, Das erfolgsquafizierte Delikt als Gefährdungsdelikt, ZStW 69(1957), 503(512-4). 转引自[日]内田浩:《結果的加重犯の構造》,信山社出版 2005 年版,第 102 页。

〔2〕 [日]井田良:《犯罪論の思考と論理(28)結果的加重犯の理論》,载《現代刑事法:その理論と実務》2002 年第 4 卷第 12 号,第 108 页。

〔3〕 在德国联邦法院的判决中,也不乏引用危险性说的观点论证直接性要件的例子。[日]丸山雅夫:《結果加重犯論》,成文堂 1990 年版,第 154 页。

〔4〕 [日]丸山雅夫:《結果加重犯論》,成文堂 1990 年版,第 152 页。

程度有所影响。但是,不能说只要有重大结果发生就必须进行重罚。同一法益的实害可以有不同程度的不法,即使最终造成同样的危害后果,不同程度的危险行为也可能被适用不同程度的刑罚。例如,暴力干涉婚姻自由致人死亡和故意伤害致人死亡均有致人死亡的结果,但是,两者对被害人的危险性显然不同。暴力干涉婚姻自由的行为通常不需要有伤害的危险,而被害人自杀也能够归责于行为人。[1] 也就是说,实害结果不能完全体现违法程度。相反,故意伤害致人死亡的基本行为至少具有伤害他人的具体危险,甚至对死亡结果的产生直接危险。[2] 如果使用严重暴力行为干涉婚姻自由而直接造成被害人重伤或者死亡,就构成故意杀人罪或者故意伤害罪(致人死亡)。[3] 可见,即使造成相同的实害结果,也可能因为危险程度或者其他不法要件的不同而产生处罚上的差别。直接性要件作为特殊不法的内容,当然可以限制结果加重犯的处罚范围,这样的缩限处罚与罪刑均衡原则相适应;相反,如果仅仅因为严重后果的发生而发动重刑,就带有结果责任的倾向,有损刑罚的合理性。

又次,德国的司法实践倾向不能决定直接性要件的取舍。不能否认,德国法院的部分判例对直接性要件的认定的确存在摇摆之态势,不同的判例之间甚至会有矛盾的地方。[4] 但是,这不等于说德国司法就此抛弃了直接性要件,更加不能以此为由否定直接性要件的存在意义。其实,可以从两个方面反思德国司法实践中对直接性要件态度的变化:其一,直接性要件起初在实践中的应用并非完全妥当,因此,德国法院在后来的案件中对于欠妥的部分进行纠偏。在直接性要件的适用之初,几乎只要存在介入因素,就认定基本犯和加重结果之间不存在直接性。这样的形式理解,导致加重结果的归责被不当地缩限。因此,有必要根据实际情况对直接性重新界定。对相近的事例给予不同的判决,未必就是对直接性要件的放弃,而可能是对直接性要件进行修正而已。其二,结果加重犯的处罚范围在司法实务中日渐扩大,有可能严重威胁被告人的正当权益,那么,刑法理论有必要通过这种趋势

---

〔1〕 张明楷:《刑法学》(下)(第5版),法律出版社2016年版,第913页。

〔2〕 张明楷:《刑法学》(下)(第5版),法律出版社2016年版,第858页。

〔3〕 黎宏:《刑法学各论》(第2版),法律出版社2016年版,第272页。

〔4〕 [日]佐伯和也:《結果的加重犯における"基本犯"と"重い結果"との関係について:傷害致死を中心に》,载《関西大学法学論集》2002年第52卷第3号,第88~90页。

进行反思,否则只会对结果加重犯的重刑化起到推波助澜的作用。因此,直接性要件作为限制结果加重犯的重要途径,不应当基于司法实践的态度变化而被肆意抛弃。

最后,直接性要件不宜消解在客观归责的一般原理之中。客观归责的一般原理对于普通的过失犯也有限定意义。因此,客观归责的一般理论与相当因果关系说存在同样的问题,即无法说明结果加重犯的严厉法定刑。当然,也可能有学者在规范的保护目的等客观归责理论的具体适用中对结果加重犯和一般过失犯区别对待,但是,如此一来,结果加重犯仍然具有自身特殊的归责原理。在客观归责理论盛行的德国刑法学界,对于采纳直接性要件的判例仍然持肯定态度。[1] 因此,将直接性要件"消解"在客观归责一般原理的做法,要么产生罪刑不均衡的结局,要么只是一种"掩耳盗铃"的假象而已。

总的来说,直接性要件作为限制结果加重犯的特殊不法,可以遏制严厉法定刑的发动,有利于防止结果加重犯的严厉法定刑在司法实务中的不当适用。直接性要件的基本内涵包括基本行为创造的特殊危险以及该危险的直接实现,由此可以得到启示:借鉴直接性要件的原理,因果关系的直接性也可能作为不法内容对结果加重犯的成立范围进行有效限制。

三、直接因果关系的提倡与判断

(一)直接因果关系的提倡

如上文所述,直接性要件有相当的合理性,在限定结果加重犯的归责范围方面可以作为借鉴。我国有学者提倡将直接性要件作为一个整体引进到我国的刑法体系中。李晓龙博士认为:"作为限制结果加重犯成立的客观构成要件,其应当作为在一般归责(客观归责或者相当因果关系)以后进行判断的独立要件。"[2]但是,直

---

〔1〕 [德]汉斯·海因里希·耶赛克、[德]托马斯·魏根特:《德国刑法教科书(总论)》,徐久生译,中国法制出版社2001年版,第320页;[德]克劳斯·罗克辛:《德国刑法学总论》(1卷),王世洲译、法律出版社2005年版,第219页。

〔2〕 李晓龙:《论结果加重犯的直接性关联》,载《法学》2014年第4期。

接性要件毕竟是德国刑法的舶来品,如果将其毫无保留地引进到我国的刑法理论体系中,就很可能会有水土不服的后果。

直接性要件的内容不仅包括直接因果关系,还包括基本犯创造的特殊危险。例如,在上述【殴打枪击案】中,被害人被射杀的结果显然是直接实现于持枪殴打行为所产生的危险。因此,判例对于直接性要件的否定并不是因为基本行为和加重结果之间缺乏直接关系,而是因为基本犯所创造的危险不属于内含于伤害罪的结果危险。也就是说,基本行为创造的特殊危险是直接性要件的重要内容。但是,直接性要件包含"如何判断特殊危险"和"如何判断特殊危险的实现"两个问题。如果直接性要件作为一个整体性要件,就可能对两个问题混淆处理,从而导致不当的结论。例如,在基本行为必然导致加重结果时,很可能忽略介入因素对于加重结果发生的重要贡献,从而肯定直接性要件的成立。但是,特殊危险和危险实现不是并列关系,而是递进关系,两者之间不应该存在相互替补的机能。即使加重结果必然发生,也不能否定介入因素阻断特殊危险的实现过程,而且,实行行为对于我国的犯罪构成理论来说极其重要。实行行为为结果犯的构成要件,结果加重犯作为结果犯的特殊类型,当然也应当具有自身的实行行为。如果特殊危险独立于结果加重犯的实行行为,结果加重犯的实行行为就会成为一个空壳。再者,直接性要件既涉及行为,也涉及因果关系,在我国的犯罪构成理论中的地位十分尴尬。因此,不宜将直接性要件作为犯罪构成的独立要件。

在本文看来,直接性要件的内容应当分别归属于不同的构成要件。特殊危险的创出归属于基本行为(结果加重犯的实行行为)的判断因素,[1]而特殊危险的直接实现则归属于直接因果关系的内容。因此,应当对该要件进行本土化的处理。具体而言,直接性要件应当分解为基本行为和直接因果关系。基本行为作为结果加重犯的实行行为,而直接因果关系则作为结果加重犯的因果要件。

在讨论直接因果关系的场合,有以下几个方面需要注意。

首先,基本行为和加重结果的直接关联性不宜独立于因果关系。我国有学者提出,将直接性要件作为限制结果加重犯的独立要件。郭莉博士认为,在结果加重

〔1〕 关于结果加重犯的基本行为,笔者已另行撰文讨论页,因此,在本文中不再赘述页。邓毅丞:《结果加重犯基本行为的判断规则——兼对日本相关学说的评述》,载《政治与法律》2014年第4期。

犯中,基本行为和加重结果的直接关联性是不同于因果关系的限制因素,应当从两个方面判断:其一,基本行为和加重结果的因果关系应坚持条件说;其二,基本行为和加重结果还应具备直接关联性。[1] 但是,这种做法值得质疑。一般来说,因果关系的判断有两个方面,即条件关系和相当因果关系。[2] 既然一般犯罪的因果关系不限于条件关系,因此就很难让人接受结果加重犯的因果关系限于条件关系的观点。而且,德国学界将因果关系和客观归责区分开来,前者限于条件关系问题,而后者涉及结果归责的评价问题。[3] 因此,在德国刑法中,直接性要件作为客观归责的特殊理论,被视为是因果关系以外的特殊不法内容有一定的道理。但是,我国刑法中的因果关系不仅解决条件问题的归因问题,也重视结果归责的规范判断。[4] 因此,就不宜照搬德国刑法的观点,将危险实现的直接性视为因果关系以外的限制要件。再者,相当性和直接性不是对立关系,而是阶层关系。在因果关联程度的问题上,直接性提出比相当性更为严格的要求。在不法要件存在程度上的差别时,低度不法要件一般不会作为先于高度不法要件的判断对象。[5] 因此,也不宜在直接性之前判断相当性;否则,必将导致结果加重犯的犯罪构成复杂化,不利于犯罪判断的有效过滤。简言之,基本行为和加重结果的直接关联性是因果关系的内容。

其次,关于作为加重结果起点的原因行为的判断问题,不宜归属于直接因果关系的内容。有学者认为,基本行为和加重结果的直接关系要求作为加重结果的原因行为限定于基本犯的广义手段行为。例如,单纯利用抢劫机会而致人死亡的情形不是基本犯的特殊危险直接实现为加重结果,因而不符合直接因果关系的条件。[6] 根据该观点,直接因果关系对作为致死结果的原因行为的判断有决定性意义。但是,这样的归类并不妥当。例如,在抢劫过程中不慎踩死婴儿的情形中,踩死婴儿的行为与婴儿的死亡结果显然具有直接因果关系。问题是:该行为能否被视

---

〔1〕 郭莉:《结果加重犯基本行为和加重结果的关系研究》,载《政治与法律》2013 年第 12 期。

〔2〕 黎宏:《刑法学总论》(第 2 版),法律出版社 2016 年版,第 96 页。

〔3〕 劳东燕:《风险分配与刑法归责:因果关系理论的反思》,载《政法论坛》2010 年第 6 期。

〔4〕 黎宏:《刑法学总论》(第 2 版),法律出版社 2016 年版,第 98 页以下。

〔5〕 例如,在具体危险犯的判断中,抽象危险不会作为独立于具体危险的判断对象;又如,在认定故意伤害致人重伤的场合,不会将重伤和轻伤同时作为判断对象,而只需要判断重伤即可。

〔6〕 [日]井田良:《結果的加重犯における結果帰属の限界についての覚書——強盗致死傷罪を中心として》,载《法学研究》1987 年法学研究 第 60 卷第 2 号,第 255 ~ 256 页。

为基本行为。如果基本行为限于基本犯的手段行为,就只能对此问题作否定回答;相反,如果基本行为包括利用基本犯实施的机会而做出的一切行为,就可以对此问题作肯定回答。因此,该问题的核心在于基本犯和基本行为之间的关系,而不是基本行为和加重结果之间的关系。也就是说,关于作为加重结果原因的行为的判断,应在基本行为中进行讨论,而不属于直接因果关系的讨论范围。

最后,并非所有的结果加重犯都以直接因果关系为要件。直接因果关系作为结果加重犯的特殊不法内容,是对严厉法定刑进行限定的重要因素。但是,不少犯罪的法定刑较低,对其可以径直肯定其加重处罚的正当性。例如,根据我国《刑法》的规定,暴力干涉婚姻罪在过失致人死亡的场合的法定最高刑不超过 7 年有期徒刑,与过失致人死亡罪在处罚上没有实质差别。那么,这些结果加重犯不需要在法定形式以外存在实质的加重处罚理由。另外,报复陷害罪、商检徇私舞弊罪、动植物检疫徇私舞弊罪、虐待罪、污染环境罪、滥用职权罪等犯罪也存在类似情形。这些法定刑较轻的结果加重犯,不存在严格限制的必要性。如果以直接因果关系进行限制,就会导致相当一部分的犯罪得不到应有的惩罚。因此,对于法定刑较轻的结果加重犯,不宜以直接因果关系作为特殊不法要件。

(二)直接性因果关系的判断

作为结果加重犯的特殊不法,直接因果关系要求特殊危险直接实现为加重结果,而不仅仅是根据社会一般观念通常引起加重结果。关于直接因果关系的判断,有学者采取严格的直接性说。该说认为,基本行为的特殊危险应当在没有其他介入因素的情况下实现为加重结果。以伤害致死罪(日本刑法罪名)为例,伤害的基本法则是人体器官的病理性变化。因此,诸如被害人的恐惧心理这样的心理规则所导致的死伤结果,就超出了病理性规则的因果链条范围,不能进行加重结果的归责。纯粹的病理作用说否定恐惧心理对于加重结果发生的意义,只关注在因果传递过程中的病理性作用。那么,在被害人逃避型介入的事件中,由于被害人的逃避与基本行为并没有病理上的关联性,因而不能肯定基本行为与加重结果间的直接关系。但是,如果基本行为导致被害人在意识模糊乃至丧失意识等情况下做出冒险或者自残的行为,就存在应用病理法则的余地。例如,行为人对被害人使用暴力,致使被害人头盖骨裂伤而意识浑浊,被害人在此状态下跳窗逃生,就会被认定为符合直接性要件。[1]

严格的直接性说在限制结果加重犯的成立范围方面极为有力,但是,该说忽略了介入因素对于危险实现的具体作用,以及基本行为与介入因素之间的关联性,使得直接性要件完全成为一个有无介入因素的形式判断,有形式化的嫌疑。而且,在致人死伤作为加重结果的场合,严格的直接性说将病理性规则作为判断危险实现的唯一依据,那么,在极其凶险的地方胁迫被害人,由于环境的凶险与病理性规则没有关联性,因而难以认定为直接因果关系。这显然难以让人接受。因此,结果危险说提出以下解决方案:在胁迫行为导致被害人因紧急避险而在危险的环境中冒险逃生时,可以视之为利用被害人自身行为的"暴行的间接正犯"。[2] 然而,间接正犯的行为支配性并不在于病理层面而在于心理层面。如果脱离心理法则,就无法断定间接正犯的成立。因此,严格的直接性说在逻辑上也有矛盾之处。

本文认为,始发于行为人的行为到最终结果的各种因果链条,应当以尽可能被正确和严密制定的一般规则所包摄的形式进行说明。但是,因果链条在传递过程中不必完全排斥介入因素的存在。在介入因素缺乏引起加重结果的独立意义时,基本行为对于加重结果的出现处于决定性的地位。因此,基本行为创造的特殊危险在实现的过程中仍然具有直接性。相反,在介入因素对于加重结果的发生直接产生独立的特殊危险,并且支配该危险的实现时,原先由基本行为创造的特殊危险在实现过程中就遭受障碍。那么,即使可以承认加重结果被相当地引起,也难以肯定特殊危险直接实现为加重结果。因此,介入因素的独立意义是判断直接性的关键因素。具体而言,包括以下两个规则:

1. 作用力规则。在介入因素对于加重结果的作用力显著轻微的场合,特殊危险的现实化并没有受到重大影响,因而危险实现的直接性不应当被否定。介入因素的作用力是否显著轻微,应当从两个方面进行考察:其一,如果基本行为创造的特殊危险不存在,介入因素本身是否足以引起加重结果的出现;其二,基本行为创造的特殊危险是否必然引起加重结果的发生。只有在这两个条件具备的场合,才能

〔1〕 [日]内田浩:《結果的加重犯の構造》,信山社出版2005年版,第242页。
〔2〕 [日]内田浩:《結果的加重犯の構造》,信山社出版2005年版,第294页。

够说明介入因素对于加重结果的贡献显著轻微而可以忽略不计。

例如,在日本的大阪南港事件中,甲因其雇佣人员乙的品行不端而生气,便用洗面盆等器具殴打被害人乙头部数次致其跌倒而神志不清。甲又抓住昏晕过去的乙的头部撞向混凝土的地板两三次,而且连续四五次用水桶装冷水泼向乙的身体和脸部,另外甲还对乙实施了其他暴行,使乙因负伤而发生或者进一步恶化内因性的高血压性桥脑出血。之后,甲将乙弃置于在南港的建材公司的材料货场。在乙昏厥于材料货场之时,不知被何人又用方形木头殴打头部数次,加剧了已经发生的内因性高血压性桥脑出血,提前了乙的死亡时间。法院认为,在由于被告人的暴行而造成作为被害人死因的伤害的场合,即使第三人施加的暴行提前了被害人的死亡时间,被告人的暴行和被害人的死亡之间还是存在因果关系。[1] 但是,从本案的事实来看,甲的殴打行为是否必然造成被害人死亡并不明确。即使甲的暴力行为造成的伤害是被害人的死因,也不意味着当时被害人受到伤害之后就必死无疑。而且,生命在刑法中受到极高程度的保护。因此,关于致死的原因力判断,应当将死亡的提前出现作为参考因素。就此看来,本案中第三人的介入对于死亡结果的贡献很难说是轻微的。因此,有必要否定甲的伤害行为和乙的死亡之间的直接关系。

又如,在德国联邦最高法院1992年2月12日的判决中,关于被告人因争吵而用550克的硬质锤子殴打被害人致其跌倒,又反复用锤子激烈殴打被害人头部后,以为丧失意识的被害人已经死亡便随之逃走,并坦率地把事情告诉了其偶然碰到的堂兄。堂兄由于不信被害人已经被杀,因而亲自去现场确认,发现被害人后觉得被告人没有隐秘好自身的犯罪行为,从而将被害人沉溺水池,再将被害人吊挂于门的把手,最终将被害人吊死的案件,法院认为被害人所受的伤害是致命伤,无法救治,而第三人伪装自杀的行为只是"单纯助长了特殊的死亡危险",因此"尽管被告人的暴行行为与死亡发生之间有第三人的介入,'直接的'(危险的实现)关系也得

---

〔1〕 具体案情参见最决平2-11-20刑集44.8.837。转引自[日]中村秀次:《刑法総論に関する裁判例資料:刑法の諸原則,行為,不作為,因果関係》,载《熊本ロージャーナル》2010年第3号,第127页。

到肯定”。[1]该判例将介入因素的贡献大小作为直接性的判断基准,避免了严格的直接性说对“特殊危险直接实现”的机械理解,但是,就衡量介入因素的贡献大小的标准而言,则有所偏差。该判例认为,如果基本行为已经造成被害人必然死亡的伤害,直接性要件就必然得到承认。因此,基本行为引起加重结果的必然性就决定了介入因素的贡献。然而,在介入因素足以引起加重结果的场合,实际上创造了一个独立的特殊危险,而不仅是特殊危险的辅助因素。无论加重结果是否必然会发生,都不会改变介入因素直接引起加重结果的事实。也就是说,如果介入因素具有独立引起加重结果的作用力,就应当阻断了基本行为与加重结果的直接关联性。不能因为加重结果的必然发生就完全忽略介入因素对加重结果发生的重要贡献。

2. 支配性规则。在基本行为对于介入因素具有支配作用的场合,介入因素对于加重结果的贡献可以归责于基本行为。

关于被害人的危险接受行为,可以参考共犯的成立标准进行判断。[2] 如果介入因素在基本行为支配范围内,就说明介入因素对于基本行为有依附性,而不能作为独立的作用因子来看待。由于结果加重犯的基本行为应当具有引起加重结果的高度危险,[3]因此,只要是实施了基本行为,就必然在客观上具有压制被害人意志自由的客观强制力。死伤是极其重大的法益的损害,因此,在基本行为没有直接威胁到被害人的重大身体健康或者生命安全时,就不宜承认被害人的选择直接来源于基本行为的强迫。例如,行为人在手持凶器的情况下进行抢劫,导致被害人冒险从三楼跳窗逃生的情形,可以认定为强制性的存在;又如,在被害人进行有生命危险的逃跑类似于紧急避险而发生加重结果的情况下,(被害人重伤或者死亡)不应当遮断基本行为和加重结果之间的因果关系。[4] 相反,如果行为人只是普通的口头胁迫,就没有承认被害人跳楼的合理根据。例如,行为人的普通拘禁行为引起被

---

[1] BGH NStZ 1992, 333 = JR 1992, 510. 转引自[日]山本光英:《結果的加重犯における“直接性”要件について》,载《山口経済学雑誌》,1999 年第 47 卷第 2 号,第 42 ~ 43;该案例另参见[日]内田浩:《結果的加重犯の構造》,信山社出版 2005 年版,第 187 ~ 188 页。

[2] 张明楷:《刑法学中危险接受的法理》,载《法学研究》2012 年第 5 期。

[3] 邓毅丞:《结果加重犯基本行为的判断规则——兼对日本相关学说的评述》,载《政治与法律》2014 年第 4 期。

[4] [日]下村康正:《結果的加重犯における基本犯罪と加重結果との間の直接的関係》,载《法学新報》1989 年第 96 卷第 1 · 2 号,第 7 页。

害人跳楼而死的结果,不能属于直接性规则的肯定范围。[1] 又如,行为人如果只是实施普通的殴打行为(既非高强度的暴力,又非长期的虐待),便难以承认不会游泳的被害人是被强制而跳河逃生,那么基本行为与加重结果间的直接关系就应被中断。也就是说,基本行为的严重性与被害人逃避行为的任意性有密切联系。例如,在很多时候,被害人为了逃避行为人的基本行为而做出冒险举动,并且造成伤亡结果。对此情形,基本行为与加重结果的直接关系决定于被害人是否在被强制的情况下做出介入行为。但是,如果被害人在逃走时采用极端轻率的方法而致死,就可以否定直接关系的存在。[2]

强制作用的心理内容应当直接来源于基本行为的特殊危险。也就是说,直接行为的特殊危险应当对被害人的心理有直接的强制作用。那么,在基本行为的特殊危险已经降低的场合,之前产生的心理强制便不能继续作为直接性的考量因素。在德国曾经发生过下面一则案例。甲和乙在夜间召集数人以伤害目的追打外国人。其中,被害人甲被追赶得惊慌失措。后来,甲往其住宅方向逃跑。在甲逃到住宅门口时,已经暂时摆脱了行为人。在行为人到处搜索甲时,甲误以为行为人正在背后追赶,而想开门又开不了,便在死亡的恐惧下用脚踹门,导致门的碎片割破了腿部的动脉,伤口 8.5 毫米,甲因此在短时间内因失血过多而死亡。德国法院认为,对于行为人的猛烈攻击,被害人的反应是理所当然的。在暴力和胁迫形成的犯罪中,被害人狼狈逃避的行为是出自人类自我保存的原始本能。被害人不知道行为人没有追上来的事实并不重要。为了得到他人救助的被害人在没有受到行为人侵害的情况下踢破门,是可以预见的,因而行为人承担伤害致死罪的刑事责任。[3] 但是,在该案中,根据具体的情况,行为人原先实施的基本行为已经缓和化,对于被害人而言不存在客观的特殊危险。也即,被害人做出踢门行为时并不存在现实侵害,被害人的恐惧只是来自假象的事实,与基本行为之间没有直接联系。因此,不宜对行为人追究故意伤害致人死亡的刑事责任。

---

〔1〕 王敬安:《非法拘禁致人死亡的司法认定》,载《人民检察》2006 年第 12 期。

〔2〕 [日]下村康正:《結果的加重犯における基本犯罪と加重結果との間の直接的関係》,载《法学新報》1989 年第 96 卷第 1·2 号,第 7 页。

〔3〕 具体案情参见 BGHSt 48, 34. 转引自[日]榎本桃也:《結果的加重犯の再検討》,成文堂 2011 年版,第 186~189 页。

另外,在基本行为的特殊危险没有被被害人正确认识时,心理强制也不宜作为肯定直接性的因素。即使基本行为在物理上具有引起加重结果的特殊危险,而被害人在不知情的场合选择高风险的逃避行为,也不宜将被害人引起的加重结果归责于行为人。例如,甲(警察)以重伤故意追逐乙(小偷),而乙却以为甲要抓捕自己而狂奔。乙为了摆脱甲的追捕,从5楼往下跳而摔成重伤。甲的追捕行为与乙的逃跑行为之间不具有直接关系。在此案中,虽然甲的追逐行为对乙而言隐藏着巨大的危险,乙也是为了逃避这样的追逐行为而造成加重结果,但是,因为被害人的恐惧不是直接来源于基本行为隐含的特殊危险,因此,其逃避行为引起的加重结果很难说是由基本行为的特殊危险直接实现。当然,甲的追逐行为对乙毕竟产生一定的强制作用,而且该追逐行为不是合法的追捕,可以肯定甲的行为和乙的死亡之间有相当的因果关系。因此,甲构成故意伤害罪未遂和过失致人死亡罪的想象竞合犯。

四、本文立场的展开:以被害人的介入行为为中心

在基本行为与加重结果之间的因果关系中,被害人的行为介入类型是多元的。下文将根据直接因果关系的判断规则,对不同类型的被害人介入行为做出分析。

(一)被害人避险行为造成自身损害的场合

在被害人的逃避行为引起加重结果发生的场合,主要以支配性规则作为判断的重点。如果基本行为足以引起被害人的逃跑行为乃至慌乱得选择极其危险的逃跑行为,就应当承认基本行为已经对被害人的逃跑行为产生支配性的影响。例如,在田某等故意伤害案中,被告人田某等数人对被害人付某等5人进行殴打。付某、韩某被追打到路北的艾依河中,喇某、张某被打倒在地,邹某被追逃跑。经法医鉴定,喇某系轻伤,张某系轻微伤。付某的家属在艾依河中找到付某的尸体,经法医鉴定,付某系溺水合并颅脑损伤死亡。法院判决,被告人田某等人为报复持械追、打被害人,致被害人付某死亡,其行为均已构成故意伤害罪。据此,法院对田某等被告人

均按照故意伤害致人死亡进行定性和量刑。[1] 在该案中,由于行为人的殴打行为创造了被害人付某落水的风险,那么也应当负有救助义务,即可能构成不作为的故意杀人罪。即使被害人是自己跳入水中,也未必能够免除行为人的责任。就案情来看,行为人人数众多,对被害人穷追猛打,而法医鉴定被害人是溺水合并颅脑损伤而死,可见当时殴打行为之凶狠,另外,被害人在落水后因受伤而减弱了求生的能力。就此而言,即使被害人自己主动跳入水中而溺死,也应当承认基本行为具有充分的强制性。因此,被害人在追打过程中溺死于水中的结果对被告人有归责的可能性。

相反,如果基本行为不足以引起被害人以高危险的方式逃跑,就应当让被害人自己对其轻率行为而造成的自身损害进行自己答责。在刘某非法拘禁案中,被告人刘某受传销组织安排一起将王某带到该传销组织租住的房间。次日上午,根据传销组织的安排,被告人刘某带被害人王某上街购买日用品,下午,又安排传销组织内部人员在该租住处向被害人王某讲课、"洗脑"。被害人王某发现自己陷入传销窝点且已被限制人身自由后便寻找逃离机会。王某趁其他人睡觉时从 5 楼卧室的窗户跳下逃走时摔伤。经鉴定,被害人王某的损伤程度为重伤。法院判决,被告人刘某利用同学关系,将被害人王某骗入非法传销组织,并伙同同案人施以人身自由限制,致被害人王某逃离时受重伤,其行为已构成非法拘禁罪,判处有期徒刑 3 年,缓刑 4 年。[2] 在该中,虽然刘某对王某的人身自由予以限制,但是期间并没有实施任何威胁王某人身安全的行为,而且,刘某的拘禁行为相对来说时间较短,且手段相对缓和,很难说足以产生致使王某通过冒险跳楼进行逃生的精神压力,也就无法支配王某的行动。因此,不宜将王某的死亡结果归责于刘某。当然,这不代表刘某对王某的死亡无须承担任何形式的责任。被拘禁的人逃跑是其权利所在,在直接性法理以外肯定拘禁行为和跳楼行为的因果性是可以被接受的。因此,刘某应当构成非法拘禁罪和过失致人重伤罪的想象竞合犯。虽然本案判决使用了"致……受重伤"的表述,但是,对刘某判处的刑罚是 3 年有期徒刑且缓刑 4 年,并未超出非法拘禁罪的基本法定刑,总体上来看是妥当的。

---

〔1〕 宁夏回族自治区高级人民法院刑事附带民事判决书(2010)宁刑终字第 23 号。

〔2〕 具体案情参见莆田市城厢区人民法院刑事判决书(2011)城刑初字第 299 号。

需要注意的是,结果加重犯的基本行为可能发生竞合关系。因此,在否定其中某一个基本行为时,不能当然地将其他基本行为的危害性予以忽略。例如,在王照双强奸案中,被告人王照双钻窗潜入北京市西城区某胡同某号楼被害人李某(女,时年39岁)家中,从客厅窃走李某的人民币100余元及手机1部。后王照双又进入大卧室,见到熟睡的李某,遂起意奸淫。王照双对李某进行威胁、捆绑,强行将其奸淫,后即钻窗逃离现场。李某到阳台呼救时因双手被捆,坠楼身亡。一审法院认为:被告人王照双违背妇女意志,使用暴力、胁迫手段强行与妇女发生性关系,其行为已构成强奸罪,且造成被害人呼救时坠楼身亡的严重后果,成立强奸致人死亡的结果加重犯。一审宣判后,王照双不服提起上诉。二审法院认为:捆绑被害人双手实际上是被告人犯罪暴力的延续。在此情况下,被害人到阳台呼救的行为应是其反抗被告人侵害行为的表现,并最终导致了被害人在呼救反抗时坠楼身亡的重结果。也就是说,被害人死亡与被告人的犯罪暴力之间存在事实上的因果关系。最终,二审法院再次确认王照双成立结果加重犯的定性。[1] 在该案中,王照双已经停止了强奸行为,对于被害人而言,基本行为的特殊危险就已经不存在,不应当构成强奸致人死亡的结果加重犯。因此,法院的判决是值得商榷的。[2] 有学者进一步认为:"捆绑双手的行为与'坠楼死亡'的结果之间,无论如何都不具有社会的'相当性'。因为,行为人捆绑被害人双手的行为,在客观上并不会导致被害人'坠楼死亡'"。[3] 但是,这种观点显然忽略了被害人当时的心理状况对结果归责的影响。捆绑双手的拘禁行为仍然持续,而且,被害人刚刚被强奸,对于被害人而言,这种场合下的拘禁行为具有极高的心理压制性。因此,被害人企图在窗户呼救的行为是在捆绑行为的压制之下。因此,在被害人失足而坠楼死亡的场合,有理由认定非法拘禁致人死亡的成立。也就是说,该案不构成强奸罪的结果加重犯,但构成非法拘禁罪的结果加重犯。

---

〔1〕 北京市高级人民法院(2006)京高刑终字第451号。

〔2〕 相似观点参见张明楷:《结果加重犯的认定——评北京市高级人民法院2006京高刑终字第451号判决》,载《中国法律评论》2007年第1期。

〔3〕 马卫军:《被害人自我答责的成立条件》,载《刑事法评论》2012年第2期。

(二)被害人自杀的场合

一般来讲,自杀是被害人自愿地亲自剥夺自身生命的行为,理应让被害人对死亡结果负责。但是,在基本行为实施过程中被害人自杀的场合,我国司法实践对结果加重犯的成立与否有不同意见。下面通过几则案例进行说明。

【谢某等非法拘禁案】被害人饶某骑一辆电动助力三轮车到临川区腾桥镇收废品时,撞伤腾桥中学的学生左美娟,后交警介入进行调查。左美娟的父亲左某(另案处理)得知后电话纠集被告人谢某、邱某、周某和邱某到腾桥交警中队看住饶某,便去抚州市第六医院看望正在医院治疗的女儿。因饶某无钱赔偿医疗费用,被告人谢某等人不让被害人饶某回家。后来被告等人与饶某在腾桥镇"罐仔"饭店吃饭。游某经过"罐仔"饭店,得知饶某还未拿钱给左美娟看病,便大声威胁饶某并用双手在饶某的胸前推了一下,饶某情绪激动地说:"没有钱,我把这条命给你。"然后走进饭店找水喝,未找到,便快步走过马路到对面的杨碧玉经营的"农望"农药店拿起一瓶"敌敌畏"农药连喝数口,左某急忙赶过去,捡起木棒对饶某进行殴打,被告人谢某等人见状,也赶过去,看见左某用脚踢饶某,饶某已倒在地上,后群众用三轮车将饶某送至腾桥卫生院进行抢救,经抢救无效死亡。经法医鉴定:被害人饶某全身多处中空性皮下出血,散在性皮肤出血斑,肋间肌出血,头皮挫裂创,头皮下出血,颜面皮肤擦伤,构成轻微伤甲级,该损伤为非致命伤。根据解剖及证物检验报告,饶某系生前口服农药(敌敌畏)中毒死亡。法院认为,因被害人饶某骑电动车撞伤左某女儿而未及时支付医疗费,被告人谢某等人在左某的纠集下,出于帮助左某索要医疗费的目的,而将被害人饶某看守起来,不准被害人远离他们的视线,使被害人无法按自己的意志行动,剥夺了被害人的人身自由。特别是在被害人已被限制人身自由的情况下,左某、游某还对被害人进行威胁,造成被害人精神上的极大痛苦,愤而服毒自杀,后果严重。被告人谢某、邱某、周某的行为已构成非法拘禁罪。但是,被告人谢某等人在左某的指使下将被害人看守起来,其目的是帮助左某索要医疗费,其主观上既不希望也未放任被害人死亡结果的发生,同时在非法拘禁过程中,当被害人提出去寻水喝而远离他们的视线时,三被告也无法预见到被害人会去服毒自杀。被害人服毒身亡是被害人自身的积极行为,与三被告人的非法拘禁行为不具有直接因果关系。根据主、客观相一致的原则，三被告人对被害人服毒身亡的后果无主观罪过，不对死亡后果负刑事责任。[1]

【陈某等非法拘禁案】2006 年 9 月 14 日，同案人戴某（另案处理）为向被害人林某追索债款，纠集了被告人陈某等三人及同案人“阿鸡”“阿五”“日本”“饺子”（均另案处理）等 7 人将被害人林某带至本市黄花岗蓝天酒店 906 房内限制其自由，同案人戴某负责拘禁期间的全部费用，同案人“阿鸡”负责安排上述人员对被害人轮流看管。被害人林某因害怕所欠债务被追究责任，乘看管人员不备在蓝天酒店 906 房从窗口跳楼自杀身亡。法院判决，被告人陈某等三人为他人索取债款而以强制方法非法剥夺他人人身自由的行为，侵犯了公民的人身权利，已构成非法拘禁罪。三被告人在非法限制被害人林某人身自由期间发生被害人自杀身亡事件，虽然三被告人没有直接导致被害人死亡，但三被告人的非法拘禁行为与林某的死亡具有法定因果关系，应承担相应的刑事责任。故本案被害人在被拘禁期间死亡，应作为对三被告人法定从重处罚的情节予以考虑。在被告人有自首和作为从犯情节的情况下，均判处了 3 年有期徒刑。[2]

上述两个关于非法拘禁期间被害人自杀的案例，结论显然是不一致的。在谢某等非法拘禁案中，法院强调服毒自杀是被害人自身的积极行为，与非法拘禁行为之间没有“直接因果关系”。在陈某等非法拘禁案中，法院则以被告人的非法拘禁行为与被害人死亡的结果之间具有“法定因果关系”为由，将被害人跳楼自杀的结果归责于作为非法拘禁行为。可以说，后者肯定非法拘禁致人死亡的成立，是因为没有采纳直接性规则的缘故。

就直接性规则与被害人自杀的关系而言，两个案例中的判决都认为两者是相互排斥的。如果要承认结果加重犯的直接性规则，那么被害人的自杀就不能作为加重结果进行归责。

当然，在充分的心理强制作用下，被害人自杀的结果可能归责于行为人。由于自杀是对自己生命的剥夺，因此，即使不需要有绝对的强制，也应当具有足以压制

[1] 具体案情参见江西省抚州市临川区人民法院刑事判决书（2007）临刑初字第 5 号。

[2] 具体案情参见广东省广州市中级人民法院刑事裁定书（2007）穗中法刑一终字第 269 号。

被害人意志的相当强制程度。只有在被害人的精神受到极度压迫,不自杀大概没有其他办法的时候(不必达到完全不可能有其他办法的程度),才能承认强制自杀事实的存在。〔1〕具体而言,在非法拘禁、绑架或者持续虐打等非法行为实施过程中,行为人对被害人的身体健康或人格尊严等进行了加害,致使被害人不堪忍受肉体或精神折磨,而自杀身亡或者造成重伤,可以构成结果加重犯。例如,行为人以折磨为目的将被害人关在不见天日的地窖下虐打被害人,被害人不想再受摧残而自杀。在此情形中,应认定为非法拘禁使用暴力致人死亡,即构成故意杀人罪。但是,如果行为人在正常的环境下非法拘禁被害人,并且只是偶尔对被害人施加轻微暴力,被害人的自杀结果就不能归责于行为人。

需要注意的是,在情节加重犯中,上述原理同样适用。但是,司法实践往往将显性的结果加重犯和情节加重犯区别对待。例如,司法解释曾规定:诈骗数额接近数额巨大或者数额特别巨大的标准,造成被害人自杀可以作为诈骗罪加重处罚的理由。〔2〕虽然该解释只是将被害人自杀作为巨大或者特别巨大的诈骗数额的补充要素,但是,被害人自杀作为对加重处罚的影响依然值得斟酌。情节加重犯中的"情节",无疑包含加重结果,因此,情节加重犯实际上也可能是结果加重犯。对于这种结果加重犯,可以称为"隐性的结果加重犯"。既然被害人自杀的结果作为加重处罚的理由,就应当以该结果的可归责性作为加重处罚的前提。不管是作为补充的加重处罚理由还是独立的加重处罚依据,加重结果和基本行为之间也应当有直接关系。在基本行为对被害人的自杀没有支配作用的场合,被害人自杀不得作为加重处罚的理由。因此,在诈骗行为对于被害人的自杀没有支配作用时,应当否定加重法定刑的适用。可见,该司法解释中的该条规定的适用空间实际上十分狭窄。例如,行为人诈骗被害人用于治疗自身重大疾病的钱财。被害人因无钱治病而被病痛折磨,最终因无法忍受而选择自杀。在此情形中,有可能承认诈骗致人自杀的结果归责。当然,可能有人认为,情节加重犯的情节是综合考量因素,不能像结果加重犯那样以严格的成立要件进行限制。但是,不同的违法要素之间不是处于同一平

---

〔1〕[日]山口厚:《新判例から見た刑法》(第2版),有斐閣2008年版,第29页。

〔2〕2011年最高人民法院、最高人民检察院《关于办理诈骗刑事案件具体应用法律若干问题的解释》第2条第2款。

面，而是具有递进的位阶关系，相互之间不宜相互替代。因此，以危害行为或者危害结果的严重性为由减轻对因果关系的要求，并非妥当的做法。

（三）被害人拒绝、延误治疗而引起自身损害的场合

在被害人拒绝诊疗行为的场合，结果加重犯的因果关系应当根据具体情形加以确定。具体而言，可以分为三种类型。第一种类型是：被害人预见到自身伤情的风险而拒绝检测和控制这种风险。第二种类型是：被害人已经被确诊有生命危险，而医生也已经展开对被害人进行治疗，但是，被害人对治疗故意予以拒绝。第三种类型是：被害人完全不知道自己的伤情所含有的危险性，医护人员也没有对特定风险有预见。对于这些类型，具体分析如下。

首先，在医生对伤情隐含的危险做出正确判断以及明确提示，被害人拒绝治疗的场合，即使基本行为创造的危险实现为实害结果，一般不应当承认加重结果的可归责性。这是因为，伤情的正确判断对于治愈相关伤势以及防止重结果发生有至关重要的作用。如果医生对潜在危险有正确判断，就具有防止被害人伤势恶化的可能性。因此，医院的治疗行为或者正确的建议已经将被害人的危险降低，从而很可能避免加重结果的出现。被害人在这种场合下拒绝诊疗，就属于自己重新提升危险，由此产生的死亡结果也就可以归责于行为人。

可能有学者认为，"如果被害人接受治疗就能活命"只是假定的因果关系。通说认为，"在假定结果会发生的场合，行为人的危害行为和结果之间的具体因果经过，是可以确定的，不能以假定的因果经过排斥客观归责"。[1] 的确，治疗行为没有正式开始，因而表面上接受治疗的后果只是一种假设，而不具有现实性。但是，被害人对自己的身体处分有决定权。在不能得到同意的场合，其他人不得对伤病者实施强制治疗行为。违反伤病者的意思的专断治疗行为，即使有治疗效果也是违法的。[2] 因此，如果被害人拒绝医生的治疗，就现实地断绝了其被及时救助的可能性。那么，被害人将自己置于伤情恶化的危险是其自由选择的结果，由此产生的结果不是刑法禁止的结果。也就是说，拒绝治疗的行为对被害人病情的恶化的影响

---

〔1〕 周光权：《刑法总论》（第3版），中国人民大学出版社2016年版，第123页。

〔2〕 ［日］川端博：《刑法総論講義》（第2版），成文堂2006年版，第315页。

是因果关系的考虑范围,不能将其纳入假定因果关系的范畴。当然,在伤势极其严重的场合,即使其同意接受治疗,也存在极高的生命危险。因此,被害人可以在拒绝诊疗的情况下依然认定加重结果。这是因为,被害人自我答责应当在被害人自己管辖的范围内方可成立。在被害人对自己的伤情发展无能为力时,也就没有对自己法益处理的可能性,因而由此发生的结果不应当视为被害人自我决定的实现。

其次,行为人对被害人进行伤害后,已经产生了导致被害人死亡的具体危险,但是,被害人在去医院治疗之后,这种危险已经受到了遏制。也就是说,在接受治疗的过程中,被害人死亡的风险已经降低。被害人的病情恶化乃至死亡,是在被害人拒绝诊疗的行为做出之后才出现的结果。这一结果的发生直接来源于被害人拒绝诊疗行为而升高的风险。因此,被害人拒绝诊疗行为才是其死亡的直接原因,其死亡结果也就不能归责于基本行为。

值得注意的是,在德国的判例中,被害人拒绝治疗的行为通常被认为不超出人类经验的范围而不阻断加重结果的归责。〔1〕一般来说,被害人有权拒绝诊疗,而且不愿意接受治疗的伤病患者在现实中也并不罕见。但是,被害人的权利行为不代表相应的行为后果必须归责于他人。例如,任何人都可以将其财产散尽,只是一贫如洗的结果只能由当事人承担,而不能怪责其他人。另外,一般的经验判断是相当因果关系的论理逻辑,只能应用于通常的犯罪形态。就此看来,德国法院对此类判例似乎没有强调直接性规则的应用。日本学者内田浩称,德国判例在此情形中对直接性规则的适用是"挂羊头卖狗肉"。〔2〕对于适用直接性规则的结果加重犯,只有在基本行为与加重结果间形成直接因果关系的情况下才能成立。被害人在风险已经降低的情况下通过自身的拒绝诊疗行为又重新升高风险,其实是自己危险化的参与。从共犯从属性的角度来说,此时的被害人是正犯,〔3〕而原来的伤害行为人只是以不作为方式对被害人的自己危险化提供帮助。因此,在被害人自己不具有违法性的情况下,伤害行为人不能被认定为违法。

---

〔1〕 具体案情参见 BGH, Urt. v. 9. 3. 1994 – 3 StR 711/39 = NStZ 1994, 394。转引自[日]内田浩:《結果的加重犯の構造》,信山社出版 2005 年版,第 181 页。

〔2〕 [日]内田浩:《結果的加重犯の構造》,信山社出版 2005 年版,第 182 页。

〔3〕 被害人自己危险化的参与与共犯有所不同,但可以借鉴共犯理论。张明楷:《刑法学中危险接受的法理》,载《法学研究》2012 年第 5 期。

最后,在专业医护人员没有预见到基本行为造成的特殊危险,而只是泛泛地建议被害人去医院检查的场合,被害人的伤势恶化或者死亡危险很难说得到了有效的控制。而且,如果医生的建议缺乏明确性,就难以期待被害人对自身的危险性有足够的认识。那么,要求不知道自己身体有严重问题的被害人去医院诊断,这对于被害人而言显然过于苛刻。因此,假如在上述情形下因拒绝治疗而耽误病情,从而发生加重结果,就应当承认行为人对结果的可归责性。

在朱某等故意伤害案中,朱某因怀疑蒙某与其老婆有不正当关系,在蒙某面部打了一拳,蒙某予以还手,二人相互厮打中,被告人党某在蒙某臀部踢了一脚,蒙某转身打党某时,朱某抓住蒙某右胳膊猛向后拉拽,致蒙右侧身倒地,头部撞击地面,朱某、党某一同上前在蒙某头部及身上踩踏,后被他人拉开。蒙某倒地后出现小便失禁、短暂性昏迷等症状。"120"医生赶到现场后,蒙某声称自己没事,拒绝前往医院治疗并独自驾车离去。后来,蒙某因昏迷在路中而被群众送往澄城县人民医院抢救,但最终死亡。经法医鉴定:蒙某系钝性外力作用于头部,致严重颅脑损伤死亡。一审判决认定朱某和党某构成故意伤害致人死亡。两名犯罪人提起上诉,提出"被害人受伤后拒绝接受治疗,延误治疗时间,最终导致死亡",从而要求撤销原判决,从轻处罚。但二审法院认为,"被害人受伤后拒绝医生的救治,延误了最佳救治时间,原判已根据此情节……在法定量刑幅度内对朱某予以从轻处罚,故其上诉理由不能成立"。就此表述看来,二审判决肯定了故意伤害致人死亡的成立。[1] 在本案中,医疗行为并未正式开始,被害人的生命健康仍然处于高度危险的状态,同时,被害人对自身的伤情并不清楚,因此,其拒绝治疗的行为并非出于其真实意思,不能阻断朱某等人的伤害行为与被害人死亡的因果关系。就此看来,一审法院和二审法院的认定是妥当的。

(四)被害人不适当的自我治疗引起自身损害的场合

被害人对自身的不适当的治疗行为也可能介入基本行为与加重结果间的因果链条。例如,被害人受到行为人的袭击而受伤后,基于宗教信仰用"神水"(实际上

---

〔1〕 具体案情参见陕西省高级人民法院刑事裁定书(2012)陕刑三终字第00013号。

混有杂菌的水)涂抹伤口,从而引起丹毒症。这种情形与被害人逃避型的介入十分相似,两者都是被害人选择高风险的行为来预防低风险而最终产生了加重结果。

对于这种情况,可以通过介入行为到结果发生的心理过程以及物理过程来进行解读。在心理过程中,被害人对于宗教的狂热信仰是其用“神水”涂抹伤口的决定性因素。至于基本行为造成的最初结果究竟是重伤还是轻伤,与“神水”涂抹行为并没有直接的联系。在物理过程中,基本行为原先造成的只是轻伤结果,最终使得伤情恶化的是“神水”中的病菌引发了丹毒症。[1] 因此,“神水”涂抹行为才是与死亡结果有直接关联性的原因,由此造成的结果不能归责于行为人。

(五)被害人冒险营救行为引起自身损害的场合

关于被害人冒险救助他人的因果关系判断,学界通常以放火致人死伤的情形作为例子。大致有三种不同的观点,第一种观点认为,无论是善意第三人还是有救助义务的第三人,在火势已经包围房屋,危险已经十分确定的情况下,危险的来源并不重要,只要行为人自愿闯进火场,就应当适用被害人自我答责原理,否定行为人对因此造成的加重结果负责。但是,如果救助者是消防员,就可以将救助过程中造成救助者伤亡的结果归责于行为人。这是因为,放火行为使得消防员奔赴火场的次数增加,从而置身在火灾危险下的程度也相应增加。遭遇火灾烧死的危险受到行为人的放火行为影响,因而应当承认消防员因救火而被烧死的结果与放火行为有因果关系。[2]

第二种观点认为,对于不同的救助者应当区别对待。首先,如果救助者具有法定的救助义务,在法定义务的范围之内实施救助行为而招致自身伤亡的结果,就应当肯定放火行为与伤亡结果之间的因果关系。关于法定义务的范围的判断,需依据法律法规、行业规范以及救助引起的危险系数等方面做出“利益—风险权衡”。如果救助人违背法律法规、行业规范,或者救助行为实施后救助者将极有可能死亡乃至必死无疑,救助行为引起救助人的死伤结果就无须归责于行为人。其次,如果救助者不具有作为义务,就需要以紧急避险、救助者和被救助者之间的密切关系以

---

〔1〕［日］林陽一:《刑法における因果関係理論》,成文堂2000年版,第303页。
〔2〕［日］林陽一:《刑法における因果関係理論》,成文堂2000年版,第307页。

及被救助的法益的重要性为标准进行"利益—风险权衡"。如果符合这些标准,就不成立自我答责;相反,不符合这些标准的其他情况一般按照自我答责来处理,即否定归责。〔1〕

第三种观点认为,在救助者自冒风险的任意性被剥夺的场合,救助者因实施救助行为而引起自身的伤亡结果是一种危难转嫁,可以归责于放火行为。在此,紧急避险的成立与否是重要的参照标准。但是,任意性是被害人的内心问题,尽管在客观上不构成紧急避险,救助者误信构成紧急避险的场合,任意性也被否定。在相反的情形,任意性应当得到肯定。那么,诸如为了救自己的孩子而闯入火场被烧死的情形应当将救助者的死亡结果归责于行为人。但是,如果只是为了挽回自己的财产而牺牲自己的生命,就不能进行归责。与一般情形不同,在救助者是消防员的场合,因为其具有法定义务,原则上即使牺牲自己的利益也要保护他人的利益,因此,很容易构成危难转嫁,从而可以归责。〔2〕

在上述三种观点中,本文倾向于第二种观点。首先,第一种观点将消防员以外的主体实施的救助行为都视为自寻死路,要求救助者自负其责,不能让人接受。在救助者与被救助者关系亲密,形成强烈的心理依赖感的场合,面对自己关心的人救助者在心理上受到极大压力,因此,在冒险营救有重大关系者的场合,很难说基本行为对于救助者没有形成足以压制其自由意志的强制力。其次,第三种观点无视客观危险的存在,仅凭救助者的主观认识来确定自我负责的范围,是不妥当的。其实,在现实危险不存在的场合,冒险救助行为相当于假想避险行为。假想避险不是正当行为,避险人对因此造成的损害应当负责。同理,假想的救助行为没有现实的危险作为基础,救助人只能对自己造成的损害结果负责。最后,第二种观点对法定义务、紧急避险以及重大关系等情形做出区分,较好地划分了各种冒险救助情形的归责可能性。

但是,第二种观点将被救助者限定为救助人的近亲属可能过于扩大被害人的自我负责范围。除近亲属之外,关系密切的情侣以及有共同生活关系者都可能在心理上形成重大的依赖关系,因而面对基本行为对另一方的侵害会产生严重的心

〔1〕 王钢:《营救者的损害与自我答责原则》,载《法学研究》2010年第3期。
〔2〕 [日]小林憲太郎:《因果関係と客観的帰属》,弘文堂2003年版,第98页。

理压力。因此,很可能排除救助者的任意性。

总的来说,救助者在实施救助行为之前,处于平稳的法益状态。但是,在冒险进入危险区域时,救助者实际上是将自己置于危险状态,因此造成的结果应当作为被害人对自己法益的处分而不予规制。但是,在以下场合加重结果可以对行为人进行归责。首先,在基本行为对救助者或者重要关系人的法益造成严重危险时,救助者通过牺牲自身的轻微法益救助的重大法益,实际上是合法的紧急避险。既然避险行为被刑法允许,救助人就无须对法益的牺牲承担责任。其次,在被救助者和救助者具有密切的心理依赖关系时,被救者的生命、健康等重大法益对救助者产生心理强制,足以压制救助者的自由选择,救助者冒险做出救助行为,不能算作自我决定的体现。即使不符合紧急避险的条件,也不得让救助者对自己的法益损害自负其责。最后,在救助者具有法定义务的场合,救助者实施救助行为是法律的强制要求,除非救助者违反法律或者常规实施救助,否则在救助过程中对救助者造成的损害不能让救助者自担风险。

结果加重犯因果关系认定的困境与突围

——以“伤害致死”判决为切入点

徐翁明*

【摘　要】　结果加重犯因果关系的认定自始就是一个难题，以北大法宝网案例库中“伤害致死”判决书为例进行分析发现，其中绝大多数判决书对于基本行为与加重结果之间的因果关系避而不谈，少数谈及因果关系的判决书中，要么对于因果关系的表述分析过于简单，要么在具体的论证理由上过于简单。法律规定的不严谨，司法认定的不重视，以及因果关系学说立场的不明确，都可能成为这种现象普遍存在的原因。通过对德国、日本及我国台湾地区的理论与实务的进一步考察发现，想要在判决书中让因果关系的说理成为明确化、常态化，有赖于因果关系学术立场的形成。我国应当借鉴德国刑法中的“直接性理论”来阐明结果加重犯中的因果关系问题，但需要明确“直接性”的内涵，发挥“直接性理论”的优势，摆正“直接性理论”的定位，使其在抢劫罪、强奸罪、绑架罪、非法拘禁罪等常见罪名的结果加重犯中均有“用武之地”。

【关键词】　结果加重犯　因果关系　直接性　相当因果关系

一般认为，结果加重犯源自教会法上的“自陷禁区原则”，即“对于从事不正当

---

* 苏州大学王健法学院刑法学博士研究生。

行为的人,因该行为所产生的一切后果均可归责于行为人"。[1] 据此,我们可以认为,结果加重犯具有结果责任的残余,因此在认定某行为是否成立结果加重犯时有必要进行严格限制。[2] 目前,我国通说在认定结果加重犯成立时,以基本犯罪行为与加重结果之间具有因果关系和至少有过失为基本要件。[3] 应当说,对加重结果至少有过失已经在刑法学界和实务中达成共识,[4]但对于前者——因果关系的认定——始终存在争议,且研究者也为数不多。本文以结果加重犯中常见罪名故意伤害罪为切入点,将北大法宝网案例库中7604起"法宝推荐"的"伤害致死"判决书作为分析样本,[5]探寻司法实务中对结果加重犯因果关系认定之症结,并分析其背后之原因,同时结合域外国家和地区的理论与实务之经验,以期为我国在认定结果加重犯因果关系问题上提供有效之方案。

一、结果加重犯因果关系认定困境之现状

早有学者对我国司法实务中结果加重犯因果关系的认定作出判断:"由于我国刑法总则未设结果加重犯的一般规定,致使司法实践中的判决理由简单,也无法辨别该判决是采用什么样的因果关系。"[6]我们必须承认,上述学者的判断是切中要害的,就目前笔者收集的判决书情况而言,大多数判决书都对因果关系的问题言之寥寥,甚至避而不谈。

(一)因果关系避而不谈

在笔者按前述方案提取的7604份判决书基础之上,将"本院认为:因果关系"

---

〔1〕 [日]丸山雅夫:《结果加重犯論》,成文堂1990年版,第182页。

〔2〕 张明楷:《严格限制结果加重犯的范围与刑罚》,载《法学研究》2005年第1期。

〔3〕 马克昌:《犯罪通论》(第3版),武汉大学出版社2016年版,第651~657页。

〔4〕 张明楷:《刑法学》(第5版),法律出版社2016年版,第170~171页。

〔5〕 该样本的提取以2019年2月27日为截止日期,并根据以下检索关键词:"故意伤害罪""本院查明:死亡""适用法律:刑法第二百三十四条第二款""一审""判决书""法宝推荐"。同时,这些判决书涵盖了2000年以来全国32个省、市、自治区的不同法院,不论是在时间维度还是地域跨度上,都基本能反映司法实务的做法。

〔6〕 李邦友:《结果加重犯基本理论研究》,武汉大学出版社2001年版,第57页。

继续作为检索关键词,得出了令人震惊的结果——仅有 392 份判决书明示了因果关系的问题,占比约为 5% 。笔者为求样本提取的准确性,将 7200 多份判决书逐一排查,又有约 580 份判决书是以"……是因为""……的原因"这样较为隐晦的方式表达了因果关系的问题。其余的判决则无法找出任何与因果关系相关的内容,且具有以下共性:"本院认为,被告人……致被害人死亡,其行为构成故意伤害罪。"

例如,(1)(2018)藏 04 刑初 1 号雷维维故意伤害案,法院判决认为:"被告人雷维维目无国法,手持水果刀故意伤害他人身体,致被害人死亡,其行为已构成故意伤害罪。"(2)(2017)浙 02 刑初 121 号徐某某故意伤害案,法院判决认为:"被告人徐某某故意损害他人身体健康,致人死亡,其行为已构成故意伤害罪。"(3)(2016)晋 09 刑初 63 号田亮故意伤害案,法院判决认为:"被告人田亮伙同他人持械殴打保安,致一人死亡、三人轻微伤,其行为已构成故意伤害罪。"(4)(2015)西刑初字第 316 号说车故意伤害案,法院判决认为:"被告人说车故意伤害他人身体致人死亡的行为,已构成故意伤害罪,应依法予以惩处。"类似判决不再一一列举,总之各地法院对此类案件的基本看法是,只要具备故意伤害的行为,并产生被害人死亡的结果,即可按照本罪"致人死亡"的刑罚处罚。换言之,法院判决无疑是认为,被告人基本行为与加重结果之间的因果关系是显而易见的。但事实上,法院这种"无须赘述"的裁判理由未尽合理,至少在学理上,难以区分故意伤害的基本犯与过失致人死亡数罪并罚的情形。例如,(2014)昆刑一初字第 65 号周志明等故意伤害、过失致人死亡案,[1] 法院判决认为:"被告人周志明、周标、朱恩付结伙殴打他人,致被害人向友某轻伤的行为构成故意伤害罪,同时追打被害人向国某致其为躲避殴打跳入水中,最终导致被害人向国某死亡,其行为已触犯国家刑律,构成过失致人死亡罪,依法应予惩处,应数罪并罚。"由此可见,故意伤害与过失致人死亡数罪并罚的情形,完全可以采取类似于故意伤害致人死亡的说理方式,如果不对基本行为与加重结果之间的因果关系予以明示,那么在司法判决中就有可能产生错判的风险,造

---

[1] 与之类似判决还可参见(2017)川 0182 刑初 341 号"刘强故意伤害、过失致人死亡案",(2017)冀 0434 刑初 92 号"孙某某故意伤害、过失致人死亡案"等。

成罪刑失衡。[1]

(二)因果关系表述分歧

笔者发现,上述 392 份判决书中关于因果关系的表述呈现 4 种不同的方式:因果关系、直接因果关系、法律(刑法)上的因果关系、必然因果关系。其中表述为“因果关系”的判决书共计 151 份,约占比 39%,例如(2018)辽 01 刑初 6 号张某 1 等故意伤害案,法院判决认为:“……因上述因素均不能阻断加害行为与死亡后果之间的因果关系,故不予采纳。”表述为“直接因果关系”[2]的判决书共计 128 份,约占比 32%,例如,(2017)桂 01 刑初 90 号黎善雄故意伤害案,法院判决认为:“被害人李某 1 的死亡结果与黎善雄的击打行为有直接的因果关系,黎善雄的行为已构成故意伤害犯罪。”表述为“法律(刑法)上的因果关系”的判决书共计 91 份,约占比 23%,例如(2017)粤 02 刑初 15 号肖荣为故意伤害案,法院判决认为:“被告人及同案人共同造成被害人死亡的后果,故其行为与被害人的死亡之间构成刑法意义上的因果关系。”表述为“必然因果关系”的判决书共计 22 份,约占比 6%,例如,(2017)粤 09 刑初 69 号廖某某等故意伤害案,法院判决认为:“虽然被害人何某有多年的吸毒、廖某某酗酒、身体虚弱等情况属实,但案中没有证据证实这与其死亡之间存在必然的因果关系。”

从这为数不多的判决中我们发现,法官尽管在认定“因果关系”的表述上不尽统一,但显然已经对此问题予以重视。他们逐步意识到,结果加重犯因果关系的认定问题不是不言自明的,也不是轻而易举的,五花八门的表述方式恰恰印证了这一点。当然,不尽相同的表述方式或许只是法官的偏好,但更可能的原因或许是法官对于“因果关系”“直接因果关系”“刑法上的因果关系”“必然因果关系”这些基本刑法术语的范畴不甚了解,导致了法官在某个案件的裁判上适用“因果关系”的论断,而在另外的案件中使用“直接因果关系”的表述。然而,其背后更深层次的原因

---

〔1〕 根据我国刑法的规定,“故意伤害致人死亡”的法定刑最低为 10 年有期徒刑,而“故意伤害 + 过失致人死亡”的最高法定刑为 10 年有期徒刑。尽管两者的犯罪构造相似,裁判说理亦可雷同,但两者的刑罚相去甚远。

〔2〕 笔者将判决书中表述为“刑法意义上的直接因果关系”归为“直接因果关系”这一类型,如(2015)兰刑一初字第 32 号。

可能与刑法学界因果关系的学说过于繁杂不无关系，当然也可能与司法的随意性有所关联，笔者下文将对此展开详述。

（三）因果关系论证简单[1]

尽管在裁判说理中载明“因果关系”的判决书所占比例依然很低，但如果将上述392份涉及因果关系的判决书以年份作升序排列，笔者发现判决书的数量呈递增的趋势。简言之，司法实务中对于因果关系的认定已经逐步重视。不过，随之而来的问题是，不少判决对于因果关系的论证过程十分简单，甚至对此不作论证，直接根据事实得出有或者没有因果关系的结论。例如，(2017)黑01刑初74号韩亚军故意伤害案中，法院判决认为：“韩亚军拳击被害人头部致使被害人倒地，与被害人的死亡结果具有因果关系。”裁判理由仅仅表明了两个事实：被告人的伤害行为和被害人的死亡结果，至于在两者之间确立因果关系只是凭借法官的主观臆断。换言之，要切实阐明两者之间具备因果关系，还需要说明没有其他因素（如被害人因素、第三人因素、被告人后续行为等）的介入，仅仅是被告人的单独行为导致了死亡结果。而对于此，判决说理部分还显得十分匮乏。[2]

或许我们可以认为，在没有其他因素介入因果流程时，对单纯由被告人行为引起死亡结果的因果关系判断是比较清晰的，因此不必过分阐释理由。但事实上，在出现介入因素的场合，司法判决中对于因果关系的论证也是不够充分的。例如，(2017)川06刑初12号向某某故意伤害、故意毁坏财物案中，法院判决认为：“医院虽在救治过程中存在过失，但被告人向某某等人的行为与被害人死亡结果之间具有刑法上的因果关系，向某某等人的行为符合故意伤害致人死亡的犯罪构成。”很明显，本案的介入因素是第三人行为，即医院的治疗行为，判决书直接得出了该介入因素与最终的死亡结果不具备因果关系的结论，至于认定该因果关系不成立的

---

〔1〕 该部分的“因果关系”统指上文4种因果关系的表述。

〔2〕 类似的判决还可参见(2017)粤02刑初20号、(2017)鄂13刑初10号、(2017)黑05刑初10号、(2017)内07刑初4号、(2017)黑06刑初37号、(2016)粤05刑初74号、(2016)云08刑初277号、(2016)云09刑初426号、(2016)甘09刑初23号、(2016)湘05刑初76号、(2015)石刑初字第10号、(2015)南市刑一初字第82号、(2014)昆刑一初字第164号、(2014)沈中刑一初字第124号、(2013)一中刑初字第4061号、(2013)沈中刑一初字第152号等。

理由是什么并未阐释。[1] 众所周知,介入因素与结果是否具有因果关系需要考虑该介入因素是否异常,以及介入因素对于结果的作用力(贡献程度)大小。[2] 故而在该案中,需要进一步阐明医院的治疗行为是否异常,治疗行为对被害人的死亡结果有多大程度的作用,进而表明介入因素对死亡结果有无因果关系,有多大的因果关系。

二、结果加重犯因果关系认定困境之缘由

众所周知,结果加重犯,是指"法律规定的一个犯罪行为(基本犯罪),由于发生了严重结果而加重其法定刑的情况"。[3] 由于法定刑的升高,我们迫切需要厘清哪些加重结果可归责于行为人,即行为与加重结果之间因果关系的认定问题。如前所述,在此问题的认定上,司法实务中存在诸多困顿,这可能与司法本身脱不开关系,但也可能与本国法律的规定,理论认知的水平密切相关。

(一)法律规定的不严谨

这里的法律既包括立法,也包括相关司法解释。根据现行刑法之规定,结果加重犯并无总则性的规定,而是分散于刑法分则各章的不同罪名中,并且在表达方式上又呈现诸多差异。根据张明楷教授的总结,我国刑法关于结果加重犯的表达方式有5种,分别为:重伤、死亡的规定,严重后果的规定,重大损失的规定,数额巨大的规定和情节严重的规定。[4] 笔者深表赞同,而本文作为切入点的"伤害致死"案仅仅是众多结果加重犯的类型之一,当然也是司法实践中发生频率最高的一种。

---

〔1〕 类似的判决还可参见(2017)黑11刑初15号、(2017)黑10刑初15号、(2017)冀09刑初27号、(2017)辽01刑初39号、(2017)甘09刑初8号、(2016)辽01刑初134号、(2016)川11刑初33号、(2016)冀09刑初76号、(2016)粤05刑初6号、(2016)晋01刑初52号、(2015)南刑三初字第00005号、(2015)汕中法刑一初字第32号、(2014)并刑初字第101号、(2014)怀中刑一初字第27号、(2013)三中刑初字第47号、(2013)郑刑一初字第5号等。

〔2〕 [日]前田雅英:《刑法总论讲义》(第6版),曾文科译,北京大学出版社2017年版,第118~122页;张明楷:《刑法学》(第5版),法律出版社2016年版,第190页。

〔3〕 张明楷:《刑法学》(第5版),法律出版社2016年版,第169页。

〔4〕 张明楷:《严格限制结果加重犯的范围与刑罚》,载《法学研究》2005年第1期。

由于立法表达上的粗疏,致使在各罪的运用中难以窥探基本行为与加重结果之间的因果关系标准。笔者以“伤害致死”案情中介入被害人特殊体质因素的判决为例,此时被告人的伤害行为与被害人的死亡结果是否存在因果关系则存有异议。例如,在(2017)冀09刑初46号李学明故意伤害案中,法院判决否认了辩护意见提出的“被害人李某3明的死亡与李学明的行为没有因果关系,法医鉴定意见书未考虑到被害人本身的体质和存在基础病的因素”。换言之,法院否认了被害人特殊体质与死亡结果之间的因果关系。而在(2016)皖0181刑初209号刘某、陶某故意伤害案中,法院判决认为“鉴于被害人王某的体质特殊,对二被告人可酌情从轻处罚”,也即,法院部分承认了被害人特殊体质与死亡结果之间的因果关系。又如,在(2016)云29刑初211号杨某某等故意伤害案中,法院对于辩护意见提出的“被害人系因自身特殊体质在遭受外力伤害时死亡,本案应以过失致人死亡定性”结论,也仅是通过证据证明力的不足予以排除,至于是否承认被害人特殊体质与死亡结果之间的因果关系犹未可知。可见,司法实务的困境自陷于立法自身的概括性。[1]

如果说立法是为了追求精简的表达,因此对于结果加重犯的规定不宜过分详细,进而推定出因果关系的认定标准由法官个案裁判,似乎有一定的道理。但是,就司法解释而言,则应当为因果关系的认定提供准确的标准。然而,有些司法解释在结果加重犯因果关系的认定问题上,标准依旧存在问题。众所周知,对于案情中介入被害人自杀的行为,理论与实务中一般都肯定该自杀行为与死亡结果之间的因果关系,也即被告人无须承担死亡的刑事责任。但是,一些司法解释在此问题上却有悖于常理。例如,2015年最高人民法院、最高人民检察院、公安部、司法部联合发布的《关于依法办理家庭暴力犯罪案件的意见》中规定,“因虐待致使被害人不堪忍受而自残、自杀,导致重伤或死亡的,属于刑法第二百六十条第二款规定的虐‘待致使被害人重伤、死亡’,应以虐待罪定罪处罚”。换言之,当虐待案中发生被害人自杀情形时,被告人成立本罪的结果加重犯。又如,2013年最高人民法院、最高人民检察院发布的《关于办理抢夺刑事案件适用法律若干问题的解释》中规定,导致他人自杀的应当认定为《刑法》第267条规定的其他严重情节。换言之,当抢夺案中

[1] 徐岱:《论结果加重犯的因果关系——基于刑法理论与司法实践关系的反省》,载《法律科学》2018年第2期。

发生被害人自杀情形时,被告人成立抢夺罪的结果加重犯。再如,2017 年最高人民法院、最高人民检察院发布的《关于办理组织、强迫、引诱、容留、介绍卖淫刑事案件适用法律若干问题的解释》中规定,造成被组织卖淫、强迫卖淫的人自残、自杀的,应当认定为《刑法》第 358 条第 1 款规定的情节严重。换言之,当组织卖淫、强迫卖淫案中发生被害人自杀情形时,被告人成立两罪的结果加重犯。此外,类似的规定还可见于最高人民法院、最高人民检察院《关于办理诈骗刑事案件具体应用法律若干问题的解释》,最高人民法院、最高人民检察院、公安部《关于办理电信网络诈骗等刑事案件适用法律若干问题的意见》,最高人民法院《关于处理奸淫幼女案件的经验总结和对奸淫幼女罪犯的处刑意见》等司法解释中,笔者不再一一展开。

本文认为,部分司法解释承认被害人自杀不中断基本行为与加重结果之间的因果关系,实际上是扩大了认定因果关系的范围。事实上,正是因为有这部分司法解释的规定,促使法官在其他个案中推而广之:如果出现了被害人自杀的情形,则有适用结果加重犯的余地。例如,在(2009)穗中法刑一初字第 331 号何海彪犯强奸罪一案中,法院将被害人自杀作为"其他严重情节",适用了强奸罪结果加重犯的法定刑。法官的这一做法,很可能回溯到唯结果论的时代,也即结果加重犯的初始状态——自陷禁区,这与重视人权保障的司法理念背道而驰,也是现代法治国家应当极力避免的状态。

(二)司法认定的不重视

如前所述,大量的判决书中对因果关系问题只字不提,少量提及因果关系的判决书也因如何表述"因果关系"而饱受诟病。与其说这是法官的偏好问题,也即法官谈或者不谈因果关系、如何谈因果关系的问题,倒不如说实际上折射的是法官的任性、司法的随意。笔者通过对上述 7600 多份判决书的分析,认为司法实务中对于结果加重犯因果关系认定的随意性表现为以下几个方面。

其一,忽视"因果关系"的辩护意见。在所有的 7600 份判决书中,大约有 410 份判决书在辩护意见中载明了"因果关系"的表述,但是在法院的判决理由中却没有对此作出回应,仅仅根据案件事实认定被告人构成"伤害致死"的结果加重犯。例如,在(2017)甘 09 刑初 16 号乔双全故意伤害案中,辩护意见提出"认定刘某 1 的死亡与乔双全一巴掌之间形成因果关系的证据不充分”,但是在法院判决部分,并未针对该辩护意见作出直接回应,仅仅表述为“乔双全只打被害人一巴掌及下车时被告人与被害人同时摔倒的观点只是乔双全的一面之词,与在案证据不相印证”。应当说,在诉讼程序中,控辩双方应当具有平等的诉讼地位。然而,在诸多的案件中,法官对于辩护意见中明确提出的因果关系问题置若罔闻,这不仅是对辩护人的辩护权否定,更可能因此而出现判决错误、量刑失衡,致使被告人的基本人权得不到保障。

其二,混淆“因果关系”的基本内涵。对于392份判决书中混用“因果关系”“直接因果关系”“刑法上的因果关系”“必然因果关系”的现象,最有可能的一种解释就是,法官对于“因果关系”的含义不够清晰,甚至认为任意一种表述方式都代表着相同的含义。不可否认,“因果关系是刑法学中一个重要的理论问题,也是最为混乱的一个问题”。[1] 自因果关系理论产生以来,就伴随浓厚的哲学色彩,我国传统刑法理论也是在此基础上展开研究的,因而使因果关系理论纠缠在必然性与偶然性等这样一些哲学问题上,[2]随后逐渐发展为对事实因果关系与法律因果关系的讨论,[3]并为当下因果关系的研究做出了重大贡献。沿着这样的学术发展史来看,上述6%的判决书表述为“必然因果关系”尽管保留了通说的基本立场,但显然已经不符合当下因果关系的基本内涵;而39%的判决书笼统使用“因果关系”的表述给人以摇摆姿态的感觉。因此,“直接因果关系”[4]与“刑法(法律)上的因果关系”的表述代表着当下因果关系内涵相对正确、合理的解释,至于何种表述才是真正意义上的因果关系,则是见仁见智的问题。有学者认为,因果关系包含事实因果关系和法律因果关系两个不同层面的内容,[5]因此使用“直接因果关系”和“刑法(法律)上的因果关系”都是正确的。可见,司法实务中如果混淆“因果关系”的基本内涵,也会产生对于因果关系认定的障碍。

其三,缺乏“因果关系”的法律推理。如上文所述,案件中没有介入因素的,法

[1] 陈兴良:《刑法因果关系:从哲学回归刑法学——一个学说史的考察》,载《法学》2009年第7期。

[2] 陈兴良:《刑法因果关系研究》,载《现代法学》1999年第5期。

[3] 张绍谦:《刑法因果关系研究》,中国检察出版社1999年版,第111页。

[4] 从判决书的内容上看,实则蕴含着事实因果关系的表达目的。

[5] 黎宏:《刑法因果关系论反思》,载《中国刑事法杂志》2004年第5期。

院径直根据事实得出有或者没有因果关系的结论,自始不存在因果关系的推导;而存在被害人体质、被害人行为、第三人行为等介入因素时,判决书中对于因果关系的论证理由亦十分简单。其背后的根本原因是,法官缺乏必要的法律推理,所谓"没有法律推理,就没有法律适用"[1]的经典判断已经被动摇。司法实务对于法理推理的漠视,在笔者看来可能与以下两个原因息息相关:其一,刑法学界沉迷于刑法规范的解释,倒逼法官也必须对此格外重视,否则可能产生规范适用不准确的情况,至于适用规范中所蕴含的推理思维自然次之;其二,社会各界更加关注案件的审理结果,包括定罪与量刑,至于其间的司法运作过程对他们而言无足轻重,这促使法官轻视法律推理。本文认为,无论是理论界还是社会民众如何看待司法中的法律推理,作为法官则必须予以重视。从形式上看,法律推理的缺失可能会出现恶法亦法、司法不公及规范滞后等消极现象;从实质上看,法律推理的缺失足以导致法律原则的丧失、立法精神的扭曲、法治国建设的崩塌。

(三)学说立场的不明确

本文认为,因果关系学说的复杂是导致结果加重犯因果关系认定陷入困境的直接原因,也是最为重要的原因。从我国关于因果关系学说史的发展来看,早期深受哲学上因果关系理论的影响,区分为必然因果关系与偶然因果关系说,[2]后来随着大陆法系刑法理论的引入,大致又经历了条件说、原因说、相当因果关系说和客观归责理论的变迁。

条件说最初由德国学者布利,在其1873年的著作《论因果关系及其刑事责任》一书中提出,[3]该说认为,"只要行为和结果之间存在没有前者就没有后者这种必要条件关系,就可以认为有刑法上的因果关系"。[4] 但由于条件说产生于尚未形成系统的犯罪构成理论时代,具有不可避免的历史局限性,因此也遭受了不少的批判,[5]而条件说的主张者们也提出了"条件关系的中断理论"作为修正。事实上,

---

[1] 沈宗灵:《法律推理与法律适用》,载《法学》1988年第5期。

[2] 尽管这种观点仍然占据通说地位,但目前已鲜有支持者。

[3] 苏俊雄:《从刑法因果关系学说到新客观归责理论之巡历》,载《法学家》1997年第3期。

[4] [日]大塚仁:《犯罪论的基本问题》,冯军译,中国政法大学出版社1993年版,第99页。

[5] 例如,批判者认为条件说会扩大处罚范围,并且无法解释介入因素导致结果发生的场合。

修正后的条件说,在我国司法实务中备受青睐。[1] 例如,在(2018)辽01刑初6号张某1等故意伤害案中,法院判决明确指出,"因上述因素均不能阻断加害行为与死亡后果之间的因果关系",据此认定被告人成立故意伤害罪的结果加重犯。又如,在(2016)辽07刑初12号董国志故意伤害刑事附带案中,法院判决也认为,"辩护意见中的被害人中断治疗行为,不足以切断董国志伤害行为与被害人死亡结果之间的因果关系"据此认定被告人成立故意伤害罪的结果加重犯。

原因说是在条件说的基础上产生的,并强调从导致结果发生的众多条件中挑选出某一个作为原因的条件,只有这个原因才是与结果相关的条件。[2] 该说又根据从条件中筛选原因的标准不同,区别为有利条件说、最终条件说、优势条件说、异常行为说等。[3] 原因说本来是为了弥补条件说的缺陷而产生的,但当其无法正确区分原因和条件时,其自身的价值也就无法得以体现。[4] 因此,该说在大陆法系刑法理论中已经丧失其应有地位,也不为司法实务所采用。

相当因果关系说也是在修正条件说的基础上产生的,当然它相较于上述"条件关系的中断理论"对条件说的修正,具有更加明确的标准。该说认为,"依一般人的经验、知识即人类之全部经验、知识,即所谓经验法则,认其对于发生结果相当者,则该行为即为法律上之原因"。[5] 其中关于"相当性"的判断标准,理论上又有三种学说,分别为:主观说、客观说和折中说。在相当因果关系理论盛行的日本,折中说依然占据通说地位,但客观说正逐步成为新近的有力学说。[6] 在我国司法实务中,客观的"相当因果关系说"与折中的"相当因果关系说"均可见于相关判决。例如,在(2017)渝02刑初15号高友梅故意伤害案中,法院通过案件事实的查明,对于否认辩护人提出被害人的死亡与其身体素质相关的理由,是站在相当性"客观说"的立场上;而在(2015)岳中刑一初字第61号蔡咸等故意伤害案中,判决书明示了被

---

〔1〕 据笔者对392份判决书的统计,有超过20份判决书中明确使用了"中断""阻断""阻隔""切断"因果关系的表述。

〔2〕 张明楷:《刑法学》(第5版),法律出版社2016年版,第176页。

〔3〕 储槐植、汪永乐:《刑法因果关系研究》,载《中国法学》2001年第2期。

〔4〕 杨兴培、陆全平:《也谈正确认识和认定刑法上的因果关系》,载《政法论坛》2000年第5期。

〔5〕 洪福增:《刑法理论之基础》,台湾刑事法杂志社1977年版,第109页。

〔6〕 例如,前田雅英、松宫孝明、内藤谦、町野溯等教授均持相当因果关系的客观说。

告人对于被害人特殊体质的主观认识，显然符合相当性“折中说”的判断标准。

客观归责理论是近年来的刑法学术热点，它主张对于因果关系的判断应当区分为归因和归责两个方面，用条件说判断前者，用客观归责判断后者，以行为与结果之间存在条件关系为前提，当行为制造并实现了不被允许的危险，且该危险符合构成要件的结果时，便可进行客观归属。〔1〕 目前，国内陈兴良、周光权等教授对于客观归责的引入与运用极力倡导，当然质疑之声也并未停息。〔2〕 理论界的争端暂且不去评述，从实务判决上看，几乎难见法官对于客观归责理论的运用，这一方面可能与法官长期受条件说或者相当因果关系说的熏陶有关，另一方面也可能与该理论在“风险判定”“信赖原则”“回避义务”等下位概念的认知上存有争议相关。〔3〕 事实上，作为客观归责理论提倡者的周光权教授，也正视了目前中国实务中鲜有运用客观归责理论的现状。〔4〕

纵观上述因果关系的学说在司法实务中的选择与坚持，除了在抛开哲学上因果关系的必然与偶然这一传统立场上达成共识，也在因果关系的认定应当区别事实因果关系与法律因果关系上形成一致意见。但是，据此我们便得出“已经基本把握了解决问题的正确思路”〔5〕的结论还为时尚早。因为针对条件说的修正，相当因果关系说的立场选择以及客观归责理论的引入还远未达成共识，可见，繁杂的因果关系学说纷争不止、悬而未决，都使结果加重犯因果关系的认定蒙上了一层阴影。

三、大陆法系国家和地区的理论与实务之经验

大陆法系国家关于结果加重犯因果关系的认定首先发轫于实务界对具体个案

---

〔1〕 [日]大谷实：《刑法总论》，黎宏译，法律出版社2003年版，第161页。

〔2〕 陈兴良：《客观归责的体系性地位》，载《法学研究》2009年第6期；周光权：《行为无价值论与客观归责理论》，载《清华法学》2015年第1期；孙运梁：《客观归责理论的引入与因果关系的功能回归》，载《现代法学》2013年第1期；刘艳红：《客观归责理论：质疑与反思》，载《中外法学》2011年第6期。

〔3〕 金泽刚：《论结果加重犯的因果关系——以抢劫、强奸等罪的结果加重犯为例》，载《东方法学》2013年第4期。

〔4〕 周光权：《客观归责方法论的中国实践》，载《法学家》2013年第6期。

〔5〕 刘志伟、周国良：《刑法因果关系专题整理》，中国人民公安大学出版社2007年版，第81～83页。

的认定。[1]

(一)德国模式

依目前德国实务的见解,确立基本犯罪与加重结果之间的因果关系应当以“直接性”(Unmittelbarkeit)为要件。[2] 直接性要件最初的探讨,是在德国帝国法院审判著名的“枪支走火案”(Pistolenfall)[3]中,但当时并未提出直接性的具体内涵,仅仅具有对因果关系条件说处罚过于宽泛的限制作用。直到1971年的“阳台坠落案”(Rötzel),[4]德国联邦最高法院才进一步明确了直接性的具体内涵,也即认为,“伤害致死的规定趣旨是在伤害行为和致死结果之间寻求比条件说的原因关联假定更密切的关系,立法目的在于抑制伤害行为同时具有的导致死亡结果发生之‘特有危险’”。[5]

围绕着实务中的直接性要件,德国刑法教义学上又开辟了三条新的道路。

第一,明确承认直接性是结果加重犯因果关系的成立要件。例如,Hirsch教授主张,加重结果之产生必须来自故意的伤害结果中蕴含的特有的风险实现。[6] 又如,Geilen教授在个别地分析了既有判例后,他认为不存在可以用来满足个案结论的公式,但由于直接性要件能在相当大的范围内统一解决问题,因此“直接性理论”虽不是认定因果关系的完美方案,却是所有方案中的优选方案。[7] 再如,Küpper教授强调从客观上限制结果加重犯的成立,并认为结果加重犯的重结果必须是高

---

〔1〕 徐岱:《论结果加重犯的因果关系——基于刑法理论与司法实践关系的反省》,载《法律科学》2018年第2期。

〔2〕 蔡慧芳:《德国法上结果加重犯归责理论之研究——以伤害致死罪为例》,载《刑事法学新趋势——Lothar Philipps教授七秩祝寿论文集》,神州图书出版有限公司2004年版,第265页。

〔3〕 Vgl. Georg Küpper, Der ”unmittelare” Zusammenhang Zwischen Grunddelikt und schwer Erfolge beim erfolgsqulifizerten Delikt, 1982, S. 80.

〔4〕 BGH NJW1971. 152 ff. 转引自刘灿华:《结果加重犯直接关联性理论的本源性反思》,载《现代法学》2017年第1期。

〔5〕 李晓龙:《论结果加重犯的直接性关联》,载《法学》2014年第4期。

〔6〕 蔡慧芳:《德国法上结果加重犯归责理论之研究——以伤害致死罪为例》,载《刑事法学新趋势——Lothar Philipps教授七秩祝寿论文集》,神州图书出版有限公司2004年版,第279~280页。

〔7〕 Vgl. Geilen, Unmittelbarkeit und Erfolgsqualifizierung, in Welzel-Festschrift, 1974, S. 677 ff. 转引自[日]丸山雅夫:《结果加重犯論》,成文堂1990年版,第162页。

度危险性的基本行为直接导致的,同时确认了可视为存在直接性的具体情形。[1]

第二,默示直接性是结果加重犯因果关系的成立要件,但表达方式有差别。例如,Jakobs 教授针对结果加重犯因果关系的认定问题,总结了"量的错误"(Quantitätsirrtum)和"风险同一性"(Risikoidentität)两个关键词,而后者就是根据直接性的认定标准提出的。[2] 所谓风险同一性,是指加重结果的产生必须来自行为人因实施基本犯罪所制造的风险。Jakobs 教授进一步举例说明,一般而言,在交通繁忙的马路旁故意击倒被害人,致使被害人被车辆撞击而死的风险是可预见的,但是本案不具有风险同一性,因为导致死亡的侵害行为之首要能量并非来自殴打,亦即,殴打与车辆撞击分属不同风险。[3] Horn 教授主张,结果加重犯之基本行为与加重结果之间必须具有"特别内在关联"(spezifische innere Zusammenhang)。[4] 诸如遭强奸后的自杀,从监禁所跳窗逃跑而坠楼死亡的,都缺乏特别内在关联。论者进一步指出,在理解伤害致死罪之故意伤害行为时,必须采用现行《德国刑法》第 224 条危险的身体伤害构成要件所规定之"借助危及生命的行为"而造成伤害之概念。上述"风险同一性""内在关联"等表述都与直接性中的"特有危险"相似。

第三,质疑直接性是结果加重犯因果关系的成立要件。Schröder 教授在评论"阳台坠落案"时认为,直接性要件在伤害致死罪中具有一定的效果,但是在其他结果加重犯中欠缺统一的妥当性。[5] 他主张从因果流程错误的角度来解决所有结果加重犯的问题,并建立一套"可预见性"的标准,因为"可预见性"对于区分过失和因果流程偏离是非常重要的。Wolter 教授认为,行为人制造出与基本犯罪相当的、不可避免的死亡风险时,才能满足"直接性"或"内在关联性"的要求,才得适用结果加重之处罚,此即"不可控制性原则"。根据 Wolter 教授的观点,上述 Jakobs 所举案例可认定伤害致死罪的成立。Roxin 教授认为,结果加重犯的规范保护目的难以抽象得出,必须针对个别刑法分则条文进行解释才能确定,所以不可能提炼出以"直接性"思维解决的一般方案,况且"直接性"属于规范保护目的的内容,是过失归责本

---

〔1〕 [日]丸山雅夫:《结果加重犯論》,成文堂 1990 年版,第 163 页。
〔2〕 田坤:《结果加重犯研究》,中国社会科学出版社 2016 年版,第 222 页。
〔3〕 [日]榎本桃也:《結果的加重犯の再検討》,成文堂 2011 年版,第 201 页。
〔4〕 [日]丸山雅夫:《结果加重犯論》,成文堂 1990 年版,第 165 页。
〔5〕 Schröder, Anmerkung, JR 1971, S. 206.

身所考量的问题,与结果加重无关。例如,在“枪支走火案(Pistolenfall)”中,敲打被害人时引发的走火风险并非伤害致死罪特有,其他犯罪类型亦有这种风险,故不成立结果加重犯。[1]

纵观上述德国刑法学界针对实务中“直接性理论”的不同发展,尽管出现了意见相左的结论,但至少在对于结果加重犯的成立范围必须在因果关系的认定上加以限制这点上达成共识。当然,也正是基于学术发展的推动作用,德国法院的部分判例立场不够坚定,在一些案件中也看不到“直接性”的运用,不同判例之间甚至出现矛盾之处。[2] 例如,在联邦最高法院1992年2月12日的判决中,关于被告人因争吵而用铁锤反复殴打被害人头部,误以为丧失意志的被害人已经死亡,逃跑后将此事告知其堂兄,堂兄因怀疑被害人未死而返回确认,先将被害人沉溺水池,捞出后吊死于门框的案件,法院一方面肯定《德国刑法典》第226条第1项的意义在于阻止伤害的固有风险,另一方面认为本案第三人的介入行为没有创造死亡的特殊风险,而是“单纯的助长该风险”,因此“尽管伤害行为与死亡结果有第三人的介入,但‘直接性’亦能肯定”,故伤害致死罪成立。[3] 笔者认为,尽管在实务判例中存在摇摆姿态,也并不意味着德国司法就放弃了“直接性理论”。事实上,德国实务界与学界关于结果加重犯因果关系认定问题的发展趋势呈现双向互动模式:最初的条件说不足以解决实务中伤害致死的案例,继而发展出限制条件关系的“直接性理论”;理论界对“直接性”本质展开进一步的探讨,进而又开辟了教义学上的“三条道路”;学术理论的推动作用,迫使实务界对“直接性”进一步反思,故而产生了违背先例、立场摇摆的判决。

面对当下否定“直接性理论”的学术观点与实务判决,笔者认为可能与这些学者或法官无法正确理解“直接性”的内涵密切相关。例如,Schröder教授主张用因果流程错误来解决因果关系的认定问题,这实际上陷入了“本末倒置”的泥潭,“直接性”要表明的是基本行为与加重结果之间有或者没有因果关系的问题,而因果流程

[1] [德]罗克辛:《德国刑法学总论》(第1卷),王世洲译,法律出版社2005年版,第219~220页。

[2] [日]佐伯和也:《結果加重犯における基本犯と重い結果との関係について:傷害致死を中心に》,载《関西大学法学論集》2002年第52卷第3号。

[3] 具体案情参见BGH NStZ 1992,333 = JR 1992,510。转引自[日]山本光英:《結果的加重犯における“直接性”要件について》,载《山口経済雑誌》1999年第47卷第2号。

错误则率先承认了因果关系的成立,通过预设结果倒推原因,不仅不符合逻辑学中一般意义上思考问题的方式,也会增加分析、检验案情的负担。而"可预见性"的检验标准,在某种程度上缺乏对结果加重犯的限制。[1] Wolter 教授在"直接性"的基础上注入"风险不可控"的原则,其出发点是为了进一步限制"直接性"的认定标准,但在实际判断中,却将那些连"直接性"都不视为内在关联的风险也纳入不可控制的风险,这实在是对"直接性"的误读,以至于在某些案例中,如涉及第三人或者被害人行为的,只是客观归责理论之问题。[2] Roxin 教授虽然也承认"直接性"要件,但同时认为"直接性"包含于过失之要件,被吸纳到过失概念中;另外,他认为"直接性"仅有彰显立法目的之用,用以决定是否在法律规范内;更重要的是,他认为"直接性"问题应当在刑法分则各罪中讨论,不将其视为所有结果加重犯的一般性规定。当然退一步讲,"直接性"到底是什么,在什么范围内可以认定其成立,它与条件说、客观归责理论等学说又有何不同,都是有待于进一步明确的。

(二)日本模式

在日本,司法实务在结果加重犯因果关系的认定上过去都主张"条件说"的立场,然而,自最高裁判所首次在"美国兵逃逸事件"中采取"相当因果关系说"后,[3] 判例的立场逐渐发生转变,此后在日本刑法理论界,也不乏支持"相当因果关系说"的学者,不过遭到的质疑也不在少数。当然,在日本众多实务判例中,最终促使学界将"相当因果关系说"修正、完善,并逐渐形成主流的是"大阪南港案"。本案中,被告人 X 殴打被害人 Y 头部,造成后者颅内出血,之后 X 将 Y 丢弃至大阪南港的建筑材料场,最后 Y 因脑出血死亡。事后查明,在 Y 昏迷期间,第三人 Z 使用木材殴打 Y 头部数次,扩大了最初颅内出血范围,提早了 Y 的死亡时间。[4] 日本最高裁平成二年十一月二十日第三小法庭判决认定,被告人 X 构成伤害致死罪。

针对本案的判决结果,采取"相当因果关系说"的学者提出不少修正方案:川崎

[1] Christine Ferschl, Das Problem des unmittelbaren Zusammenhang beim erfolgsqualifizierten Delikt, Frankfurt am Main 1999, S. 66.

[2] [日]丸山雅夫:《结果加重犯論》,成文堂 1990 年版,第 168 页。

[3] 李冠煜:《日本结果加重犯因果关系理论与实践的新动向》,载《中国刑事法杂志》2012 年第 12 期。

[4] 日本最高裁判所刑事判例 44 卷 8 号,第 837 页。

友己教授认为,“纵使在相当性的判断中排除介入因素之异常,但该实行行为发生的结果从社会生活的一般经验来看仍是可能的,仍具有相当性。详言之,第三人行为介入个案,对于结果的发生有重要影响,若排除该实行行为,结果发生之可能性势必变小,则否定相当性;反之,行为人之行为对于结果发生具有决定性贡献,基本第三人行为的介入是异常的,仍肯定相当性”。[1] 山口厚教授认为,“尽管事后介入了第三人的故意行为,但行为人在第一现场的暴行具有重大危险性,而且也现实化为结果。也即,第一现场所实施的暴行对被害人造成伤害并成为致死原因,是因该行为之危险性相当重大。至于第二现场的第三人介入行为,不过是产生死期提前的效果而已”。[2] 前田雅英教授提出新的观点认为,“相当因果关系应考量:实行行为之危险性大小;介入因素异常性大小;介入因素对结果之贡献大小。本案中,发生第三人介入之行为非常异常,但该异常因素对于死亡结果的贡献不高,故而原实行行为对于致死结果具备相当的因果关系”。[3] 目前,“相当因果关系说”已经成为日本刑法理论的通说。但如上文所述,该说在内部存在主观说、客观说与折中说的判断标准,因此仍遭受诟病。例如,“主观说”使因果关系的认定完全依赖于行为人的主观认识,因此已经遭到唾弃;“客观说”难以准确区分“行为时存在的全部情况”和“行为后的情况”,若行为时出现了行为人也没有认识到的特殊情况时,仍认定因果关系的成立,这对于行为人过于严苛,与“相当性”的趣旨相悖;“折中说”的疑问在于,一般人的认识标准不够确定,那种将行为人的认识标准与一般人的认识标准相比较的做法,极可能因确立一般人认识的标准不同而产生不同的结论。

正是出于对“相当因果关系说”尚存质疑的考虑,日本理论界出现了继受德国“直接性理论”的学者,并主张将其运用到司法实务中。例如,丸山雅夫教授认为,“直接性”要件区分为“基本犯中存在发生加重结果的固有危险性”和“该危险性须在加重结果中出现”两个标准,[4] 若无法将致死结果评价到基本行为内在危险现实化的结果中,纵使因基本行为引起的致死结果,亦不可认为是结果加重犯,仅以竞

---

〔1〕 [日]川崎友己:《第三者の行為の介在と因果関係(2)(大阪南港事件)》,载《判例講義刑法Ⅰ総論》,悠々社 2001 年版,第 67 页。

〔2〕 [日]山口厚:《刑法総論》(第 2 版),有斐閣 2007 年版,第 64 页。

〔3〕 [日]前田雅英:《刑法总论讲义》(第 6 版),曾文科译,北京大学出版社 2017 年版,第 118、126 页。

〔4〕 [日]丸山雅夫:《结果加重犯論》,成文堂 1990 年版,第 211 页。

合论处。[1] 故而丸山雅夫教授运用“直接性”的两个标准,亦能为“大阪南港案”的判决提供学理依据。内田浩教授率先讨论了“直接性危险”与“相当因果关系”的关系,并承认两者同根同源。[2] 至于对“直接性”的具体化,内田浩教授主张,对于基本构成要件本身所具有的危险要因,应将所有对结果发生有影响的危险因素都考虑进来,运用科学、哲学所一般化的因果来说明(等同合法则条件说)。[3] 林陽一教授认为,“内在固有之风险”于基本犯构成要件中,可事先作出类型的、一般性的设定,至于“固有风险”实现与否的判断,必须与“加重结果的实现,是否经基本行为固有的经过而实现”。这实际上与 Horn 教授所主张的“特别内在关联”极为相似。

纵观日本刑法学界与实务界关于结果加重犯因果关系认定问题的更迭,本文将其总结为以下三个特点:第一,源于德国的刑法理论,但产生相异的结果。目前在日本,无论是理论界还是实务界,对于“相当因果关系说”的青睐远胜德国,并在此基础上创造性地构建了相当因果关系的主观说、客观说与折中说,特别是在客观说与折中说的不断对抗、修正中,相当因果关系的理论与实践已经取得全面、长足的进步,占据了通说地位。第二,固本培元、拒绝盲目引进新理论。如上述,虽然日本的刑法理论源自德国,但其坚持自身的学术道路。目前在德国,随着实务中“直接性理论”的进一步发展,学术界盛行着“客观归责理论”之风气,该理论也成为实务中判断因果关系的重要工具。尽管在日本,也有期待引入“客观归责理论”的少数学者,但大多数观点还是立足于本国的“相当因果关系说”,并认为两者之间没有本质的区别,并无引进的必要。[4] 第三,实务界倚重学界的单向模式。与德国实务界和学界之间相互促进的双向模式的不同在于,自从首例“相当因果关系”的判决产生以来,日本理论界始终坚持对该学说进行反复修正,并在实务中持之以恒地运用。尽管在理论上也短暂地出现过客观说与折中说的分歧,但本质上仍是“相当因果关系”内部极小的争议,这与德国理论史上出现否定“直接性”的观点并不相同。

---

[1] [日]丸山雅夫:《結果的加重犯の構造》,载《现代刑事法》2003 年第 4 期。

[2] [日]内田浩:《結果的加重犯の構造》,信山社 2005 年版,第 134 页。

[3] [日]内田浩:《結果的加重犯の構造》,信山社 2005 年版,第 229 ~ 240 页。

[4] [日]松宫孝明:《德国刑法学的近况与日本刑法学》,载《现代刑事法》2002 年第 1 期。转引自刘明祥:《德、日刑法学的动向与我国刑法学的展望》,载《法商研究》2003 年第 3 期。

目前,“相当因果关系”客观说已经基本取代了折中说的地位。[1]

(三)台湾模式

我国台湾地区的理论与实务界,由于长期受到“相当因果关系说”的影响,我国台湾地区最高审判机构对于结果加重犯均要求基本行为与加重结果之间,具备相当因果关系。例如,在某判例中,法院认为,“被害人因被殴打而激愤,导致痰壅气闭而亡,加害之人的施暴行为是引发气闭之原因,导致的死亡结果也与之具备相当因果关系,不能不负伤害致死之责”。在另一例判决中,法院认为,“……行为人所实行之伤害行为本身与被害人死亡结果之间具有相当因果关系,始足当之;倘被害人发生死亡之结果,系中途介入他人临时起意之杀害行为所导致者,其伤害行为与死亡结果间并无相当因果关系存在……”

随着20世纪90年代一批“留德派”的回归,使“相当因果关系说”的支配地位受到了巨大冲击,并开辟了结果加重犯因果关系认定的“新大陆”。蔡蕙芳教授认为,“加重结果犯[2]应有‘直接性’之要件,详言之,基本犯罪与加重结果间应该有所谓的基本犯罪‘特有危险’之实现关系。以伤害致死罪为例,必须具备死亡相当性之伤害行为本身还必须已经附带死亡危险,如此性质之伤害行为才能适用伤害致死罪”。[3] 黄惠婷教授亦强调,“加重结果犯之规定可能违反罪责原则与公平原则,因此,加重结果犯之适用范围应加以限缩,亦即应具有‘特别的危险关联’。所谓特别危险之关联,以伤害致死罪为例,必须伤害与死亡结果间具有直接关联性或称为保护目的关联,以及结果必须来自伤害的危险,而不能系其他因素造成”。[4] 林钰雄教授则指出,“加重结果犯加重处罚,着眼点在于基本行为与加重结果间存在特殊危险关系(直接关联性),以伤害致死罪为例,死亡结果必须正是来自与伤害行为所致之危险,而非其他因素造成,否则应否定此直接性”。[5]

---

〔1〕 张明楷:《外国刑法纲要》(第2版),清华大学出版社2007年版,第124页。

〔2〕 我国台湾地区的加重结果犯就是指大陆的结果加重犯,笔者为了引注的完整严密,故予以保留。

〔3〕 蔡蕙芳:《伤害致死罪之适用——“最高法院”判例与判决之评释》,载《台湾本土法学杂志》2004年8月第61期。

〔4〕 黄惠婷:《加重结果犯之“直接关联性”》,载《台湾本土法学杂志》2005年第69期。

〔5〕 林钰雄:《新刑法总则》(第4版),台北,元照出版有限公司2014年版,第97~98页。

当然,在我国台湾地区也有赞成德国学界中反对"直接性理论"的学者。例如,黄荣坚教授认为,所谓的"直接性",如果就是用来排除行为人在被害人自身或第三人行为的介入而产生死亡结果的情况下对于加重结果的刑事责任,那么这也是一开始就已经属于构成过失致人死亡罪必须考量的因素,而不是在加重结果犯所特有的不法构成要件。[1] 简言之,加重结果犯完全可以回归到想象竞合犯中处理。林山田教授则指出,"事实上,德国刑法中所提出的直接结果或特有危险的概念,实际上可视为客观可归责性的一些判断标准",[2]但至于是否需要否定"直接性"的概念,林教授并未提供明确的意见。与林山田教授观点相似的是王效文教授,他认为,"特有危险之关联,实际上是加重结果犯一种特别的客观归责要件,完全可依据当代客观归责理论解决"。

由于学术背景的差异,部分留学日本的学者依然坚持"相当因果关系说"的立场。例如,陈子平教授依然采用折中的"相当因果关系说",即相当因果关系的存在,必须以一般人能认识之事实状况或行为人确实认识之事实状况作为判断素材。[3] 但不可否认的是,"德国之风"的盛行,已有不可阻挡之势,最为明显的便是司法实务中的变化。有学者已经做出总结,"实务被影响的状况大致有:(1)单独使用客观归责理论;(2)将客观归责理论与相当因果关系说平行运用;(3)将客观归责理论与相当因果关系说混合使用"。[4] 然而,上述学者是对所有涉及因果关系判决的总结,至于在结果加重犯因果关系的认定中是否也存在这样的现象,还需要仔细甄别。单独使用客观归责理论的,例如,我国台湾地区某判决表明,"伤害行为所导致之死亡结果是否具有结果不法,应判断伤害行为是否实现风险,而造成结果之发生,此为'客观归责理论'中所谓之'风险实现'"。平行使用的先例某判决表明,"本件被害人虽遭被告持木条殴击头部,受有如事实栏所述之伤害,但其间之因果关系已然为陈文章自身之病变所超越,而无相当因果关系可言;如自客观归责理论的立场说明,被害人之死亡结果,与被告敲击头部造成外伤之行为间,已偏离常态

---

〔1〕 黄荣坚:《刑法问题与利益思考》,台北,元照出版有限公司1995年版,第506~509页。

〔2〕 林山田:《刑法通论》(下)(增订10版),北京大学出版社2012年版,第132页。

〔3〕 陈子平:《刑法总论》(第3版),台北,元照出版有限公司2015年版,第372页。

〔4〕 张丽卿:《客观归责理论对台湾地区实务判断因果关系的影响——以台湾地区"最高法院"96年台上字第5992号判决为例》,载《北方法学》2009年第5期。

关联性,死亡结果已非被告先前所为头部外伤之风险行为所造成,客观上即阻断被告责任”。混合使用的先例某判决表明,“被告违反注意义务及防免结果发生义务之不作为,非特具有过失且与病患之重伤害结果间具有相当因果关系,至为灼然,亦即本件病患之重伤害结果应客观归责予被告未尽上开注意义务之不作为”。类似的判决笔者不再一一赘述,至此表明,我国台湾地区的司法实务已经形成“相当因果关系说”与“客观归责理论”并行不悖的局面。

纵观我国台湾地区刑法学界与实务界关于结果加重犯因果关系认定问题的更迭,本文将其总结为以下两个特点:第一,清晰的学术分水岭影响着实务判决。笔者认为,在20世纪90年代之前,历史的原因决定了我国台湾地区刑法学界与实务界都采取“相当因果关系说”的观点;在20世纪90年代末期,不断有“留德派”学者的回归,引进了最新的德国刑法理论以及德国实务界的基本做法,冲击了一以贯之的刑法立场;到了最近的十余年,随着“留日派”学者的坚持与反击,最终形成了现在我国台湾地区刑法理论与实务界的面貌,即是一种“分庭抗礼”的态势。因此,我国台湾地区刑法界两个“分水岭”便是“留德派”的引入与“留日派”的坚守。第二,理论与实务的双向对应模式。由于台湾地区刑法界两个“分水岭”的存在,故使三个发展时期的理论界与实务界一一对应:日本刑法理论的保留,促使实务界坚守“相当因果关系说”;德国刑法理论的引入,促使实务界“直接性理论”或“客观归责理论”的流行;日本刑法理论的坚持与反击,促使“相当因果关系”保持生命力,并与前者旗鼓相当。可见,同为双向模式,我国台湾地区与德国却并不一致,其背后之原因也是显而易见的。德国可谓是大陆法系刑法理论的发源地,扮演着“先驱”的角色,实务中的许多做法既需要理论的指导,也会反作用于理论,使之修正与发展,故而体现的是一种双向互动模式;而台湾地区继受德国与日本的法学基本理论与知识体系,扮演着“继承人”的角色,自然就省去了“理论指导实践,实践反馈理论”的发展阶段,实现了平稳的过渡。

四、结果加重犯因果关系认定之中国图景

如上文所述,我国司法实务中对结果加重犯因果关系的涉猎甚微,其背后之原

因亦是多方面的。但是,笔者认为,一味将矛头指向立法或司法解释的规定绝非明智之举,我们没有更多的理由让立法替司法的过错"挨板子",况且因果关系本身属于不成文的构成要件要素,很难通过立法直接认定。事实上,无论是德国、日本的立法,还是我国台湾地区的规定,都没有明示因果关系具体的认定标准,反之,这些标准都是通过理论界与实务界的相互磨合形成的。因此,如何在我国司法实务中确立因果关系的认定标准,有赖于基本学术立场的形成,并以此为标准指导司法实务。

(一)结果加重犯因果关系认定的中国现状

如前所述,目前国内认定因果关系的学术观点纷繁复杂,但在涉及结果加重犯因果关系认定时,却没有引起学界的重视,大部分学者认为结果加重犯因果关系与普通犯罪的因果关系问题没有多大差别。为数不多的学者将研究的重心放在"直接性理论"上。

李邦友教授认为,在结果加重犯中,基本犯包含加重结果发生的固有类型的危险性。[1] 这种观点与德国学者 Küpper 教授主张的"加重结果必须是高度危险性的基本行为直接导致的"极为相似,但遗憾的是,李邦友教授并未像 Küpper 教授那样对"危险直接性"作具体的判断。许发民教授也持类似的观点,他认为,结果加重犯的基础犯罪行为,是一种类型化的对于加重结果的发生具有本然危险性,也就是内在危险的行为。[2] 该观点借鉴了德国学者 Horn 教授的"特别内在关联"理论,笔者在上文称其为默示的"直接性理论"。张明楷教授也对"直接性理论"进行了研究,他主张将上述"危险性"与"直接性"两种理论进行整合,即只有当具有造成加重结果高度危险的基本行为直接造成了加重结果时,或者说,只有当基本犯与加重结果之间具有"直接性关联"时,才能认定为结果加重犯。[3] 劳东燕教授受德国学者 Roxin 教授的影响,从规范保护目的的视角出发,认为立法者基于基本行为具有发生加重结果的直接盖然性,在经验上蕴含发生加重结果的类型的、高度的危险,因此作了特殊规定,因而,结果加重犯不是基本犯罪与加重结果之间单纯外形上存在

---

〔1〕 李邦友:《结果加重犯基本理论研究》,武汉大学出版社 2001 年版,第 84 页。
〔2〕 许发民:《结果加重犯的构成结构新析》,载《法律科学》2006 年第 2 期。
〔3〕 张明楷:《严格限制结果加重犯的范围与刑罚》,载《法学研究》2005 年第 1 期。

直接关联,而是内在不法内容的危险关联。[1] 这种观点实则与张明楷教授将“危险性”与“直接性”整合的主张相似。

由上述零星的观点可知,国内学者对于德国理论界“直接性”的研究相对肤浅,甚至还未来得及触动该理论本质性的关键点时,便草草收手,更不能为司法实务提供多大的帮助。也许会有这样的疑问:通过上文对“伤害致死”判决的梳理,不是存在32%的判决书运用了“直接因果关系”的表述吗?“直接性理论”怎么会没有被司法实务所采用呢?对于这样的疑惑,笔者认为,虽然不少判决使用了“直接”二字,但不足以说明其对因果关系的认定采用了“直接性理论”。例如,在(2016)川11刑初33号李文宾故意伤害案中,法院认为,“被害人的死亡与其家属主动放弃治疗有直接因果关系的辩护意见不成立”。“直接性理论”需从正面强调致死结果必须是高度危险性的基本行为直接导致的,很明显,本案中的殴打行为才是致死结果直接实现的原因,而法院的表述是从反面否定其他行为与死亡结果的因果关系。因此,尽管本案使用了“直接因果关系”的表述,但本质上不符合“直接性”的内涵。

(二)我国结果加重犯因果关系认定的理论立场

由于我国因果关系的学说源自苏俄刑法理论的哲学因果关系,并且逐步发展为事实因果关系和法律因果关系的二重判断,有着明显区别于大陆法系刑法理论的发展轨迹。因此,在司法实务中直接援引德国的“直接性理论”或日本的“相当因果关系说”均可能产生水土不服的现象,因此有必要加以改良。那么,到底哪一种立场更加符合我国刑法理论的未来发展?基于目前实务判决中对于“相当因果关系说”的少量应用,因此对“相当因果关系说”进行改良更加符合现实的趋势。但是,我们无法坚定地选择“相当因果关系说”的客观说或折中说的立场,而这种争论在“相当因果关系说”盛行的日本同样存在。为“避其锋芒”同时“放眼未来”,无疑“直接性理论”是更大的“潜力股”,因其常与规范保护目的、客观归责理论等相互交织或替代,是比“相当因果关系说”更加体系化的理论,且其优越性已经在德国的理论与实务中得到证明。因此,笔者主张对“直接性理论”作进一步的明确,使之具备

---

[1] 劳东燕:《规范的保护目的与结果加重犯的界定》,载陈泽宪主编:《刑事法前沿》(第4卷),中国人民公安大学出版社2008年版,第127页。

本土的应用价值。

首先,明确"直接性"的内涵。笔者认为,无论理论上是支持或否定"直接性理论"的观点,都未能准确把握"直接性"之内涵,因而造成对该理论的误读。自德国法院在判决中运用"直接性理论"以来,"直接性"这一概念在学界饱受非议。例如,Hardtung 教授认为,直接性本是指没有额外的作用力,而判决中载明直接性是用来强调基本行为与加重结果之间的紧密联系。[1] 随着 Hirsch、Jescheck 等一批学者的修正,目前对于"直接性"的界定是指,"加重结果必须实现于基本犯内含的特有危险中"。[2] 也即,基本行为创造了导致加重结果的高度危险并且这些危险直接实现为加重结果。因此,把握"直接性"内涵的两个关键性问题是对"特有危险"与"危险实现"的判断。笔者认为,对于"特有危险"的判断,应当以行为人之基本犯罪行为是否蕴藏着造成加重结果固有的或类型化的危险,这种固有或类型化的危险不仅应当以刑法规定的结果加重犯为限制,同时还要从抽象的、一般的立场来看行为的危险性是否会造成该罪构成要件结果的发生。例如,在日本的"大阪南港案"中,被告人的殴打行为蕴藏着死亡结果的特有危险,并且该殴打行为造成了被害人颅内出血,站在抽象一般的立场上,能造成死亡结果的发生,故而肯定被告人行为的"特有危险"。对于"危险实现"的判断,笔者认为不得同时违背以下两点。第一,加重结果与基本行为之间具有常态关系,也即不出现因果偏离。换言之,如果存在异常因素的介入,则可以考虑否定基本行为的"危险实现"。第二,加重结果之不可避免,站在事后的角度观察,如果基本行为并不必然导致加重结果发生,而是因异常因素的介入导致该结果发生的,则可以考虑否定基本行为的"危险实现"。将上述"危险实现"的判断标准应用到"大阪南港案"中,由于第三人的二次殴打属于异常因素的介入,常态关系发生偏离,但根据查明事实的,导致加重结果的发生并非该异常因素,故而加重结果是不可避免的,最终依然肯定被告人行为的"危险实现",最终认定其构成伤害致死罪。

其次,发挥"直接性"的优势。"直接性理论"相较于"相当因果关系说"是否存

---

〔1〕 Vgl. Hardtung, Müchener Kommentar StGB, 2. Aufl 2011, § 18 Rn. 23.

〔2〕 [日]井田良:《犯罪論の思考と論理(28)結果的加重犯の理論》,载《現代刑事法:その理論と実務》2002 年第 4 卷第 12 号,第 109 页。

在得天独厚的优势，抑或是“新瓶装旧酒”的套路？如前所述，我国通说在认定结果加重犯成立时，以基本犯罪行为与加重结果之间具有因果关系和至少有过失为基本要件。因此，“相当因果关系说”只能解决前者，即因果关系问题，对于后者则需要“另起炉灶”。然而，“直接性理论”的优势在于，可以将两者同时解决。根据 Roxin 教授的观点，“直接性”并非独立于过失的要件，“只要直接性准则符合这种保护目的关系，那么它就不是一种与过失并存的特征，而是一种应当不依赖于结果加重犯而独立加以考虑的过失归责因素本身”。[1] 据此，“直接性”就被融入到过失的概念之中，“直接性”的判断也就包含了过失的判断。本文赞同 Roxin 教授的观点，“直接性”当然体现规范的保护目的，[2] 我们在解释结果加重犯的构成要件时，必须根据这种规范保护的目的区别对待结果加重的过失与一般过失。作为成立结果加重犯基本要件的过失必须考虑“直接性”，如果缺乏这种“直接性”，就应该否定其为基本犯罪所内涵的过失，从而否定结果加重犯的成立。例如，故意伤害罪的结果加重犯的规范保护目的是防止伤害行为本身具有产生死亡结果的特有危险实现。因此，只有具备产生死亡结果危险的伤害本身含有的对死亡结果的过失才能与基本行为结合，形成结果加重犯。例如，前述“枪支走火案”中的过失“走火”行为，只能视其为偶然过失，无法与基本行为结合成为结果加重犯。

最后，摆正“直接性”的定位。如本文第三部分所述，无论是支持“直接性理论”还是反对“直接性理论”的学者，均有观点认为，“直接性”的判断能被客观归责理论所取代。笔者认为，要实现“直接性理论”本土化的定位，必须从两者之间的落脚点和基本功能上加以区分。在德国，客观归责理论本是从因果关系理论发展而来的，但若将其贯彻到底，则应当将其纳入有责性中加以研究，并涉及犯罪构成体系的改造。[3] 可见，德国现代意义上的客观归责理论，落脚点是在对刑法理论方法论的反思上，关乎刑法的全部体系。在中国，“直接性理论”的最终趣旨仅在于，通过限制基本行为与加重结果之间的因果关系而使结果加重犯的存在具有处罚的正当性。

---

〔1〕 [德]罗克辛：《德国刑法学总论》(第 1 卷)，王世洲译，法律出版社 2005 年版，第 219～220 页。

〔2〕 规范保护目的，具体而言就是立法者确立了某些犯罪的结果加重，自然也就有了与这种立法选择相应的立法目的。

〔3〕 陈兴良：《从归因到归责：客观归责理论研究》，载《法学研究》2006 年第 2 期。

从两者的功能上看,"直接性理论"中的"特有危险"标准可以说明加重结果的特有不法,以及予以加重处罚的依据。如果在检验加重结果时仍然采取客观归责理论,将无法区分一般结果犯与结果加重犯,也无法合理说明想象竞合与结果加重犯之界限。换言之,通过客观归责理论肯定结果归责的情形,还需要通过"特有危险"之实现作进一步限缩。由此可见,客观归责理论是所有结果犯都必须具备的归责要件,而"直接性"的判断则是在此基础上附加的特别要件,具有限缩结果加重成立范围的功能。

(三)"直接性理论"的具体应用

通过笔者上文对于"伤害致死"判决的分析,可窥见结果加重犯因果关系认定存在的诸多问题,我们甚至可以断言:在抢劫罪、强奸罪、绑架罪等其他常发性结果加重犯中,也存在因果关系认定的诸多障碍。既然"直接性理论"具有准确性、合理性、优越性等品质,自然可以在所有结果加重犯中"施展拳脚",故通过下文几种常见性罪名加以举例。

例如,刑法规定了抢劫的结果加重犯,其规范目的是防止以暴力、胁迫或其他方法实施抢劫而导致被害人死亡的危险。因此,在抢劫罪中,死亡结果必须由暴力、威胁等方式直接导致,因抢劫行为引起被害人自杀的,追赶抢劫犯而自己摔倒死亡的等情形均不得认定为抢劫致人死亡。[1] 比如,在(2002)东刑二初字第27号王江西抢劫、强奸、故意杀人案中,被告人为自己辩护,"抢劫犯罪中都是别人叫的我;第一、三起抢劫犯罪中我没有用刀捅人;门某某是喝药自杀的,我没想杀死她"。假如门某某的喝药自杀并非由被告人的暴力、胁迫等方式引起的,那么该死亡结果便与抢劫行为没有因果关系。但法院查明"其逼迫门某某喝药致其中毒死亡的事实成立,证据确凿",因此该自杀行为与抢劫中的暴力、胁迫密切相关,符合抢劫罪致人死亡的规范保护目的,结果加重犯的因果关系成立。对于本案因果关系的论证,"直接性理论"的具体表现形式是:被告人持刀抢劫的行为站在抽象一般的立场上蕴藏着死亡结果的特有危险,故而肯定被告人行为的"特有危险";由于被害人服药

---

[1] 张明楷:《刑法学》(第5版),法律出版社2016年版,第993页。

自杀属于异常因素的介入,常态关系发生偏离,但根据查明事实的,服药自杀行为是被告人暴力胁迫导致的,故而死亡是基本行为产生的不可避免的结果,最终肯定被告人行为的"危险实现",也即适用抢劫致人死亡的法定刑。

比如,刑法规定了强奸的加重结果,其规范目的是防止强奸的手段行为(暴力、胁迫或其他手段)和奸淫行为导致被害人死亡的危险。因此,无论是奸淫行为导致死亡结果,还是此前的暴力、胁迫行为导致死亡结果,都具备"直接性",应认定强奸罪结果加重犯的成立。例如,在王照双"强奸致死案"中,被告人不服北京市第一中级人民法院的判决,提出上诉其辩护人,指出:"被害人的死亡不是其造成的,是坠楼身亡,与其行为不存在直接、必然的因果关系,不应对被害人的死亡承担刑事责任。"但北京市高级人民法院认为,"本案被害人死亡的后果,客观上是由被告人的强奸行为所致,两者存在事实上的因果关系,构成强奸罪的结果加重犯"。[1] 笔者根据"直接性"的判断标准,对该判决持否定立场。本案中捆绑被害人的行为可视为强奸罪的直接暴力行为,如果被害人因捆绑过紧而死亡,认定其构成强奸罪的结果加重犯则毫无疑问。但在本案中,被害人是在被告人离去后,又跑到阳台呼救时,因双手被捆难以控制身体平衡坠楼而亡的,根据"危险实现"的两个标准判断,均不符合。第一,"危险实现"的常态关系被打破,也即介入了"坠楼"这一特殊因素;第二,结果可避免,如果不是发生"坠楼"事故,被害人的死亡结果是可以避免的。因此,本案中,不应当对被告人处以强奸罪结果加重犯的刑罚。

又如,刑法规定了绑架的结果加重犯,其规范目的是防止绑架的手段行为(暴力、胁迫或麻醉的方法控制行为人)和勒索财物的目的行为导致被害人死亡的危险。因此,在绑架罪中,无论是手段行为还是目的行为导致的死亡结果,都具备"直接性",均可认定本罪结果加重犯的成立。例如,在乔中华"绑架致死案"中,被告人不服连云港市中级人民法院的判决,提出上诉:"王金才的死亡并非绑架行为所致,而是其跳窗逃跑,不慎坠楼导致的,故绑架行为与死亡结果不存在必然联系,上诉人无须对死亡后果负责。"江苏省高级人民法院支持了一审判决结果,"王金才的死亡虽非乔中华等人在绑架中暴力行为直接导致,但王金才跳楼是为了躲避进一步

---

[1] (2006)京高刑终字第451号判决书。

的暴力而采取的行为,其死亡与绑架行为有刑法上的因果关系”。[1] 笔者根据“直接性”的判断标准,对该判决持肯定立场。本案中,乔中华等人用刀、铁棍威胁、殴打被害人的行为符合绑架罪中手段行为的暴力程度,如果被害人因此而死亡的,自当认定绑架罪致人死亡。当在本案中介入了被害人跳窗逃跑的因素时,需要考虑该因素是否属于打破“危险实现”常态关系的特殊因素,很显然,根据本案事实,被害人是趁着被告人熟睡之际逃跑的,这与上文强奸案中,被害人在行为人已经离去却仍呼救并导致坠楼的特殊性不能相提并论,事实上本案的介入因素不具有特殊性,因而不能否定被告人行为的“危险实现”,成立结果加重犯没有疑问。

再如,刑法规定了非法拘禁的结果加重犯,其规范目的是防止拘禁行为导致被害人死亡的危险。因此,在非法拘禁罪中,死亡结果必须由拘禁行为直接导致,方可认定两者之间的“直接性”。例如,在李爽武等非法拘禁案中,被告人不服天津市河西区人民法院的判决,提出上诉,其辩护人指出:“被害人生前曾多次与李爽武等人外出,并到公安机关报案寻求帮助,所以被害人高某身亡与李爽武等人的拘禁行为之间是否存在因果关系存疑。”但天津市第二中级人民法院认为,“上诉人李爽武雇用他人对被害人实施非法拘禁的事实,且被害人在被拘禁的地点坠楼身亡,足以证实被害人的死亡与非法拘禁行为之间存在必然的因果关系”,因此维持了一审判决。笔者根据“直接性”的判断标准,对此予以肯定。根据本案查明的事实,李爽武为索要钱款,严格控制被害人与外界联系,非法拘禁的长度与强度均已达到让常人难以忍受的程度,故而肯定被告人行为的“特有危险”。在此状况下,被害人为逃避拘禁,选择跳楼逃跑,本质上并非属于特殊因素的介入,尽管最终因该介入因素导致其坠楼身亡,但“危险实现”的两个判断标准并未全部违背,因此肯定拘禁行为的“危险实现”,故符合“直接性”的标准,拘禁行为与死亡结果的因果关系成立。

---

[1] (2005)苏刑终字第226号裁定书。

故意杀人罪的因果关系认定

——以“癌患嘱托杀人案”为中心

王　琦*

【摘　要】 即便存在杀人行为和死亡结果,也只有肯定了因果关系才能成立故意杀人罪的既遂。在查清案件事实的意义上,坚持事实和法律因果关系二层次判断是必要的。对于故意杀人罪而言,要通过条件关系公式来判断事实因果关系,即如果行为人实施法之期待行为,那么同一死亡结果还会发生吗?同一性的判断需要综合考虑死因和死亡时间,当死因明显转换或死亡时间明确提前时,就可以否定同一性。在认定法律因果关系时,首先要从实行行为本身的危险性大小出发;当实行行为的危险性没有达到危及生命的程度时,才要综合考量介入因素是否容易被预想到或显著不相当,以及贡献大小是否严重到压倒性程度。当今各国的实务导向都更加重视规范的不可违反性。对于“癌患嘱托杀人案”,应肯定事实和法律因果关系。

【关键词】 故意杀人罪　事实因果关系　法律因果关系　受嘱托杀人

一、案情及问题意识

被害人吴某2008年患上宫颈癌,2014年至2017年3月,因术后转移在医院多

---

* 清华大学法学院刑法学博士研究生。本文原载《上海政法学院学报》2019年第3期。

次化疗。2017 年 5 月 23 日，吴某因疼痛难忍在家服农药（一种低毒除草剂）自杀，后被家人及时送医院救治。自此至 6 月中旬，吴某多次请求相识多年的徐某某驾车撞死自己（吴某的丈夫王某也参与了劝说），以摆脱痛苦，徐某某多次拒绝后最终于 15 日同意。当晚 20 时许，徐某某在约定地点开车将吴某撞倒，随后拨打“110”报警，吴某被送往医院，但其不配合治疗，6 月 17 日主动出院，19 日凌晨死于家中。经法医鉴定：被害人吴某系宫颈癌术后转移致多脏器功能衰竭死亡；车辆撞击所致损伤对其死亡进程稍有影响；其被车辆撞击所致的损伤程度为轻伤二级。[1] 法院认为，被告人徐某某及王某系共同犯罪，均构成故意杀人罪未遂，综合考虑犯罪情节、犯罪后如实供述罪行、得到被害人近亲属的谅解等因素，分别对徐某某和王某判处有期徒刑 3 年缓刑 3 年和有期徒刑 2 年缓刑 2 年。[2] （以下简称“癌患嘱托杀人案”）

本案中，在被害人死亡结果出现的情况下，法院为什么判处了故意杀人罪未遂？判决书并没有具体阐述认定未遂的理由，理论上，只可能是否定了死亡结果和故意杀人实行行为之间的因果关系。法院之所以否定了因果关系，可以想到的理由有：（1）根据法医的鉴定意见，被害人的死因系宫颈癌术后转移致多脏器功能衰竭，即使没有徐某某的撞击，对于病入膏肓、命不久矣的吴某而言死亡结果也不可避免，即没有结果回避可能性，所以否定因果关系。[3] （2）根据法医的鉴定意见，车辆撞击所致损伤对其死亡进程只是稍有影响，这很容易联想到日本的著名判例——大阪南港案，[4] 即对结果稍有影响的“作用力”不改变因果流程，死亡结果不归属于该“作用力”。（3）被害人吴某被撞后，及时送往医院，但她拒绝手术，并私

---

〔1〕 该鉴定意见是 3 份鉴定书的结论汇总，3 份鉴定书分别是法医学尸体检验鉴定书、法医学人体损伤程度鉴定书和检验报告。

〔2〕 江苏省句容市人民法院（2018）苏 1183 刑初字第 13 号刑事判决书。一审判决作出后，两名被告人均未提出上诉。

〔3〕 本文所称的因果关系系广义上的，即结果最终归属于行为人的“作品”。

〔4〕 大阪南港案的案情大致是，被告人在第一现场对被害人施加暴行，致其因内因性高血压性颅内出血而处于失去意识的状态，之后被告人将被害人放置大阪南港材料仓库（第二现场），然后离开。次日凌晨，被害人因颅内出血而死，但被害人在活着的时候，曾被第三者用四棱木棒殴打头部，引起颅内出血扩大，可能造成死亡时间若干提前，但多大程度上提前了被害人的死亡时间是无法查明的。日本最高裁判所 1990 年 11 月 20 日判决，［日］前田雅英：《最新重要判例 250 刑法》（第 11 版），弘文堂 2017 年版，第 22 页。

自出院,属于介入因素异常,切断了撞击行为与死亡结果之间的因果关系。但是这几个理由是否合理,值得进一步反思,倘若肯定了因果关系,被告人就成立故意杀人罪既遂,那么量刑又是否恰当?法院是否为了追求较轻的刑罚,以“以刑制罪”的态度含糊其辞地认定了未遂。所以,要对本案进行合理的定罪量刑,首先得明确故意杀人罪的因果关系的认定标准。

在结果犯中,即便存在实行行为和构成要件结果,也只有肯定了因果关系才能成立既遂。财产犯罪的因果关系往往呈现为人和物的关系,而侵犯人身法益的犯罪,其行为和结果的关系呈现为人与人之间的关系,容易介入其他因素,因此因果关系的判断更为复杂。〔1〕特别是当涉及被害人特殊体质或有介入因素存在时,死亡结果能否归属于行为人的实行行为,往往成为难题。最高人民法院主办的《刑事审判参考》和《人民法院案例选》中涉及的因果关系判断的疑难案例,也是集中于这两类情况。并且针对两类情况分别有不同的裁判规则,就前者而言,基本沿袭了传统理论——“必然·偶然”因果关系理论,行为人以轻微伤害行为击中他人非要害部位,导致被害人因特殊体质而死亡的,应肯定二者之间的因果关系;就后者而言,最高法院的立场摒弃了传统理论,有的案例的说理中既有德日原因说的影子,又朦胧透露着相当因果关系说;有的案例直接援引相当因果关系说的基本立场。〔2〕

就本案而言,能否归到以上两类情况中去,答案并非不言自明。首先,本案不是典型的被害人特殊体质问题。被害人特殊体质讨论的情况是,行为人行使轻微暴力,但结合被害人的身体内存在的特殊体质或隐性病变导致了结果发生,〔3〕行为人的行为毫无疑问地或绝对地导致了被害人生命的终结。而本案被害人吴某作为一个晚期癌症患者,撞击行为发生之时,其已经表现为典型的恶液质,车辆撞击所致损伤对其死亡进程只是稍有影响。其次,本案属于有介入因素的情形。存在介入因素主要讨论的是,行为人行为后由于特殊情况的介入而导致结果发生。〔4〕从法医

---

〔1〕 邹兵建:《刑法因果关系的司法难点——基于刑事司法判例全样本的实证研究》,载《政治与法律》2015年第12期。

〔2〕 杨海强:《刑法因果关系的认定——以刑事审判指导案例为中心的考察》,载《中国刑事法杂志》2014年第3期。

〔3〕 黎宏:《刑法学总论》(第2版),法律出版社2016年版,第101页。

〔4〕 黎宏:《刑法学总论》(第2版),法律出版社2016年版,第101页。

给出的鉴定意见看，表面上本案类似于日本的大阪南港案，对大阪南港案、日本学理上往往强调介入因素（第二暴力）只是"造成了导致死亡时间提前等若干影响"，[1]"不过是让脑出血的范围扩大、让死亡时间提前了几分钟"。[2] 大阪南港案所谈论的重点是死亡结果是否归属于第一行为人的行为（第一暴力），而本案在撞击行为之前并不存在外力作用（侵犯被害人生命、身体法益的实行行为）。不过，本案的介入因素另有所指，被害人被送到医院后，拒绝治疗，并自行出院，可以归为存在介入了被害人的行为。

本案看似简单，实则涉及因果关系判断上的所有难题，具体而言，包括以下问题：(1)从事实因果关系到法律因果关系的二层次判断在故意作为犯中是否应当维持；(2)如果维持二层次判断，用来判断事实因果关系的条件公式（非 p 则非 q）中，非 p 是纯粹的消去还是以法之期待行为替代；q 又应当抽象到什么程度；(3)在肯定了事实因果关系后，被害人拒绝治疗并强行出院的介入因素是否切断撞击行为到死亡的因果流程，这属于法律因果关系的判断内容。以下，本文首先提出在查清案件事实意义上坚持二层次判断是必要的，再分别提出事实因果关系和法律因果关系的具体判断规则，然后将其应用于该案例的分析。

二、因果关系二层次判断的必要性

当前，二层次分析框架是两大法系因果关系理论最大的共识：在大陆法系，不论是客观归责理论还是相当因果关系理论都遵循从事实判断再到规范判断的基本步骤，"因果性和归责的分离是一种信条学的成就"；[3] 英美法系的双层次因果关系理论也是在科学判断的基础上再进一步做规范判断，行为与结果之间的联系经过了"事实"（but-for 规则）和"价值"（近因理论）两个层次的筛选，才能成为追求刑事责任根据的因果关系。[4] 近年来，我国刑法因果关系理论业已"去哲学化"，区

---

〔1〕［日］山口厚：《从新判例看刑法》，付立庆、刘隽译，中国人民大学出版社 2009 年版，第 8 页。

〔2〕［日］佐伯仁志：《刑法总论的思之道 · 乐之道》，于佳佳译，法律出版社 2017 年版，第 57 页。

〔3〕［德］克劳斯 · 罗克辛：《德国刑法学总论》（第 1 卷），王世洲译，法律出版社 2007 年版，第 239 页。

〔4〕刘士心：《美国刑法中的犯罪论原理》，人民出版社 2010 年版，第 29 页；沈琪：《英美刑法中的近因判断及其启示》，载《比较法研究》2014 年第 2 期。

分形式判断和实质判断的二层次判断模式也被认为具有合理性,[1]既得到了实务的肯定,[2]也得到了诸多理论上的支持。[3]

在故意作为犯的因果关系判断上,德国和日本采取了不同的进路,德国是"条件关系+客观归责理论",日本是"实行行为+相当因果关系理论(或者危险的现实化理论)",因此,德国毫无疑问是二层次分析框架,其条件关系的判断是事实判断,不考虑规范因素,因此又被称为等值理论;[4]而日本在适用条件公式时以实行行为作为起点,[5]判断规则中掺杂了规范的考量,因果关系的判断是否要维持二层次区分模式,理论上有不同意见。否定说如山口厚教授认为,条件关系判断中包含事实因果关系的判断和结果回避可能性的判断,但如果条件关系的判断如此地规范化,事实因果关系的确立就没有独立意义了。[6] 在判断实行行为的危险性向结果的现实化时当然就包含着行为与结果间的事实上的关联,因此直截了当地以有无危险性的现实化就足以认定,而无须两个阶段分别检验。[7] 日本晚近以来的判例也有不区分事实性判断和规范性判断的倾向。[8]

近年来,我国学者因为提出条件说的困境,也开始反思将事实归因和规范归责二层次判断奉为"圭臬"存在诸多问题。一方面,讨论归因终究是为了解决归责问题,某一条件对于结果而言是否构成原因,取决于从什么目的上来说,即规范性的

---

〔1〕 陈兴良:《刑法因果关系:从哲学回归到刑法学》,载《法学》2009年第7期。

〔2〕 于同志、康瑛:《张润博过失致人死亡案——轻微暴力致人死亡案件如何定性》,载最高人民法院编:《刑事审判参考》(总第103集),法律出版社2016年版,第50页。还有指导案例在裁判理由部分明确将二层次判断分别称为"事实因果关系"和"法律因果关系"。李晓庆、沈亮:《赵金明等故意伤害案——持刀追砍致使他人泅水逃避导致溺水死亡的如何定罪》,载最高人民法院编:《刑事审判参考》(总第55集),法律出版社2007年版,第21~26页。

〔3〕 张明楷:《刑法学》(上)(第5版),法律出版社2016年版,第183~193页;黎宏:《刑法学总论》(第2版),法律出版社2016年版,第93~100页;陈兴良主编:《刑法总论精释》(上)(第3版),人民法院出版社2016年版,第200页。

〔4〕 也有德国学者认为,因果关系(本文所指的事实法律关系)和客观归责两者至今不曾分离。这是因为,所有今日客观归责理论所需要的判断公式都没有脱离条件公式的判断逻辑。许玉秀:《主观与客观之间》,法律出版社2008年版,第205~206页。

〔5〕 [日]前田雅英:《刑法总论讲义》(第6版),曾文科译,北京大学出版社2017年版,第112页。

〔6〕 [日]佐伯仁志:《刑法总论的思之道·乐之道》,于佳佳译,法律出版社2017年版,第45页。

〔7〕 [日]山口厚:《刑法总论》(第3版),付立庆译,法律出版社2018年版,第59页。

〔8〕 [日]佐伯仁志:《刑法总论的思之道·乐之道》,于佳佳译,法律出版社2017年版,第65页。但日本的通说仍是分为两个阶段进行判断。

考虑充斥在因果分析中,纯粹的条件事实分析不可能单独存在。[1] 既然归因和归责层面都涉及规范评价,那么何不把事实归因与规范归责合二为一,以归责取代从归因到归责的二分模式,减少规范评价的重复性。[2] 另一方面,在事实因果关系的判断中,条件公式并非唯一判断标准,在无法将相关行为与其他的作用因素分离的场合,如择一因果关系、累积因果关系、经集体表决的产品责任案件;以及以流行病学因果关系、风险升高理论为代表的概率提升型因果类型,都要放弃条件公式。[3] 还有学者认为流行病学因果关系属于"归责突破归因",虽然未能明确归因,但毕竟对归因提出了一定程度的要求,将其适用范围限制为公害犯罪中,是"无归因就没有归责"原则的例外。[4] 有必要指出的是,两层次判断模式的第一层和第二层的名称并没有进行统一,由上可见,不少学者分别命名为"归因"和"归责",但"归责"一词在不同语境下有多种语义,如在犯罪构成的主观方面也经常使用。为避免产生歧义,并与我国指导案例中的用语保持一致,本文分别将两个层次称为"事实因果关系"和"法律因果关系"。

本文认为,区分事实认定和规范评价的二层次判断模式具有重要意义,自康德提出人只能是目的而不能成为工具以来,在自由保障机能的限度内实现法益保护便具有难以撼动的正当性。当我们说"如果甲不开抢打乙,乙就不会死"时,实际上是有三个背景信息,其一,开枪可以打死人;其二,甲对乙开了枪;其三,在当时特定的场合,除甲的开枪行为外,没有其他的可以导致乙死亡的因素。以上三个信息,第一个是关于自然法则的,后两个是关于具体的事实经过的。[5] 所以,强调事实因果关系的必要性和独立地位,毋宁是要求司法工作人员查清自然法则和有关具体的事实经过。如果不能了解和掌握自然法则就不能肯定事实因果关系。例如,倘若对某种药物的作用机理缺乏全面认识,就无法判断如果孕妇没有服用此药物,新生儿是否依然会畸形;如果不查明具体的事实经过,就无法找出导致结果发生的原因,进而容易迷失在规范的判断中。

---

〔1〕 劳东燕:《事实因果与刑法中的结果归责》,载《中国法学》2015 年第 2 期。
〔2〕 杨绪峰:《条件说的困境与结果归责的类型化》,载《中国刑事法杂志》2015 年第 4 期。
〔3〕 劳东燕:《事实因果与刑法中的结果归责》,载《中国法学》2015 年第 2 期。
〔4〕 邹兵建:《论刑法归因与归责关系的嬗变》,载《刑事法评论》2012 年第 2 期。
〔5〕 邹兵建:《条件说的厘清与辩驳》,载《法学家》2017 年第 1 期。

在刑事案件的诉讼活动中,最大程度地揭晓案件事实的责任归于控方,相应地,在事实问题(如死因)无法查明的情况下,就应当适用存疑有利于被告原则,否定因果关系。例如,指导性案例"杨道计等故意伤害案",就可以很好地说明这个问题。2010 年 8 月 10 日 7 时,被告人杨某某等 4 人手持镐把、木棍等工具对被害人进行殴打。后被害人被及时送往医院,并顺利做了脾切除术、胰尾破裂修补术等手术,术后进入 ICU 监护治疗。8 月 14 日被害人转到 309 医院治疗,22 日被害人的亲属不顾医生的劝阻,接其回原籍治疗,23 日下午被害人死亡,24 日下葬。公安人员赶到被害人老家时,发现其亲属正在办理丧事,且拒绝开棺验尸,法医仅凭病历材料无法判断死因。据此,法院不能认定被害人的死亡系被告人的伤害行为所致,只能认定杨道计等人故意伤害致被害人重伤。[1] 如果不区分事实因果关系和法律因果关系,直接按照"有无危险性的现实化"来规范判断,被告人对被害人实施了严重的暴力,其蕴含了致被害人死亡或严重损害其身体健康程度的危险,而这种危险在构成要件结果(死亡)中实现,就将死亡结果归属于被告人,而不问被害人从 309 医院出院后具体发生了什么,显然不利于被告人的自由保障。

又如,指导性案例"张润博过失致人死亡案",就因明确了具体的死因而正确地肯定了因果关系。被告人张某某与被害人甘某某互殴,其间,张某某用拳头打到被害人面部致其倒地摔伤头部,两周后被害人在医院抢救无效死亡,法医鉴定被害人死因系重度颅脑损伤。辩护人辩解称因摔伤而导致的重度颅脑损伤及脑疝不是被害人的全部死因,死因还包括肺部感染等并发症。但法院判决指出,肺部感染等并发症也主要由颅脑损伤所致,因此张某某的行为与被害人的死亡结果之间存在"引起与被引起"的关系。[2] 即被害人的死因系颅脑损伤及其引发的肺部感染并发症,但究其根本都是由于头部摔伤所致。再如,医生甲为了毒杀患者乙,故意给乙注射毒药,导致乙死亡。事后查明,即使是注射了正确的治疗用药,乙也会因为其特殊体质而死亡。虽然给乙注射毒药和注射治疗用药都会导致乙死亡,但两个事实经过

---

〔1〕 王雪枫、马岩:《杨道计等故意伤害案——仅有被害人家属证言证实被害人死亡的,能否认定被害人死亡?如何认定伤害行为与死亡结果之间的因果关系》,载最高人民法院编:《刑事审判参考》(总第 89 集),法律出版社 2013 年版,第 34～38 页。

〔2〕 于同志、康瑛:《张润博过失致人死亡案——轻微暴力致人死亡案件如何定性》,载最高人民法院编:《刑事审判参考》(总第 103 集),法律出版社 2016 年版,第 48～53 页。

是不同的,注射毒药的场合,被害人的特殊体质并没有发挥作用。

三、事实因果关系的认定

事实因果关系通常通过条件公式加以判断,即"假设某一行为不存在,同样的结果还会不会发生"。这个判断公式中,有两个需要讨论的基本问题:首先,什么是"行为不存在"。条件公式又被称为假定消去公式,禁止添加假定情况通常是条件公式最强调的适用前提之一,对于作为犯而言,就是要消去现存的作为,以纯粹的不作为作为假定条件。但是,条件公式原本就是以假象世界作为问题,不得添加假定情况的说法和"非 p 则非 q"的思考方法是相互矛盾的。因而不能不考虑,假定没有行为人的行为,所能预想到的事态的走向。[1] 这一问题就关系到理论上一个复杂的概念——结果回避可能性,欠缺结果回避可能性到底是什么意思?故意犯要考虑结果回避可能性吗?其次,什么是"同样的结果"。具体的结果观是条件公式另一个限定条件,即死亡结果不是被害人"迟早会死亡"之类的抽象结果,而是指具体时间、样态下的死亡结果。[2] 然而,如果将具体的结果观贯彻到底,将特定的行为人、特定的行为方式,乃至时间、地点等细节要素都分毫不误地描述进来,条件公式就会被架空,变得毫无意义。[3] 再者,与法益毫无关系的属性不属于"具体结果"的内容,[4] 如家属抱住垂死者痛哭,使其头部由左侧朝向右侧,如果连"尸体的姿势"都考虑在内,结论就会荒诞不经。因此,在多大范围内对结果进行抽象就成为问题。以下分别展开讨论。

(一)结果回避可能性

有观点认为,缺乏结果回避可能性时排除结果归属通常针对的是过失犯。[5]

---

〔1〕 [日]松原芳博:《刑法总论重要问题》,王昭武译,中国政法大学出版社 2014 年版,第 55 页;黄荣坚:《基础刑法学(上)》,台北,元照出版有限公司 2012 年版,第 271 页;[日]辰井聪子:《因果关系论》,有斐阁 2006 年版,第 175 页。

〔2〕 黎宏:《刑法学总论》(第 2 版),法律出版社 2016 年版,第 93 页。

〔3〕 杜治晗:《假定的因果关系反思:具体问题与归因思维》,载《刑事法评论》2017 年第 1 期。

〔4〕 [日]松原芳博:《刑法总论重要问题》,王昭武译,中国政法大学出版社 2014 年版,第 49 页

〔5〕 车浩:《假定因果关系、结果避免可能性与客观归责》,载《法学研究》2009 年第 5 期。

即结果确实由违反了注意义务的行为所惹起,但即使行为人实施了合法的替代行为,结果也同样会发生的场合,由于欠缺了受非难的风险实现或是违反注意义务的风险实现,也就欠缺了结果的可归属性。这种情况几乎全部发生在过失犯身上。[1] 其实质根据在于,为了与实施了法所期待的行为就不受处罚这一判断结论保持一致。[2]

有观点认为,故意犯同样要考虑结果回避可能性,但就其体系地位而言又有差异。一种见解是把结果回避可能性作为包括故意作为犯在内的犯罪成立的一般要件,将其体系性位置定位为因果关系论(对应本文的事实因果关系层面)。在该见解下,条件公式所表明的是行为与结果之间逻辑上的结合关系,其任务就是用来判断结果回避可能性。[3] 另一种见解也是将结果回避可能性作为过失犯和故意犯共通的要件来对待,因为两个在外观上看起来相同的案例,如果仅以"邪恶的意思"为理由就肯定犯罪成立,是不对的。只不过结果回避可能性的相关判断极具规范性格,应定位于法律因果关系论。[4]

还有观点区分了事实上的结果回避可能性和规范上的结果回避可能性。前者是指在假定没有此行为(不添加非现实的因素)的基础上,看结果在物理上能否避免,这属于条件关系之内容,是作为犯、不作为犯、故意犯、过失犯所共通的"行为性"要求;后者是指以合义务的替代行为作为假定条件,再看同样的结果能否避免,这是新过失论(甚至部分旧过失犯论者,如山口厚教授)所主张的,作为过失犯的要

---

[1] [德]沃尔夫冈·弗里希:《客观之结果归责:结果归责理论的发展、基本路线与未决之问题》,蔡圣伟译,载《刑事法评论》2012 年第 1 期。

[2] [日]佐伯仁志:《刑法总论的思之道·乐之道》,于佳佳译,法律出版社 2017 年版,第 50 页。

[3] 这种观点即逻辑上的结合说,因为把条件关系的判断理解为从刑法目的出发进行的规范性判断,因此又被称为规范性条件关系说。[日]町野朔:《犯罪论的展开Ⅰ》,有斐阁 1989 年版,第 95 页以下。转引自[日]松原芳博:《刑法总论重要问题》,王昭武译,中国政法大学出版社 2014 年版,第 52 页。

[4] [日]佐伯仁志:《刑法总论的思之道·乐之道》,于佳佳译,法律出版社 2017 年版,第 46、50 页。其认为,在前文所举之例中,医生甲给患者乙注射毒药导致乙死亡,但事后查明,即使是注射了正确的治疗用药,乙也会因为其特殊体质而死亡。如果医生是过失为之则无罪,故意为之则为故意杀人罪,这不合理。

件而存在。[1]

由此可以看出结果回避可能性在概念上的混乱，结合本文的主题——故意杀人罪，不同观点之间的根本性对立在于，故意犯是否要考虑非现实的因素，包括第三人的行为、自然因素以及行为人自身的合法则行为。

从一般预防的角度出发，如果死亡结果迟早会发生或必然会发生，或者即使行为人不实施导致死亡的行为，别人也会实施同样的行为，那么该行为对结果就没有"支配力"，从刑罚的目的是遏制法益侵害将来（同样情况下）发生来看，处罚该行为毫无意义。[2] 基于此，该见解广泛考虑未发生的情况，对于自己的行为，假定的是"不违反法之期待行为"；对于第三人的行为，假定的是"能够预测到的且是合法之行为"，例如杀死即将被执行死刑的罪犯的场合，死刑执行官执行死刑的行为就要作为假定条件；对于自然因素，则完全考虑为假定条件，例如甲殴打乙的头部致死，即使甲不殴打乙，几乎在同一时刻也会有自然现象下的巨石落到乙头上将其砸死，就要考虑巨石的下落。[3]

但是，以上见解存在疑问：其一，遏制法益侵害是在行为时点发挥作用，行为人在事前不可能知道事后是否有结果回避可能性；[4] 其二，"同样的结果迟早会发生或必然会发生"，事实上仅仅意味着同样的结果发生的盖然性很高而已，至于盖然性达到多高才会使保护法益的最后一丝期待都破灭，是难以明确的；其三，"反正是要死的人，杀了也无所谓"，意味着刑法不保护已经面临其他危险的法益，该结论无疑和刑法保护法益的价值立场相违背，[5] 否则每个人迟早都会死，无异乎杀人都无

---

〔1〕［日］松原芳博：《刑法总论重要问题》，王昭武译，中国政法大学出版社 2014 年版，第 56、218～219 页。张明楷教授也在两个不同的意义上提到了结果回避可能性：其一，只有具有法益侵害危险的行为才是实行行为，（事实）因果关系的判断以具有结果回避可能性为前提。如果缺乏结果回避可能性，就可以直接否认实行行为，因而可以直接否定（事实）因果关系。其二，没有结果回避可能性时，不能将结果归属于行为（即可以否定法律的因果关系）。张明楷：《刑法学》（上）（第 5 版），法律出版社 2016 年版，第 184、189 页。

〔2〕［日］辰井聪子：《因果关系论》，有斐阁 2006 年版，第 196 页。

〔3〕［日］佐伯仁志：《刑法总论的思之道 · 乐之道》，于佳佳译，法律出版社 2017 年版，第 47～49 页。

〔4〕［日］佐伯仁志：《刑法总论的思之道 · 乐之道》，于佳佳译，法律出版社 2017 年版，第 49 页。

〔5〕［日］辰井聪子：《因果关系论》，有斐阁 2006 年版，第 196～197 页。

以构成杀人罪。[1] 事实上,第三方完全可能放弃致死行为,即便自然因素导致死亡避无可避,也是"天灾",而法规范要禁止的是"人祸",即行为人导致的死亡。更重要的是,即便同样的结果能够被很强地预测到,也不能抹杀具体的结果是由行为人的行为所引起这一事实,例如射杀了正在游泳的被害人,即使不射杀,被害人也几乎在同一时刻被鲨鱼咬死,客观事实是被害人中弹而亡,这是具体结果观的应有之义,而结果的具体化程度,将放在下面的"结果同一性"来讨论。

因此,本文认为,为了与过失犯的合义务替代行为理论保持一致,故意犯应考虑的假定情况只有行为人自己实施法之期待行为。虽然在绝大部分场合法之期待行为就是纯粹的不作为,但也有例外,如医生甲故意给患者乙注射毒药,致其死亡,但事后查明,即使给乙注射正确的治疗用药,乙也会因特殊体质过敏而死。又如,护士X故意不给Y做皮试而直接注射某种药物,致使Y发生过敏反应而死,事后查明,即使做了皮试,也会因Y的特殊体质而无法检验出对药物过敏。假定的就应是行为人实施法之期待行为(注射治疗用药和做皮试),至于结果能否避免,则是下面要讨论的结果同一性的内容。

(二)结果的同一性

如前所述,问责对象的事实根据结果记述方式发生各种变化,进而决定了因果关系的有无。有关结果的抽象化,除了在事实因果关系层面,舍弃与法益保护无关的细节从而缩小条件关系;[2] 在法律因果关系层面还会扩大结果归属的认定范围,如大阪南港案中,作为介入因素的第三者的行为是否切断了第一行为人的因果关系,就取决于对结果的抽象化程度,日本理论上往往称之为"结果的同一性"。本文认为,结果的抽象化是要放在事实因果关系中完成的任务,在大阪南港案中,如果

---

〔1〕 黄荣坚:《基础刑法学》(上),台北,元照出版有限公司2012年版,第272页;Munby, James, "Medicine and the Law of Homicide: A Case for Reform", *King's Law Journal*, Vol. 23(3), 2012, p. 213. 在英美法的理论和实践中,"被害人迟早会死或必然会死,行为人只是提早了死亡时间"不能成为否定因果关系的辩护理由。See Michael S Moore, *Causation and Responsibility*, Oxford University Press, 2009, p. 429.

〔2〕 如不当地提早收受了本来有权收受的承包款,在可谓之为"即使没有被告人的欺骗,反正也会实施社会一般观念上的同一支付"的场合,即可以理解为,欺骗与支付之间不具有条件关系。[日]松原芳博:《刑法总论重要问题》,王昭武译,中国政法大学出版社2014年版,第49页。

这一问题不解决,就无法确定第三者行为与结果的条件关系。[1]

故意杀人罪的结果就是死亡。人向死而生,生命的意义就在于存续时间本身,生命法益是全有全无的,不能像身体法益或财产法益那样进行量化,以"轻伤以上"、"情节严重"或"数额较大"作为处罚条件。因此,即使是濒死的人的生命,也是受到绝对保护的,这是毋庸置疑的。既然"一分一秒的生命都有价值",那么就能导出"仅仅是提前了一点点死亡时间"的行为也是杀人行为。这就是"死亡时间说"的一贯立场和理由,即以死亡时间的同一性作为死亡同一性(结果同一性)的判断基准。[2]

但是,"死亡时间说"存在诸多问题,其一,导致健康状况恶化的伤害都成了杀人。对被害人实施伤害行为,留下后遗症,数年后被害人死亡,如果没有后遗症,被害人还能多活一段时间,难道能说当初的伤害行为要对死亡结果负责吗?[3]其二,严格遵循时间说的标准,在现实中不具有可行性。如搂住将死的丈夫哭泣导致其提早了一秒死亡,是不可能作为杀人评价的。其三,事实上,一分一秒都有价值的不仅是生命法益,家里装饰的绘画,工厂里运转的机器等所有的物品,一分一秒都有价值。但是,甲本想步行去工厂破坏机器,不知情的乙开车将甲送至工厂的场合,乙确实使机器被破坏的时点提前了,但此结果不能归属于乙的开车行为。[4]

基于以上反思,就发展出了"死因说",即死亡结果的内容就是死因,在死因同一性的范围内,认可结果的同一性。[5] 该观点在大阪南港案中似乎也得到了日本最高裁判所的认可,"在第一行为人的暴力已造成属于被害人死因的伤害之时,即便其后第三者的暴力提早了被害人的死亡时间,仍可肯定第一行为人的暴力与被害人的死亡之间存在因果关系,因此,原判判定本案构成伤害致死罪是正确的"。[6]

---

〔1〕 大概是因为大阪南港案最终未能捕获第三者,因此探讨的重点就落在了第一行为人的归责上,而涉及介入因素的场合往往是在法律因果关系中进行讨论,故结果的同一性就放在了法律因果关系中讨论。

〔2〕 [日]桥爪隆:《刑法总论之困惑》(一),王昭武译,载《苏州大学学报》(法学版)2015 年第 1 期。

〔3〕 [日]高山佳奈子:《死因と因果关系》,载《成城法学》2000 年第 63 号。

〔4〕 [日]辰井聪子:《因果关系论》,有斐阁 2006 年版,第 189 页。

〔5〕 [日]高山佳奈子:《死因と因果关系》,载《成城法学》2000 年第 63 号。

〔6〕 日本最高裁判所 1990 年 11 月 20 日判决,前田雅英:《最新重要判例 250 刑法》(第 11 版),弘文堂 2017 年版,第 22 页。

然而,死因这一概念的范围相当广,死因同一性这一概念本身也有结论先行之嫌。例如,被害人因为行为人的放火行为被全身烧伤,受到致命伤害,在医院治疗之际碰巧又遇医院火灾,由此扩大、恶化了当初的烧伤伤情,最终死亡。在该场合下,既可以说是行为人当初的放火行为所引起,也可以说是医院的火灾导致了新的烧伤,形成了新的死因。[1] 又如,让溺水之人(置之不理的话在几小时之内会死,如果适当治疗的话能救活)饮水,致其当场死亡。如果介入因素大幅提早了死亡时间,再因死因相同(溺水而死或上例的烧伤而死),而肯定因果关系,似乎认定范围过宽。

从生到死的转换是一个过程,有些情况下,在即刻死亡这种形态下,死因的形成是直接带来死亡;还有些情况,从死因形成到现实的死掉,需要几天甚至几周的时间,死亡的过程各种各样,因此不可一概而论。基于此,本文认为,结果同一性应当由死因和死亡时间两个因素共同决定。当其中一个因素影响非常强烈时,即可否定结果同一性。

首先,如果死因明显转换,就算对死亡时间没有影响,也不是同一结果。例如,被害人失足从悬崖坠落或被人推下悬崖,在即将落地之时被他人开枪射杀,击中头部而死。被子弹射入头部和身体撞击地面受到强大冲击力明显是不同的死因,因此死亡结果和射击行为有条件关系。又如,假设在大阪南港事件中,第一行为人将颅内已经大面积出血而陷入濒危状态的被害人放置在板材仓库中,第三者以杀人的意思向被害人开枪,击中被害人心脏,造成其死亡的场合,也是如此。需要说明的是,死因是否同一,需要结合身体器官的各项运作机理具体判断,例如前文所举医生对患者注射毒药之例,尽管事后查明,患者具有特殊体质,即使对其注射正确治疗用药,死亡也不可避免,被毒药毒死和对治疗用药过敏而死,就是不同的死因。

其次,如果能够清楚地证明死亡时间确有提前,或者很大程度上提前,也要否定同一性。例如,猎人甲误把被害人当作熊而开枪射击,致使被害人中枪倒地,行为人见其血流不止、身体抽搐着痛苦挣扎,知道即使送往医院也无力回天,于是又对着被害人心脏再次射击,被害人当场死亡。事后查明,如果行为人不开第二枪,被害

---

[1] [日]桥爪隆:《刑法总论之困惑(一)》,王昭武译,载《苏州大学学报》(法学版)2015 年第 1 期。

人也不过顶多再多活 10 分钟。但如果能够清楚地证明第二枪使尚存活的被害人立即死亡,就能够肯定条件关系。当然,死亡结果提前多久算是很大程度上提前了,是无法用计量时间具体说明的,因为,假定的死亡时间毕竟是假定性的判断,法医的鉴定也是根据科学法则进行还原,不可能精确到几分几秒。并且,如前所述,有些情况下,死亡时间不能以"点"来确定,而是有一定的"面(幅度)",[1]就大阪南港案而言,第三者的行为造成的外界作用(物理上的变动)如果在第一暴力造成的死亡"面(幅度)"内,则可以肯定结果同一性。[2]

最后,当两个因素都具有同一性或者都并非显著不同,则结果具有同一性。在择一竞合的场合,如甲乙在互不知情的情况下,分别向被害人水杯中投放足量可导致"闪电式"死亡的剧毒氰化物,被害人的死因和死亡时间都是同一的,甲和乙的行为均与死亡结果没有条件关系。[3]

四、法律因果关系的认定

确定了事实因果关系后,就要看将结果归属于与结果具有条件关系的行为是否公平、正义,这是法律因果关系的判断内容。

近年来,相当因果关系说已经逐渐被我国司法实务所采纳,已有数个指导性案例明确地表明了这一立场。[4] 但是裁判理由往往表述粗浅,只是泛泛地说了判断"相当性"的标准,这三个因素,即"行为人的行为导致结果发生的可能性大小""介入因素的异常性大小"以及"介入因素对结果发生作用的大小"孰优孰劣,对何者更

---

〔1〕［日］西田典之:《日本刑法总论》(第 2 版),王昭武、刘明祥译,法律出版社 2013 年版,第 91 页。

〔2〕有学者指出,在大阪南港案中,如果第三者的行为没有提早被害人的死亡,或者所提早的死亡时间并不具有实际意义的话,也可以理解为,第三者的行为并非法律意义上的"介入因素"。［日］松原芳博:《刑法总论重要问题》,王昭武译,中国政法大学出版社 2014 年版,第 63 页。其实,这种见解也是否定了第三者行为与结果的条件关系。

〔3〕德国学者设计的"岔道案",即列车行使的前方发生山体崩塌,山体堵死了整条铁路。列车司机已无法及时刹车避免撞山事故,行为人搬了岔道,使列车从轨道行驶到右侧轨道。列车无论在左侧还是右侧行驶,列车倾覆的原因(撞上山体)和时间都是同一的,因此,也可以肯定结果同一性。

〔4〕具体包括《刑事审判参考》第 276 号、第 294 号、第 813 号、第 1117 号、第 1118 号指导案例等;以及《人民法院案例选》的王俊超故意伤害案以及张校抢劫案,陈兴良、张军、胡云腾主编:《人民法院刑事指导案例裁判要旨通纂》,北京大学出版社 2013 年版,第 432、673 页。

具优势地位,都没有具体说明。

传统的相当因果关系说的判断模式是,行为之后,在预见可能的限度之内将介入因素(自然现象、行为人、被害人、第三者的行为)纳入判断素材,评估由行为引发结果这一进程在经验法则上能否谓之为通常现象。[1] 事实上,结果的抽象化在相当因果关系说的认定中是极为重要的影响因素,例如,日本判例"美国士兵交通事故后逃逸案",X 驾车时将 A 撞上汽车车顶,在没有察觉的情况下继续行驶 4 公里,坐在副驾驶的 Y 在汽车行进中将 A 拽倒在马路上,最终造成 A 死亡,但无法判明造成 A 死亡的跌打究竟是因起初的撞车引发,还是由后面的倒拽所引起。对此,日本最高裁判所认为,Y 的行为太异常,应当排除出判断范围,从 X 的撞击到 A 被倒拽,进而摔倒在马路上而死不能谓之为通常现象,因此没有相当性,否定因果关系。[2] 同样是采取相当因果关系说的原审判决将结果抽象为"A 的死亡",进而认为,从 X 的撞击到 A 的死亡可以谓之为通常,肯定因果关系。可以发现,两个结论的差异源于"是否对结果与因果关系进行抽象化及程度"。[3] 但是,既然在事实因果关系的判断中强调具体的结果观,在法律因果关系的判断中又极大地抽象化,是没有道理的。故而,结果的概括在两层的因果关系判断中应当是一致的。

但是随着大阪南港案的出现,日本的刑法理论开始反思相当因果关系说,其一,相当性的判断构造模糊,缺乏一个明确且统一的标准;其二,在介入因素极为异常,但贡献微乎其微的场合,相当因果关系说就会束手无策。[4] 由此产生了"相当因果关系说的危机",1990 年最高裁判所关于大阪南港案的判决明确了危险的现实化说,[5] 此后该说得到了理论界广泛的支持和强化,甚至已经成为通说。[6]

危险的现实化说认为,因果关系的发展过程,实际上是危险的现实化过程。[7]

---

[1] [日]松原芳博:《刑法总论重要问题》,王昭武译,中国政法大学出版社 2014 年版,第 61 页。

[2] 日本最高裁判所 1967 年 10 月 24 日判决,[日]前田雅英:《最新重要判例 250 刑法》(第 11 版),弘文堂 2017 年版,第 21 页。

[3] [日]松原芳博:《刑法总论重要问题》,王昭武译,中国政法大学出版社 2014 年版,第 61 页。

[4] 按照本文前述的认定结果同一性的标准,大阪南港案中,即使存在第三者的暴力行为,因为死因没有改变,死亡时间也难以说有明显提前,能够肯定结果的同一性,第三者的暴力就不算介入因素。

[5] [日]山口厚:《从新判例看刑法》,付立庆、刘隽译,中国人民大学出版社 2009 年版,第 8 页。

[6] [日]桥爪隆:《刑法总论之困惑(一)》,王昭武译,载《苏州大学学报》(法学版)2015 年第 1 期。

[7] 黎宏:《刑法学总论》(第 2 版),法律出版社 2016 年版,第 98 页。

其判断思路分为两步骤：第一步，明确内在于实行行为的危险性内容，这里的危险性内容不仅包括实行行为单独引起结果发生的可能性（直接实现型）；还包括实行行为引起介入因素的可能性，以及介入因素引起结果发生的可能性，即通过介入因素间接引起结果的危险性也属于实行行为的危险性的概括范围（间接实现型）。[1] 第二步，验证现实发生的因果进程以及结果的样态，能否被评价为第一步所设想的实行行为涵盖的危险范围之内。[2]

理论上往往认为，传统的相当因果关系说是以因果进程的通常性为基准，其思维过程是线性的；危险的现实化理论的思维过程是圆弧状的，以实行行为为圆心，以行为蕴含的危险性为半径划定边界，看结果是否超出了边界，介入因素的异常与否无须单拎出来考察。简言之，危险的现实化说和传统的相当因果关系说相比，最大的转变在于判断的中心由因果经过的通常性转向了实行行为的危险性。[3] 但是这样说未免以偏概全，事实上，危险的现实化说的两种类型所重视的角度是不同的。对直接实现型而言，实行行为对结果的惹起具有实质性影响，介入因素没有妨碍风险的现实化，所以可以忽略介入因素的影响，判断"通常性"的客体（介入因素）甚至都可以从判断素材中排除出去。但是在间接实现型的场合，作为实行行为之危险性的内容，是否包括了引起介入因素的危险。换言之，介入因素是否评价为通常事态，就属于重要的问题。

相当因果关系说也做出了修正和改良，明确了具体的判断细则和次序。其中，以前田雅英教授的见解为代表，其认为：首先，判断是否属于致命伤型，如果属于，则直接肯定因果关系。即先看实行行为的危险性，如果危险性高，现实中使被害人负有濒死的重伤时，则不用讨论介入因素的通常性和贡献性大小。其次，虽然是该当构成要件的实行行为，但结果发生的危险性极小时，只有当引起结果的介入情况是由实行行为必然引起的，才肯定因果关系，除此之外的情形都否定因果关系。最后，当实行行为的危险性介于致命伤和极其轻微两者中间时，再综合考虑介入因素的

---

〔1〕 当然，因为实行行为的危险性和介入因素的通常性的判断可能关系密切，未必能在理论上截然分开，因此直接实现型和间接实现型也并非泾渭分明。

〔2〕 ［日］桥爪隆：《刑法总论之困惑（一）》，王昭武译，载《苏州大学学报》（法学版）2015 年第 1 期。

〔3〕 黎宏：《刑法学总论》（第 2 版），法律出版社 2016 年版，第 99 页。

通常性和贡献程度。就前者而言,当介入因素能够容易地被预想到(预料内型)以及实行行为诱发了介入因素(诱发型),原则上肯定因果关系;就后者而言,只有介入因素严重到具有压倒性程度时,才可能否定因果关系,除此之外原则上肯定因果关系。[1] 可以看出,改良后的相当因果关系说首要判断的也是实行行为本身的危险性大小,就判断的重心和出发点而言,和危险的现实化说几乎无异。[2] "在介入原因案件中,相当因果关系说实际上意味着单纯根据介入原因的正常性和可预见性一个标准来确定介入原因是否能够中断因果关系"[3]的说法就有所偏颇。

英美法中判断"近因"的核心标准"可预见性标准"也是看"造成的被法律所禁止的结果是否属于被告人行为的可以合理预见的结果",[4]与当今日本实务和理论关注"内在于实行行为中的客观危险,在结果中变为现实",具有异曲同工之妙。近年来,各国的实务政策导向和价值取向有趋同之势,都更加重视规范的不可违反性,在条件关系的基础上,倾向于肯定违规行为与结果的因果关系。例如,日本的"后备箱拘禁人案",行为人凌晨3时40分将被害人塞到汽车的后备箱里,再行驶至路边停下,凌晨3时50分被后面开过来的车追尾,造成被拘禁的被害人受到撞击而死亡。判决认为,虽然造成死亡的直接原因是第三者重大过失引起的追尾事故,但仍肯定将被害人拘禁在停在路边的普通汽车的后备箱中的行为,与死亡之间具有因果关系。[5] 在英美刑法中,认定介入因素切断因果关系的判例非常少,纵然有介入因素,法庭还是更愿意惩罚被告人的恶行,这也反映了英美刑法对被告人行为之无价值性的重视。[6] 其实在我国的司法实务中,也对医疗过失切断实行行为与结果之间的法律因果关系的条件限制比较严格。例如,"陈某某投放危险物质案",

---

[1] [日]前田雅英:《刑法总论讲义》(第6版),曾文科译,北京大学出版社2017年版,第123页。

[2] 前田雅英教授提出的"如果属于致命伤型,则直接肯定因果关系"和危险的现实化说强调的"如果实行行为的危险直接实现于结果,就可以不考虑介入因素的性质,直接肯定因果关系"更是如出一辙。

[3] 刘士心:《英美刑法介入原因规则及其对中国刑法的借鉴意义》,载《政治与法律》2017年第2期。

[4] 沈琪:《英美刑法中的近因判断及其启示》,载《比较法研究》2014年第2期。

[5] 根据日本最高裁判所2006年3月27日判决对事实的描述,当时停车地点位于市区的便利店附近,车道宽度约为7.5米,单方车道为直线,且视野良好。第三者因疏忽未及时发现停靠在路边的汽车,从几乎正后方以时速60公里造成的追尾,使被告人的汽车后备箱的中间部分凹陷。[日]前田雅英:《最新重要判例250刑法》(第11版),弘文堂2017年版,第23页。

[6] 沈琪:《英美刑法中的近因判断及其启示》,载《比较法研究》2014年第2期。

被告人陈某某夜间潜至邻居陆某某家院内,向其种植的多条丝瓜中注射了某种剧毒农药,次日被害人陆某某吃了有毒丝瓜后,出现上吐下泻等中毒症状,被害人被送往医院后,医生诊断不当,仅以糖尿病和高血压症对其进行治疗(实际为因农药中毒引发糖尿病高渗性昏迷低钾血症),后被害人因抢救无效于次日早晨死亡。法院认为,被害人当时所患的病症较为罕见,中毒症状不强烈,接诊的是当地的镇医院,医疗水平有限,综合这些情况,出现医生的误诊是可以理解的,且投毒行为本身导致被害人死亡的可能性较大,因此肯定了因果关系。[1] 该判决体现的立场也同样是,重视实行行为本身的危险性,只要医生的不当治疗并非显著不自然、不相当,就无须过多考虑医生的过错。

就介入被害人行为的情形而言,也应先分析实行行为本身的危险性,如果有使被害人死亡的现实危险性,则不用再考虑被害人不遵照医嘱、私自出院这一介入因素,直接肯定因果关系;如果危险性没有高到致命程度,也绝非危险性极小时,则要综合考虑介入因素是否能够容易地被预想到,介入因素是否谓之显著不自然、不相当,以及介入因素是否严重到压倒性程度,以至于将实行行为的伤害降低为仅仅是一部分历史。[2] 这样的立场也得到了日本和英美有关判例的肯定。如"被害人拔管案",被告人用破裂的啤酒瓶捅刺被害人,致其受到伤害有大量出血的,受伤后被害人立即接受了治疗,预计要进行约3周的治疗,但被害人拔掉了导管,由于这些胡闹行为,存在减损治疗效果的可能性,被害人的病情急剧恶化,5日后死亡。判决认为,被害人受到的伤害本身就是能够导致死亡结果的身体损伤,即便介入了被害人不遵医嘱、没有安心静养等情况,伤害与死亡之间仍然具有因果关系。虽然介入了被害人自发的不合理行动,但是(1)实行行为的危险性很高,(2)患者不遵从医生这一情况也并非完全不能料想到的。因此可以说,危险是照着原样现实化了。[3] 又如英国的"被害人拒绝输血案"(R v. Blaue),被告人用刀刺伤被害人,导致被害人的肺被刺破。被害人送医后,医生要为其输血,但是因为宗教信仰原因,被害人拒绝

---

〔1〕 臧建伟等:《陈美娟投放危险物质案——介入因素与刑法因果关系的认定》,载最高人民法院编:《刑事审判参考》(总第36集),法律出版社2004年版,第1~7页。

〔2〕 刘士心:《英美刑法介入原因规则及其对中国刑法的借鉴意义》,载《政治与法律》2017年第2期。

〔3〕 日本最高裁判所2004年2月17日判决(刑集第58卷第2号)。转引自[日]前田雅英:《刑法总论讲义》(第6版),曾文科译,北京大学出版社2017年版,第128页。

输血治疗,结果因大量失血死亡。医学上证明,假如接受输血就不会死亡。英国上诉法院认为,伤害行为仍属于死亡结果发生的"实质而起作用的原因",肯定了因果关系。[1]

五、"癌患嘱托杀人案"的应用

以下,按照本文提出的认定事实因果关系和法律因果关系的标准,对"癌患嘱托杀人案"进行应用。本案中,检验事实因果关系的条件公式就体现为"如果徐某某实施的是法之期待行为,吴某会在19日凌晨因多脏器功能衰竭死亡吗?"法之期待行为即没有实施撞击行为,那么成为问题的是该结果和若没有撞击行为发生的死亡结果是否具有同一性。

法医的鉴定意见只是说明,被害人吴某系宫颈癌术后转移致多脏器功能衰竭死亡;其被车辆撞击所致的损伤程度为轻伤二级,但并没有具体说明轻伤二级指向的伤害部位和程度,让人无从知晓轻伤二级指向的伤害是否加速了多脏器功能的衰竭。诚然,身体各器官运作机理复杂,相互联系和影响,尤其是吴某已经是癌症晚期患者,对于普通人而言不会危及生命的轻伤二级程度的暴力,作用在吴某身上会使多脏器代谢功能更加紊乱和失灵,人体细胞处于更加缺氧、缺血的环境中。行车记录仪显示,事发当晚19时左右,徐某某和吴某通过话,内容是徐某某让吴某打车到西五环,称那里既没有红绿灯又没有监控等。根据判决书中被害人吴某的陈述,她和徐某某约好了在西环路碰头,之后她骑电瓶车来到了某KTV附近,然后打车到了西五环,并沿路往北走了一段路程,她被撞倒后就失去了意识,之后的事情就不清楚了。再根据撞击行为后医院接诊医生的证言,当时吴某被送医后,经检查显示是腹腔积液,也不排除是腹腔出血的可能。[2]

撞击行为发生之时到死亡不足4天,以被害人被撞之前的身体状况和意识的清醒程度来看,包括有能力独自先后骑电动车、打出租车前往肇事地点,虽然其自然死亡的时间无法确定,但如果没有撞击行为,其癌症发展不至于4天就终结

---

〔1〕 刘士心:《英美刑法介入原因规则及其对中国刑法的借鉴意义》,载《政治与法律》2017年第2期。

〔2〕 江苏省句容市人民法院(2018)苏1183刑初字第13号刑事判决书。

生命。因此,撞击所致的伤害扩大了多脏器功能的衰竭程度,使死亡时间大大地提前了。结果不具有同一性,进而可以肯定撞击行为与死亡结果之间的事实因果关系。

在法律因果关系层面,虽然介入了被害人拒绝手术、私自出院这一情况,也要先分析实行行为(撞击行为)本身的危险性大小,如果有使被害人死亡的现实危险性,则直接肯定因果关系。本案中,徐某某的撞击行为给被害人吴某身体造成的危险性达到了危及生命的程度。根据行车记录仪的内容,徐某某驾车撞倒了缓慢地走在路上的吴某,3 分钟后,徐某某报了警,又回到自己的车上,将车向后退了 20 米,又从已经倒在路中间的吴某的身体上碾压过去。[1] 虽然法医鉴定"被害人被车辆撞击所致的损伤程度为轻伤二级",但是轻伤二级是说同样的暴力作用在身体健康的人身上,造成的外伤对应的身体损伤程度,而对于一个癌症晚期的患者来说,其身体状况极其脆弱,这样的反复撞击和碾压行为,给被害人造成的危险性很大,已经给生命造成重大威胁。[2] 就此意义上,完全可以不用再考虑介入因素的存在。应当肯定徐某某行为与死亡结果之间的(法律)因果关系。退一步而言,就算危险性没有高到致命的程度,需要考虑介入因素的通常性和贡献性,结论也是同样的。就算是对普通患者来说,不遵医嘱尚且不是完全不能预想到的情况,[3] 何况当时徐某某就是想将被害人置于死地,他之所以第一次撞击后先打电话报警,是为了通过"交强险"获取保险索赔,然后唯恐第一次撞击力度不够,又进行了二次碾压。徐某某明知被害人一心求死、生无可恋,撞击并碾压后,即使没有当下死亡,被送到医院后,身体的疼痛肯定令其更加难以忍受,陷入生不如死的境地,可以很容易地预想到被害人送到医院后可能会拒绝治疗以及坚持出院,因此作为"预料内型"的介入因素,可谓具有相当性,也不能否定因果关系。

综上所述,本文认为,被害人的死亡结果与徐某某的撞击、碾压行为具有事实

---

[1] 《患癌女子求好友撞死自己,好友 2 次碾压被控故意杀人》,载江苏新闻网:https://news.china.com/socialgd/10000169/20180405/32276799.html,最后访问时间:2018 年 8 月 2 日。

[2] 程序法上往往强调,法官有独立判断标准,法医的鉴定意见只是认定案件事实的参考,并非唯一的依据。

[3] 想象一下,我们患病入院时有谁对医生是百分之百的言听计从?

和法律上的因果关系。[1] 应认定为故意杀人罪既遂。

接下来的问题就是量刑是否合理,本文认为是基本妥当的。除了判决书中提到的几个从轻情节,即坦白,初犯,犯罪后真诚认罪、悔罪,取得被害人近亲属的谅解,还有一个更加实质性的理由,就是故意杀人行为是受被害人嘱托而为之。在德日,得承诺的杀人都是独立于故意杀人罪的罪名。[2] 在英美法国家,得承诺的杀人也不得作为辩护理由。[3] 我国刑法虽然没有规定得承诺的杀人罪,但通说认为受嘱托的杀人行为应以故意杀人罪论处。[4]

关于得承诺的杀人处罚正当化的根据,理论上有不同的见解。一种见解认为,个人不能随意将自己的生命交由他人处置,这兼具社会法益和个人法益的属性。从社会利益角度而言,如果允许个人随意将自己的生命交由他人处置,就会动摇禁止杀害他人的规范,违反尊重生命的社会价值观念;从被害人个人利益角度出发,国家也有必要确保其并非草率地(比如处于悲观沮丧的情绪)做出放弃生命的决定,尤其是必须确保被害人自始至终掌握着自己的生命,直到最后一刻都还可以做出继续生存的选择。这也是德国的通说。[5] 另一种见解认为,正当化根据仅涉及个人法益。被害人承诺的法理基础本质上是刑法保护自己决定的自由,而生命是包括这种自由在内的所有法益的载体,剥夺他人生命就剥夺了他人自己决定自由

[1] 本案就案情而言,和前文提及的“杨道计等故意伤害案”有两处情节相似,一是被告人的殴打导致被害人脾切除、胰尾破裂,但被害人当时患有肝炎后肝硬化、冠心病、心率失常(房颤)、乙型病毒性肝炎、因疾病恶化出现肝性脑病和低蛋白血症。也就是说两案都是被害人本身就重病缠身。二是被害人的亲属不顾医生反对和劝阻,让被害人强行出院。但杨案法院认为不存在因果关系,本文亦认为合理。这两个案件本质上的不同在于,杨案是查不清死因,否定的是事实上的因果关系,因为被害人从309医院出院后,有多种死亡的可能性,甚至有可能是被亲属杀害,无法合理排除死因重大转变的可能。王雪枫、马岩:《杨道计等故意伤害案——仅有被害人家属证言证实被害人死亡的,能否认定被害人死亡?如何认定伤害行为与死亡结果之间的因果关系》,载最高人民法院编:《刑事审判参考》(总第89集),法律出版社2013年版,第34~38页。

[2] 《日本刑法典》第202条和第203条规定,受他人嘱托或者得到他人承诺而杀之,成立承诺杀人罪,并处罚未遂。《德国刑法典》第216条规定,基于被害人明确且真挚的嘱托而决定杀人的,成立受嘱托杀人,并处罚未遂。

[3] 刘士心:《美国刑法中的犯罪论原理》,人民出版社2010年版,第209页;赵秉志主编:《英美刑法学》,科学出版社2010年版,第106页。

[4] 王作富主编:《刑法分则实务研究》(中)(第5版),中国方正出版社2013年版,第732页。

[5] 王钢:《德国判例刑法》,北京大学出版社2016年版,第18页。

的物质基础和存在前提,违反了刑法保护个人的自己决定自由的宗旨。[1] 有关于此,本文无意展开论述。相比没有承诺的杀人罪而言,德日立法上承诺杀人罪的刑罚大大减轻,因为一方面,杀害行为的不法程度由于存在被害人的嘱托而降低;另一方面,行为人此时往往也处于内心冲突(如处于同情或怜悯等)之中,故其责任程度也会降低。[2] 我国学者亦认为,得承诺的杀人较之于一般的故意杀人,其不法和责任程度不可相提并论。[3] 因此,"处罚应当适度从宽",[4] 从宽的程度要综合考量行为人的动机,提议者是被害人还是行为人,被害人嘱托或承诺的原因,产生的社会影响等情节。[5]

生命是人最为重要的权利,是一切法益的物质基础和存在前提,即便得到了被害人的承诺,其他人也不得剥夺。这一点,就算是对重病患者,甚至濒死之人,也不能有例外。而本案似乎就是从"反正被害人已是时日不多的癌症晚期患者,早一天晚一天没什么差别"的角度出发,忽视了生命的绝对权地位。[6]

不得不提的是,本案几乎涉及所有因果关系认定上的难题,但判决书对判决理由近乎"零阐述",彰显了我国司法判决的"粗糙"。[7] 虽然对于被告人而言,其基本上只关注量刑,甚至对罪名、完成形态、参与类型等问题抱着无所谓的态度。如上所言,在"以刑制罪"意义上,本案实现了个案正义。但是,只有精细而严谨的判决

---

〔1〕 黎宏:《被害人承诺问题研究》,载《法学研究》2007 年第 1 期。

〔2〕 王钢:《德国判例刑法》,北京大学出版社 2016 年版,第 19 页。

〔3〕 刘仁文:《论规制自杀关联行为刑法的完善》,载《法商研究》2018 年第 2 期。

〔4〕 王作富:《刑法分则实务研究》(中)(第 5 版),中国方正出版社 2013 年版,第 732 页。

〔5〕 张少林、卜文:《论被害人同意行为量刑上的意义》,载《江西公安专科学院学报》2010 年第 1 期。

〔6〕 无独有偶,在广为人知的"灵璧特大保险诈骗案"中,似乎也有忽视重病患者的生命法益的保护性之嫌。行为人杨某了解到被害人崔某是肺癌患者后,替崔某投保人身意外伤害险,当崔某病危,在医院弥留之际,杨某安排其他共同犯罪人驾驶汽车将崔某撞倒,之后报警。事故发生 4 日后,崔某死亡。杨某等人再向保险公司索赔,骗取保险金。最终,法院判决杨某等数名共同犯罪人犯保险诈骗罪。范天娇:《小代办员导演骗保大闹剧》,载《法制日报》2017 年 4 月 2 日,第 1 版。当然,从已有的案件事实描述来看,并不清楚撞击的部位、程度,对崔某的生命、身体的影响。但对撞击行为侵害人身法益的部分不予评价,确实值得进一步反思。

〔7〕 本案的判决书可以说是我国刑事判决书"最常见"的模样,有学者总结到,目前的刑事判决书,对说理——"本院认为"部分的阐述过于简单:大量判决书 90% 以上的内容是罗列证据,不到 10% 的部分是分析定案理由。在确定被告人有罪时,大多用一两句话说明被告人的行为符合某罪的构成要件,然后说公诉机关的指控成立,被告人及其辩护人的辩护意见缺乏事实和法律支持,最后得出有罪判决结论。周光权:《判决充分说理与刑事指导案例制度》,载《法律适用》2014 年第 5 期。

说理,明确指出为什么采纳或者不采纳控方(或辩护律师)的意见,才能让立场不同的对方信服,真正实现个案正义;同时,一个论证翔实、要点醒目的判决才能为日后的案件发挥指导作用,并让公民具有一定的预测可能性。鉴于此,1999 年最高人民法院颁布了《法院刑事诉讼文书样式》,强调"在加大对证据的分析、认证和增强裁判说理性这两个问题上下功夫",从本案的判决书可管窥一豹,完善判决书的说理性仍任重而道远。

论狭义的因果关系认识错误

柏浪涛*

【摘　要】 我国主流的因果关系认识不要说及因果关系错误无用论并不妥当。因果关系是第二层级的客观构成要件。因果关系并非故意的知晓对象,而是故意的设想对象;"知晓"与"设想"存在诸多区别。对因果关系的客观判断无法代替对其的主观判断。因此需要独立判断因果关系错误是否阻却了对既遂结果的故意。判断的重点应是行为人是否认识到实际危险流的实现。当初始危险流与实际危险流具有蕴含关系时,可认定行为人对实际危险流具有概括认识。当二者不具有蕴含关系时,需依据经验法则判断行为人对实际危险流有无认识。

【关键词】 因果关系　故意的认识对象　狭义的因果关系错误　故意归责

一、问题的厘清

因果错误,是指因果关系的实际发展过程与行为人预想的发展过程不一致,主要包括狭义的因果错误、结果的推迟发生及提前实现。本文主要探讨狭义的因果错误,典型案例是著名的桥墩案:甲欲杀害乙,知晓乙不会游泳,将乙从高桥上推下去,意图淹死乙,乙在坠落中头部碰到桥墩,颈部折断而死。

该类案件具有以下特征。第一,仅存在一个行为。这一点与结果的推迟发生及

---

* 华东师范大学法学院副教授,法学博士。本文原载《法学》2016年第3期。

提前实现不同。结果推迟发生的案件中,客观上存在两个行为。[1] 结果的提前实现的案件中,行为人主观上设想了两个行为。[2] 第二,仅存在一个行为对象。这一点与打击错误不同。打击错误中也存在因果偏离和错误,但存在两个行为对象(欲害对象与实害对象)。[3] 第三,在客观阶层存在因果关系,结果能够归责于构成要件行为。这是因为,因果关系错误作为一种认识错误,在体系上处于主观构成要件阶层,属于主观构成要件符合性的判断问题。这便要求客观构成要件符合性已经判断完毕,并已得出肯定结论。例如,甲杀害乙,刺乙两刀,认为乙必死无疑便离去。乙身受重伤,被丙救起,送往医院途中突遇丁开车闯红灯,酿成车祸,车祸致乙死亡(车祸案)。虽然甲预想的因果历程与实际发生的因果历程不一致,但由于在客观上甲的行为与乙的死亡没有因果关系,所以甲主观上的这种认识错误尚未进入判断视野,无须讨论。对甲可直接认定为故意杀人罪未遂。[4]

狭义的因果错误是就故意的结果犯而言。在过失犯、行为犯中不存在狭义的因果错误问题。也正因如此,狭义的因果错误追问的问题是,该错误是否阻却对构成要件结果的故意?需要指出的是,构成要件故意包括对构成要件行为的故意和对构成要件结果的故意。因果错误并不能阻却对构成要件行为的故意,因为该故意在行为人实施行为时已经存在,不可能由于后来的因果错误而被否定。因果错误是否阻却对构成要件结果的故意(也可称为对既遂结果的故意、既遂故意),才是问题所在。换言之,因果错误并不影响故意犯罪的成立,而可能影响的是故意犯罪既遂的成立。

对狭义的因果错误的分析,首要问题是,因果关系是不是故意的认识对象?若持否定结论,则会得出因果关系错误不重要或无用论的观点,认为因果关系错误不

---

〔1〕 例如,甲杀害乙,致乙昏迷,以为乙已经死亡,为了毁尸灭迹,将"尸体"扔进深水里,乙被淹死。

〔2〕 例如,甲意图先向乙投放安眠药致其昏睡,然后用绳子勒死乙。当甲用绳子勒乙时,发现乙已经死亡。死因是甲投放的安眠药过量。

〔3〕 例如,甲向乙开枪,由于没有瞄准,子弹击中恰巧路过的丙,丙中弹身亡。

〔4〕 实务中常见的现象是将此类案件纳入因果关系错误来处理,并得出不当结论。例如,C 与 D 欲抢劫张某,由 D 给张某投放安眠药,D 在投放那刻担心会出人命,未投放,但张某却自行睡着了。C 赶到后以为张某服药后昏睡,搜走张某身上的钱财。实务意见是,C 存在因果关系认识错误,这种错误不影响既遂故意的认定,C 构成抢劫罪既遂。杨京鸽、周忠斌:《因果关系的认识错误是否影响犯罪故意的成立》,载《中国检察官》2012 年第 10 期。实际上,C 的行为在客观上不是抢劫罪的构成要件行为,无须讨论因果关系错误问题。

阻却对既遂结果的故意。若持肯定结论，则会认为因果关系错误值得重视，有可能阻却对既遂结果的故意。以上述桥墩案为例，因果关系认识不要说认为，不需要考察甲对因果历程的认识错误，可直接认定甲构成故意杀人罪既遂。因果关系认识必要说则认为，需要考察这种认识错误，看其是否阻却了对既遂结果的故意。

当前，我国刑法学的主流观点是因果关系认识不要说及因果关系错误无用论，认为因果关系不是故意的认识内容，因果关系错误并不重要，不影响既遂故意的成立。[1] 然而，这种主流观点值得商榷。因果关系是不是故意的认识内容，是一个基础性的理论问题。因果关系认识错误是否阻却对既遂结果的故意，是实务中经常面临的棘手问题。这些问题需要重新审视并仔细探究。本文的基本观点是，基于责任主义的基本要求及我国刑法典的规定，因果关系是故意的认识对象，行为人不仅应认识到构成要件行为的类型性危险的存在，还应认识到该危险现实化为结果；若对此无认识，则该结果不能归责于构成要件故意，行为人不构成故意犯罪既遂。

二、因果关系与故意的认识对象

因果错误无用论的理论基础是因果关系认识不要说。该说提供了多项理由根据。但细致分析可以发现，这些理由难以成立。

（一）因果关系是第二层级的客观构成要件

因果关系认识不要说的第一项理由是，因果关系只是犯罪行为与犯罪结果之间的联系，并不是犯罪的客观要件。[2] 既然如此就没必要将因果关系作为故意的独立的认识内容。[3] 这是我国刑法学的主流观点，但这种观点值得商榷。

毫无争议，构成要件结果是客观构成要件，但构成要件结果并非单纯、孤立的实害结果，应是指构成要件行为制造的实害结果。正如 Wessels 教授所言，只有行

---

〔1〕 张明楷：《刑法学》（第 4 版），法律出版社 2011 年版，第 252、253 页。陈兴良：《规范刑法学》（上册）（第 2 版），中国人民大学出版社 2008 年版，第 173 页。曲新久：《刑法学》，中国政法大学出版社 2009 年版，第 106 页。

〔2〕 高铭暄、马克昌主编：《刑法学》（第 4 版），北京大学出版社、高等教育出版社 2010 年版，第 67 页。

〔3〕 张明楷：《刑法学》（第 4 版），法律出版社 2011 年版，第 238 页。

为与结果之间存在因果联系,该结果可归责于行为时,客观的不法构成要件才算实现。[1] 这种因果性特征是构成要件结果的基本特征,否则便会将与构成要件行为毫无关系的偶然结果也纳入构成要件结果的范畴,这显然是不合适的。

在对客观构成要件进行归类时,在逻辑体系上存在不同层级。第一层级的客观构成要件包括行为主体、构成要件行为、构成要件结果等。第二层级的客观构成要件是指第一层级的客观构成要件自身内部的条件。例如,真正身份犯的行为主体要求具有特殊身份,这便属于第二层级的客观构成要件。从逻辑层级上看,因果关系与构成要件行为、构成要件结果不能相并列,不属于第一层级的客观构成要件,却是构成要件结果自身的限制性条件,属于第二层级的客观构成要件。判断因果关系是为确定构成要件结果服务的。上述主流学说的错误在于,仅根据第一层级来筛选客观构成要件,忽略了因果关系属于构成要件结果项下的第二层级客观构成要件的事实。况且,若因果关系果真不是客观构成要件,那么在客观构成要件符合性判断中,便无须判断因果关系。但实际上,判断因果关系却是必需的步骤和不争的事实。

因此,基于客观构成要件的故意规制机能,作为第二层级客观构成要件的因果关系应是行为人故意认识的内容。虽然在确定行为人认识到危害结果后,便不需要再判断行为人是否认识到因果关系,但不能否认,认识因果关系是认识危害结果的前提条件。正如山口厚教授所言:"与因果关系相割离的对于结果发生的认识、预见不过是没有根据的单纯的'愿望'等而已,其能否奠定故意的基础是有很大疑问的。"[2] Kuhlen 教授指出,故意的认识要素要求行为人认识到自己的行为会实现客观构成要件,就结果犯而言,要求认识到行为与结果之间的因果关系。[3]

因果关系认识不要说又认为,要求行为人认识到因果关系的具体样态,是不现实的,所以不应要求认识到因果关系。然而,是否要求认识因果关系与要求认识到何种程度,是不同性质的问题。正如 Frisch 教授所言,虽然行为人不需要认识到实

---

〔1〕 Vgl. Wessels/Beulke/Satzger, Strafrecht Allgemeiner Teil, 43. Aufl., C. F. Müller, 2013, S. 60.

〔2〕 [日]山口厚:《刑法总论》(第2版),付立庆译,中国人民大学出版社2011年版,第214页。

〔3〕 Vgl. Günter Stratenwerth, Lothar Kuhlen, Strafrecht Allgemeiner Teil Ⅰ, 5. Aufl., Carl Heymanns, 2004, S. 115.

际具体的自然主义的因果流(faktisch-naturalistischen Züge),但是需要认识到因果关系的条件制约性(Bedingtheit)。[1] 这两种认识不应被混为一谈,因此,不能根据不需要认识到因果关系的具体样态,推导出不需要认识因果关系的结论。

(二)因果关系并非故意的知晓对象,而是故意的设想对象

因果关系认识不要说的第二项理由是,虽然因果关系是客观构成要件,但是因果流程属于将来发生的事态;故意的认识对象只能是行为时存在的事实,而不能包括将来发生的事态,所以因果关系不是故意的认识对象。这是我国学者新近提出的理由。[2] 然而,这种理由值得推敲。

一方面,既然承认因果关系属于客观构成要件,那么依据客观构成要件的故意规制机能,因果关系应属于故意的认识对象。客观构成要件的故意规制机能是指客观构成要件的范围决定了故意的认识范围。正因如此,这里的客观构成要件也被称为错误意义的构成要件(Irrtumstatbestand)。[3] 如果一方面承认因果关系是客观构成要件,另一方面又不要求行为人认识,则意味着因果关系成为一种客观的超过要素,这显然是不合理的。

另一方面,基于我国《刑法》规定,因果关系应属于故意的认识对象。我国《刑法》第14条第1款规定:"明知自己的行为会发生危害社会的结果,并且希望或者放任这种结果发生,因而构成犯罪的,是故意犯罪。"构成要件故意的认识因素是指"明知自己的行为会发生危害社会的结果"。这里的"明知"包括两项内容:一是明知自己的行为,二是明知"会"发生危害结果。前者属于对现存的构成要件行为的认识,可称为"知晓"(Kenntnis),后者属于对危险能否现实化为结果的认识,可称为"设想"(Vorstellung)。二者的认识对象有所不同。"知晓"的对象是存在的实体物,而"设想"的对象是尚不存在的想象物。前者属于认识当下,后者属于认识未来。传统理论对这两种认识活动未作辨别,由此导致在确定故意的认识对象时模糊不清。因此,需要对二者进行细致梳理。

---

[1] Vgl. Wolfgang Frisch, Tatbestandsmäßiges Verhalten und Zurechnung des Erfolgs, 1988, S. 572.

[2] 陈璇:《论主客观归责间的界限与因果流程的偏离》,载《法学家》2014年第6期。

[3] Vgl. Claus Roxin, Strafrecht Allgemeiner Teil, Bd. Ⅰ, 4. Aufl., Verlag C. H. Beck, 2006, S. 281.

第一,在对危险的认识上,对已创设的危险状态的认识属于"知晓",而对危险能否现实化为结果的认识属于"设想"。构成要件行为并非泛指一切危害行为,而是指对法益创设了现实的类型性危险的行为。这种类型性危险的特征也称为实行行为性。因此,对构成要件行为的认识便是指对创设的现实的类型性危险的认识。很显然,这种认识属于"知晓"。然而,在结果犯中,由于行为与结果之间存在时空间隔,危险的存在并不等于危险的实现。危险的存在仅意味着构成要件行为的存在,而危险的实现则意味着构成要件结果(实害结果)的发生。而危险能否实现属于未来事态范畴,已经不是行为人知晓的内容,而应属于设想的内容。可以看出,"由于所有的(作为)犯罪行为都是对既存现状的改变,所以故意无可避免地具有'针对未来'的性质,这在结果犯的类型尤其明显"。[1] 因果关系认识不要说的错误在于,从因果关系不属于"知晓内容"的前提,便得出因果关系不属于故意的认识内容的结论。

第二,"行为与故意同时存在"原则的贯彻不同。这里的行为包括行为举止和行为制造的危险流。这里的故意包括知晓和设想。知晓与行为举止同时存在,是指二者同时起步,同时结束。设想与行为的危险流同时存在,是指二者在未来同时持续。[2] 例如,妻子甲欲杀害丈夫乙,给乙投毒后,不忍看到乙死的过程,出门在院子里等候,半小时后估计乙已死,回家查看乙还没死,又后悔便将乙救活。其中,"知晓"存在于甲投毒的行为期间,当投毒行为终了后,"知晓"也随之结束。接着,甲的等待与估计等心理已不属于"知晓",而属于"设想"。如果认为故意的要素仅包括"知晓",不包括"设想",便意味着甲的杀人故意在投毒行为终了后便已经消除,犯罪便呈现终局性形态,那么甲此后的抢救行为便不能成立犯罪中止。这显然是不合理的。理论上往往认为,故意不需要维持到结果发生时,只需要在实施构成要件行为时存在就可以了。[3] 严格来讲,这里的"故意"只是仅就故意认识因素中的"知晓"而言的,而认识因素中的"设想"则应当维持至结果发生时。

第三,行为不法与结果不法的体现不同。行为无价值论及结果无价值论均不

---

〔1〕 蔡圣伟:《重新检视因果历程偏离之难题》,载《东吴法律学报》第20卷第1期。

〔2〕 如果没有行为危险流的存在,所谓的设想便是空想或幻想,形成迷信犯或不能犯。

〔3〕 Vgl. Ingeborg Puppe, Nomos Strafgesetzbuch Kommentar, 4. Aufl., 2013, § 16 Rn. 82.

否认不法由行为不法与结果不法共同构成。行为不法主要由决定规范和评价规范来确定,而结果不法主要由评价规范来确定。[1] 由于行为不法是不法的现存基础,行为人对行为不法的认识属于“知晓”。由于结果不法是对法益的实际侵害,在故意的结果犯中,这属于未来事态,因此行为人对结果不法的认识属于“设想”。

我国持因果关系认识不要说的观点认为,由于决定规范只涉及行为在故意的支配下创造法不容许之危险的过程,即行为无价值,无法涵盖意志行为结束之后危险最终实现为结果的过程,即结果无价值;因此,以决定规范为基础的故意也必然仅以行为时存在的事实为其认识对象。[2] 这种看法可能值得商榷。其一,若依该看法,由于构成要件结果在行为时尚不存在,便也不是故意的认识对象。这种结论显然并不妥当。其二,就故意的结果犯而言,依据目的行为论,决定规范中的意思决定或行为意志是指行为人有意识地为自己设定一个目标,有目的地选择手段去追求和实现该目标。这种具有思想上的预期的行为结构在今天已经得到广泛认可。[3] 可以看出,行为人的意思决定中本来就包含一种关于未来目标的设想。其三,这种设想并非凭空猜想,而是具有确定性特征。基于目的行为论,故意行为具有目的性(Finalität)指引,[4]而过失行为缺少目的性指引。因而,行为人对故意行为的危险具有支配性,而对过失行为的危险缺乏支配性。由此造成二者在因果关系的确定性上存在差异。由于故意行为的危险具有目的性,所以其与结果之间的因果关系具有可预见性或确定性。而过失行为的危险具有任意性,所以其与结果之间的因果关系具有盲目性。简言之,就故意的结果犯而言,行为人对目标结果的设想具有可预见性和确定性,而这一点正是沟通行为不法与结果不法的桥梁。由于行为不法是不法的现存基础,所以对行为不法的认识是故意的基础,若缺乏该认识,则阻却故意的成立。相应地,对结果不法的认识是既遂故意的基础,若缺乏该认识,虽不阻却犯罪故意的成立,但阻却既遂故意的成立。这两种故意不应被混为一谈。

---

〔1〕 Vgl. Claus Roxin, Strafrecht Allgemeiner Teil, Bd. Ⅰ, 4. Aufl., Verlag C. H. Beck, 2006, S. 325.
〔2〕 陈璇:《论主客观归责间的界限与因果流程的偏离》,载《法学家》2014 年第 6 期。
〔3〕 Vgl. Wessels/Beulke, Strafrecht Allgemeiner Teil, 32. Aufl., C. F. Müller, 2002, S. 28.
〔4〕 Vgl. Hans Welzel, Das Deutsche Strafrecht, 11. Aufl., Walter de Gruyter, 1969, S. 33.

第四,主客观一致原则的表现不同。这里的“一致”既包括知晓上的一致,也包括设想上的一致。前者针对既存事实,是一种静态的一致;后者针对未来事态,是一种动态的一致。当主客观不一致时便会产生认识错误,主要有对象错误、打击错误、因果关系错误。由于行为对象属于既存事实,所以对象错误属于因“知晓”而产生的认识错误。由于因果关系是未来事态,所以因果关系错误属于因“设想”而产生的认识错误,具体而言,结果的推迟发生及提前实现属于对结果发生的未来时间点产生认识错误,狭义的因果关系错误属于对结果发生的样态方式产生认识错误。打击错误的特点是,危险流设定给甲对象,但却偏离至乙对象。可见,打击错误也存在因果流的偏离,具有因果关系错误的特征。也因如此,德国许多刑法教科书将打击错误置于因果关系错误项下来论述。[1] 基于此,打击错误也属于因“设想”而产生的认识错误。如果否认因果关系错误的重要性,便会否认打击错误的重要性。这显然是不合理的。[2] 我国传统理论的错误在于,将认识错误中的“认识”等同于“知晓”,没有考虑到“设想”。

(三)对因果关系的客观判断无法代替对其的主观判断

因果关系认识不要说的第三项理由涉及对因果关系的客观判断与主观判断的关系。在早期古典及新古典犯罪论体系的背景下,对因果关系的客观判断主要依据条件关系,尚无客观归责理论,因果关系的认定范围被不当地扩大,然后在主观阶层通过排除故意来限制处罚范围。此时,对因果关系错误的主观判断标准是:偏离的因果流程是否处在一般生活经验可预见的范围内(相当性标准);如果是,则该因果偏离属于不重要或非本质(unwesentlich)的偏离,不阻却故意的成立,否则阻却故意的成立。[3] 例如,甲杀害乙,致乙轻伤。乙被他人送到医院

---

〔1〕 Vgl. Claus Roxin, Strafrecht Allgemeiner Teil, Bd. Ⅰ, 4. Aufl., Verlag C. H. Beck, 2006, S. 515. 也因如此,德国刑法学在论述因果关系错误时一般使用“Vorstellung”(设想),而非使用“Kenntnis”(知晓)。

〔2〕 打击错误中的法定符合说便忽略了其中的因果偏离。正因如此,法定符合说或等价值理论在德国已基本没有市场。

〔3〕 该标准为 Welzel 首倡。Vgl. Hans Welzel, Das Deutsche Strafrecht, 11. Aufl., Walter de Gruyter, 1969, S. 73.

治疗时,医院发生火灾致乙死亡。依该理论分析,在客观上基于条件说,甲的行为与乙的死亡具有因果关系。在主观上,由于实际的因果关系超出了一般生活经验可预见的范围,所以甲对死亡结果没有故意,因此甲不构成故意杀人罪既遂,而是未遂。

然而,当客观归责理论成为主流理论后,这种分析进路便出现问题。正如Roxin教授所言,这是一个客观归责的问题,而不是一个认定故意的问题。在客观归责上,乙的死亡不能归责于甲的行为。[1] 也即,在客观阶层便可以得出甲构成故意杀人罪未遂的结论。同时,客观归责理论也给上述相当性判断标准带来冲击,因为相当性判断标准的理念与客观归责的理念是基本一致的,这种判断应当在客观归责阶层完成。依据客观归责理论,行为创设危险及实现危险应具有客观可预见性,一般人无法预见的偶然结果不能归责于构成要件行为。这种判断便代替了对因果关系的主观判断。在主观阶层仍进行相当性判断,纯属重复多余。因此,因果关系错误是一个没有意义的问题,因果偏离不是主观构成要件问题,而属于客观归责的判断问题。[2] 这是当前因果关系认识不要说的有力论据。

虽然客观归责理论值得肯定,但认为依此可以代替对因果关系的主观判断则值得商榷。第一,客观归责的完成不仅为故意犯罪提供了结果归责的客观基础,而且还为过失犯罪提供了结果归责的客观基础。因此,完成客观归责判断后,还应在主观上判断行为人对结果持何种心理态度。例如,甲欲强奸妇女乙,对乙使用暴力,乙挣脱后逃跑,甲追赶,乙逃上高速公路呼救,被车撞死。在客观上,乙的死亡应归责于甲的行为,但在主观上仍需判断甲对乙的死亡持何种心理,是强奸(故意)致人死亡,还是强奸(过失)致人死亡。第二,对结果的客观归责的判断标准是客观的预见可能性。预见可能性是故意、过失的共同前提。而对结果具有故意不仅要求预见可能性,而且要求预见到。预见可能性表达的是一种客观条件,属于客观范畴;而预见到则表达的是一种主观心理,属于主观范畴;二者显然存在差别。第三,客观归责

---

〔1〕 Vgl. Claus Roxin, Strafrecht Allgemeiner Teil, Bd. Ⅰ, 4. Aufl., Verlag C. H. Beck, 2006, S. 371.

〔2〕 Vgl. Wolter, Der Irrtum über den Kausalverlauf als Problem objektiver Erfolgszurechnung, ZStW 89 (1977), S. 702.

中客观的预见可能性的判断基准是一般人,[1]而主观故意中“是否预见到”的判断基准是行为人本人。这是因为,客观归责旨在确定客观不法中的结果不法,而主观故意不仅为了确定主观不法,还承载了推定责任的机能,而责任必须是个人的。因此,二者在此也存在差别。第四,结果能否归责于构成要件行为的判断与结果能否归责于构成要件故意的判断,虽然均是为了排除偶然结果及结果责任,但二者所处的任务阶段不同。前者旨在排除行为与结果之间的偶然结合,后者旨在排除故意内容与已具有客观可归责性的结果之间的偶然一致。前者是因果发生机理问题,后者是主客观一致性问题(Kongruenz)。

例如,甲欲杀害朋友乙,知道乙单身独居在偏僻地点,近期不会有其他人使用其车辆,便暗中在其地下车库的车辆上安装了炸弹。不料,乙的朋友丙造访并使用乙的车辆,被炸死。[2] 客观上,甲的行为与丙的死亡具有因果关系,死亡结果可归责于甲的行为。在主观上,因果关系认识不要说认为因果偏离不重要,因此甲构成故意杀人罪既遂。[3] 然而,这种结论过于武断。甲是否构成故意杀人罪既遂,还应进一步判断甲对丙的死亡有无故意:如果得出否定结论,则甲构成故意杀人罪未遂,如果对丙的死亡存在过失,则同时触犯过失致人死亡罪,想象竞合。归纳言之,虽然客观归责的理念成为主流,纠正了许多结果归责问题被后置于主观阶层的不合理现象,但并不能因此代替对因果关系的主观认识判断,否则会矫枉过正。对因果关系的主观认识判断在体系上仍具有独立地位。

(四)因果关系作为故意的认识对象与作为故意归责的对象没有实质差别

因果关系认识不要说的第四项理由主张,因果关系不是故意的认识对象,而是故意归责的对象。[4] 该观点对因果关系错误的重要性不持异议,但对因果关系在

---

〔1〕 虽然客观归责中存在行为人的特别认知问题,但这属于少数特殊情形(客观不法与主观不法一体化)。客观归责整体上仍以一般人为判断基准。行为人的特别认知的典型案例是,甲是生物学博士,在饭馆打工,发现盘中的蘑菇有剧毒,这种毒性是甲依靠其专业知识才发现的,一般人难以发现。甲仍然将有毒蘑菇端给顾客。

〔2〕 虽然该案例属于打击错误的范畴,但由于打击错误中也存在因果偏离,因此可以用来说明因果偏离的判断问题。

〔3〕 这是法定符合说或等价值理论的常见结论。

〔4〕 Vgl. Claus Roxin, Strafrecht Allgemeiner Teil, Bd. Ⅰ, 4. Aufl., Verlag C. H. Beck, 2006, S. 512.

故意体系中的地位安排有不同看法,认为透过客观构成要件该当性与故意的认定,仍不足以完整地宣示既遂的故意犯的归责基础,必须再加上此二者之间的特殊关联性,也即对二者全等(对应)关系的审查。换言之,因果关系错误是在客观构成要件与主观构成要件已经该当的前提下,审查二者对应关系时需要考察的问题。也即,这是既遂的故意犯的归责问题。在故意成立之后,还存在一个故意归责的判断问题。因果关系错误不阻却故意的成立,但可能阻却故意的归责。[1]

然而,这种体系安排纯属概念定义问题,并不具有实质差别。这主要涉及对主观构成要件"该当"的理解。如果仅仅理解为对构成要件行为的故意的该当,则因果关系的认识问题便处在主观构成要件该当之后(或之外)。如果还包括对构成要件结果的故意的该当,则因果关系的认识问题便处在主观构成要件该当内部。该问题在德国刑法中存在不同理解,是因为《德国刑法典》第 16 条第 1 款的规定:"行为人在实施行为时,若没有认识到属于法定构成要件的事实情况,则不是故意行为。"由此,对法定构成要件的事实情况的范围大小便存在不同解释。然而,我国刑法规定与此不同,我国《刑法》第 14 条第 1 款明确规定:"明知自己的行为会发生危害社会的结果,并且希望或者放任这种结果发生,因而构成犯罪的,是故意犯罪。"其中,"明知自己的行为会发生危害社会的结果"表明,我国刑法关于构成要件故意的该当性,既包括对构成要件行为的故意的该当,也包括对构成要件结果的故意的该当。就故意的结果犯而言,行为处于未遂形态时,仅有对构成要件行为的故意的该当,此时的故意也称为未遂时的故意;行为处于既遂形态时,还具有对构成要件结果的故意的该当,此时的故意也称为既遂时的故意。因此,在我国刑法规定的语境下,就既遂时的故意而言,因果关系作为故意的认识对象与作为故意归责的对象在实际判断上没有本质区别。本文便在相同意义上使用这两种表述。

综合以上分析,因果关系应是故意的认识对象,具体而言是"设想"对象。对因果关系的认识错误属于"设想"错误。这种错误有可能阻却对既遂结果的故意,因此在判断主观构成要件该当性时应当判断因果关系的认识问题。由于我国学界主流观点是因果关系认识不要说及因果关系错误无用论,所以对如何解决该认识问

---

〔1〕 蔡圣伟:《重新检视因果历程偏离之难题》,载《东吴法律学报》第 20 卷第 1 期。

题没有展开深入讨论。

三、因果偏离与故意的归责标准

就狭义的因果关系错误而言,需要判断的问题是,行为人设想的因果流程与实际的因果流程不一致,这种不一致是否阻却对既遂结果的故意?也即,如何处理因果偏离时的故意归责问题?对此,传统理论的处理办法是前文已述的相当性标准,主要是判断偏离的因果流程是否仍处在一般生活经验可预见的范围内,如果是,则该因果偏离不重要,不阻却既遂故意。但是,客观归责理论成为主流理论后,该相当性标准便受到质疑。主要质疑是这种相当性的判断应当是客观归责的判断方法,在主观阶层再次判断相当性,纯属多余。

此后,Jescheck 教授提出法律与道德的评价标准(rechtlich-sittliche Bewertung),认为对偏离的因果流程如果需要作出不同的法律与道德的评价,则能够阻却既遂的故意。[1] 然而,该标准存在的问题是,一方面,将道德的评价纳入因果偏离的判断标准,混淆了刑法与道德的界限;另一方面,何种偏离的因果流程应作出不同的法律与道德评价,并不明了,由此容易掉入循环论证的泥淖。正因如此,Freund 教授便批评道,该标准只是一个毫无意义的空洞公式,仅仅指出需要妥当地处理该问题,而并没有提出一个有用的判断标准。[2]

当前有影响的理论是 Roxin 教授提出的计划实现理论,其主张客观构成要件的归责标准是危险的实现,主观构成要件的归责标准是计划的实现(Planverwirklichung)。其基本思路是,成立故意犯罪既遂,要求行为人的目的计划实现。即使客观上因果历程发生偏离,但若结果能够评价为计划实现,则这种偏离并不重要,不阻却既遂故意的归责。[3] 例如,就前文的桥墩案而言,甲构成故意杀人罪既遂,因为就甲的谋杀计划而言,乙究竟是摔死还是溺死,在价值评价上是等价的;虽然发生了因果

---

〔1〕 Vgl. Hans-Heinrich Jescheck, Thomas Weigend, Lehrbuch des Strafrechts, 5. Aufl., Duncker & Humblot, 1996, S. 312.

〔2〕 Vgl. Georg Freund, Strafrecht Allgemeiner Teil, 2. Aufl., Springer, 2009, S. 301.

〔3〕 Vgl. Claus Roxin, Strafrecht Allgemeiner Teil, Bd. Ⅰ, 4. Aufl., Verlag C. H. Beck, 2006, S. 513.

偏离,但最终的结果仍能评价为计划实现。

然而,计划实现理论存在诸多不足。第一,如 Puppe 教授所指出的,计划属于动机和愿望的范畴内容,不属于故意的构成要素,计划是否实现不应是故意归责的条件。[1] 而且,将计划作为故意归责标准,在判断上具有不确定性。Frisch 教授指出,行为人在何种程度上实现自己的计划目的,完全取决于行为人自己对计划目的的定义,取决于其对计划目的成功与失败的定义。这显然是一个非常主观的问题。[2] 例如,甲为了扭转自己在朋友圈中"财务已经破产"的坏名声,决定实施保险诈骗,为此甲为妻子购买了保险,准备伪造交通事故致妻子死亡的情形,由此也可以实现杀死妻子的目的,以便与情人结婚。在此,甲有多重计划目的,在判断计划目的的实现时便存在不确定性。与之相反,有些行为人在实施犯罪时具有突发性、临时性,并不存在犯罪计划,此时所谓的计划实现便无从谈起。第二,计划的实现仅关注事先预想结果与实际结果是否一致,但不关注发生过程,也即不关注结果是不是构成要件行为制造的危险的现实化。Roxin 教授便认为,对于行为人而言,在任何情况下,重要的都是结果,而不是产生结果的方式;行为人对因果历程的设想与对结果的设想相比,并不重要;就结果犯而言,对结果(而非对因果历程)的评价自然应处在中心位置。[3] 然而,这种重视结果不重视产生过程的观念与因果关系判断上的条件说具有亲缘关系,而与其倡导的客观归责理论的理念相背离。

从分析方法上看,前述各种理论在判断因果偏离与故意归责问题时,对判断素材与判断标准这两个要素没有明确区分,对客观归责与主观归责的界限未能清晰界定,进而影响问题的解决。

一方面,在判断素材上,既然因果关系是故意的认识对象,那么判断素材就是客观的因果关系本身,具体而言是危险现实化为结果。也正因如此,行为人的计划不应作为判断素材。不过需要说明的是,危险现实化为结果的具体过程细节,不是判断素材。具体过程细节是自然主义范畴内的发生机理,不是刑法的关注对象,刑

---

[1] Vgl. Ingeborg Puppe, Vorsatz und Zurechnung, Decker und Müller, 1992, S. 3.

[2] Vgl. Wolfgang Frisch, Tatbestandsmäßiges Verhalten und Zurechnung des Erfolgs, Müller, Jur. Verl., 1988, S. 591.

[3] Vgl. Claus Roxin, Strafrecht Allgemeiner Teil, Bd. Ⅰ, 4. Aufl., Verlag C. H. Beck, 2006, S. 514.

法只是在规范主义下建立归责标准。Kindhäuser 教授指出,行为人必须认识到他的行为与实际结果之间的构成要件类型性的风险联系,才能将该结果归责于他的故意。[1]

另一方面,判断标准与客观归责不同。客观归责中对危险的判断标准是客观的预见可能性,这是一种客观条件,旨在排除行为与结果之间的偶然结合。故意归责的判断标准是预见到危险现实化为结果,这是基于责任主义的一种主观要求,旨在排除故意内容与结果之间的偶然一致。而且,判断基准是行为人本人,因为故意归责承载了责任推定机能。这一点也符合我国《刑法》第 14 条第 1 款的故意规定,即“明知自己的行为会发生危害社会的结果”。[2]

在具体判断时,需要根据判断素材具体考察。因果关系错误意味着行为人设想并创设的危险流(初始危险流)与实际导致结果的危险流(实际危险流)不一致。因此,需要对二者的具体情形具体分析。

第一,实际危险流必须仍是行为人创设的,否则在客观归责阶段便应排除对行为人的归责。前述车祸案便是适例,导致被害人死亡的危险流是第三人创设的,而非行为人创设的。

第二,实际危险流虽是行为人创设的,但若与初始危险流是独立关系,则结果不能归责于初始危险流,也即在客观归责阶段便得出否定结论。例如,甲欲杀害乙,制作一盘剧毒蘑菇伴着一条鱼端给乙。乙不喜欢蘑菇,只吃了鱼,但由于鱼已经腐烂产生毒素,导致乙死亡。而甲对鱼的这一情况不知情。虽然实际导致乙死亡的危险流(毒鱼)是甲创设的,但与甲创设的初始危险流(毒蘑菇)是两个独立的危险流,死亡结果不能归责于后者,甲构成故意杀人罪未遂。甲对前者若有认识可能性,则触犯过失致人死亡罪。[3]

第三,实际危险流是行为人引起的,与初始危险流是结合关系,二者共同作用

---

[1] Vgl. Kindhäuser, Strafrecht Allgemeiner Teil, 6. Aufl., Nomos, 2013, S. 221.

[2] 如果在客观归责的判断中加入主观判断,在判断结果不法时,将客观不法与主观不法合二为一,整体判断,则不存在先客观判断、后主观判断的划分必要。但是,基于人权保障与自由主义的理念,应遵循先判断客观构成要件该当性、后判断主观构成要件该当性的顺序。例外情形是行为人的特别认知问题,此时主观不法与客观不法在发生机理上被一体化。

[3] 陈璇:《论主客观归责间的界限与因果流程的偏离》,载《法学家》2014 年第 6 期。

导致结果发生,也即结果能够归责于初始危险流与实际危险流。接下来需要判断行为人对整体危险流现实化为结果是否认识到。若认识到,则可将结果归责于行为人的故意,行为人构成故意犯罪既遂,否则只能构成故意犯罪未遂。由于行为人对初始危险流必然有认识,因此判断的重点在于实际危险流。对此,需要考察初始危险流与实际危险流的发生机理。

(1)蕴含关系:初始危险流蕴含实际危险流。

这是指,从自然主义角度考察,有些初始危险流本身就蕴含了多种发展方向及实现方式,实际危险流就是其中之一。基于经验法则,当行为人认识到自己创设的初始危险流时,就认识到了实际危险流。这种认识不是确定性、唯一性认识,而是概括认识或择一认识,构成概括故意或择一故意。

例如,甲欲开枪射击乙的头部致其死亡,子弹却击中乙的心脏致其死亡。实际危险流(击中心脏)本身就蕴含在初始危险流中(甲向乙头部开枪),甲对此有概括认识。又如,甲将乙推下农田里的深井,欲淹死乙,井里没水,乙被摔死。甲创设的初始危险流是致人高空坠落,这种危险流本身就蕴含了致人摔死的危险,甲对此具有概括认识。再如前文的桥墩案,甲将乙推下高桥,设想乙会被淹死,实际是乙撞到桥墩被摔死。甲创设的初始危险流是致人高空坠落,这种危险流本身就蕴含了致人摔死的危险,至于摔到下方什么地方(桥墩、礁石、船体),属于末端细节(最后一里路),无关宏旨。因此,甲对致乙摔死具有概括认识。摔死的结果可以归责于甲的概括故意,甲构成故意杀人罪既遂。

(2)非蕴含关系:初始危险流并不蕴含实际危险流。

这是指,从自然主义角度考察,初始危险流本身并不蕴含实际危险流,实际危险流的出现是独立因素与初始危险流共同作用的结果。此时,不能因为行为人对初始危险流有认识,就直接认定行为人对实际危险流也有认识,而应对实际危险流的认识问题独立判断。

"危险"本身是一种规范的构成要件要素,具体而言是一种经验法则的评价要素。[1] 同理,危险流的发展及实现也属于经验法则的评价要素。因此,判断行为人

---

〔1〕 张明楷:《犯罪构成体系与构成要件要素》,北京大学出版社 2010 年版,第 215 页。

是否认识到实际危险流,应以经验法则为依据。就判断基准而言,当行为人对经验法则的认知水平等于或高于一般人的经验认知水平时,认识到了一般人没有认识到的实际危险流,则应肯定这一认识结论,并依此对其故意归责,不能依据一般人标准而否定对行为人的故意归责。当行为人的经验认知水平低于一般人的经验认知水平,没有认识到实际危险流,则不能对其故意归责;但若一般人能够认识到,则表明行为人具有认识到的可能性,可对其实现过失归责,但不能依据一般人的标准而对行为人故意归责。故意归责之所以以行为人本人为判断基准,是因为故意归责具有责任推定机能,而责任是针对行为人本人而言的。

具体判断行为人是否认识到实际危险流及其实现,重点是考察对独立因素及与初始危险流相结合的认识。对此需要考察行为人的认知水平、独立因素出现的概率大小、具体时空环境等。[1] 这是一项结合诸多因素的综合考察。以前的理论总是试图提出一个简单划一的标准,但由于抹杀了认识问题的复杂性,往往不具有有效的操作性。需要再次重申的是,在此判断的任务是行为人是否"认识到",而非是否具有"认识的可能性"。不能因为行为人具有认识可能性就认定行为人认识到。"认识的可能性"属于应然范畴,而"认识到"属于实然范畴。

例如,甲欲杀害乙,用刀砍伤乙的手臂,致使乙的手臂流血(经鉴定是轻伤),此时甲被抓捕。乙因患罕见的血友病(甲对此并不知情)而流血不止,抢救无效死亡。在客观阶层的判断上,因果关系认识不要说内部有两种看法,一是认为甲的行为与乙的死亡没有因果关系,乙的死亡不能归责于甲的行为。此时,可直接得出甲构成故意杀人罪未遂的结论。对此可暂且不表。二是认为甲的行为与乙的死亡具有因果关系,这是客观的相当因果关系说的结论。[2] 这种结论在因果关系认识不要说内部占据主流地位。就该结论而言,接下来在主观阶层,因果关系认识不要说认为,由于因果关系不是故意的认识内容,甲的因果关系错误不重要,甲构成故意杀人罪既遂。[3]

---

[1] 本文在此未使用"介入因素"的表述,是因为介入因素一般被理解为前行为实施后方介入的因素,不包括被害人特殊体质等因素。然而,本文这里的独立因素包括被害人特殊体质等因素。

[2] 张明楷:《刑法学》(第4版),法律出版社2011年版,第184页。

[3] 张明楷:《刑法学》(第4版),法律出版社2011年版,第253页。

然而，这种结论可能值得商榷。首先，从自然主义角度看，甲创设的初始危险流（手臂轻伤）并不蕴含致命危险，致命危险是初始危险流与血友病结合而成的。其次，甲对血友病并没有认识到，表明其对初始危险与血友病结合而成的致命危险流没有认识到。基于此，由此造成的死亡结果便不能归责于甲的构成要件故意，即使该故意是杀人故意。传统理论往往以甲具有杀人故意为由，认为死亡结果可以归责于甲的杀人故意。这种理由其实是计划实现理论的另一种说法。虽然甲一开始具有杀人故意，但并不意味着甲对实际的危险流有认识。甲杀人计划的实现不等于甲认识到危险的实现。虽然日本的主流观点认为，甲的行为与乙的死亡有相当的因果关系，因果关系错误不阻却故意，甲构成故意杀人罪既遂，但仍有少数有力的观点（内藤谦、井田良）认为，虽然甲的行为与乙的死亡有相当的因果关系，但因果关系错误仍能阻却故意，甲应构成故意杀人罪未遂。[1] 最后，如果甲对乙是血友病患者有认识的可能性，则甲同时触犯过失致人死亡罪，与故意杀人罪未遂想象竞合，择一重罪处理，一般处故意杀人罪未遂。传统理论对此的可能批评是，甲想杀乙，也杀了乙，却认定为杀人未遂，有悖于社会的一般观念。然而，想象竞合具有澄清功能（Klarstellungsfunktion），也即由于想象竞合存在两项违法事实和责任，那么在判决宣告时，必须将这些事项一一列举，以便做到周全评价。[2] 行为人的行为究竟符合哪些罪名的构成要件，需要在判决书中明确列举出来，并加以论证，以便让人们了解到犯罪人到底构成几项犯罪。[3] 相信做到这些，会澄清社会一般人的疑虑。

又如，甲乙在桥上，甲想教训下乙，以伤害的故意用木棒朝乙打来，乙急忙后退闪躲，不慎跌落桥下，被河水淹死。在客观阶层，甲的伤害行为与乙的死亡有因果关系，死亡结果可以归责于甲的行为。在主观阶层，甲没有认识到自己的行为会导致乙死亡，但有认识的可能性，也即有过失。甲构成故意伤害罪致人死亡这一结果加

---

〔1〕［日］西田典之：《日本刑法总论》，刘明祥、王昭武译，中国人民大学出版社 2007 年版，第 179 页脚注。

〔2〕Vgl. Claus Roxin, Strafrecht Allgemeiner Teil, Bd. Ⅱ, Verlag C. H. Beck, 2003, S. 831.

〔3〕周光权：《法条竞合的特别关系研究——兼与张明楷教授商榷》，载《中国法学》2010 年第 3 期。

重犯。关于基本犯是故意伤害罪是既遂还是未遂,[1]因果关系认识不要说认为,只要客观上伤害行为与伤害结果有因果关系,主观上行为人对伤害行为的类型性危险有认识,就成立故意伤害罪既遂,至于行为人对因果关系是否有认识错误在所不问。本案中,乙的死亡结果可以包容评价为伤害结果。由于甲的伤害行为与乙的死亡结果有因果关系,故与乙的"伤害结果"也有因果关系。同时甲对自己的伤害行为的危险性有认识,所以甲构成故意伤害罪既遂,属于故意伤害罪(既遂)致人死亡。

然而,这种结论实难苟同。首先,甲以伤害的故意用木棒打乙,这种行为创设的危险只有伤害的危险,而没有致命的危险,也即这种初始的危险流中并不蕴含致命的危险流。致命危险流是由初始危险流与被害人自身行为结合而成的。其次,对于乙躲避不慎、跌落河中淹死,甲没有认识到。甲若认识到,仍然为之,则已经属于杀人的间接故意。不可否认,甲有认识到的可能性,但这不等于认识到。甲以为通过自己的棒打行为可以对乙的身体造成伤害结果,实际上"伤害结果"是跌落河里造成的。在这种因果关系错误中,甲没有认识到自己的行为会导致该实害结果,那么该实害结果便不能归责于甲的构成要件故意。甲应构成故意伤害罪(未遂)致人死亡。正如Kindhäuser教授所言,在该案中实际发生的因果历程,不能视为行为人创设的危险的现实化,故行为人构成伤害未遂。[2]

---

[1] 实务中有种误解,认为结果加重犯中的基本犯均为既遂。其实,基本犯也可呈未遂形态。例如,甲欲强奸妇女,将妇女打成重伤,准备奸淫时,被赶到的警察抓捕。甲构成强奸罪致人重伤,基本犯强奸罪是未遂。

[2] Vgl. Kindhäuser, Strafrecht Allgemeiner Teil, 6. Aufl., Nomos, 2013, S. 222.

法医学技术性证据审查在刑法因果关系判断中的重要作用

周　宇*

【摘　要】 刑法上的因果关系是犯罪构成要件要素之一，犯罪的成立需要行为与构成要件结果之间存在因果关系。行为与构成要件结果之间没有因果关系的，不能成立犯罪。刑法因果关系的判断是司法实践中的一项重要内容，其对案件能否得到正确处理起决定性作用。刑法因果关系的判断有时需要专业知识，法医学技术性证据审查能够从专业的角度帮助承办案件的司法人员对刑法因果关系作出科学的判断，从而准确认定案件事实，正确适用法律，对案件作出适当的处理。

【关键词】 法医学技术性证据审查　刑法因果关系　司法实践

刑法上的因果关系，是指危害行为和构成要件结果之间的引起和被引起的关系。刑法上的因果关系，与行为主体、实行行为、行为对象、结果一样，是犯罪构成要件要素之一。要认定一个行为构成犯罪，该行为与构成要件结果之间就必须具有刑法上的因果关系。如果行为与构成要件结果之间不存在因果关系，就不能构成犯罪。“当结果发生是一个构成要件要素时，要使犯罪成立，行为和结果之间必须有因果关系”。[1]

---

* 北京市大兴区人民检察院检察官。

[1] [日]佐伯仁志：《刑法总论的思之道·乐之道》，于佳佳译，中国政法大学出版社 2017 年版第 39 页。

可见,刑法因果关系存在与否能够决定犯罪能否成立。判断危害行为和构成要件结果之间是否存在刑法上的因果关系就成为司法实践中的一项重要内容。

当案件涉及人的死亡或者身体损伤,承办案件的司法人员又不具备法医学的专门知识时,法医学技术性证据审查就能够帮助案件承办人作出专业的判断,从而准确认定案件事实,正确适用法律,对案件作出适当的处理。如果没有法医学技术性证据审查意见,就可能导致错案的发生。

作为北京市基层检察机关公诉部门的一名检察官,本人办理过以下几个案件,在这几个案件中,法医学技术性证据审查意见就对案件办理过程中刑法因果关系的判断和案件的最终处理起到了至关重要的作用。

一、发生患者死亡的非法行医案,如何确定非法行医行为与患者死亡之间是否具有因果关系

犯罪嫌疑人王某某在北京市大兴区某老年公寓一层,在未取得执业医师资格证书、执业证书和《医疗机构执业许可证》的情况下,开设"北京某某中医研究院"从事医疗活动。患者陈某某(男,殁年60岁)2017年8月1日前往北京某某中医研究院就诊,入住该院后服用王某某为其开具的中药进行治疗。2017年8月3日19时许,陈某某在该公寓房间内与人聊天时突然倒地死亡。北京某某司法鉴定所出具的鉴定意见为:被鉴定人陈某某的死亡原因为急性心肌梗死致肺水肿、心肺功能衰竭。王某某应当劝说而没有劝说被鉴定人到正规医院接受治疗,延误了被鉴定人接受正规治疗的时机,该延误行为对被鉴定人的死亡起次要作用。公安机关依据上述鉴定意见,将王某某以非法行医罪移送大兴区人民检察院审查起诉。

在审查起诉阶段,为了确定王某某开具中药给患者陈某某服用的诊疗行为与陈某某的死亡结果之间是否具有因果关系,大兴区人民检察院委托北京市人民检察院司法鉴定中心开展法医学技术性证据审查。大兴区人民检察院按照市检察院司法鉴定中心的要求,前往北京某某司法鉴定所调取了患者陈某某的病理切片和心脏大体标本并送至市检察院司法鉴定中心。市检察院司法鉴定中心的法医将病理切片和心脏大体标本送至中国医学科学院阜外心血管病医院,邀请病理专家进

行会诊。后市检察院司法鉴定中心又邀请中国医学科学院阜外心血管病医院、北京急救中心、北京中医药大学东直门医院医学专家在市检察院召开论证会，就陈某某死亡原因进行分析和论证，并形成专家论证意见。

专家论证意见认为：第一，根据病历资料、尸检和组织病理学检查，陈某某患有以下疾病：(1)冠状动脉粥样硬化性心脏病；陈旧心肌梗死；心脏扩大；心率紊乱—房颤；心功能不全；(2)肥厚型心肌病；(3)瓣膜性心脏病；二尖瓣关闭不全；三尖瓣关闭不全；(4)高血压病；(5)糖尿病；糖尿病肾病；慢性肾功能不全；(6)高脂血症；(7)高尿酸血症。陈某某的以上多种疾病非常严重，特别是心脏情况非常差，随时可能发生猝死。结合案情材料，陈某某的死亡是在"与人聊天中突然倒下，发生死亡"，此种表现符合心率紊乱所致的心源性猝死表现。第二，陈某某服用的中药方剂均为中医常用药物，用法、用量符合中医临床治疗常规，没有明确带有心肌毒性和导致肝、肾急性损伤的成分。根据现有的方剂分析，没有证据表明陈某某是因中药成分直接导致心率紊乱而死亡。现有资料无法证实服用中药后的呕吐情况和中药摄入量是其心源性猝死的诱发因素。

北京市人民检察院司法鉴定中心依据专家会诊和论证意见，制作了法医学技术性证据审查意见书。该审查意见认为，陈某某的死亡原因是心率紊乱所致的心源性猝死，没有证据表明陈某某是因为中药成分直接导致心率紊乱而死亡，现有资料无法证实服用中药后的呕吐情况和中药摄入量是其心源性猝死的诱发因素。

大兴区人民检察院依据上述法医学技术性证据审查意见，认定犯罪嫌疑人王某某在未取得医生执业资格的情况下非法行医，但现有证据不足以证实王某某的非法行医行为达到了情节严重的程度，现有证据不足以证实王某某的行为构成非法行医罪。

第一，对司法解释的理解应当遵循刑法的基本原理。达到非法行医罪"情节严重"的程度，应当要求非法行医行为与就诊人死亡结果之间具有因果关系，因此与就诊人死亡结果没有因果关系的非法行医行为不属于"情节严重"。

根据2016年修正的最高人民法院《关于审理非法行医刑事案件具体应用法律若干问题的解释》第2条的规定，《刑法》第336条第1款规定的"情节严重"是指：(一)造成就诊人轻度残疾、器官组织损伤导致一般功能障碍的；(二)造成甲类传染病传播、流行或者有传播、流行危险的;(三)使用假药、劣药或不符合国家规定标准的卫生材料、医疗器械,足以严重危害人体健康的;(四)非法行医被卫生行政部门行政处罚两次以后,再次非法行医的;(五)其他情节严重的情形。”

上述司法解释第4条规定:“非法行医行为系造成就诊人死亡的直接、主要原因的,应认定为刑法第三百三十六条第一款规定的‘造成就诊人死亡’。非法行医行为并非造成就诊人死亡的直接、主要原因的,可不认定为刑法第三百三十六条第一款规定的‘造成就诊人死亡’。但是,根据案件情况,可以认定为刑法第三百三十六条第一款规定的‘情节严重’。”

我们认为,该司法解释第2条第5项规定的“其他情节严重的情形”应当是与前四项严重程度相当的情形。因此,对该解释第4条第2款应当做这样的理解:如果非法行医行为系造成就诊人死亡的间接、次要原因的,可以认定为《刑法》第336条第1款规定的“情节严重”。如果非法行医行为与就诊人死亡之间没有因果关系,就不能被认定为前述的“情节严重”。

司法解释第4条第2款规定的并不是“非法行医行为并非造成就诊人死亡的直接、主要原因,就不认定为刑法第三百三十六条第一款规定的‘造成就诊人死亡’”,但应当认定为“情节严重”。所以不应认为,只要发生了就诊人死亡的结果,就一概属于“情节严重”,而不问非法行医行为与死亡结果之间是否有因果关系。对司法解释的理解还应当遵循刑法的基本原理。

第二,构成非法行医罪要求两个层次,第一个层次是未取得医生执业资格进行非法行医;第二个层次是情节方面至少要达到“情节严重”的程度。不能对“未取得医生执业资格进行非法行医”这一个行为在两个层次中进行重复评价。

本案中,北京某某司法鉴定所出具的鉴定意见称:王某某应当劝说而未劝说陈某某到正规医院接受正规治疗的行为对陈某某的死亡起次要作用。我们认为这一结论不能成立。首先,专家论证意见显示,陈某某的死亡原因是心率紊乱所致的心源性猝死。没有证据表明陈某某是因为中药成分直接导致心率紊乱而死亡,现有资料无法证实服用中药后的呕吐情况和中药摄入量是其心源性猝死的诱发因素。即现有证据不足以证实王某某为就诊人陈某某开具中药的诊疗行为是导致陈某某死亡的原因。其次,王某某应当劝说而未劝说陈某某到正规医院接受正规治疗的行为，仍然属于第一层次的“未取得医生执业资格进行非法行医”。如果按照北京某某司法鉴定所出具的鉴定意见认为这一行为是导致陈某某死亡的次要原因，并认为这就属于司法解释第 2 条第 5 项规定的“其他情节严重的情形”，即第二个层次的“情节严重”，那么就是对同一个行为在两个层次中进行了重复评价。实际上王某某的行为仅符合非法行医罪要求的第一个层次，并不符合第二个层次。

总之，犯罪嫌疑人王某某在未取得医生执业资格的情况下非法行医，但现有证据不足以证实其为就诊人陈某某开具中药的诊疗行为是导致陈某某死亡的原因，不足以证实其非法行医行为达到《刑法》第 336 条第 1 款规定的“情节严重”的程度。现有证据不足以证实王某某的行为构成非法行医罪。后大兴区人民检察院依法对犯罪嫌疑人王某某作出存疑不起诉处理。[1]

二、二人互殴的故意伤害案，如何确定被害人手部骨折是否由犯罪嫌疑人造成

2016 年 3 月 21 日 22 时许，犯罪嫌疑人魏某某在北京市大兴区某村，因挪车问题与被害人黎某发生口角后互殴。互殴过程中，黎某受外伤致右手第一掌骨基底部骨折，经法医学鉴定为轻伤二级。魏某某左侧太阳穴受伤，未进行鉴定。2016 年 3 月 22 日，犯罪嫌疑人魏某某自动投案，供述称双方用拳头互相殴打对方。同日，黎某因殴打他人被公安机关决定行政拘留 5 日，并处罚款。后公安机关以魏某某涉嫌故意伤害罪移送检察机关审查起诉。

在审查起诉阶段，检察机关发现关于黎某手部骨折是如何造成的，双方所称并不一致。如果不能确定被害人受伤的后果是由犯罪嫌疑人造成，就不能认定犯罪嫌疑人的行为与被害人受伤的后果之间具有因果关系，不能认定犯罪嫌疑人构成故意伤害罪。黎某称其手部骨折是被魏某某掰的，当时其和对方撕打起来，开始他们互相撕扯衣服，然后对方突然往后一跳，双手把他的手给掰开了，其感觉自己的手卷到对方衣服里了。

---

〔1〕 该案的做法，被北京市人民检察院公诉部《经验交流》转发，被最高人民检察院公诉厅转发，被《检察日报》刊发，被北京电视台《法治进行时》栏目作为两会特别节目予以报道。

魏某某始终承认自己有犯罪行为,承认自己和对方打架了,对故意伤害罪的罪名没有意见。但魏某某称其与黎某就是互相用拳头击打对方几下,除此之外没有用其他方式打对方,其没有掰、撕扯、拉拽对方的手部,其没有打对方的手部。其不知道对方的手是怎么骨折的。

为确定被害人黎某手部骨折是否由犯罪嫌疑人魏某某造成,大兴区人民检察院委托北京市人民检察院司法鉴定中心进行法医学技术性证据审查。该审查意见认为:被害人黎某右手第一掌骨骨折的形成机制为纵向间接外力作用形成。即系被害人黎某用拳头击打他人时自己造成,属于"拳击手骨折",能够排除他人造成的可能,能够排除被害人所称的他人掰伤。魏某某左侧太阳穴受伤也可以印证,黎某用拳头击打了魏某某。

需要说明的是,从理论上讲,被害人黎某用拳头击打对方时,如果对方也正好挥动拳头想要打他,双方拳头撞击也可能形成上述伤情。这种情况下,犯罪嫌疑人魏某某应当对黎某的伤情负责。但在本案中,不存在这种可能。因为被害人黎某始终称自己的右手骨折是被对方掰的,并未提到打在对方拳头上。犯罪嫌疑人魏某某也明确称没有击打过黎某的手部。

后大兴区人民检察院依据上述法医学技术性证据审查意见,依法对犯罪嫌疑人魏某某作出法定不起诉处理。

三、多人分两次对被害人进行殴打的故意伤害(重伤)案,如何确定前后两次打人者是否均对重伤结果负责

2009年1月1日23时许,犯罪嫌疑人闵某某等人在北京市大兴区某地闵某某承租的出租房内打牌,因打牌纠纷与被害人郭某乙发生争执,后犯罪嫌疑人闵某某伙同他人在该出租房外马路边持木棍对被害人郭某乙进行殴打,期间被害人郭某乙持木棍击打站在一旁围观的犯罪嫌疑人郭某甲,犯罪嫌疑人郭某甲遂持木棍击打被害人郭某乙头部。经鉴定,被害人郭某乙身体所受损伤程度为重伤二级。犯罪嫌疑人郭某甲于2017年11月10日被抓获归案,到案后郭某甲如实供述了上述主要犯罪事实;犯罪嫌疑人闵某某于2009年3月9日被传唤到案,后因证据不足于同

年 4 月 8 日被取保候审;2010 年 4 月 8 日闵某某被解除取保候审;2018 年 1 月 2 日犯罪嫌疑人闵某某接电话传唤后自行前往公安机关投案。

闵某某始终拒不承认参与殴打被害人,更不承认使用了木棍殴打。对此被害人陈述并不稳定,有所反复。郭某甲曾经供述称闵某某持木棍殴打被害人,后称不知道闵某某是否打被害人。其他人员不能证实闵某某参与殴打被害人。多人证实郭某甲仅在最后持木棍击打了郭某乙头部一下。被害人郭某乙头部受伤,经法医学鉴定为重伤的后果有没有可能仅由犯罪嫌疑人郭某甲一人最后击打的一下造成的呢?如果是这样,那么之前殴打被害人的几个人就不应对重伤后果负责。这关系到包括闵某某在内的之前殴打被害人的几个人是否构成故意伤害罪。

为此,大兴区人民检察院委托北京市人民检察院司法鉴定中心进行法医学技术性证据审查。该审查意见书显示:被害人郭某乙头部重伤的后果,系两下或更多下击打造成,即不是仅由郭某甲一人造成。此外,郭某甲称郭某乙来打他时头面部就有血,说明其头部此前就遭受了击打。可见,被害人郭某乙头部不止被郭某甲一人击打过,也被其他人持木棍击打过。

如果有确实充分的证据证实闵某某之前参与殴打了被害人,就可以认定被害人头部受重伤的后果与闵某某伙同张某某等人殴打被害人行为有因果关系。现有证据至少能够证实犯罪嫌疑人闵某某与他人一同殴打了被害人郭某乙,其中有人用木棍殴打了郭某乙。无论闵某某本人是否使用木棍,根据共同犯罪的处理原则,其都应当对被害人郭某乙重伤的后果负责。

后大兴区人民检察院依据上述法医学技术性证据审查意见,以故意伤害罪对闵某某、郭某甲提起公诉至法院,并以故意伤害罪追诉与闵某某一同殴打被害人的张某某、周某某。因闵某某、郭某甲在法庭审理过程中全面认罪并赔偿被害人损失获得对方谅解,法院判决犯罪嫌疑人郭某甲犯故意伤害罪,判处有期徒刑 3 年,缓刑 4 年;犯罪嫌疑人闵某某犯故意伤害罪,判处有期徒刑 3 年,缓刑 4 年。现张某某、周某某均已被追诉到案。

总之,法医学技术性证据审查在刑法因果关系的判断中具有重要作用,司法人员应当高度重视法医学技术性证据审查的作用,确保案件得到正确处理。

图书在版编目(CIP)数据

因果关系的理论与实践 / 钱叶六主编. -- 北京 :
法律出版社, 2020
ISBN 978 -7 -5197 -5024 -4

Ⅰ. ①因… Ⅱ. ①钱… Ⅲ. ①刑法-因果性-文集
Ⅳ. ①D914.01 -53

中国版本图书馆 CIP 数据核字(2020)第 195487 号

因果关系的理论与实践
YINGUO GUANXI DE LILUN YU SHIJIAN

钱叶六 主编

策划编辑 冯雨春
责任编辑 冯雨春 谢瑞忠
装帧设计 鲁 娟

出版 法律出版社
总发行 中国法律图书有限公司
经销 新华书店
印刷 天津嘉恒印务有限公司
责任校对 王晓萍
责任印制 吕亚莉

编辑统筹 法律应用出版分社
开本 710 毫米×1000 毫米 1/16
印张 23
字数 372 千
版本 2020 年 12 月第 1 版
印次 2020 年 12 月第 1 次印刷

法律出版社/北京市丰台区莲花池西里 7 号(100073)
网址/www. lawpress. com. cn
投稿邮箱/info@ lawpress. com. cn
举报维权邮箱/jbwq@ lawpress. com. cn
销售热线/400 -660 -8393
咨询电话/010 -63939796

中国法律图书有限公司/北京市丰台区莲花池西里 7 号(100073)
全国各地中法图分、子公司销售电话:
统一销售客服/400 -660 -8393/6393
第一法律书店/010 -83938432/8433
西安分公司/029 -85330678
重庆分公司/023 -67453036
上海分公司/021 -62071639/1636
深圳分公司/0755 -83072995

书号:ISBN 978 -7 -5197 -5024 -4
定价:88.00 元